MUSEU
INTERNACIONAL
DA MÁSCARA

A arte mágica

de Amleto e Donato Sartori

CENTRO MASCHERE
E STRUTTURE GESTUALI

Impresso no Brasil, setembro de 2013

Título original: *Il Museo Internazionale della Maschera: L'arte Magica di Amleto e Donato Sartori*

Copyright © 2010 by Donato Sartori – Centro Maschere e Strutture Gestuali. Propriedade literária e artística reservadas em todos os países. Qualquer reprodução, mesmo parcial, é proibida.
info@sartorimaskmuseum
www.sartorimaskmuseum.it
via Savioli 2, 35031, Abano Terme (PD), Italia

Os direitos desta edição pertencem a
É Realizações Editora, Livraria e Distribuidora Ltda.
Caixa Postal 45321 – Cep 04010-970 – São Paulo - SP
Telefax (5511) 5572- 5363
e@erealizacoes.com.br – www.erealizacoes.com.br

Editor
Edson Manoel de Oliveira Filho

Gerente editorial
Sonnini Ruiz

Produção editorial
William C. Cruz

Preparação
Gisele Múfalo

Revisão
Geisa Mathias de Oliveira

DADOS INTERNACIONAIS DE CATALOGAÇÃO NA PUBLICAÇÃO (CIP)
(CÂMARA BRASILEIRA DO LIVRO, SP, BRASIL)

Museu Internacional da Máscara : a arte mágica de Amleto e Donato Sartori / curadoria de Carmelo Alberti e Paola Piizzi; tradução de Maria de Lourdes Rabetti (Beti Rabetti). – São Paulo: É Realizações, 2013. – (Biblioteca teatral. Coleção dramaturgia)

Título original: Il Museo Internazionale della Maschera: L'arte magica di Amleto e Donato Sartori.
Vários autores.
ISBN 978-85-8033-127-1

1. Arte 2. Máscaras (Teatro) 3. Máscaras - Exposições 4. Museu Internacional da Máscara Amleto e Donato Sartori - História 5. Sartori, Amleto, 1915-1962 6. Sartori, Donato, 1939- I. Alberti, Carmelo. II. Piizzi, Paola. III. Série.

13-04066   CDD-792.026

ÍNDICES PARA CATÁLOGO SISTEMÁTICO:
1. Museu Internacional da Máscara Amleto e Donato Sartori : Arte teatral   792.026

Capa e projeto gráfico
Mauricio Nisi Gonçalves / Estúdio É

Diagramação
André Cavalcante Gimenez / Estúdio É

Pré-impressão e impressão
Ipsis Gráfica e Editora

Reservados todos os direitos desta obra. Proibida toda e qualquer reprodução desta edição por qualquer meio ou forma, seja ela eletrônica ou mecânica, fotocópia, gravação ou qualquer outro meio de reprodução, sem permissão expressa do editor e do Centro Maschere e Strutture Gestuali.

MUSEU
INTERNACIONAL
DA MÁSCARA

A arte mágica

de Amleto e Donato Sartori

Curadoria de Carmelo Alberti e Paola Piizzi

Tradução de Maria de Lourdes Rabetti

Sob a máscara
moderei
todo movimento.
Pareceu-me que Lázaro
possuía-me
e com ele
uma vida inexplorada
e inexplicável.
Amleto Sartori

Referências fotográficas

A campanha fotográfica *ex novo* foi realizada por Mauro Magliani, Pádua.

Gianni Berengo Gardin, Milão
Maurizio Buscarino, Bérgamo
Ermanno Chasen, Pádua
Luigi Ciminaghi, Milão
Tiziano Dalla Montà, Vicenza
Foto Danesin, Pádua
Tony D'Urso, Milão
Foto Lux, Pádua
Pierre Lecoq, Paris
Andrea Merola, Veneza
Antonello Perissinotto, Pádua
Paola Piizi, Abano Terme
Nicola Piran, Abano Terme
Lucio Riello, Varese
Libero Sellaro, Milão
Paolo Trombetta, Abano Terme
Marcello Zancan, Pádua

O editor fica à disposição dos detentores de direitos para eventuais fontes iconográficas não individuadas.

Agradece-se a gentil disponibilidade

À direção do Piccolo Teatro de Milão, à direção do Teatro alla Scala de Milão, à direção do Museo di Palazzo Ducale de Mântua, à direção do Teatro Astra de Vicenza, à direção do Teatro Olimpico de Vicenza, à direção da Accademia delle Belle Arti de Veneza, à direção do Palazzo Grassi de Veneza, à direção do Teatro La Fenice de Veneza, à direção do Istituto d'Arte "Pietro Selvatico" de Pádua, à direção dos Musei Civici agli Eremitani de Pádua, à direção da Arena del Sole de Bolonha, à direção da Scuola d'Arte di Porta Romana de Florença, à direção da Fondazione Pontedera Teatro di Pontedera (PI), à direção do Teatro Quirino de Roma, à reitoria da Università Statale de Roma, à senhora Elvira Zorzi, ao senhor Mimmo Rossi, ao senhor Fabio Santagiuliana, ao senhor Britt Mattsson, ao senhor Matthies Holger, à direção da Bibliothèque Nationale de Paris, à direção da École Internationale de Théâtre "Jacques Lecoq" de Paris, à direção da Maison de la Culture de Reims, à direção da École Supérieure d'Art Dramatique de Estrasburgo, à direção do Teatro di Stato de Copenhague, à direção da Det Kongelige Bibliotek de Copenhague, ao pároco da Igreja de Frørup de Fyn, à direção do Folkteatern de Gävle, ao ateliê Maskenverkstaden de Helsingergården, à reitoria da Brandeis University de Massachusetts, à direção do Teatro di Stato de Montreal, Arquivo Dario Fo e Franca Rame.

Os curadores agradecem

aos mantenedores-colaboradores e amigos do Centro Maschere e Strutture Gestuali que por longo tempo estiveram ao lado de Donato Sartori, Paola Piizzi, Paolo Trombetta e Sarah Sartori na onerosa fadiga das atividades culturais cotidianas que permitiram alcançar hoje prestigiosa meta, o Museo Internazionale della Maschera "Amleto e Donato Sartori" de Abano Terme: Diletta Antonini, Patrizia Babolin, Roberta Balmas, Mauro Bertani, Francesco Paolo Campione, Claudia Camporese, Anna Cardin, Claudio Delvai, Renato Fantacuzzi, Nadia Fregonas,

Aldo Galiazzo, Maria Teresa Girardi, Mario Grazioli, Nico e Davide Grisafi, Cosimo Guasina, Franca Lissandri, Mariadele Manli, Tatiana Marangon, Cristiana Massioni, Annamaria Napolitano, Ornella Omesti, Lidia Pagiaro, Eloisa Pennini, Giuliano Pirani, Lucio Riello, Carla Rossin, Rosanna Rubatto, Sarah Sartori, Elisa Saviolo, Donatella Schmidt, Christian Spagnol, Enrica Voltan, Chiara Zecchino.

Um agradecimento especial

a Miranda Ancona Sartori;

à obra de vários decênios do cenógrafo-pintor Paolo Trombetta, que incansavelmente completa e dá polimento às máscaras com extraordinários aportes inventivos, pátinas e sugestivas definições cromáticas;

à extraordinária obra do fotógrafo Mauro Magliani, pela paciente e pontual recaptura fotográfica das obras do Museo della Maschera de Abano Terme;

ao Centro Interculturale Ricerca Linguaggi Koron-Tlè de Morfasso (PC), Serena Sartori, Felice Picco, Valentina Sellaro, Marco Patanè, Fabio Isella e Claudio Raimondo;

à administração da Prefeitura de Abano Terme pela sensibilidade e vontade demonstradas para a realização do Museu, a começar pelo prefeito Giovanni Ponchio e os assessores Cesare Pillon, Dario Verdicchio e Eloisa Pennisi (administração precedente), e ainda ao chefe de gabinete do prefeito Fabio Stecca;

aos administradores da Região do Vêneto por ter reconhecido a importância regional e pelo concreto apoio econômico, em particular: Angelo Tabaro (dirigente regional – Cultura), Aurora Di Mauro (responsável – Ofício Museus), Massimo Cannella (dirigente – Bens Livreiros, Arquivistas e Museus), Iles Braghetto (já conselheiro regional do Vêneto) por haver seguido e solicitado a promoção do Museu, Romano Tonin (responsável – Ofício Editoria); à Universidade de Pádua pela colaboração e presença de estagiários e em particular o DAMS – Departamento de Artes, da Música e do Espetáculo.

Agradecemos enfim a todos os que generosamente colaboraram para a realização do livro-catálogo com testemunhos, sugestões, conselhos, textos e escritos.

FRASES CÉLEBRES

Houve um tempo em que a máscara servia para a guerra, quando a guerra era considerada arte. Houve um tempo em que a máscara era usada para as cerimônias, porque se pensava que só o rosto não fosse forte o bastante. Veio o momento em que a máscara foi escolhida pelos grandes do teatro clássico: Ésquilo, Sófocles, Eurípedes. Veio o tempo em que o ator soberbo não quis cobrir seu rosto e jogou fora a máscara. Um tempo para os jogos infantis e para as festas mascaradas. Hoje devemos criar uma máscara nova, recusando recorrer à arqueologia do passado, e que consiga dar um vulto à alma do ator para tornar maior o teatro.

Edward Gordon Craig

(...) é fato que toda a humanidade usa ou usou a máscara. Este acessório enigmático e sem objetivo útil é mais difuso que a alavanca, o arco, o arpão, a polia. (...) Não há utensílio, invenção, crença, costume ou instituição que una a humanidade, ou que ao menos o faça no mesmo grau, como o vestir a máscara (...)

Roger Caillois

Uma boa máscara é uma máscara que muda de expressão enquanto se move. Se permanece igual, mesmo quando o ator muda de atitude, então é uma máscara morta.

Jacques Lecoq

Com a máscara sobre o rosto você deve forçar toda a expressão sobre o corpo, costas, pescoço, mandíbula, braços, busto, pernas, pés e mãos. A máscara não vive por si mesma. Realiza-se em seu próprio valor somente em relação rítmica gestual com todos os membros, até os ossos.

Dario Fo

A história da verdadeira máscara termina com os tristes preparativos de uma terça-feira gorda que não entusiasma mais nem mesmo as crianças. Com razão, a mostra, em sua última vitrina, não nos poupa nem este rebaixamento nem esta desolação. No entanto, apesar de suas funções terem sido quase invertidas, as máscaras não são menos indispensáveis para o grupo que as palavras. Uma sociedade que se considerasse livre de máscaras poderia ser apenas uma sociedade em que as máscaras, ainda mais potentes que no passado, e para melhor enganar aos homens, seriam elas mesmas mascaradas.

Lévi-Strauss

*Sob a máscara
moderei
todo movimento.
Pareceu-me que Lázaro
possuía-me
e com ele
uma vida inexplorada
e inexplicável.*

Amleto Sartori

O meu pensamento modela os gestos assim como o polegar do escultor modela as formas: o corpo, esculpido do interior, distende-se e eu sou ao mesmo tempo escultor e estátua.

Etienne Decroux

O nosso caráter está impresso em nosso rosto como uma carta geográfica; com a máscara tudo isso é suprimido, mas, ao mesmo tempo, estendido a todo o corpo.

Jean Louis Barrault

A máscara é a mais extraordinária experiência de liberação que se pode imaginar. (...) O despertar da consciência do próprio corpo é imediato e inevitável.

Peter Brook

A máscara é um objeto exato, um instrumento de comunicação. Cada linha deve emanar um significado que responda à urgente instância do útil: para que serve, o que quer dizer, que significado tem. Jamais devemos recorrer a preciosismos, à mera estética, à retórica. As linhas e os planos deverão caracterizar uma idade, um estado psicológico, uma emoção, inventando uma linguagem poética.

Donato Sartori

A máscara é um instrumento misterioso, terrível. A mim sempre causou e continua a causar uma sensação de espanto. Com a máscara, estamos no limiar de um mistério teatral, retornam os demônios, os visos imutáveis, imóveis, estáticos, que estão nas raízes do teatro.

Giorgio Strehler

A máscara é um instrumento universal cuja origem no tempo é indeterminada. A máscara pode ser um amuleto apotropaico, propiciatório, uma entidade independente, suscetível a ações e reações emanadas de uma energia própria.

Luis da Câmara Cascudo

Assim como os atores vestem a máscara para que o rubor da vergonha não lhes apareça sobre a face, assim também eu, a ponto de entrar nesta cena mundana, da qual até o momento fui espectador, avanço mascarado.

Descartes

A propósito dos Seis Personagens à Procura de um Autor*: As máscaras ajudarão a dar a impressão da figura construída pela arte e fixada, cada uma delas, imutavelmente, na expressão de seu próprio sentimento fundamental, que é o remorso para o Pai, a vingança para a Enteada, o desdém para o Filho, a dor para a Mãe, com lágrimas de cera fixadas no lívido das olheiras e ao longo das maçãs do rosto, como se veem nas imagens esculpidas e pintadas da Mater dolorosa nas igrejas.*

Luigi Pirandello

Tudo o que é profundo ama o disfarce; as coisas mais profundas têm inclusive ódio à imagem e ao símbolo. (...) Todo espírito profundo necessita de uma máscara: e ainda mais, ao redor de todo espírito profundo se forma continuamente uma máscara, graças à interpretação constantemente falsa, isto é, superficial, de toda palavra, de cada passo, de cada sinal de vida que ele gera.

Friedrich Nietzsche

A máscara não é uma "maquiagem" nem um objeto como outro qualquer. O ator deve se colocar a seu serviço. A máscara, quando mal utilizada, rapidamente trai você. Cabe ao ator consentir, ceder à máscara, pois ela jamais cederá. Ao invés de seguir a máscara, o ator geralmente reduz a máscara a si, banaliza-a, quando, ao contrário, cabe a ele realizar a viagem em direção a ela.

Ariane Mnouchkine

Muitos anos atrás foi a máscara dos Sartori, criada para o Arlequim de Marcello Moretti, que mudou a minha vida. Vesti-la gerou em mim um efeito de embriaguez alcoólica, uma visão de força e de beleza cuja potência continua inalterada ainda hoje.

Enrico Bonavera

SUMÁRIO

✱

13	Apresentação – Traduzir *A Arte Mágica*	147	Máscara espelho de vida
	Maria de Lourdes Rabetti (Beti Rabetti)		*Gianfranco De Bosio*
19	As máscaras dos Sartori	155	A geometria a serviço da emoção
	Dario Fo		*Jacques Lecoq*
23	A cultura da máscara	161	Donato Sartori, escultor
	Paola Piizzi e Carmelo Alberti		*Giuseppe Marchiori, Carlo Giacomozzi, Enrico Crispolti*
27	A ordem do universo		
	Claude Lévi-Strauss	165	Do *environment* ao *happening*
29	A máscara		*Pierre Restany*
	Claude Lévi-Strauss	173	As flores de maio
			Virginia Baradel

A HISTÓRIA

A AVENTURA DO MUSEU

35	As origens no mundo grego e romano	181	A casa das máscaras
	Giovanni Calendoli		*Donato Sartori*
43	Mitologias lendárias de Arlequim	235	Máscaras de arte e caras de hoje
	Ludovico Zorzi		*Gian Piero Brunetta*
55	As máscaras, o diabo, os mortos	241	Do Centro Máscaras ao Museu
	Jean-Claude Schmitt		*Paola Piizzi*
65	Em busca das fontes históricas	255	Um novo olhar sobre a máscara
	Donato Sartori		*Venicio Fonseca*
83	Máscaras barrocas	257	Breve nota
	Roberto Tessari		*Centro Maschere e Strutture Gestuali*

AS FORMAS DA INVENÇÃO

CATÁLOGO

115	O "ofício" da poesia	262	Teatro grego
	Giorgio Strehler	278	Ruzante
121	Arlequim, a minha vida	282	*Commedia dell'Arte*
	Ferruccio Soleri	304	Teatro do Novecentos
125	Admiráveis máscaras	334	Estrutura gestual
	Jean-Louis Barrault	342	Mascaramento urbano
127	Memórias artísticas		
	Amleto Sartori		

APRESENTAÇÃO

Maria de Lourdes Rabetti (Beti Rabetti)

Traduzir *A Arte Mágica*

O título "Traduzir *A Arte Mágica*" faz-se jogo de palavras pertinente à dupla tarefa que tive a alegria de desempenhar: traduzir e apresentar esta fascinante obra de *Arte Mágica de Amleto e Donato Sartori* para o público brasileiro. Jogo que pretende sinalizar, desde logo, as artimanhas lúdicas que toda tradução solicita e que reflete, em sua síntese, o sistema básico de operações de troca presentes nas regras estratégicas de significação e sustentação de ritos e artes em que a "arte mágica" da máscara se apresenta.

A compreensão fundamental que norteou tanto a elaboração desta apresentação como o processo de tradução foi a de que toda discussão em torno da possibilidade de traduzir escapa aos domínios tradicionais dos estudos da linguística quando, com amparo em Gramsci, verifica-se a inelutável situação cultural de toda linguagem, que tanto mais pode ser traduzida em sua individualidade, quanto mais pode ser percebida em sua rede de relações e significações.

Portanto, para o tradutor, social e culturalmente determinado, toda experiência de tradução é investimento em ato fortemente subjetivo, dado por sua vulnerável condição de desigualdade na luta que enfrenta com originais e leitores finais, e por sua situação no seio de uma instabilidade que precisa manter a todo preço, sob pena de paralisar o fluxo contínuo, vivo, entre as línguas a que, na verdade, se submete.

Para o caso da presente tradução deu-se o fato de o ato tradutor estar também fortemente vincado nos dois "lugares" das linguagens envolvidas: além de apresentar uma relação matricial com as duas línguas, encontra-se inteiramente submerso no universo dos estudos da comicidade popular do teatro brasileiro, assim como no da *Commedia dell'Arte*, dados de ordem cultural e social que trouxeram questões singulares para a elaboração da tradução desta *Arte Mágica*, para as opções escolhidas, pelas decisões tomadas e, do mesmo modo, para esta breve reflexão de caráter introdutório.

A oportunidade dessa discussão diante da obra singular *A Arte Mágica de Amleto e Donato Sartori*, de seus curadores, Carmelo Alberti e Paola Piizzi, de seu conjunto de autores, dedicados a abordar a máscara sob diferentes olhares, a partir de lugares diversos, parece confirmar-se também pela medida com que sua tradução solicitou o uso constante de estratégias diversas. Como operar a tradução de um rol de textos que, dado o tema e as diferentes situações e perspectivas autorais, apresenta-se como um mosaico de peças brilhantes de luz própria e iluminando umas às outras: peças entre si tão concertadas a ponto de sugerirem estarmos diante de um modo de linguagem cuja característica fundamental é a de procurar combinar densidade de experiências vividas com candente teor reflexivo? Como fazer a tradução "alcançar" a máscara feita "arte mágica", tal como aquela que nesta obra se revela: tanto histórica e socialmente determinada, como imagem instantaneamente cristalizada na presença de um palco, onde vivificada se manifesta? Como manter imbricadas arte e magia, quando nos deparamos, em meio ao seleto conjunto de autores, com um Lévi-Strauss que em outro clássico e fundamental ensaio sobre o "pensamento concreto" nos desnudou, com clareza e evidência definitivas, as diferenças e as operações de troca entre magia, arte e ciência, e decididamente transformou as práticas de bricolagem em noção das mais importantes para os estudos sobre tradução no âmbito da história cultural? Autor que também aqui, em ensaio destinado a tratar pontualmente da máscara, reitera aquele pensamento e nos desvela que vestir a máscara é ser "alguém", naquele sentido denso e ambíguo decorrente do fato de ela provocar, ao mesmo tempo, dispersão de identidade e sobrecarga de significação? As estratégias empreendidas e as soluções apresentadas para a tradução de textos implicados neste porte de questões, de temáticas e de linguagens, estão agora disponibilizadas ao leitor.

Mas a discussão fundamental para a qual esta apresentação quer colaborar é a da própria obra, pois, afinal, traduzir esta *Arte Mágica de Amleto e Donato Sartori* envolvida por este conjunto de textos foi, como deveria ser, ato de esforço voltado, sobretudo, ao objetivo de contribuir para melhor nos situarmos, leitores, frente ao tema e ao tratamento especialíssimo que ele sofre, e que resulta na paleta original que constitui o presente volume, que certamente provocará inúmeras discussões e leituras salutarmente diferenciadas, dando sequência a um jogo sem fim.

Este volume, entre outros textos, contempla um depoimento sensível e arguto como o de Strehler, para cuja cena do *Arlequim, Servidor de Dois Patrões*, raro caso de perdurabilidade de cena na história do teatro ocidental, Amleto Sartori preparou máscaras tão filologicamente pesquisadas, como sucessivamente revistas, aperfeiçoadas e ajustadas a cada rosto do ator em ação; o relato pessoalíssimo e cuidadoso de um ator como Ferruccio Soleri, ao lado de Marcello Moretti, grande Arlequim do teatro moderno e, sem dúvida, ainda o maior Arlequim do teatro contemporâneo; um sofisticado ensaio de Ludovico Zorzi, que nos desvelou, com erudição e sem pompa, mitologias lendárias ainda insuspeitadas entre tantos de nós, que não só deslocam a área tradicionalmente considerada como a da origem arcaica de Arlequim, como nos apresentam a bela narrativa de um Rei Herla em confronto com certo Hamlet; e, então, alcança a delicada tessitura das sonoras palavras que compõem o ensaio que Roberto Tessari dedica às máscaras barrocas, em linguagem de estilo refinadíssimo que, além de disponibilizar fartura documental rara e variada, dobra-se ao aprofundamento do recorte temático e contempla revisões historiográficas importantes. Também permite saborear a singular rememoração desenhada nas *Memórias Artísticas* de Amleto Sartori, em sensível combinação de biografia, arte, política e sociedade de seus anos de formação, atuação e reconhecimento, assim como de uma geração artística europeia de referência, tudo isso com linguagem plena de carga emocional domada pela objetividade, como quando nos relata, com nobilidade que nos pareceria impossível diante dos fatos, prisões e humilhações sofridas sob o regime fascista; linguagem ao mesmo tempo profundamente afetiva, a ponto de lhe permitir referir frequentemente – e sem poder esconder, desde o ângulo de seu olhar sempre determinado pelo ofício e pela arte da máscara, o espírito inquieto e investigativo que constantemente imprimiu a seus estudos – "amigos valorosos como Barrault, Strehler, Lecoq, Axel, De Bosio, etc.". Ademais, descreve vários momentos deliciosamente pitorescos, para não dizer picarescos, de uma longa e profunda amizade, sincera e criadora, com Marcello Moretti, amigo que o visitava regularmente em seu estúdio e companheiro de divertidas incursões pela província paduana, mirando o encontro de pessoas, ambientes e atmosferas ainda impregnadas de antigos tipos, costumes e falares, completamente reinventados pela arte teatral:

> Corremos até noite alta para conseguir sair dali. Antes, porém, fomos tomados de assalto por um bando de cachorros vira-latas e tivemos que nos defender com torrões e pedras. Depois foi a vez de uma horda de gansos gigantescos que literalmente nos cercaram próximo a um casario rural. Ele desceu da vespa e começou a imitá-los correndo, e os gansos a segui-lo; depois voltava correndo, com o andar deles, e os gansos a fugir com muito barulho. Parecia uma cena de Brueghel. Lembro que não consegui segurar a vespa e deixei que caísse por terra, sentando em cima dela e desatando em risadas como poucas vezes me aconteceu. Marcello interpretava para si e para mim um trecho de *Commedia dell'Arte* que saía espontaneamente de seu sangue antigo, encharcado no sal da civilização vêneta.

A extensão da abordagem do tema tem ainda outras imbricações sucessivas, pois a "grandeza" expansiva da máscara fragmenta sentidos e rompe fronteiras, ocupando o campo das artes cênicas e das visuais, o que neste livro pode ser observado pelos ensaios que a tomam como objeto escultórico, como elemento de composição da arte atorial, e também em seu subversor estatuto de "mascaramento urbano", pelas mãos de Donato Sartori.

Sem dúvida, tal amplitude aqui encontra seu eixo organizador e seu polo de atração exatamente no longo e diversificado trabalho dos Sartori que culmina, dentre outros feitos, no Centro Máscaras e Estruturas Gestuais, no Museu Internacional da Máscara, em Abano Terme, perto de Pádua, e nos acima referidos "mascaramentos urbanos" que já ocorreram em boa parte do mundo, aí incluída a Cinelândia, no Rio de Janeiro, onde "ocupou" o Teatro Municipal, como se poderá ver em bela imagem dentre as tantas estampadas. E o que o presente livro permite confirmar, especialmente pelos ensaios produzidos pelos próprios Sartori, pai e filho, mas também por tantos depoimentos e reflexões a seu respeito, é que esta arte mágica neles alcança complexidades que, sem poder dispensar filologia e história – veja-se o imenso e inquieto trabalho de pesquisa experimental em torno de máscaras ruzantianas, ou ainda o porte e o significado do "resgate" da máscara no universo da *Commedia dell'Arte* – requerem novas formas de abordagem, desde as advindas dos estudos da *performance* até a *body art*, contempladas na obra, por exemplo, pelo instigante ensaio de Restany, até as considerações pontuais sobre sua arte escultórica, tais como as de Marchiori, Giacomozzi e Crispolti.

Vejamos algumas das palavras da apreciação de Crispolti sobre as esculturas de Donato Sartori ao final dos anos 1970, na Bienal de Gubio:

> Nos recentíssimos "ligames" de objetos, escudos, colunas, portas, emolduramentos, há quase o sinal residual da passagem do homem larva, daquilo que resta; ou ainda o impedimento, o ligame, o cordão é posto também sobre as coisas: na perspectiva de desinência e marginalização as próprias coisas estão suspensas, emblematicamente. Eis então o quadro dentro do qual hoje opera Sartori com muita clareza de intenções e com forte caracterização pessoal na capacidade de intervenção. As imagens que nos propõe são inquietantes em sua dramática redução, em seu impedimento, em sua constringente ligação, da qual não é possível se desfazer, como não é possível inverter aquele processo de restringência embrional: mais uma redução

ao esqueleto, à morte, todavia, que um retorno ao momento genético original. Porque a escolha de Sartori é uma denúncia de tensão, de desconforto, de drama.

E apenas a título de antecipação da hipótese de que em Donato Sartori uma experimentação hiperbólica da máscara, já realizada em suas estruturas gestuais, torna-se inquietantemente inversora de seus sentidos, vejam-se algumas palavras colhidas de seu relato sobre um "mascaramento urbano" dentro da festa carnavalesca em Veneza:

> O imprevisto encantamento do momento e o efeito sonoro que propagava pela praça, seguindo o ritmo do vento que impunha-se à imensa manta aérea, provocaram na multidão a explosão de uma energia participativa que estava latente até aquele momento. Foi assim que o imensurável público de 85 mil pessoas começou a jogar conosco, apropriando-se dos fios que flutuavam ao vento, usando-os para um jogo coletivo de dezenas e dezenas de milhares de mãos que agitavam-se pelo ar tentando pegar, puxar, destrinçar a teia. Celebrava-se assim o primeiro carnaval sem máscaras, mas coberto por um imenso mascaramento único que deu início à sucessão infinita de novos e redivivos carnavais venezianos.

A bela coletânea que compõe a obra *A Arte Mágica de Amleto e Donato Sartori* reúne, em grande parte, textos já publicados. Tal fato, diga-se logo, só faz aumentar seu mérito como representativa seleta de estudos e relatos qualificados de experiências, em sua quase totalidade, inéditos entre nós. E comporta ainda uma fundamental coletânea de imagens, devidamente legendadas, em quantidade e qualidade que permite distribuí-las por todo o livro e ainda organizá-las em denso Catálogo disposto na parte final.

A tradução preocupou-se com o máximo respeito aos originais, constituídos por linguagens de características diferenciadas, para tratamento de assunto comum, sob perspectivas diversas. Dada a importância do tema, além das notas usuais, foram criadas outras, sobre aspectos controversos do problema, sempre bastante simples e sintéticas.

A opção pela manutenção de alguns poucos, mas significativos, vocábulos no original decorre também da escassa bibliografia que, infelizmente, a *Commedia dell'Arte* ainda comporta em língua portuguesa, no Brasil, original ou traduzida: bastaria pensar no qualificado rol de obras publicadas sobre o tema, elaboradas por importantes correntes de estudos italianos das últimas décadas do século XX, em verdadeiras e frutíferas estações de revisão historiográfica do tema, das quais nada temos até o momento. Foi o caso da preservação de vocábulos e expressões como *Commedia dell'Arte, teatro improviso* ou *Improvvisa,* ou mesmo *dell'Arte,* para o que avaliou-se dever seguir sempre conforme língua de origem, requerendo estes termos, que são noções, ainda alguma "acomodação" a um sentido mais preciso que os vocábulos ou expressões têm no âmbito de tema tão complexo quanto específico, historicamente determinado. Sempre que se considerou oportuno, no entanto, optou-se por utilizações correntes, acadêmicas ou não, conforme o texto de origem, de vocábulos vertidos no uso comum, reportando em nota o termo original com brevíssima explicação.

A ampliação e a divulgação de estudos avançados sobre esta experiência única do teatro ocidental, internacionais ou nacionais, e cuja ausência entre nós *A Arte Mágica de Amleto e Donato Sartori* contribui para começar a sanar, com certeza, implicará, futuramente, ajustes nas opções tomadas no momento em que ocorre a presente tradução de uma obra inestimável para acadêmicos, artistas e interessados em assunto tão "popular" quanto suficientemente complexo para continuar gerando inquietações.

Dadas as questões apontadas nesta breve apresentação da obra e de sua tradução para o leitor brasileiro, é necessário referir os agradecimentos do tradutor: afetos e competências constituíram, na verdade, um efetivo conjunto colaborativo.

A Donato Sartori e Paola Piizzi devo expressar meu agradecimento ao convite para desempenhar esta difícil e adorável tarefa que, por quase um ano, permitiu-me submergir em travessias de novos meandros das línguas envolvidas e, ainda, recordar, com emoção e alegria, mostras e mascaramentos urbanos que observei, em diferentes cidades italianas, no seio de uma fervilhante cultura dos primeiros anos 1980.

Ao mestre Roberto Tessari, e ainda uma vez a Sartori, expresso meu agradecimento pelo apoio imprescindível para o alcance da melhor opção feita, acredito, para determinados vocábulos técnicos colhidos especialmente no campo das artes visuais, para o italiano dos séculos XVI e XVII, e em expressões dialetais e latinas.

As versões das inúmeras passagens em língua francesa contidas nos originais italianos, que se optou por traduzir, são feitas por mim, de modo aproximativo, e sofreram verificação de Laura Pantaleão, tradutora autorizada da língua. O ensaio *A Máscara*, de Lévi-Strauss, assim como o conjunto de frases célebres, chegaram-me já vertidos para o italiano. A fim de precisar uma expressão pontual do referido ensaio, contei com uma preciosa colaboração de Ângela Leite Lopes ao cotejar com original.

Agradeço a Péricles Vanzella Amin o apoio geral nas revisões imediatamente anteriores ao envio para a editora.

À É Realizações, meu agradecimento se dá por sua compreensão e delicadeza no trato em todas as etapas e frentes de trabalhos realizados para a presente tradução, que como todo ato de traduzir, requereu tempos longos, tomados por infinitas idas e vindas, até que se alcançasse, ao menos temporariamente, a sensação de desprendimento de uma língua, para, ao fim, continuar percebendo-a em outra; débito de um diálogo cultural profundíssimo, de mais longa duração. Tempos longos e sinuosos feitos de ritmos velozes e aparentemente de pausas; um tempo próprio do ato de traduzir, muitas vezes também ele insuspeitado entre nós. Também nesta direção, o prefácio, a título de apresentação desta obra extraordinária dos Sartori que agora vem a público no Brasil, procurou trazer sua contribuição.

Sobre a tradutora

Maria de Lourdes Rabetti (Beti Rabetti) é professora aposentada do Departamento de Teoria do Teatro e colaboradora do Programa de Pós-Graduação em Artes Cênicas da UNIRIO, onde participa da coordenação do Laboratório Espaço de Estudos sobre o Cômico. Paralelamente aos trabalhos acadêmicos no campo da História do Espetáculo, com ênfase no teatro cômico popular e na *Commedia dell'Arte*, e no âmbito das relações artísticas e culturais entre Brasil e Itália, realizou traduções na área do teatro, algumas publicadas pela editora 7Letras (*Os Gigantes da Montanha*, de Pirandello e *Maratona de Nova York*, de Edoardo Erba), e muitas não publicadas, entre peças teatrais já encenadas – como *A Morte de Picasso*, de Erba, as versões italianas de *A Trágica História do Doutor Fausto* (Marlowe), por Maria Antonieta Andreoni D'Ovidio e *Mulheres em Assembleia* (Aristófanes), por Raffaele Cantarella – e inúmeros textos teóricos sobre a *Commedia dell'Arte*, com finalidade didática, para o que agradece infinitamente aos autores. Como pesquisadora do CNPq, desenvolve o estudo "Tradução em cena: contribuição para uma história da tradução teatral no Brasil – confrontos e experimentações".

AS MÁSCARAS DOS SARTORI

Dario Fo

Sartori pai e filho são dois personagens saídos diretamente do Renascimento. Como os Carracci, os Veneziano, os Pisano. Quase sempre pai e filho, que trocam o bastão e que parecem a reencarnação um do outro. Fabricam máscaras, mas poderiam içar pontes, construir navios, palácios ou tingir e tecer tapeçarias: seu valor não mudaria. Quem é o mais genial dos dois? O pai ou o filho? Sem ficar derramando mel numa fanática admiração, buscar uma gradação seria coisa de paranoicos crônicos: os Sartori são uma dobradinha irrepetível.

Falávamos de seu ofício de escultores de máscaras. Pessoalmente, vesti centenas de suas máscaras, em espetáculos, durante exibições e lições, em congressos e universidades, de Copenhague a Paris, de Nova York a Pequim. Reconheço, de olhos fechados, a máscara de Arlequim de Biancolelli mais que aquela presumível de Tristano Martinelli, o primeiro Arlequim.

Mas, a mim, torna-se mais cômodo descobrir se uma máscara foi criada, esculpida e batida em couro pelos Sartori ou se se trata de imitação. Não é por histeria, mas eu asseguro a vocês que me aconteceu mais de uma vez, em situação de emergência, ter que vestir uma máscara fabricada por imitadores: depois de alguns minutos não conseguia continuar a representação.

Colava no meu rosto, esfregava as bochechas, arranhava o nariz. E, sobretudo, debaixo do lábio de couro saía uma voz estropiada, sibilante e, por momentos, opaca. Poucos, de fato, sabem que uma máscara de autor é mais que tudo um instrumento acústico extraordinário, um instrumento musical de amplificação e catalisante equilíbrio de tons, dos agudos e dos graves. A este ponto, digo a vocês, estamos em feitiçaria.

Cada máscara é um instrumento musical com uma caixa de ressonância particular. Com astúcia variada é possível obter uma vasta gama de tonalidades, do falsete à emissão sibilante e, naturalmente, ligar a voz do ator aos diversos personagens e ao seu porte físico.

Se virarem uma máscara e observarem seu interior, notarão uma sequência de traços incisivos e elevados em volumes, quase em fendas e diques. O mesmo acontece observando o interior de violas, violinos e muitos instrumentos de sopro.

Outro mistério é a leveza das máscaras dos Sartori e sua adaptação aos diversos rostos. Tenho em minha bagagem de máscaras o protótipo de uma máscara vestida por Moretti (o grande Arlequim deste século). Eu a vesti um dia com certo temor. Era perfeita para mim, respirava comigo, a voz saía redonda e fortemente projetada. E, no entanto, meu rosto, a minha estrutura facial, não têm nada a ver com a de Moretti, somos antípodas, como o homem grego e o de Neandertal.

Quando, vinte anos atrás, decidi interpretar os textos do Arlequim primitivo (aquele nascido na França no final do século XVI), não conseguia vestir a máscara durante todo o espetáculo. Eu ficava transtornado. Com a máscara sobre o rosto, você deve forçar toda a expressão sobre o corpo, costas, pescoço, mandíbula, braços, busto, pernas, pés e mãos. A máscara não vive por si mesma. Realiza-se em seu próprio

Dario Fo com as máscaras dos Sartori.

Dario Fo e Franca Rame em *Hellequin, Harlekin, Arlecchino*, 1985.

valor somente em relação rítmica gestual com todos os membros, até os ossos.

Para alcançar aquele difícil *quid*, Moretti levou um ano. E aqui quero lembrar uma anedota: Marcello Moretti, progenitor de todos os Arlequins deste último meio século, durante anos recusou-se a usar a máscara. Pintava o rosto de preto com uma maquiagem à base de *cerone*.[1] Negava-se a usar a máscara por dois motivos: antes de tudo porque, para o ator, usar a máscara é uma angústia. É uma angústia determinada não tanto pelo fato de que, vestindo-a, você tem uma restrição do campo visual e do plano acústico. A voz ribomba dentro de você, te deixa aturdido. Até que se habitue, você não consegue controlar a respiração. Pode-se dizer que afasta a possibilidade de concentração. Depois, há um outro, que é de natureza mítica, mágica, e manifesta-se quando você tira a máscara: você tem a sensação de que parte do rosto continua colada.

Marcello Moretti, depois de uma dezena de anos, quando penetrara até o fundo no jogo da máscara, não conseguia mais atuar sem máscara. É do conhecimento de todos: tentou atuar em outros papéis e em outras comédias, mas não conseguiu. Ficou desesperado porque se convencera de que a sua face havia perdido a mobilidade necessária. Se pensarmos, o motivo é simples: a máscara impõe uma obrigação particular; enquanto está vestida sobre o rosto, não se pode tocá-la. Assim que é tocada, desaparece, destrói-se, torna-se repulsiva. Ver as mãos do ator que tocam a máscara enquanto atua é desagradável. Enquanto se atua com a máscara, os gestos realizados devem ser grandes, amplificados, mas sobretudo simbólicos. É apenas o andamento e a dinâmica do corpo que determinam o peso da máscara. Debaixo, a face permanece impassível, sem expressão, como reação a esta hiperatividade do corpo. Esta

---

[1] Cosmético colorido derivado de cera usado para a maquiagem dos atores. (N. T.)

Demonstrações mímicas de Dario Fo sobre a *fabula atellana* Reims, Maison de la Culture, seminário-laboratório sobre a máscara cênica de Donato Sartori e do Centro Maschere e Strutture Gestuali, 1983.

técnica, levada adiante durante anos, destrói a habilidade para a mobilidade dos músculos faciais. Ou então, as contrações do rosto são de tipo completamente diferente das que "exprimem" normalmente no teatro. Eis porque, de vez em quando, seria preciso esquecer, atirar fora, não aceitar a máscara. A máscara impõe uma gestualidade e uma atitude particulares: o gesto, o movimento completo do corpo vai, quase sempre, além da alternância usual das costas. Por quê? Porque o corpo inteiro funciona como moldura para a máscara, e transforma sua fixidez. São os gestos que variam os ritmos e a dimensão, modificam o significado e o valor da própria máscara.

É muito cansativo atuar com a máscara porque, entre outras coisas, fica-se obrigado a golpear continuamente com a parte externa do pescoço e efetuar rápidos recuos – esquerda/direita, alto/baixo – até determinar efeitos de uma agressividade quase animalesca, tanto que, ao usar a máscara, torna-se inevitável reinventar um ritmo específico. Quem decide fazer uso da máscara deve submeter-se a um tipo particular de exercício até atingir, durante um espetáculo, um "arredondamento" quase natural. Se observarmos bem, esse negócio é tão importante que sozinho conseguiu sintetizar o aparato inteiro dos vários caracteres e personagens de boa parte da história do teatro. Pessoalmente, para conseguir entrar em sintonia com a face de couro, empreguei todo o período dos ensaios (três meses) mais outros seis meses de turnê. E ainda não consigo com muita facilidade. Então, advirto aos jovens que amam o teatro da "*Commedia all'improvviso*": não tenham pressa para vestir uma máscara. Vão com calma e doçura, como quando se corteja, amando, uma bela moça.

Se você se apressa a levá-la para a cama – perdão – ao rosto, com toda probabilidade te dá um branco. E quando retirar a máscara, seu rosto ficará colado dentro do côncavo interno do couro.

A CULTURA DA MÁSCARA

Paola Piizzi e Carmelo Alberti

Para criar o Museo Internazionale della Maschera "Amleto e Donato Sartori" [Museu Internacional da Máscara "Amleto e Donato Sartori"] foi necessária muita obstinação, além do positivo encontro de muitas inteligências, concordes quanto à realização de um projeto inovador para o panorama cultural italiano. O Museu, tal como foi idealizado, atravessa a história do teatro, horizontal e verticalmente, por meio da máscara, objeto ao mesmo tempo carismático e emblemático, que se une a disciplinas que partem do teatro para desembocar na dimensão social e cotidiana. Pela primeira vez, de modo completo, é possível ler a história do teatro através da máscara, organizando materiais mágicos e inacreditáveis por sua quantidade e valor histórico-artístico.

Na sede do museu encontra lugar uma parte importante do patrimônio de máscaras, documentos e objetos produzidos e coletados por Donato Sartori e pelo pai, Amleto, em mais de setenta anos de amorosa pesquisa em todo o mundo; peças jamais expostas, capturadas em toda parte, que se colocam ao lado de uma completa gama de máscaras idealizadas e produzidas pelos próprios Sartori. Em torno das exposições desenvolveram-se profícuas colaborações com instituições culturais e estudiosos, que forneceram os importantes ensaios contidos no presente volume.

A estrutura que se encontra na base da criação do Museu é o Centro Maschere e Strutture Gestuali [Centro Máscaras e Estruturas Gestuais] de Abano Terme, que viu recolherem-se em torno de Donato Sartori valentes colaboradores.

Desde sua fundação, em 1979, o Centro procurou realizar e exaltar a recuperação e o uso do objeto-máscara-escultura, para propor uma ampliação do conceito de "mascarologia"[1] frente ao de mascaramento; recentemente foi aberto o Museo Internazionale della Maschera [Museu Internacional da Máscara], dedicado aos famosos escultores paduanos, onde é exposto todo o seu trabalho, desde o início.

A intenção do Centro não foi ditada unicamente por um interesse histórico-divulgativo, ou por uma ideia museográfica-conservadora: em um mundo que se mascara inconscientemente, que consome de maneira veloz também a cultura, esquece-se com frequência que atrás de uma expressão sugerida por um pedaço de couro encontra-se um longo e pouco conhecido trabalho, uma grande cultura que corre o risco de ser esquecida e perdida para sempre. Amleto Sartori (1915-1962) recuperou-a com fadiga após séculos de esquecimento, com aquela obstinação *pavana*[2] cheia de paciência e bom senso, e o filho Donato pegou o seu bastão.

Agora o Museu, ao qual logo irá juntar-se a Scuola Internazionale della Commedia dell'Arte [Escola Internacional da *Commedia dell'Arte*], é um "patrimônio cultural" disponibilizado aos cultores e apaixonados; além de atrair tantos outros interesses colaterais através de encontros e seminários, a casa das máscaras quer tornar-se um grande museu aberto,

---

[1] No original, *mascherologia*, vocábulo não dicionarizado. (N. T.)

[2] Paduana em dialeto antigo. (N. T.)

Dario Fo e Sarah Sartori em um momento da aula-espetáculo *Maschere, Pupazzi e Uomini Dipinti* [Máscaras, Bonecos e Homens Pintados] de Dario Fo e Franca Rame Abano Terme, Inauguração do Museo Internazionale della Maschera "Amleto e Donato Sartori", junho 2005.

único no mundo, com materiais para ver e usar, disponível aos jovens que pretendem aprender a arte da "máscara" e também aos estudiosos que almejam confrontar-se com as artes cênicas.

Todo livro que nasce de uma indagação a respeito de uma experiência supera os limites do testemunho para propor-se como um conto, crítico ou analítico, de um confronto com a ideia do espaço e do tempo em que o evento aconteceu. Um livro é tão mais importante quanto mais descreve um acontecimento cultural e artístico que se estende ao longo dos caminhos da história humana, das mais distantes e misteriosas origens da civilização até a crônica de hoje, a um balanço aproximado que deriva do pensamento criativo e, ao mesmo tempo, da memória do presente. Ainda mais, a aventura da máscara, além de pertencer às fontes da humanidade, liga-se constantemente à vitalidade do *artifex*, a ponto de desordenar os parâmetros da temporalidade; assim, ao repensar seus significados simbólicos antigos e modernos, termina-se por imaginá-la na dimensão de uma efígie do divino, um objeto que tem o poder de transfigurar o humano; ao interrogar sobre sua técnica e reelaboração material, descobrem-se as infinitas potencialidades de sua adaptação a esquemas culturais distintos; ao interrogar a sua misteriosa expressividade, compreende-se como toda resposta acaba por não satisfazer e por renovar a pergunta original. Maravilha, em suma, o fato de que um utensílio pobre e ordinário possa desprender uma enorme energia evocativa, também quando se transcrevem sobre as páginas as tantas passagens de sua tradição.

Em torno da arte mágica dos dois mestres da arte do mascarar, como são Amleto e Donato Sartori, toma forma este livro, que envolve um denso novelo de fios. Cada um deles remete ao passado, mas com funções próprias: chama em causa tanta inteligência e tantas vocações. Nele se pode encontrar uma sabedoria didática, útil para explicar aos demais – de modo claro e direto – a trama da história das máscaras: ou ainda, entre as linhas de alguns ensaios, adverte-se a respiração dos pensamentos de quem interpreta as noções desenterradas da poeira do tempo; e, depois, é possível apaixonar-se pelos testemunhos de tantos homens de cena, prontos a conjugar a vida e o teatro, conhecer as tensões da criatividade, compreender o nascimento dos vários fenômenos de espetáculo e de arte, perceber os traços de tantas utopias que prefiguram um futuro crível. E com o auxílio das imagens, as palavras desvelam outros mundos, outras paisagens, para que ao fim compreenda-se como cada viagem ao longo da estrada da máscara leva longe, no tempo e no espaço, ainda que em silêncio, sem se dar conta, reconduza à memória do presente, à realidade cotidiana, à dimensão do ver o invisível, a uma condição necessária para respirar a poesia do mundo.

Esta aula-espetáculo é dedicada à inauguração do Museo della Maschera de Abano Terme e particularmente aos seus idealizadores, os Sartori, Amleto Sartori e o filho, Donato, e ainda a Paola, sua companheira, a verdadeira alma deste museu: uma família de "mascareiros", fabricantes de máscaras, conhecidos por todos os teatrantes de valor, em todo o mundo.

Os Sartori pesquisaram na África, na Indonésia, na América do Sul, em todo o Norte da Europa e inclusive no Japão.

Mas estudar e reproduzir a máscara significa apropriar-se da história e da cultura dos povos que a constroem e dela se utilizam em suas festas, nos ritos e em seu teatro. Este Museu é único no mundo em seu gênero. Aqui se encontram testemunhos preciosíssimos e originais da história da humanidade, desde os primeiros homens, atravessando o Egito, a Mesopotâmia, a Grécia, a Índia primordial, até nossos dias.

Louvores e aplausos aos dirigentes desta cidade que compreenderam a sua importância e foram generosos de modo a tornar possível a realização do Museu cujo nascimento hoje aplaudimos.

Dario Fo

Maschere, Pupazzi e Uomini Dipinti [Máscaras, Bonecos e Homens Pintados] de Dario Fo e Franca Rame Abano Terme, junho 2005.

A ORDEM DO UNIVERSO

Claude Lévi-Strauss

❀

Por meio da linguagem que a boca articula e das emoções que os nervos faciais manifestam, o rosto, território de comunicação entre os homens, aparece-lhes como uma espécie de microcosmo que reproduz em escala a ordem do universo. Daqui deriva o excepcional poder atribuído às máscaras desde tempos imemoriais, de uma extremidade a outra da Terra. À máscara o indivíduo pede para transformá-lo em um ser diverso de si; e os homens frequentemente acreditaram que ela os torna capazes de ultrapassar os limites do mundo sobrenatural e, vestindo as máscaras, tornar-se a personificação dos deuses.

"Senhores Donato e Paola Sartori, vossa carta de 24 de junho e o que mais me enviaram chegou a mim apenas aqui no campo, onde passo o verão. Vossa generosidade confunde-me. O livro sobre a *Arte della Maschera* [Arte da Máscara], ilustrado com sabedoria, é muito interessante, e a esplêndida máscara, obra de vosso pai, é para mim precioso testemunho de sua arte e da tradição à manutenção da qual vocês se voltaram.
Eu vos autorizo, com prazer, a reproduzir o que desejarem do que escrevi sobre as máscaras.
Com os meus melhores agradecimentos, com estima e apreço por vossa obra, e com simpatia."
Claude Lévi-Strauss (Carta de 14 de julho de 2003)

A MÁSCARA

Claude Lévi-Strauss

Na cosmética, há cosmos; não é casual que o termo "máscara" tenha se introduzido no vocabulário dos institutos de beleza. Uma cabeleira que dizemos "emaranhada" gera sempre a imagem de uma natureza selvagem e rebelde; tal como a evocada pelos mitos anteriores à criação do homem e do nascimento da sociedade. Penteando-se, "mascarando" o próprio rosto com creme, pó e colorantes variados, corrigindo os traços irregulares com pincel e lápis, conferindo-lhes um estilo, o elegante, sem o saber, realiza sobre a própria figura – universo em miniatura – os gestos do demiurgo, organizador do cosmos, destruidor de monstros, iniciador das artes da civilização.

Uma cabeleira escorrida

O homem acredita contrapor-se ao resto da criação; de resto, ele a saqueou por milênios, o bastante para invocar sólidas provas a favor desta convicção. Do mesmo modo, o rosto do homem contrapõe-se ao seu corpo, assim como o estado social contrapõe-se ao estado natural. As funções naturais são da ordem do corpo: respiração, circulação, assimilação, geração, sobre as quais temos pouco controle. Quanto ao rosto, ele é a sede das funções socializadas, ou melhor, socializantes: em primeiro lugar, a linguagem, que a boca articula; e este outro sistema de signos que consiste na expressão dos sentimentos, de origem natural, sem dúvida, mas que cada cultura remodelou através de uma gama de estilos particulares. No âmbito do rosto, e por meio dele, o homem se comunica com o homem.

É dissimulando ou transformando seu rosto que ele interrompe a comunicação ou a desvia buscando outros fins.

Uma cabeleira escorrida na frente, cobrindo o rosto, aí está, sem dúvida, o protótipo da máscara, tal como a encontramos em alguns rituais. Um gesto tão simples já tão pleno de significações. O microcosmo bem organizado, simbolizado pelos olhos, nariz, boca e sua disposição constante, abre espaço para um universo desordenado; os instrumentos sociais de expressão e comunicação cedem lugar à natureza invasora; o indivíduo identificável como pessoa torna-se um ser anônimo; escapa às determinações do grupo, não é mais um parente ou um aliado, um concidadão ou um estrangeiro, um patrão ou um empregado; torna-se disponível para estabelecer contato com outras forças, outros mundos, os do amor e da morte. A distância não é assim tão grande, entre essa máscara elementar e a "mascarilha" de veludo negro usada nos bailes, e que, para seu portador assim como para seus encontros de uma noite, simboliza a aventura e a chance de uma subversão da ordem cotidiana.

Uma diversidade fabulosa

A exposição "A Máscara", que acaba de ser inaugurada em Paris[1] – cujo catálogo, redigido

---

[1] Organizada pelo Museu Guimet com a colaboração e sob os auspícios do centro documental da seção de ciências religiosas da Escola Prática dos Altos Estudos, no anexo do Museu Guimet, e sob sua égide. Texto extraído do *L'Express* de 10 de dezembro de 1959.

por uma dezena de especialistas, constitui um verdadeiro pequeno tratado sobre a máscara, que nos faltava – aborda, por meio dos objetos, um problema que cobre o inteiro domínio da etnologia. Se incluirmos os arrebiques e as tatuagens na definição de máscara, esta será encontrada em todas as sociedades. E raras são as que ignoraram a máscara, fabricada e aplicada sobre o rosto, como parece ter ocorrido na Austrália e na Polinésia.

Na entrada, algumas vitrinas familiarizam o visitante com a tipologia clássica. Aqui e ali, máscaras, expostas aos pares, sublinham os contrastes e ajudam a perceber a diversidade – que, aqui, se pode legitimamente qualificar como fabulosa – que reina soberanamente no mundo das máscaras. Algumas são enormes: as duas maiores à mostra ultrapassam, respectivamente, cinco e seis metros. Elas provêm dos dogons do Sudão; ao lado de uma delas, vemos a menor, uma "mascarilha" esquimó de 13 cm, feita para ser enfiada no dedo como se fosse um anel. Uma máscara ioruba de feitura extremamente complicada, representando dois vultos montados por um cavaleiro armado e seu séquito, está próxima de uma máscara brasileira sumariamente confeccionada em meia cabaça. Uma preciosa máscara do distrito de Torrès, em casco de tartaruga, contrapõe-se a uma máscara iroquesa trançada em humilde palha...

Um mediador

Algumas máscaras têm uma função utilitária: travestimento de caça, elmo de guerra para proteção de quem o veste; outras, uma função mágica, como as máscaras colocadas nas crianças chinesas para afastar as doenças, ou as usadas pelos caçadores siberianos para tentar escapar à vingança da caça; algumas são realistas, outras fantásticas. As máscaras podem ser atraentes ou temidas, humanas ou animais, sacras ou profanas, solenes ou bufonescas. Existem máscaras que apenas dissimulam o rosto, como a simples viseira de plumas negras dos índios bororo do Brasil Central usada baixada sobre o rosto. Sua fórmula é a antítese da que inspira a extraordinária máscara de madeira policromada dos índios kwakiutl, da Colúmbia Britânica, cujas aletas articuladas permitem desmascarar, no momento oportuno, o rosto quase humano do deus canibal, por trás de sua aparência de corvo.

Todos estes tipos constituem formas intermediárias situadas entre dois extremos, que sociedade alguma jamais ignorou, mas nem todas, no entanto, contemplam com o mesmo prazer. Por um lado, a máscara é um deus; por outro, o homem é um homem apenas porque apto a vestir uma máscara, apesar das estupefacientes descobertas de Pasyrik: cavalos usando máscaras de renas. Isto porque o homem social é, essencialmente, mascarado: leva um nome, herda uma condição, preenche uma função. Compreende-se, portanto, o papel e a importância da máscara nas sociedades humanas.

Animada por aquele que a veste, a máscara transporta o deus sobre a terra, afirma sua realidade, mistura-o à sociedade dos homens; inversamente, mascarando-se, o homem atesta sua própria existência social, manifesta-a, codifica-a por meio de símbolos. A máscara é, ao mesmo tempo, o homem e algo diferente do homem: é a mediadora por excelência entre a sociedade e a natureza, e a ordem sobrenatural habitualmente confundidas.

Seres viventes

É a máscara que constituía os deuses egípcios, assim como algumas divindades do México pré-colombiano. Presume-se que as máscaras *duk-duk*, grande confraria iniciática melanésia, procriem seus noviços. Mais: as máscaras geram umas às outras. Assim, a cada ano, duas máscaras chamadas *tubuan* "engendram" duas máscaras *duk-duk* garantindo a continuidade da espécie máscara. As máscaras são, portanto, seres viventes: não é possível enumerar, pois são muito numerosas as sociedades em que as máscaras, confiadas à guarda de padres ou oficiantes qualificados, são cotidianamente rezadas, cuidadas, nutridas. Como disse anteriormente, a máscara desvia a comunicação de sua função humana, social e profana, para estabelecê-la com um mundo sacro. A máscara, portanto, não fala ou, se o faz, exprime-se em uma língua própria e que se opõe, fonética e semanticamente, àquela que permite aos homens se comunicarem. Uma máscara maltratada ou profanada pela impiedade de seu portador dele se vingaria e o mataria, por exemplo, contraindo-se até estrangular e sufocar o culpado.

Estas crenças são de tal modo vivas que, por vezes, já explicam por si mesmas o motivo pelo qual alguns tipos de máscaras são pouco representados nos museus: os indígenas recusam-se a delas ficarem privados, temendo que a máscara possa considerar a exposição em vitrina um tipo de abandono. A mostra montada no museu Guimet comporta um belo conjunto de máscaras dos indianos Pueblo, do sudoeste dos Estados Unidos. Ela teria sido mais rica se os museus da região, solicitados pelos organizadores, não tivessem respondido que os indígenas continuam a velar zelosamente pelas máscaras dos museus que delas obtiveram posse assegurada, e que se indignariam se as máscaras deixassem aquele que foi, no passado, o território sagrado da tribo.

Lá onde o caráter divino das máscaras não é plenamente atestado, as máscaras restam para o homem um meio de entrar em contato com o mundo sobrenatural. As máscaras dos esquimós do Alasca, da qual a mostra apresenta publicamente pela primeira vez na França uma série, surpreenderão o visitante por suavidade e graça aliadas à mais prodigiosa liberdade inventiva que, sem dúvida, jamais qualquer forma de arte conheceu. E, no entanto, estes seres aparentemente arbitrários, criações – parece – de uma férvida fantasia, estes vultos bipartidos, humanos de um lado, animais de outro, estas hastes e estes pingentes que volteiam com o dançarino, não fazem mais que ilustrar, e mesmo aplicar metodicamente, uma doutrina metafísica: a do *inua*, duplo humano do animal, cuja copresença lembra a época em que a separação não era ainda irrevogável, e onde as essências misturavam-se. Quer a máscara procure assim evocar o sobrenatural e capturá-lo para gozá-lo, ou ainda, ao contrário, para enganá-lo dele apresentando uma aparência falaciosa, o sobrenatural está sempre lá.

"Alguém"

Mas eis que do sobrenatural, por uma imperceptível transição, passamos ao social. Modelando a argila sobre o próprio crânio do defunto para dele obter um retrato fiel, os indígenas das Novas Hébridas não elaboram a máscara de um deus já presente; em vez disso, através da máscara, divinizam, eternizando, um membro importante do grupo de quem esperam que o fantasma, gratificado por um tributo supremo, abstenha-se de vir atormentar os vivos. Abre-se então um filão que, por intermédio das máscaras funerárias já materialmente distintas do cadáver, passa pelas estátuas jacentes antigas ou medievais ainda fiéis à última imagem do defunto, e chega enfim aos monumentos estatuários que a recordação impõe erigir em homenagem aos grandes homens. Em todos estes casos, a máscara não é jamais, nem sobretudo, uma simples semelhança física. Ela inclui emblemas, insígnias e símbolos que evocam o estrato social, as funções e os cargos.

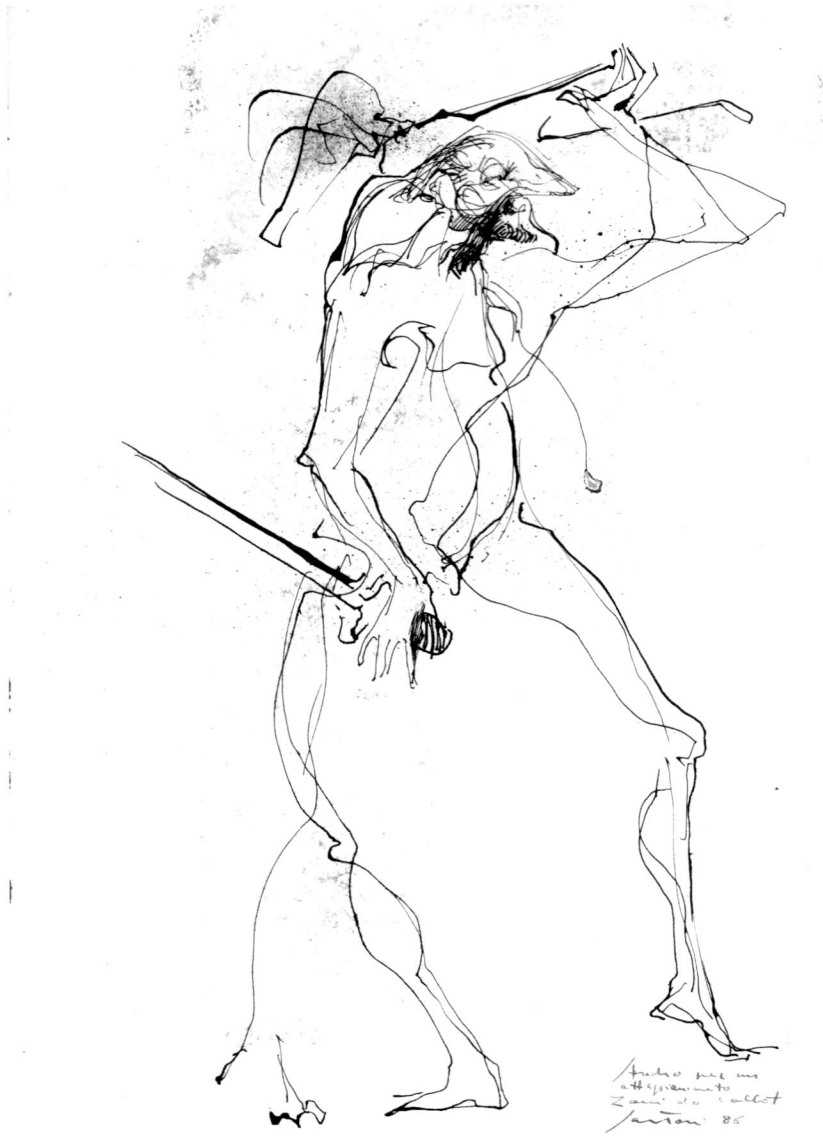

Zanni da Commedia dell'Arte inspirado no Balé de Sfessania, de J. Callot para *Arlecchino che semina il grano*. Teatro La Piccionaia di Vicenza, Donato Sartori, nanquim e guache, 1986

elegante do século XVIII, mais emplastrado de branco e vermelho que uma gueixa, com o viso estranhamente constelado por salpicos de veludo preto e traços azuis de lápis simulando o reticulado das veias subcutâneas, como, enfim, para o homem célebre, sempre atento ao seu personagem, ser a si mesmo significa ser "alguém"; alguém, portanto, uma máscara: um ser não apenas existente, mas significante.

A história da máscara verdadeira termina com os tristes preparativos de uma terça-feira gorda que não entusiasma mais nem mesmo as crianças. Com razão, a mostra, em sua última vitrina, não nos poupa nem este rebaixamento nem esta desolação. No entanto, apesar de suas funções terem sido quase invertidas, as máscaras não são menos indispensáveis, para o grupo, que as palavras. Uma sociedade que se considerasse livre de máscaras poderia ser apenas uma sociedade em que as máscaras, ainda mais potentes que no passado, e para melhor enganar os homens, seriam elas mesmas mascaradas.

(Da versão italiana de "Le Masque" [A Máscara]. In: *Des Symboles et Leurs Doubles* [Os Símbolos e Seus Duplos]. Paris, Plon, 1989, p. 179-84.)

Para muitas sociedades, além disso, estes não poderiam ser assumidos ou afirmados sem vestir a máscara correspondente: na América, na África, na Melanésia, existem máscaras de emissário, gendarme, coletor de impostos, espião, de mendicante... O papel, o prestígio, não constituem esta "face" que o homem fica exposto a "perder" quando o suporte da sociedade vem a lhe faltar?

Para o curandeiro iroquês, protegido e legitimado por um "viso falso" de madeira com traços contorcidos, que representa o rival incontido do Criador, assim como para o

A História

AS ORIGENS NO MUNDO GREGO E ROMANO

Giovanni Calendoli

A máscara, desde suas mais remotas aparições, é a representação de um vulto divino, humano ou animalesco, heroico, terrificante ou cômico que um indivíduo pode impor ao próprio vulto, cancelando-o e assumindo suas características. Esta operação de transformação exterior, mas também interior, tem um conteúdo mágico e por isso coloca-se originalmente no âmbito religioso, mesmo que as razões que determinam esta transformação possam ser muito variadas. A máscara, considerada como objeto em si, parece dotada de uma valença mágica e religiosa, porque é o instrumento que torna possível a metamorfose de um indivíduo fazendo-o diverso de si e conferindo-lhe outros poderes. A máscara encerra a força necessária para produzir a metamorfose: é, sim, um objeto, mas um objeto carregado de uma energia secreta e obscura.

Com o passar dos séculos, a máscara terminará por ser gradativamente privada desta sua carga mágica e tornar-se-á meio de ficção profana, de puro e simples camuflamento. O indivíduo então, efetivamente, se esconderá atrás da máscara. Mas, em princípio, a máscara não esconde: transforma. Também na Grécia Antiga a máscara teatral constitui-se e define-se no âmbito de um culto, o de Dionísio. E por meio da máscara realiza-se a passagem de uma representação fetichista do deus para uma representação antropomórfica. Em um primeiro momento, o deus é individuado num fragmento de madeira que, pertencente ao leito nupcial de sua mãe Sêmele, acreditava-se caído do céu quando Zeus lhe lançara um raio. A tábua de madeira, protegida por uma lâmina de bronze, assumira sucessivamente a forma de uma coluna. Esta foi acrescida, depois, de uma máscara do deus e de suas vestimentas. Este ídolo dionisíaco "mascarado" é amplamente documentado na pintura vascular ática do século VI e do século V a.C. O deus, assim, deu forma à sua existência mediante a máscara e tornou-se consequentemente o senhor da máscara.

Dionísio é o deus das estações que se alternam sobre a terra, da primavera que faz florescer a natureza e do inverno que nela espalha a desolação, é o deus da embriaguez orgiástica e da melancolia, da vida e da morte. A máscara é um elemento essencial do culto dionisíaco porque fixa o dado permanente desta alternância: se toma corpo no homem, a máscara é viva (primaveril), se não, é forma fria (invernal) que, abrigando os próprios caracteres distintivos, espera regenerar-se. De fato, aplica-se no morto a máscara que reproduz seu semblante, para conservar os seus valores após a consumação da matéria orgânica, como atestam as máscaras áureas de Micenas. O próprio desdobrar-se da máscara em uma expressão trágica e em uma expressão cômica corresponde antes de tudo à duplicidade do deus, que governa a vida e a morte e, por isso, o riso e o pranto. A subdivisão da totalidade do teatro nas duas instituições separadas da tragédia e da comédia tem sua matriz mais profunda neste culto e, quando o saber religioso do teatro vier a desaparecer quase que por completo e o teatro tornar-se uma manifestação "laica", nascerá a forma híbrida do drama onde riso e pranto

Amleto Sartori, Máscara para uma *fabula atellana*, 1953 madeira cava pintada e laqueada.

misturam-se, onde os acontecimentos lutuosos entrelaçam-se aos alegres. A um espectador ateniense do século V esta contaminação pareceria absurda, porque a primavera e o inverno, a vida e a morte, não podem conviver.

As origens da tragédia e da comédia na civilização grega constituem um problema histórico que, dada a escassez dos documentos passíveis de interpretação segura, é impossível esclarecer em todos os seus aspectos. Mas, tanto para um como para outro gênero teatral, é segura a derivação dos costumes religiosos profundamente vividos pelos povos helênicos e ligados, de modo direto ou indireto, ao culto dionisíaco.

As representações na Atenas do século V são uma liturgia organizada pelos poderes supremos da *pólis* como sua emanação direta, da qual são necessariamente participantes todos os cidadãos. O ator, no momento em que veste ou retira a máscara, sabe estar cumprindo um ato que o empenha antes de mais nada religiosa e civicamente.

A esse respeito, são muito significativas duas grandes obras pictóricas pertencentes à cultura latina e que por isso resultam ainda mais indicativas da intensa religiosidade da qual o fenômeno da máscara retira sua força íntima. Como acenamos antes, esta religiosidade com o passar do tempo tende a dissolver-se gradativamente. O evento que pela primeira vez coloca-a seriamente em crise é o surgimento do pensamento filosófico com a afirmação da racionalidade. Não por acaso, o primeiro escrito que se esforça para explicar com referências históricas "precisas" e "positivas" o nascimento da tragédia e da comédia é de Aristóteles, a quem se deve a primeira tentativa de rasgar o véu das crenças concernentes ao teatro. Na Antiga Roma, este processo por meio do qual se constitui lentamente uma teatralidade "laica" já se encontra notavelmente avançado. Todavia, duas obras pictóricas dão testemunho incontroverso do sentimento de religiosidade e de fascinação mágica com o qual são considerados o teatro e a máscara, mesmo que numa atmosfera já bastante mudada. As duas obras são o quinto compartimento do extraordinário céu que na Villa dei Misteri di Pompei [Vila dos Mistérios de Pompeia] oferece a representação da iniciação aos mistérios dionisíacos, e a conhecida pintura mural proveniente de Herculano na qual é representado um ator trágico após a vitória (agora no Museu Nacional de Nápoles).

Na pintura pompeiana um velho Sileno com a fronte coroada de hera oferece uma copa provavelmente cheia de vinho a um jovenzinho, enquanto um outro rapaz com o braço erguido segura no alto, acima dos dois, uma máscara barbuda. No ciclo, esta cena é precedida pela imagem de uma mulher com uma expressão de repentino terror e é seguida por uma representação do abraço de Dionísio e Ariadne. A máscara, em posição eminente, está a significar, sem dúvida, que a ação, com a qual estão ocupados Sileno e o jovenzinho em intenção de beber, tem um conteúdo teatral: a interpretação mais imediata e plausível é que se trate de uma cerimônia de iniciação teatral. Esta interpretação poderia explicar a colocação das duas cenas contíguas, a precedente de terror e a subsequente de pacificação no amor, dado que o teatro e a tragédia em particular têm como finalidade a purificação obtida mediante o terror que provoca a piedade serenadora.

Mas, qualquer que possa ser a interpretação exata da cena, é evidente que a máscara é teatral e que a sua presença dominante quer ter um sentido mágico e religioso.

Para esta mesma ordem de considerações, é ainda muito importante a pintura proveniente de Herculano. O ator após a atuação, com a qual obtém a vitória, depôs a máscara e, cumprindo a promessa feita ao deus, ofereceu-lhe a máscara: uma mulher diante dela ajoelhada prepara-se para escrever a dedicatória. O vulto do ator com os cabelos desarrumados ainda mantém a atitude nele impressa pela máscara, isto é, ainda não se libertou completamente do seu poder.

Na atual cultura ocidental, a máscara tornou-se um objeto de pertinência exclusivamente teatral; na cultura grega – e em muito menor escala também na romana – é, ao contrário, um instrumento de crença e de vida que encontra emprego também na situação teatral, trazendo a ela porém todas as ressonâncias de seus valores mais amplos. Em outras situações, a máscara pode recordar os antepassados mortos no larário ou com suas aparências monstruosas pode conferir um aspecto terrificante ao guerreiro em batalha.

A máscara teatral no mundo antigo não constitui um tipo particular de máscara, caracterizado por uma destinação específica, mas é pura e simplesmente a máscara, a mesma que individua no ídolo a presença do deus e que tem a sua motivação essencial no culto.

A máscara que, como foi dito, tem sua própria autonomia, independente do fato de recobrir um vulto, oferece-se ao homem em várias circunstâncias. Às vezes torna-se sua companheira muda. Máscaras são penduradas em árvores sacras em algumas festas dionisíacas, máscaras são colocadas nos espaços entre as colunas do peristilo da casa. São as máscaras que os latinos designam como *oscilla*. Elas terminam por assumir a forma simplificada de

Menandro na oficina das máscaras baixo-relevo de época helenística.

um disco decorado variadamente, quando se começa a perder a consciência de sua unidade primordial. O processo de equívoco e de separação já pode ser visto nas *Geórgicas* (II, vv. 386 ss) de Virgílio, o qual distingue as máscaras dos *oscilla*, mesmo reconduzindo umas e outras ao culto báquico.

Em um destes *oscilla* ornamentais (expostos no Museu de Parma), e nos quais está cancelada a relação com a forma originária, a máscara paradoxalmente repropõe-se na cena representada: nela é reproduzido um sátiro sentado que perscruta com um ar absorto uma máscara cômica, como se no fundo de si mesmo olhasse seu próprio ser. Em todas as ocasiões, os gregos e os romanos foram levados a contemplar as máscaras com a mesma postura pensativa, a menos que fossem descrentes; e numerosas obras de arte o testemunham de maneira clara como este *oscillum*. No teatro também a máscara não foi motivo de separação, mas foi, ao contrário, de coenvolvimento, como sempre o foram os instrumentos de culto em qualquer civilização.

A produção de máscaras no mundo antigo foi copiosíssima e tanto os gregos como os romanos foram "mascareiros"[1] extremamente hábeis: mas das máscaras teatrais feitas de materiais deterioráveis (tela gessada, cascas de árvore, cortiça pintada) não resta qualquer exemplar original. Em vez disso são numerosas suas representações em pinturas e mosaicos e as reproduções em mármore, em terracota ou em metal, que, no entanto, são de fidelidade incerta porque apresentam um grau mais ou menos elevado de estilização.

A máscara teatral cobria toda a cabeça porque compreendia também uma peruca alta e a trágica, especialmente, elevava a estatura do ator tornando-a digna dos personagens heroicos ou divinos. O fato de não se ter qualquer exemplar original disponível infelizmente impede reconstruir com certa aproximação a técnica pela qual as máscaras eram confeccionadas para fins de atuação. De qualquer modo, contrariamente ao que ocorre no teatro moderno e contemporâneo, o emprego da máscara tornava-se mais cômodo devido ao respeito a um radical convencionalismo que o espectador estava preparado para aceitar, por isso, sem se

Donato Sartori, Estudo para uma máscara de guerreiro grego, 1985 nanquim sobre papel.

---

[1] No original, *mascherero*. O vocábulo, que se repete no corpo do presente livro, por vezes como "mascheraro", não aparece dicionarizado, motivo pelo qual a tradução optou pela versão mais imediata, mantendo-o, no entanto, entre aspas. (N. T.)

sentir fraudado. Não se deve esquecer que o teatro – e também o teatro cômico, ao menos na Grécia Antiga – não era diversão, mas rito. A exigência de realismo, que é sempre fortemente presente no teatro moderno e contemporâneo (mesmo quando tecnicamente negada), começa a fazer-se sentir no mundo antigo apenas com a "comédia nova" e assim refletindo-se também sobre as máscaras, que até aquele momento traziam apenas algumas assinalações convencionais do personagem.

Segundo a tradição, Téspis substituiu as máscaras de folhas e de gavinhas entrelaçadas pelas máscaras de tela; Frínico começou a pintá-las, usando o preto para os personagens masculinos e o branco para os femininos, e Ésquilo foi o primeiro a introduzir várias cores.

Qual fosse a situação na segunda metade do século V, quando eram ativos Sófocles e Eurípedes (ambos desaparecidos em 406 a.C.), testemunha o famoso vaso de Pronomos, que remonta justamente àquele período e constitui uma das mais ricas documentações existentes (Museu Nacional de Nápoles). Na esplêndida cratera, em torno de Dionísio e Ariadne languidamente abraçados sobre um trono, estão figurados vários personagens que trazem consigo a própria máscara. A referência ao deus Dionísio, portanto, constitui sempre um valor central, e as máscaras, mesmo que finamente desenhadas, são todas caracterizadas por um evidente convencionalismo, ao contrário das roupas, feitas com ostentação de detalhes decorativos. Para entrever algum elemento que mereça ser definido como realista, é preciso chegar à metade do século IV, isto é, ao fragmento do vaso italiota de Würzburg (no museu local). Aqui também um ator contempla a máscara que, com sua expressão melancólica parece superar o convencionalismo em tentativa de definição psicológica.

Mas, já transcorreu quase um século desde a época do vaso de Pronomos e está para se abrir (ou já se abriu) a idade de Menandro, que começa a sua carreira com o *Heautontimorumenos* [O Punidor de Si Mesmo] em 324. Algumas imagens ou reproduções de máscaras concernentes à comédia antiga ou ao drama satírico parecem dotadas de uma notável carga expressiva; mas, na realidade, possuem a energia da espontaneidade popular, porque derivam diretamente das máscaras rústicas de demônios da vegetação, de criaturas monstruosas ou de animais, e eram vestidas nas mais remotas procissões ou danças do culto

Amleto Sartori, Estudo para máscara latina, 1948
madeira cava pintada.

dionisíaco. Estas manifestações, por outro lado, constituem o mundo, tão pouco conhecido, no qual, entre os séculos VI e V a.C., as várias formas teatrais do período clássico encontram sua origem, após uma longa e laboriosa fase de gestação.

Na comédia antiga frequentemente famosos expoentes da vida contemporânea eram levados à cena e submetidos à sátira. Assim, nos *Cavaleiros* de Aristófanes aparece Demóstenes; nas *Nuvens*, Sócrates; em *As Mulheres que Celebram as Tesmofórias*, Agatone e Eurípedes. Muitos afirmam que nestes casos os atores vestiam máscaras caricaturais perfeitamente reconhecíveis em seus traços fisionômicos pelos espectadores. Mas a hipótese ao nosso ver é muito pouco atendível. A arte da máscara no mundo antigo sem dúvida chegou a expressões de notável força cômica e grotesca, mas sempre em uma dimensão de generalização, sobretudo exterior. Não existem documentos e razões fundadas para pensar que a máscara possa ter criado verdadeiros retratos caricaturais de indivíduos singulares. Naturalmente, aqueles personagens em cena também eram individuáveis rapidamente por certos modos de agir e falar ou por outras assinalações evidentes; mas não por sua máscara. A caricatura brotava, antes de mais nada, do conteúdo crítico da palavra, e os textos de Aristófanes demonstram-no amplamente.

A definição da função da máscara no âmbito do teatro é uma invenção da civilização grega, que estava em condições ideais para alcançar naturalmente este resultado, porque a máscara é originalmente um instrumento do culto e o teatro, inclusive em sua forma artisticamente mais completa do século V, permaneceu para os gregos seu instrumento fundamental. Os romanos herdaram a concepção e a prática da máscara teatral dos gregos, mas, devido a uma orientação diversa de sua cultura, acentuaram cada vez mais a tendência já presente no mundo helênico, pela qual a máscara perdeu gradativamente seu conteúdo mágico e religioso, para tornar-se um objeto profano e ao fim um instrumento profissional: talvez exatamente por isso os romanos tenham sido tecnicamente também mais refinados na criação das máscaras. Discutiu-se se os atores da *palliata*, isto é, da comédia latina de derivação grega (na qual os atores vestiam o *pallium* [pálio]), usavam a máscara desde o princípio ou se, ao invés disso, atuavam inicialmente com o rosto descoberto.

Segundo uma tradição confirmada em mais de uma fonte, a máscara teria sido introduzida no teatro romano pelo ator Roscio Gallo (que viveu no século I a.C.), o qual, sendo estrábico, teria escondido seu defeito dessa forma. Mas, por meio de outras fontes, o primeiro uso da máscara é atribuído a Minucio Protimo e a Ambívio Turpião. Provavelmente, a questão não procede historicamente, e os contraditórios testemunhos são fruto de mal-entendido ou exageração, até porque a máscara, compreendida em sua acepção mais ampla, sempre esteve presente nas populações itálicas.

Mas a história da máscara na civilização romana deu uma contribuição com a *fabula atellana* a que nem sempre se atribuiu suficiente relevo quanto à importância e à originalidade.

A *fabula atellana* é um espetáculo farsesco baseado em quatro tipos fixos que usam a máscara e têm um nome invariável: Maccus (o glutão), Bucco (o falastrão tolo), Pappus (o velho esmorecido) e Dossennus (o corcunda malicioso). O erudito Marco Terêncio Varrão, que, ativo no século I a.C., dedicara uma obra infelizmente desaparecida às origens do teatro romano (*De Scaenis Originibus*), numa passagem das *Sátiras* (198 B), usa a expressão "*tricas Atellanas exsplicare*". Estas palavras devem ser entendidas, indubitavelmente, no sentido de que a representação das *fabula atellana* consistia no desenvolvimento improvisado sobre a cena de intrigas preordenadas (*tricae* é equivalente a *roteiros*).[2] O desenvolvimento da intriga ocorria pela quatro máscaras fixas, caracterizadas cada uma delas por uma fala, uma psicologia própria, definida com uma evidência linear e elementar e em relação a um tipo inequivocamente desenhado, inclusive sob o aspecto somático. Parece evidente que a *fabula atellana* confere à máscara teatral uma estrutura e uma função radicalmente novas, que encontram emprego num espetáculo cômico nitidamente profano muito distante da tradição grega.

A *fabula atellana* nasce de fato de uma cultura tipicamente itálica que, mesmo exposta à influência grega, é dominada por componentes oscos, latinos e etruscos. Estes elementos naturalmente não são suficientes para avançar a hipótese de que a *Commedia dell'Arte* e suas máscaras devam ser consideradas uma desviação da *fabula atellana*; mas certamente permitem afirmar que a *fabula atellana* preanuncia, com um claro destaque, a evolução em direção às futuras formas da *Commedia dell'Arte*. O catálogo mais amplo das máscaras teatrais antigas é obtido num léxico de nomenclatura, o *Onomasticon*, compilado pelo gramático Júlio Pólux, que viveu no século II d.C. Pólux lista e ilustra 28 máscaras trágicas, 4 satíricas e 43 cômicas. Suas descrições são muito acuradas, especialmente no que se refere à coloração e ao feitio dos cabelos e à cor do vulto; mas é claro que este catálogo fornece, no conjunto, informações muito áridas. Informações muito mais esclarecedoras desprendem-se das obras de arte figurativas, inclusive porque os autores espelham em suas representações, mesmo deformando, uma experiência diretamente vivida. Os caracteres formais da máscara antiga são inconfundíveis devido ao particular procedimento de seleção e de síntese mediante o qual os "mascareiros" conseguem definir a dimensão teatral do personagem. Mas inconfundível e não repetível é antes de tudo a complexa experiência religiosa e civil da qual nasce este particular modo de ser da máscara, que, mesmo fazendo-se portadora do riso e do pranto humano, permanece sempre ligada ao culto.

(De D. Sartori e B. Lanata (org.), *Arte della Maschera nella Commedia dell'Arte* [Arte da Máscara na *Commedia dell'Arte*]. Florença, La Casa Usher, 1983, p. 13-24.)

---

[2] No original, *canovacci* (pl. *canovaccio*) – tela tecida com fiação grosseira, de trama muito larga; por extensão, trama escrita mas não detalhada de uma ação dramática; por extensão, esboço, esquema de uma obra literária. Pode-se dizer que os *scenari* ou *canovacci* são um esquema de uma comédia por fazer, desenvolvido por cenas e contemplando a presença de todos os personagens. (N. T.)

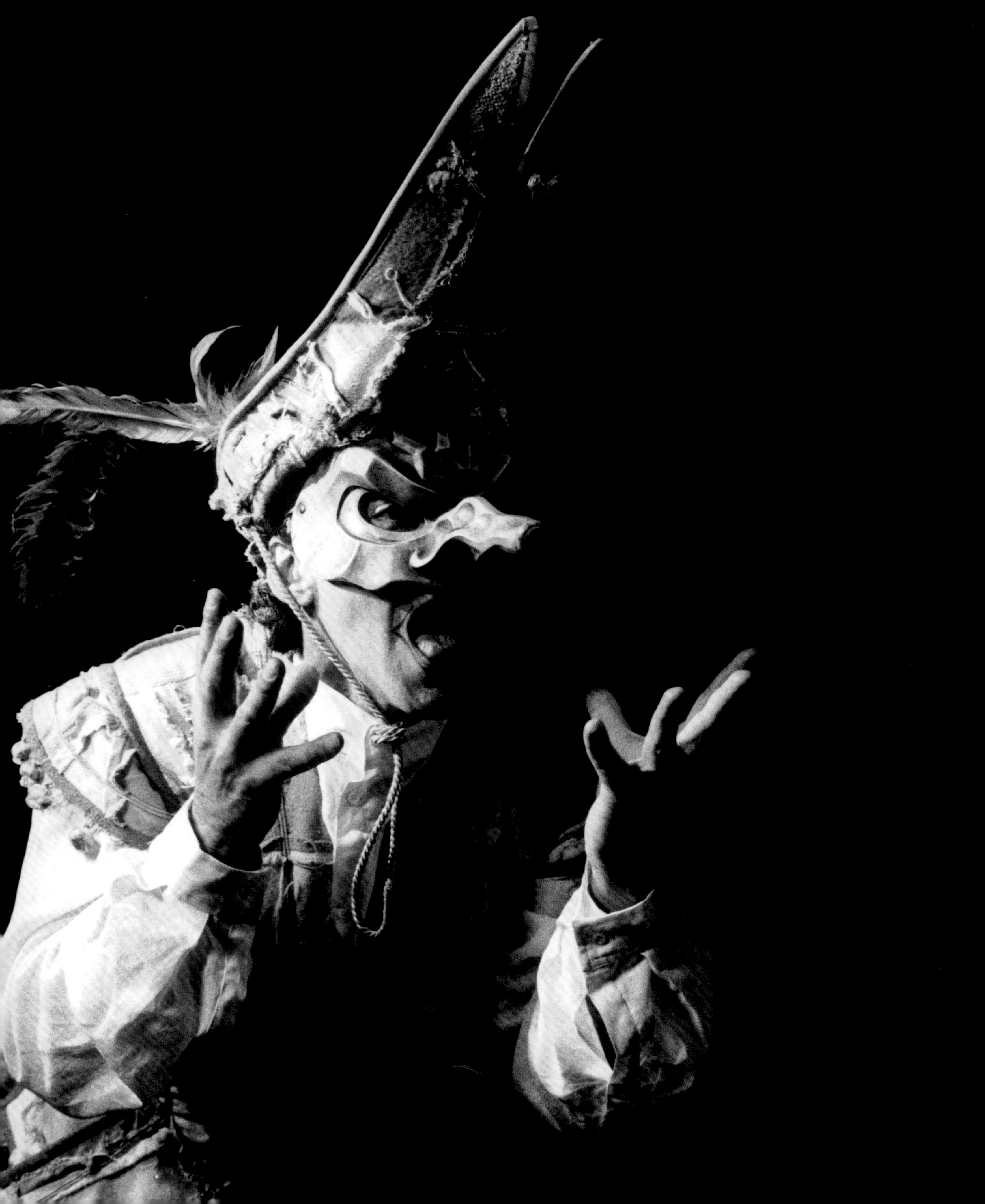

MITOLOGIAS LENDÁRIAS DE ARLEQUIM

Ludovico Zorzi

❂

Esta que tenho em mãos é a máscara de Arlequim. É um objeto de couro, tratado, pelo curtimento e pela plástica, quase que com a técnica usual de fazer sapatos. Espero que a comparação seja entendida no sentido correto: ao indicar logo o "como se faz" (que corresponde a uma curiosidade legítima e difusa, apesar da multiplicação dos "laboratórios"), pensei colocar o objeto em sua esfera de proveniência (que é a do alto artesanato, da "arte" no sentido técnico-profissional com o qual os cômicos referiam o próprio ofício), sem pretender diminuir seu valor cultural e material, que em nosso caso é relevante. O executor desta máscara foi um escultor, Amleto Sartori, o qual, além do mérito de ter conseguido recuperar a antiga habilidade do "mascareiro",[1] alcançou notoriedade internacional, a partir do momento em que os atores europeus e americanos, e mais tarde, inclusive, os japoneses (ele havia aprendido a reproduzir perfeitamente as refinadas máscaras da época, em madeira e laca), dirigiram-se a ele para dele obter colaboração e conselho. Ao lado dos protótipos gerais, como é este do Arlequim, Sartori produziu também, com a criatividade própria do artista moderno, tipos específicos, idealizados especialmente para determinados espetáculos. Quero recordar por um lado as máscaras neutras para as pantomimas de Jacques Lecoq, intencionalmente privadas de expressão individual, e, de outro, as máscaras para os *Seis Personagens* de Pirandello, que colocamos em cena com o teatro da Universidade de Pádua em 1952, acolhendo um expediente sugerido pelo próprio autor numa didascália,[2] para que se servisse justamente "do meio de máscaras especiais" para diferenciar os personagens da comédia dos atores da companhia, fixando com elas a expressão do sentimento predominante em cada um: o remorso para o Pai, a vingança para a Enteada, a dor para a Mãe, e assim por diante.

O nascimento da máscara está ligado, portanto, ao ato criativo de um escultor (isto é verdade seja no ambiente das culturas evoluídas, seja no das chamadas culturas marginais), que incisa num molde de madeira (sobre o qual será modelada a pele já tratada com curtimento e depois secada) os feitios do rosto que ele tem em mente representar. Na maior parte dos casos, trata-se de feições de um vulto humano, tipificado (como na máscara do teatro clássico: o homem, a mulher, o velho, o escravo) mas reconhecível: trata-se, frequentemente, de um nobre vulto. Mas de quem é, a que tipo de personagem pertence o rosto de Arlequim? Ele nos parece mais semelhante ao focinho de um animal ou ao esgar[3] de um monstro que ao

---

[1] "Arte", no sentido próprio dos cômicos, continha também a noção de "habilidade" no exercício do mister; e o de "mascareiro" é um dos ofícios desaparecidos da cultura artesanal, mas que entre os séculos XVII e XVIII teve demanda e mercado, sobretudo em Veneza, com os "vultos" para o carnaval e com os "dominós".

[2] Trata-se, como se sabe, de uma didascália "acrescentada", que não aparece na primeira edição. Além do mais, é um expediente quase nunca aplicado pelos teatrantes.

[3] No original *ghigno*, de *ghignare* – rir sarcasticamente, sardonicamente; riso maligno; expressão zombeteira, sarcástica. (N. T.)

Zanni
máscara dos Sartori
Le Ridicolose Gesta dello Zanni Innamorato [As Ridículas Gestas do Zanni Enamorado]
de Titino Carrara e Carlo Presotto,
intérprete Titino Carrara
Vicenza, Teatro Olimpico, 1998.

vulto de uma criatura humana; mesmo que seja de uma humanidade "criada" (penso ainda na didascália de Pirandello), ou na verdade a um vulto imaginado pela fantasia, mas mais real e "consistente" (outra expressão cara a Pirandello) que a volúvel naturalidade do ator.

O vulto de Arlequim é o vulto de um ser maligno: é o vulto do demônio. Ou melhor, é um vulto que do vulto de um demônio transmite um reflexo amortecido pela estilização formal e, por assim dizer, polido pela série de traspasses que, de um núcleo de lendas alto-medievais, trouxeram-no para o coração do teatro moderno. Isso aconteceu ao longo de uma série de passagens lentas, de simbioses por vezes inexplicáveis, ou às quais falta um elemento de ligação; e, no entanto, podemos estar certos a respeito da natureza das origens e das tendências deste movimento (de associação, de identificação e de sucessiva perda de conotações sincréticas). Em meio a estes acontecimentos, que vão do demônio ao mímico, permanece um amplo arco de sombra: projetado por aquele misto de autossuficiência e desconfiança, ou sobretudo pela ignorância diante das complexas e nada mecânicas trocas entre estrutura e superestrutura, e em particular da esfera referente às ciências antropológicas, diante da qual a nossa cultura de imitação olhava, 20 ou 25 anos atrás, argumentos e métodos para sua averiguação, julgando-os pouco "científicos".

Na coleção "violeta" de Einaudi, saiu em 1955 um volume de Paolo Toschi, *Le Origini del Teatro Italiano* [As Origens do Teatro Italiano],[4] em que o autor expunha a teoria da origem demoníaca de algumas máscaras, que passaram do carnaval ao teatro: não apenas do Arlequim e sua família, que são seu indício mais evidente, mas também do *zanni*, que representa a estirpe de enxerto comum, e do Pulcinella, que, mais que de um demônio, derivaria da larva de um traspassado. Os argumentos apresentados por Toschi são vários, e vão desde o relevo do rosto negro, dos lineamentos bestiais ou inumanos (como é justamente o focinho do diabo), à roupa originariamente branca destes personagens (como branco é o sudário dos mortos ou o lençol dos espectros), à voz tênue, de emanação do além-túmulo, que caracteriza Pulcinella, à índole não benévola, geralmente cruel e desdenhosa, que aflora no comportamento dos vários tipos.

As máscaras incutem uma espécie de temor instintivo: sabemos que elas podem cometer iniquidades, praticar violências, realizar brincadeiras apavorantes, justamente como os espíritos que, segundo a superstição, vinham à noite beliscar o nariz dos dormentes ou puxá-los da cama pelos pés. Ao lado destes elementos, que constituem o cenário folclórico, subsistem, como veremos, outros dados filológicos, que fundamentam a hipótese de Toschi. E, no entanto, quando de seu aparecimento[5] não faltaram reservas e surpresas: como se de repente um joguete amável, com o qual os estudiosos haviam se divertido, com confiança e tranquilidade, tivesse se despedaçado... No fundo, que tipo de coisa Toschi fora exumar por conta de Arlequim? Ele se limitara a rediscutir, sob o enquadramento do recorte demonológico definido por seu livro, a tradição das lendas saxônicas e bretãs em torno do rei Herla, da caça selvagem, de Hoillequin, das gestas dos *herlequins* teatrais, pouco a pouco, até a entrada do tipo nos papéis da *Commedia dell'Arte*.

Faltavam os traçados de sua posterior difusão no teatro do século XVII, e disto ao

---

[4] Hoje reeditado pela editora Boringhieri (Turim, 1969 e, posteriormente, 1976).

[5] A hipótese de Toschi foi antecipada em 1953 em artigo na *Arena*, 1, p. 55-66, a que respondeu Silvio d'Amico, idem, p. 225-27.

teatro de Goldoni, onde, todavia, o nome de Arlequim figura com parcimônia, não se tendo imposto ainda a passagem ao papel homólogo do Truffaldino (a plena identificação ocorrerá somente no decorrer do século XIX, através dos artífices da "tradição goldoniana"). Esta lacuna foi parcialmente preenchida por obra de um de nossos estudiosos de velho tipo, Fausto Nicolini, amigo de Croce e como ele atraído por ocasionais incursões no mundo das tradições populares; o qual, poucos anos mais tarde, junto a uma ampla descrição pormenorizada dos materiais documentais e iconográficos, percorreu novamente a história do nome e do tipo no volume *Vita di Arlecchino* [Vida de Arlequim], publicado pela Ricciardi em 1958 no âmbito das iniciativas promovidas por Raffaele Mattioli. A monografia de Nicolini permanece até hoje a melhor contribuição oferecida pela cultura italiana ao estudo do personagem e das questões que a ele se referem.

Exponho a vocês, resumindo-a da paráfrase que dela ofereceu Nicolini, a mais difundida das lendas anglo-saxônicas, reportada com muitos detalhes pelo *De Nugis* de Walter Map, que entre 1181 e 1193 foi membro da corte do rei Henrique II, Plantageneta. Ela refere que antes das invasões saxônicas havia entre os reis britânicos um de nome Herla. Um dia apresenta-se a ele um outro rei, de estatura baixa e semelhante a um sátiro, a ponto de merecer o nome, pelo qual era chamado, de Pigmeu. Em resumo, Pigmeu faz com que o rei Herla prometa que o convidará para suas núpcias; em troca, após exatamente um ano de distância, Pigmeu o convidaria para as suas. Rei Herla promete, e justamente naquele dia, como havia predito Pigmeu, chegam a sua corte os embaixadores dos francos, que oferecem-lhe a mão da filha do rei. São marcadas as núpcias; e eis que, no momento em que está para iniciar o banquete, aparece Pigmeu seguido por uma imensa turba de súditos. Estes são homúnculos de dimensões mínimas, mas, apesar disso, só alguns poucos conseguem acomodar-se no palácio; os outros dispõem-se em pequenos pavilhões, erguidos ao seu redor como que por encanto. Põem-se a trabalhar e, num instante, preparam as mesas do palácio e dos pavilhões com móveis e utensílios não de madeira e nem de prata, mas de ouro; oferecem bebidas sobejas em taças de pedras preciosas, servem pratos refinados, esforçam-se de mil maneiras para servir os esposos e os hóspedes, alegrando-os com a suntuosidade das vestes e com a gentileza do trato. Terminado o banquete, o seu soberano recorda a Herla a promessa; depois se retira em seu pavilhão e, por volta da hora em que o galo canta, desaparece num sopro com todos os seus.

Passado um ano, a figura minúscula e caprina reaparece repentinamente ao rei Herla e lembra-o da contrapartida. Provido do necessário para fazer bela figura e realizar a cortesia, Herla segue-o com sua comitiva. Tendo chegado aos pés de um rochedo altíssimo, penetram numa caverna envolta em trevas; caminham longamente, até que chegam a uma sala iluminada por luzes fulgurantes que emanam dos mármores das paredes: é o palácio de Pigmeu. Celebradas as núpcias do senhor do lugar, este acompanha-os até a saída, depois de tê-los carregado de presentes, cavalos, cães, falcões e de tudo o mais que então servia para a caça. No momento da despedida, onde começavam as trevas, o anfitrião oferece a eles um filhote tão pequeno que deveria ser carregado na sela, recomendando a todos não descer do cavalo até que o pequeno animal não o fizesse por si. Após poucas horas de caminhada, Herla e os seus voltam a ver a luz do sol e, encontrando na saída da caverna um velho pastor, pedem-lhe notícias da rainha e do reino. O pastor surpreende-se, entende com dificuldade a língua dos cavaleiros britônicos; por fim admite ter ouvido

Donato Sartori, Estudo para um *Capitano* inspirado em *I Balli di Sfessania* [As Danças de Sfessania] de Jacques Callot, 1985 nanquim e guache.

Donato Sartori, Estudo para um *Capitano* inspirado em *I Balli di Sfessania* [As Danças de Sfessania] de Jacques Callot, 1985 nanquim e guache.

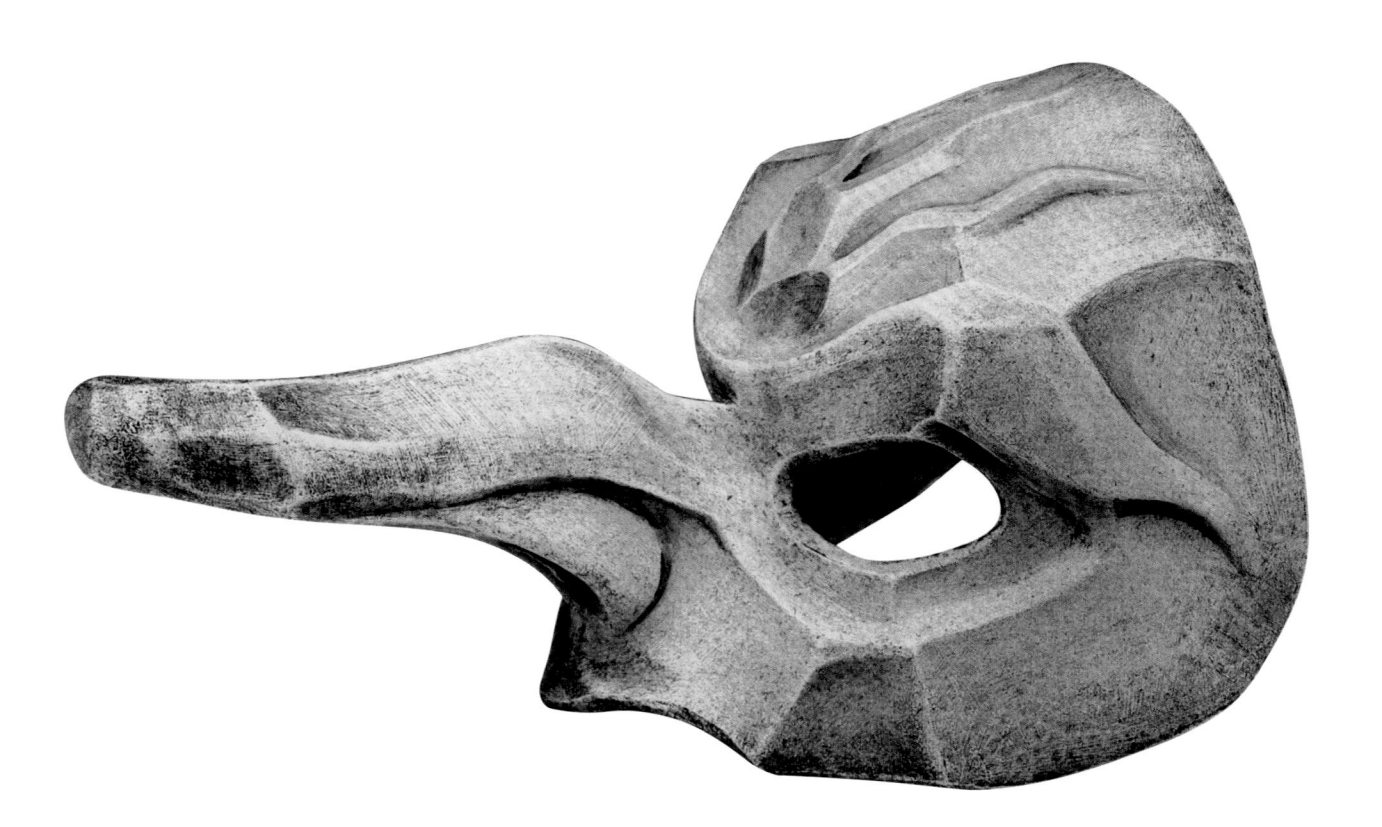

Capitan Coccodrillo
Máscara dos Sartori,1982,
a partir de *I Balli di Sfessania*
[As Danças de Sfessania]
de Jacques Callot
couro pintado e patinado.

uma vez o nome da rainha, mulher de um certo rei Herla, mas declara que seu reino deve ter existido em época distante, antes da invasão dos saxões, que ocupam aquelas terras há pelo menos três séculos.

Ao ouvir falar de três séculos em lugar dos três dias que Herla considerava ter passado longe do reino, por pouco não cai de sua sela. Mas, em seguida, alguns, alarmados e esquecidos da advertência de Pigmeu, descem sem esperar que salte no chão o cachorrinho e ficam pulverizados. Herla compreende e proíbe aos seus que desmontem antes que o cachorrinho dê o sinal. Mas o sinal jamais será dado, e a Herla e seus companheiros caberá permanecer montados a cavalo, e galopar, galopar, galopar, como uma manada de espectros, até o fim dos séculos. Não foram poucos (acrescenta Map) os que a partir de então viram a lúgubre cavalgada. Alguns, certo dia, não sabendo o que fosse aquela turba de homens e mulheres dilacerados e desmilinguidos, montados sobre cavalos esqueléticos e seguidos por pássaros e cães,

circundaram-na e enfrentaram-na com armas em punho. Mas foi vã qualquer tentativa de induzi-los a falar; quando estavam a ponto de transpassá-los, os cavaleiros ergueram-se no céu e desapareceram.

Como dizia, a lenda apresenta diversas variantes que não vale a pena referir agora. Passando da Inglaterra para a França, ela introduz no conto tradicional uma figura histórica, a de Hoillequin ou Hellequin de Boulogne, cuja morte ocorreu em combate contra os normandos não antes de 886, mas que a lenda antecipa em um século e meio, fazendo-a remontar aos tempos de Carlos Martel e à luta contra os invasores sarracenos. A forma definitiva é a fornecida por um romance anônimo, publicado em 1601 e tendo como protaganista Ricardo Sem Medo, terceiro duque da Normandia e avô do mais conhecido Ricardo o Diabo, morto ao final do milênio. Nela Hellequin é um pródigo cavaleiro que, combatendo os odiados infiéis com uma esquadra de seus seguidores, perde o seu castelo na Normandia e vê-se obrigado à clandestinidade. Durante a guerrilha que se segue, Hellequin e os seus cometem muitos delitos, pelos quais, assim que morre, o cavaleiro apresenta-se ao supremo Juiz e espera ser precipitado no inferno. Mas, naquele momento voltam à mente do Senhor os tantos sarracenos abatidos e os grandes serviços que aquele pecador prestou à causa da fé, de modo que se compraz em trocar o castigo eterno por outro mais suave: por um tempo determinado (isto é, até que o Senhor queira chamá-los a si), Hellequin e os seus serão condenados a vagar por toda a terra, sem descanso, sofrendo e causando, nesta penosa errância, todo tipo de calamidade e de tormentos. Poderia ocorrer que algum mortal os encontrasse e os visse em comportamentos curiosos, sobretudo aqueles em que se abandonam a uma dança desenfreada. Foi assim que certa vez foram avistados por Ricardo Sem Medo. Também neste caso, dançando, os guerreiros voaram e desapareceram pelo céu.

Eis então que, em ambas as versões, a lenda associa crenças maturadas nos lúgubres invernos nórdicos – a visão da manada infernal, da caça selvagem e da dança macabra – ao mesmo personagem, que nelas desenvolve constantemente a função de chefe. Veremos agora como Hellequin, de dimensões assim trágicas (quem lembra o terceiro ato da *Walkiria* reconhecerá na *Wilde Jagd* o tema da caça de Wotan e da "cavalgada dos deuses"), pode ser reduzido às medidas toleráveis do personagem que conhecemos. É bem provável que, deslocando-se em direção a latitudes mais meridionais, a lenda da *maisne Hellequin* [manada Hellequin] tenha-se sobreposto a um rito de extração agrícola e carnavalesca, ligado ao culto da fecundidade vegetal, ou na verdade que o Herla-King tenha-se identificado, em certo momento, com o Herl-König, o rei dos elfos e das ninfas que presidiam a vegetação natural, disso derivando afinidades de funções e de aspecto (a este ponto, é possível outra conexão com retorno ao Norte pelas fadas e duendes da *Twelfth Night* [Noite de Reis] shakespeariana).

A respeito da origem da roupa de Arlequim, subsistem, de fato, opiniões distintas. A primeira (que chamaremos, para nosso entendimento, de tipo pauperístico) faria com que derivasse dos retalhos coloridos que pouco a pouco teriam recoberto o originário hábito branco do *zanni*; este era o saio[6] de algodão cru, não tingido por questões econômicas, que constitui a veste de trabalho do camponês italiano (e dos climas quentes em geral, onde os raios escaldantes do sol requerem uma cor actínica, o branco, como é o hábito dos *peões*).[7] A segunda hipótese (que definiremos de tipo cerimonial) o quereria, ao invés disso, já nascido desde o princípio com roupa nas cores da primavera, e vestido como aquele que tinha a tarefa de guiar a procissão através dos campos: o hábito jaspeado teria o poder de provocar, por efeito de magia simpática, o desabrochar das flores e dos frutos que dali a pouco teriam recoberto a terra. Arlequim, por esta estrada, recuperaria as funções de um outro grande e antigo personagem ligado inclusive às origens do teatro, tornar-se-ia por seu lado um pequeno Dionísio. Dionísio era o deus da vegetação inculta, o condutor do *tiaso*,[8] o inspirador da mania, que os componentes do seu triunfo-cortejo, correndo pelos campos, invocavam, dentre outros, com os nomes de βρόμιος, "estrepitante", de χύσθιος, "ínfero", de ψυχοπομπός, "psicopompo", condutor da πομπή, do cortejo das almas dos mortos. São todos apelativos que, com um mínimo de desvio semântico, poderiam ser atribuídos também ao Arlequim primitivo.

---

[6] *Saio* também no original. Em português, saio é antiga veste larga, com abas e fraldão; antigo casacão de militares. (N. T.)
[7] No original, *peones*. (N.T.)
[8] Na Grécia Antiga, associação religiosa dedicada ao culto dionisíaco; a festa religiosa celebrada por tais associações. (N. T.)

O nome, de tronco germânico, está ligado claramente a *Hell* – "inferno" (dissimulado em *Herl-*) e *König*, "rei". Assim, os étimos, mais latamente significantes, de *maschera*, de *larva* e afins, evocam a ideia de traspasse, do espectro.[9] Outros caracteres do Arlequim que denotam uma origem, ou no mínimo uma tipologia demoníaca, são alguns traços de sua imagem arcaica. Como por exemplo no focinho[10] da máscara primitiva, de pelos eriçados e guarnecido por uma protuberância vermelha sobre a fronte, que não é o galo produzido por uma pancada recebida (como nos foi ensinado na infância), mas o que restou do truncado par de chifres satíricos, aos quais, por esconjuro apotropaico, sempre preferiu-se não pensar. Ou como na voz em falsete, que conserva um timbre entre o horripilante e o grotesco, com o qual o demônio se diverte imitando a voz dos defuntos. Ou como no passo saltitante, de ritmo ternário, que conserva um resíduo do *íctus* da dança macabra. Ou ainda como na sexualidade primordial e obscena, levado pela qual ele molesta e insidia as mulheres (nós o veremos em ação na *suite* Fossard); e relembre-se que o inocente *batocio*,[11] do qual no século XIX ele afirmava ter derivado o cognome-sobrenome,[12] é na realidade o substituto da verga, outro atributo dionisíaco, que Arlequim emprega para fins não simbólicos, servindo-se dele para ameaçar alguém de *pedicatio* [relação anal] ou para levar o alimento à boca (estamos sempre na esfera da corporeidade imediata e indecente). Ou, prosseguindo, como a escatologia elementar (não infantil, note-se, como foi dito) que induz Arlequim a gestos e a expressões imundas, a arriar as calças em cena (pretexto para o célebre Dominique, já velho, improvisar uma tirada sobre a própria *parva vis* sexual, que teve a honra de ser compartilhada com um rei de França). Sempre a mesma fisiologicidade elementar o induz a emitir, com ou sem a ajuda de uma bexiga, fragorosos peidos endereçados aos adversários (aqui também, a voz e a fetidez do demônio), a executar com naturalidade *lazzi*[13] triviais (o "*genérico*"[14] de Arlequim, que se tornou raríssimo, é um dos mais licenciosos que se conhece); a comer sem moderação e com avidez alimentos que ele tende a roubar, para saciar sua congênita e patológica fome. Ou ainda, quando realmente não tem nada com que fazer calar o estômago, recorre a expedientes desesperados em sua amarga sabedoria, como sugar uma migalha de pão amarrada num barbante, ou a hábitos alimentares aparentemente absurdos ou repugnantes, mas colhidos, na verdade, no vasto baú de seus precedentes folclóricos. Creio, por exemplo, que o célebre *lazzo* da mosca (hoje magistralmente executado por Soleri no *Arlequim* de Strehler) denote, também ele, uma distante proveniência diabólica: nos antigos formulários de esconjuro, ou nos prontuários para identificar as bruxas, tanto o diabo quanto suas criadas são agraciados por vezes

---

[9] As *masche*, em piemontês, são as lâmias, os espíritos; e o expressivo derivado vêneto *tambascare* indica um modo desconexo e caótico de provocar ou emitir sons, típico da evocação dos espectros.

[10] No original, *grugno* – focinho do porco e do javali; expressão corrugada. (N. T.)

[11] Espécie de bastão em forma de espátula que os *zanni*, Briguela e Arlequim, trazem na cintura. (N. T.)

[12] "*Mi so' Arlecchin batocio, sordo de un ocio e orbo de una recia*" ["Eu sou Arlequim *batocio*, surdo de um olho e cego de uma orelha"] era a autoapresentação que, sempre, quando crianças, nos fazia rir no teatro das marionetes.

[13] *Lazzo* (pl. *lazzi*) – Sinteticamente, pode-se dizer que o termo, de caráter técnico, indica momentos atoriais de relativa autonomia, em que, mantendo a coerência com sua parte e com a inteira cena, o ator dedica-se à ação, não exclusivamente mímica, de destaque, de virtuosismo, no quadro do complexo organismo da cena *dell'Arte*. (N. T.)

[14] No original, *generico* – caderno em que se anotam, sem ordem, encontros marcados, notícias, pensamentos. Os *zibaldoni*, ou *generici*, são o instrumento atorial pertencente a um método de trabalho adequadamente correspondente à atuação com *scenari* ou *canovvaci* (os roteiros). (N. T.)

com a qualificação de "magna-moscas". Não se trata, portanto, de um *lazzo* surreal ou infantil, inventado e transmitido na bagagem do ator, mas de algo que tem origem muito mais antiga e trágica. As *moscas*, até Sartre, são a metáfora infernal das Erínias.

Tudo retorna assim ao vasto cadinho das crenças e das tradições do antigo mundo agrário, povoado de rituais, como o do teatro, que estão na raiz do nosso patrimônio antropológico, hoje submerso nos extratos inferiores de uma cultura "outra" e por meio dela em vias de extinção. Por isso Arlequim é um personagem ainda vital; e a sua história, a sua natureza, o seu mundo merecem ser conhecidos e custodiados como parte de um bem cultural que concerne a todos nós. Conhecidos e custodiados, mas sem intenções puramente nacionalistas; claro, o tipo teve uma história também entre nós, especialmente do teatro goldoniano em diante, esteve no centro de vicissitudes, de trocas, de vaivéns entre vários países, em torno dos quais não acabaríamos mais de reevocar figuras e anedotas. Mas uma coisa é certa: Arlequim poderá ter se naturalizado a ponto de exprimir-se na antiga fala *zannesca*, de base bergamasca, e apurada depois no dialeto veneziano; mas ele continua um "oriundo", não é um italiano. As origens, que procurei traçar, demonstram-no; e provam-no outros indícios ainda, bem mais recentes. Não me é possível, quase ao término deste exame de dados, retomar o discurso em torno do Alichino dantesco, certamente a mais antiga atestação italiana do nome. Trata-se, como poderão se lembrar, do mais turbulento dos diabos que no XXI canto do *Inferno* atormentam os barateiros. Alichino encabeça a fila da decúria guiada por Barbariccia, o qual, para executar os comandos, serve-se daquela "trombeta" a que o Alichino secularizado não terá pudor para dar fôlego sobre o palco. O problema é complexo, e sua solução nos traria o anel ausente na cadeia que liga o Hellequin das sagas bretãs e germânicas ao Arlequim da comédia italiana. Creio estar em condições de produzir, como uma contribuição pessoal mínima para a questão, uma imagem do Arlequim diabólico, não muito posterior à "citação" dantesca, tendo-a identificado há pouco no encarte dos diabos grotescos que Andrea Bonaiuti, também chamado Andrea de Florença, pintou por volta de 1365 na cena da descida ao Limbo, entre os afrescos que decoram a sala do capítulo (chamada depois Cappellone degli Spagnoli) no Chiostro Verde de Santa Maria Novella.

A cena, com o corte das duas grutas de papel machê, remete certamente ao dispositivo de uma sacra representação,[15] constituído por dois lugares determinados, o Limbo e a porta do Inferno: um confronto que agrada à destinação "popular", tendo à cabeça o mercador Bonaccorso Guidalotti e o prior Jacopo Passavanti, que redigiu o programa iconológico do ciclo (a via da salvação através da profissão de fé dos dominicanos) e promoveu sua realização sobre as paredes monumentais. E à sacra representação remonta a mistura do sério e do bufo (ou sobretudo a dialética expressiva de dois diversos níveis do sacro), que circula na "interposição" profana dos demônios conotados por roupas policromadas e máscaras faciais zoomorfas. Se observamos com mais atenção o aspecto dos diabos (e sabemos que a representação humorística do demônio é expediente popular adotado *ab antiquo* para neutralizar seu influxo maligno), veremos que o terceiro deles, inclinado para a frente e em ato de manter o queixo entre o estupor e o temor, repete claramente o vulto do Arlequim primitivo. A correspondência pode ser um traço de união em direção ao Alichino dantesco, e certamente em direção aos *herlequins* franceses, que naquela época, com toda probabilidade, já poderiam

---

[15] No original, *sacra rappresentazione* – espécie de drama religioso, típico da Idade Média e do Renascimento. (N. T.)

ter atravessado os Alpes; sem que para isso se tenha que voltar à hipótese de Dante em Paris, onde ele poderia ter assistido a alguma representação sacra ou profana na qual os *herlequins* tivessem tomado parte como personagens demoníacos, representados mais tarde segundo sua fantasia. É certo que no *Jeu de la Feuillée* [Jogo da Pérgola] de Adam de la Halle, representado por volta de 1262 em Arras, o ator que personificava o demônio Croquesot exibia sobre o rosto uma máscara representando uma *hure* ou careta[16] diabólica, complementada por um capuz de duas pontas, que reencontraremos bem mais tarde, na série dos *Balli di Sfessania* [Danças de *Sfessania*] gravados por Callot por volta de 1620-1622 e inspirados nos personagens da *Commedia dell'Arte* (ainda dois indícios demoníacos, o gorro bifurcado e a dança desenfreada, bailada por atores esfarrapados e com ar de dança macabra). Mas nenhum Arlequim ou Alichino ocorre nas sacras representações ou nas farsas italianas dos séculos XIV-XVI que conhecemos. Do mesmo modo, também o nome de Arlequim (o nome, naturalmente, não o tipo cômico correspondente) comparece muito raramente nos documentos de teatro dos séculos XVI e XVII, e, com exceção dos roteiros de Flaminio Scala (publicados em Veneza em 1611 mas compostos na França nos dois decênios anteriores para um Arlequim francês), começa a difundir-se na Itália somente no final do século XVII, via importação dos cômicos provenientes de Paris.

A difusão ocorre quase que exclusivamente em área vêneta e em particular veneziana; mas será bom repetir que o próprio Goldoni emprega raramente o nome Arlequim (por exemplo, nos tardos roteiros franceses), preferindo o de Truffaldino. Creio, de resto, não estar revelando segredo algum ao dizer que no texto original da afortunada comédia de que Soleri e, antes dele, Moretti foram protagonistas por mais de trinta anos, e que levou o nome de Arlequim ao mundo todo na onda de um sucesso que não parece declinar, pois bem, no texto daquela comédia o nome de Arlequim está ausente. Em seu lugar figura o de Truffaldino, e o seu título exato é *O Servidor de Dois Patrões*. Ela foi escrita, como precisa o autor no prefácio, para o célebre ator Antonio Sacchi, que na arte, desde sempre, carregava aquele nome. O tipo cômico, repito, é o mesmo, mas a substituição e o acréscimo ao título são intervenções recentes, e foram acolhidas por Strehler, em homenagem à maior notoriedade que o nome de Arlequim havia conquistado entre 1745, ano em que Goldoni compôs a comédia em Pisa, e 1947, ano da primeira reprise no Piccolo Teatro de Milão. Também este particular, que talvez tenha escapado a alguém, contém um reflexo das vicissitudes através das quais o nome de Arlequim foi-se aclimatando entre nós.

(De D. Sartori e B. Lanata (org.), *Arte della Maschera nella Commedia dell'Arte* [Arte da Máscara na *Commedia dell'Arte*]. Florença, La Casa Usher, 1983, p. 74-83.)

---

[16] No original, *ghigna* – face, expressão severa; de *ghignare* – rir sarcasticamente, sardonicamente. (N. T.)

Arlequim no inferno
Espetáculo teatral com o ator Enrico Bonavera,
Texto de Ciro Ferrone, direção de Alessandra Vannucci, músicas executadas ao vivo por Stefano Cattaneo
Máscara de Donato Sartori, cenário e figurinos de Guido Fioratto.
Foto Roberto Croce
Museo Internazionale della Maschera Amleto e Donato Sartori, Abano Terme, 2007.

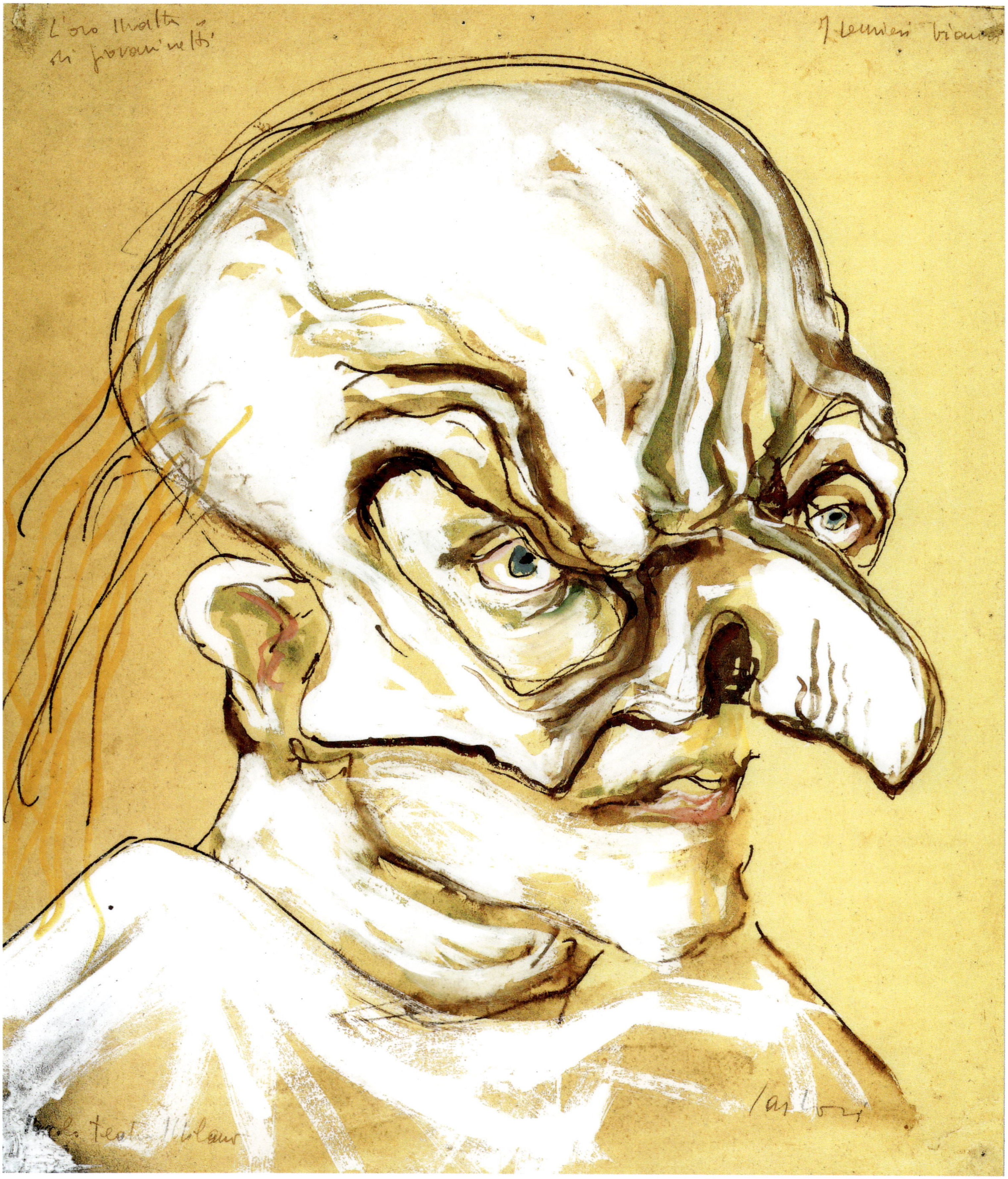

AS MÁSCARAS, O DIABO, OS MORTOS

Jean-Claude Schmitt

Embora a máscara tenha uma difusão universal, ao passar de uma cultura a outra, variam forma, uso e significado. Sua presença na tradição da civilização europeia não surpreende. Original, talvez única no panorama das diversas civilizações, é ao contrário a condenação feroz que sofre durante a Idade Média, por parte da cultura dominante, a eclesiástica: os sermões de Cesário de Arles, os penitenciários da Alta Idade Média, os concílios atestavam durante um milênio a agressão à máscara folclórica que a hostilidade da igreja condenava sem remissão.

As sanções religiosas constituem a principal documentação; elas se referem, por vezes, ao ambiente teatral, mas, sobretudo durante os primeiros séculos, às mascaradas da cultura popular do final do inverno e início da primavera, expressas através de festas, danças e mais tarde nos *charivaris*, termo que aparece no início do século XIV e que os antigos clérigos traduziram por vezes como *larvaria*, com o significado de *mascherata*, em que transparece uma dupla interpretação figurativa da máscara, o aspecto animal e o travestimento sexual.

Os sermões de Cesário de Arles, que viveu até 542, influenciaram profundamente as condenações sucessivas, referentes sobretudo às calendas de janeiro, quando aparecem máscaras-cervo ("*cervulum facieres*"), cabra ou cabeças de animais selvagens ("*adsummunt capita bestiarum*") com o complemento dos travestimentos com peles de animais ("*vestintur pellibus pecudum*"). Frequentemente se condena também o travestimento do homem numa velha ("*in vetula vadere*"), que talvez seja a deformação de uma antiga forma de proibição à transformação em *vitulus*, referente a um antigo costume pagão em Roma.

Mas os travestimentos do homem em mulher e o seu contrário são amplamente atestados em outros lugares: "Qui faciem suam transformaverit: in habitu mulieris (...) seu mulier in habitu viri" (*Poenitentiale Hubertense*, séc. IX). Cesário de Arles, a seu tempo, referia-se a homens que se cobriam com túnicas femininas.

As raras representações iconográficas existentes confirmam o hábito de travestimento sexual de homem em mulher e vice-versa, e sobretudo a transformação do homem em animal. Com relação à confecção material das máscaras, além das realizadas com cabeças de animais que recobrem inteiramente a cabeça humana, o fato mostra o hábito, talvez mais frequente, de simplesmente recobrir o vulto com estuque colorido, geralmente esbranquiçado. Numerosas ilustrações, à margem de alguns manuscritos antigos, evidenciam de modo significativo este tipo de mascaramento. É o caso de um manuscrito flamengo do século XIV, em que aparecem homens travestidos de cervos, lebres e javalis, e de um manuscrito francês do final do século XIII, onde aparece a cabeça de um homem mascarado que sai de um orifício feito sobre uma veste longa, tendo no alto uma cabeça de cervo. O célebre manuscrito ilustrado do *Roman de Fauvel* [Romance de Fauvel] (no primeiro terço do século XIV) parece resumir as várias categorias possíveis de travestimentos.

Amleto Sartori, Estudo de um personagem para *L'Oro Matto* [O Ouro Louco] de Silvio Giovaninetti.
nanquim e guache
Milão, Piccolo Teatro, 1953.

Muitas miniaturas, desta vez em página cheia, representam o *charivari* que, segundo uma interpretação do texto, descreve o matrimônio do herói da história. As roupas (*paremenz, garemenz* no texto original) são extremamente variadas, espécie de paramentos fúnebres, vestes femininas, saios de monge. Geralmente, a metade superior, ou mesmo a totalidade do corpo, é coberta de peles de animais, com o pelo voltado para o exterior. Tais mascaramentos aproximam-se das imagens do homem selvagem, que são encontradas no decorrer do século XIV.

Mas, para ficar no âmbito do *Roman de Fauvel* [Romance de Fauvel], as cabeças mantêm uma aparência humana mesmo quando os traços ferinos, sobretudo de leão ou de urso, são predominantes e monstruosos: grandes orelhas de abano, boca torta, que mostra uma dentadura ameaçadora e o nariz achatado. Instrumentos musicais, ou paramusicais, como panelas, martelos, paus de pilão, etc., todos de percussão, produzem um intenso rumor. Os personagens estão dispostos em vinhetas sobrepostas e parecem caminhar juntos da esquerda para a direita; os movimentos das pernas, que se intersecionam cruzando-se, estão, porém, em contradição com a orientação dos dorsos e sobretudo dos rostos que muitas vezes dirigem-se ao leitor.

Além disso, algumas figuras mascaradas saltitam no lugar, outras giram até mesmo para a esquerda, quase a obstacular a marcha desordenada da tumultuada tropa.

Algumas máscaras representam um verdadeiro desafio para a igreja; de fato, para a cultura eclesiástica a questão máscara remete a problema bem mais geral, isto é, à representação especular da criação e aquela do homem, em particular, plasmado corpo e alma "à imagem de Deus" (Gênesis 1,26). A obra antropomórfica divina foi legitimada plenamente pelo cristianismo medieval como uma cópia exata: é Deus, de fato, quem teria criado o homem à própria imagem e semelhança, e a encarnação de Cristo, portanto, seria sua prova manifesta.

Na história da humanidade "Ele" é inserido no quadro da "salvação" e confirma-se, assim, uma *similitudo* entre a essência criadora de Deus e a aparência do homem. Como na retórica, tal *similitudo* constitui sua prova; ela não é eficaz, senão excluindo o incomparável do campo das comparações legítimas; em outras palavras, ela é normativa e impõe uma só analogia justa, excluindo comparações perversas. De fato, se no seu corpo e, ainda mais, na sua alma, o homem carrega o semblante de Deus, torna-se a única criatura racional, excluindo os animais. Portanto, o que a máscara parecia abolir, em primeiro lugar, era precisamente a distinção entre homem e besta, e é exatamente isso que a igreja tende a condenar acima de qualquer coisa.

Os textos são unânimes: a pessoa que se mascara perde sua aparência de homem, feito à imagem e semelhança de Deus, e a transforma (*transformar, transfigurar, transmutar*) em besta (*speciem, imaginem*). Cesário de Arles afirma claramente no sermão 192: "Taliter se ferinas species trasformaverint, ut homines non esse videantur". Mascarar-se é diabólico: "Hoc daemoniacum est".

Referindo-se ao sermão 193 de Cesário, o penitencial conclui que o homem, quando através da máscara torna-se semelhante a um cervo ou a uma cabra, rompe a similitude que o liga ao seu criador, entregando-se assim ao diabo:

> Quid tam demens (...) indui ferino habitu et caprae aut cervo similem fieri, ut homo ad imaginem Dei et similitudinem factus sacrificum daemonum fiat? Per haec ille malorum artifix intromittit, ut captis paulatim per ludorum similitudinem mentibus dominetur.

Amleto Sartori, Estudo para uma bruxa
Macbeth de William Shakespeare,
direção de Giorgio Strehler, 1953.
lápis de cera

O homem mascarado, diz também Pedro Crisólogo, que viveu até 450, transforma-se em ídolo quando é apenas uma imagem reflexa de Deus, o único que pode ser adorado. A máscara despedaça a similitude entre homem e Deus e entrega o homem ao diabo,

Amleto Sartori, Estudo para uma bruxa *Macbeth* de William Shakespeare, direção de Giorgio Strehler, 1953 lápis de cera.

pois o mascaramento não é outra coisa senão o semblante evidente do engano diabólico. O significado do vocábulo "travestimento" (*transformatio, transmutatio, transfiguratio*, etc.) é exatamente o mesmo que o usado para as ações diabólicas: o diabo tem o poder de transformar a si mesmo em "Anjo de luz", segundo São Paulo (2 Coríntios 11,13) ou então, mais frequentemente, em mulher ou besta, sapo, serpente, gato, cavalo, ou ainda em símio, de onde *Simia*, termo erroneamente emprestado ao significado etimológico *simia – similis*. O diabo é por excelência "ser-mascarado".

Em meio a centenas de documentos quero escolher apenas um, contido num *exemplum* redigido por volta da metade do século XIII pelo domenicano Estevão de Bourbon: o diabo mascara-se diante das próprias vítimas, para mostrar como zomba delas. Uma mulher havia perdido, um após outro, seus dois filhos de um ano de idade; as outras mulheres incriminam as bruxas, que sugam o sangue das crianças, e recomendam a ela que vele seu terceiro filho durante a noite de seu aniversário, cuidando para ter ao alcance da mão um ferro incandescente para poder marcar o vulto da culpada, de modo a poder-se identificá-la. À meia-noite, cavalgando um lobo, a sua vizinha entra pela porta, mesmo trancada, e aproxima-se do berço. A mãe, que finge dormir, ergue o ferro e queima seu rosto. A bruxa foge gritando de dor. Na manhã seguinte a mãe dirige-se ao governante do vilarejo lamentando-se, as outras mulheres então forçam a porta da vizinha, descobrindo assim a marca de fogo em seu rosto, a velha defende-se negando ter agido conscientemente.

O bispo, então, intima o demônio a manifestar-se e confessar ser o autor do malfeito. O demônio aparece agora sob o semblante de uma mulher velha ("in similitudinem vetule se transmutans"); então, à ordem do bispo, tira do rosto da desgraçada a pele queimada e põe-na sobre o próprio rosto, tornando assim manifesto a todos o engano ("pelliculam conbustam a facie vetule removit coram omnibus et sibi imposuit").

Com este gesto, o diabo veste realmente uma máscara, revelando assim sua própria natureza, que consiste na faculdade de transformar-se em outro. Mascarando-se ostensivamente, Satanás, poderíamos dizer, desmascarou-se ("et fraudem suam et causam ejus omnibus verbo et facto patefacit"). Também quando coloca a máscara da velha queimada, revela o mecanismo do travestimento diabólico, segundo o qual sob a aparência de outro o maligno mostra seu verdadeiro rosto. O demônio não possui outra máscara que não seu próprio aspecto: isto explica como, em algumas iconografias da Baixa Idade Média, Lúcifer exibe sempre o mesmo semblante maligno sobre o rosto, sobre o ventre e sobre o traseiro.

Quando o homem veste uma máscara, para a igreja ele assume os traços diabólicos, seja na aparência física, seja na intrínseca da alma, semelhante a Deus. É a negação radical da similitude entre o homem e Deus: "mascarar-se é pecado". Pior ainda, a máscara representa abertamente sobre o corpo aquilo que é o pecado inerente ao segredo da alma. Ao travestir-se de animal, ecoa a *bestialitas,* que é a pior das perversões sexuais.

Arlecchino e *Pesariol*
máscaras dos Sartori
Arlecchino che Semina il Grano
[Arlequim que Semeia o Grão],
direção de Titino Carrara
couro e látex pintado
Vicenza, Teatro Astra, 1988.

Demone Alato [Demônio Alado],
Escultura lígnea medieval
Fyn (Dinamarca), Igreja de Frørup.

Todavia, seria limitador perceber na demonização da máscara, por parte da igreja, somente o resultado de uma condenação moral. A demonização, antes de ser um valor, é uma interpretação; por isso, entre as várias categorias da ideologia eclesiástica, parece-me a tradução do significado da máscara, que, fora de qualquer controle da igreja, representa a irrupção do sobrenatural bem no meio do rito.

Tal significado de máscara é testemunhado inclusive na linguagem clerical, pelo vocabulário. Nenhum dos termos referentes às máscaras foi inventado pela igreja, mas herdados da Antiguidade (é o caso dos vocábulos mais frequentes, *larva*, *figura* e *persona*, que são termos usados menos frequentemente), ou ainda derivados da cultura germânica (*masca*, termo redigido em uma lei longobarda de 643). A máscara é uma herança que se impõe, apesar de tudo, na comunidade dos crentes da idade medieval.

A polissemia dos termos é eloquente; explica largamente as razões da hostilidade clerical: *larva*, mais comumente usado no plural, designa, segundo Isidoro de Sevilha, que viveu até 633, a alma de homens malvados, e desponta pelos cantos para assustar as crianças. A frequente expressão "Larvae daemonum" é interpretada, desta vez, por Hincmars (morto em 882) segundo o conceito de máscara na acepção vulgar *Talamascas*. *Masca* indica não apenas uma máscara, mas também uma imagem de pesadelo, um vulto ameaçador, um demônio feminino, uma bruxa.

Ainda hoje na Ocitânia *masca* tem o significado de bruxa e as máscaras *personae* e *figurae* têm também um duplo sentido: são aparições de seres sobrenaturais, ou de mortos por vezes bem identificados. Todos os termos evocam potências ultraterrenas mais ou menos cristianizadas, que a igreja relegou, na maioria dos casos, à esfera dos demônios.

"Fora dos mitos" – escreve Claude Lévi-Strauss – "as máscaras não podem ser interpretadas sozinhas e por si mesmas, como objetos separados". Se o antropólogo pode fazer comparações entre séries de máscaras e grupos de mitos que especificam sua origem, o medievalista não dispõe nem de umas nem de outros. Numerosos, em compensação, são os contos que atestam as aparições de mortos e que permitem compreender melhor o que eram as *larvae* de origens incertas; estas, no entanto, fazem-se intermediárias entre categorias antagonistas, mas de todo modo certas, entre potências dos céus (Deus, os anjos, os santos) e potências infernais (os diabos), como são definidas pela igreja.

Desde os primeiros séculos do cristianismo, a igreja tende a fomentar a crença dos mortos que retornam, os *revenant*, com a consequente representação de um mundo especular do além. Se é verdade que o homem tenha sido criado à semelhança de Deus, os *revenant*, segundo Santo Agostinho não são nada mais que a imagem do próprio homem; não têm nem verdadeiro corpo, nem alma verdadeira. Os termos *imago, similitudo, figura*, que identificam as aparições em sonho ou mesmo em estado de vigília, são o duplo figurado do morto. Tais imagens representam, talvez, a máscara imaginária do morto? Do momento em que parece desaparecer o antigo uso de conservar a "imagem" material dos antepassados, suas máscaras mortuárias e seu culto doméstico, a crença de um retorno como *revenant*, na qualidade de "imagem dos mortos", contribuiu para manter a memória pública dos parentes mortos.

A relação entre mortos e máscaras define-se a partir do século XI, época em que apresenta-se uma atualização nos documentos relativos às crenças dos *revenant*, o tema das aparições coletivas dos mortos: surgem em grupos numerosos e anônimos e são perigosos para os seres vivos que têm a infelicidade de encontrá-los.

A partir do século XII tais agrupamentos têm um nome: chamam-se ora *mesnie Hellequin* [manada *Hellequin*], ora *caccia di Artù* [caça de Artur], denominações que permaneceram no tempo até chegar ao folclore contemporâneo. Uma maldição pesa, porém, sobre a procissão, que logo foi demonizada pelo clero. Se por volta do século XII Orderico Vitale considera-as cortejos de almas penadas, uma espécie de purgatório itinerante, no século seguinte, Estevão de Bourbon assimila-as à armada demoníaca. Sem mais me ater às razões de tais crenças e seu papel no folclore europeu, gostaria de sublinhar algumas particularidades introduzidas na descrição das aparências dos mortos: isto é, uma roupa, uma touca, que permitam, segundo muitos testemunhos, identificá-los como membros da uma tropa fantástica.

No início do século XIII, numa récita de Hélinand de Froidmont (morto em 1229) fala-se de um "belo manto" que sobre as costas do *revenant* pesa mais que a "Torre de Parma", proporcionalmente aos pecados cometidos em vida. Um pouco mais tarde, em outro *exemplum* de Estevão de Bourbon, a veste singular reduz-se a um capuz; dirigindo-se uns aos outros, virando a cabeça, os cavaleiros diabólicos repetem com uma ponta de coqueteria: "Este capuz me está bem!".

A mesma fórmula encontra-se no *Jeu de la Feuillée* [Jogo da Pérgola] de Adam de la Halle, representado em Arras por volta de 1276. Neste caso, não se trata de uma "verdadeira aparição", mas de uma representação teatral e satírica. A *mesnie Hellequin* [manada *Hellequin*] não aparece em cena por completo, mas manifesta-se com um único enviado que tem um nome eloquente, Croquesot. É um espantalho ridículo e mascarado, cuja chegada é anunciada pelo barulho de guizos e que mostra um rosto barbudo ("barbustin"). No momento de sua entrada em cena e, novamente, no instante de sua saída, faz uma pergunta para a qual parece não esperar resposta e que tem somente a função de identificá-lo como membro da manada de Arlequim: "Me siét il bien li hurepiaus?". Também o livro dos *Mistérios da Paixão de Mons*, em 1501, menciona a "Companhia Infernal Hure", que segue as pisadas do diabo. A *hure* é a cabeça do javali e é também a cabeça retorcida do diabo, chamado por vezes *hure*. O termo *Hurepiaus* designa um rosto hirsuto, barbudo e com cabelos fartos e decompostos.

Croquesot pede a apreciação dos espectadores sobre a própria máscara selvagem e demoníaca. A sua presença no *Jeu de la Feuillée* [Jogo da Pérgola] é muito importante porque confirma a existência da máscara no teatro medieval. Demonstra ainda a relação que ao menos algumas das máscaras têm com a tradição folclórica referente aos mortos. De resto, do século XIII ao século XVI, o chefe da armada dos mortos, Hellequin, transmudou-se pouco a pouco no personagem teatral de Arlequim, cuja máscara mais antiga remonta ao século XVII.

Além disso, no teatro medieval, a boca do inferno, representada por fauces diabólicas, é chamada *hure* e a tenda que a fecha *la chaps d'Hellequin* [a capa de Hellequin]. Ainda hoje a cortina que enquadra a cena teatral chama-se "manto de Arlequim". O que mais me interessa sublinhar é a associação do rosto dos mortos da manada de Arlequim a uma máscara. Não apenas no teatro, portanto, mas também nos ritos religiosos e folclóricos. No romance *Riccardo Senza Paura* [Ricardo Sem Medo], estampado em 1532, mas que remete a tradições mais antigas, o herói pergunta a Hellequin, guia da armada fantástica que cavalga no fundo das florestas da Normandia, "como podia ter encontrado aquelas figuras que pareciam homens vivos".

Mesmo que o aspecto dos mortos apareça aqui mais tranquilizante, fica claramente expressa a ideia de que seus rostos não sejam senão uma imagem, uma máscara, que o morto "encontra e veste" para dar a ilusão da vida. A máscara dos mortos já pode ser encontrada no início do século XIV, animada pela gestualidade rumorosa dos participantes dos *charivari*; para Chaillou de Pestain, autor do *Roman de Fauvel* [Romance de Fauvel], o grande gigante mascarado que conduz o *charivari* evoca o próprio Hellequin (*in persona*, podemos dizer, pois está mascarado).

> Avistou-se um grande gigante
> que vociferava bem forte
> vestido de peles (...).
> Penso que fosse Hellequin
> e os outros da sua manada
> que o seguia / toda furiosa.

O gigante, acrescenta o autor, cavalgava um pangaré tão magro que se podia contar suas costelas. Sabemos que o cavalo é o animal preferido da armada dos mortos.

Para a maior parte dos especialistas do folclore europeu contemporâneo, as máscaras de Ano-Novo, especialmente nos Alpes suíços e bávaros, como as *Perchten* da Epifania, representam o exército dos mortos, a *caça selvagem*, que se presume manifestar-se no mesmo período. Os dados medievais confirmam inteiramente a interpretação etnológica. A convicção de um reatamento dos mortos com os vivos e a saída ritual das máscaras conjugam-se para dar andamento às passagens da sociedade (como as grandes etapas do ciclo das estações) e assegurar o funcionamento do grupo social, como ocorre, por exemplo, à época do *charivari*.

Portanto, os textos medievais sugerem, e as observações etnológicas confirmam, como as máscaras que representam um fantasma ou uma cabeça de morto (imagens de mortos imediatamente identificáveis) são muito menos numerosas que as que representam a imagem de animais selvagens, mulheres, demônios ou figuras que misturam juntas tantos traços.

Não seria necessário, talvez, perguntar-se sobre a confusão destas representações? O fato do mascarar-se estabelece uma distância entre o homem e a sua máscara, que corresponde a uma separação entre a imagem do morto (*revenant*) e o próprio morto (o desaparecido).

Em vez de simplesmente afirmar que as máscaras "representam" os mortos, pode-se notar a analogia de estrutura entre um processo ritual "criador" da imagem (o mascarar-se) e um ato de imaginação e de fé (a aparição do morto).

Agora os dois processos operam, ambos, no âmbito da transgressão: a aparição ultrapassa os limites que separam o mundo dos mortos daquele dos vivos, como a máscara elude os limites entre homem e mulher, entre homem e animal, entre homem e demônio. Em relação à definição do homem, do sexo, da natureza, do além, a máscara representa o inverso, o aniquilamento do homem, a alteridade radical, a ausência. Se não é a representação dos mortos, seguramente se identifica com a própria morte. Tal procedimento tem significado, antes de tudo, para aquele que veste a máscara, colocado além das aparências sensíveis, ao oposto da morte, no oco da máscara.

Tem significado, também, para aqueles que olham a máscara, ou para dizer melhor, são olhados por ela. Através dos buracos para os olhos que fazem comunicar o dentro com o fora, os mortos com os vivos, a máscara endereça aos outros uma linguagem para além da morte, feita de imagens terrificantes e de uma barulheira infernal. Olhando "os outros" na cara, como mostram as miniaturas que ilustram o *Roman de Fauvel* [Romance de Fauvel], a máscara constringe-os a olhar, fascinados, a imagem da própria morte.

É o significado da máscara, tal como representado em inumeráveis récitas medievais, das danças nos cemitérios ou nas igrejas, onde os jovens camuflados e fulgurados pelas potências do além encontram um fim assustador.

E também para os herdeiros da aristocracia, que jogam com a morte em guerra e nos torneios, o elmo com a viseira reclinável, que recobre inteiramente o rosto e o cimeiro, coberto de emblemas animais, nos últimos séculos da Idade Média, poderia não ter somente funções intimidatórias, de defesa e de identificação. A tentação de se ver uma máscara é convalidada por certas armaduras do século XVI, cujo inteiro casco tem a forma da cabeça de um leão metálico.

O sentido da máscara não está somente na aparência exterior (*species mostruosa* – dizem alguns textos medievais), mas na relação entre aquilo que mostra (algumas imagens particulares de alteridade) e aquilo que esconde. É o jogo – "lúdico" dizem com frequência os textos quando falam de mascaradas – entre o visível e o invisível que dá sentido à máscara, enquanto sugere, mediante imagens da transgressão das formas e das normas humanas, a alteridade radical da morte. O jogo manifesta, ainda, a ambivalência da máscara que assusta e suscita o riso, exibe o grotesco para significar o indizível, fala de morte mas desconcerta no rito as ameaças que pesam sobre a continuidade do mundo e da sociedade.

Diante da cultura folclórica, a igreja medieval compreendeu que o sentido da máscara não residia apenas na própria aparência, porque em sua linguagem a máscara era apenas uma "imago" que remetia a algo diverso de si. A igreja compreendeu que o *além* da máscara era de essência religiosa, mas, incapaz de agarrar sua ambivalência, própria do saber popular, deu a ela um significado decididamente negativo, dela fazendo a imagem perfeita do diabo.

[De *Au Sense du Masque*, Conferência de Jean-Claude Schmitt, Montecatini Terme, 15-17 de outubro de 1981, Azienda autonoma di Montecatini Terme, Centro Internazionale di semiotica e di linguistica di Urbino, E.H.E.S.S. (Cercle d'Histoire / Teorie de l'art) Paris – Toronto Semiotic Circle]

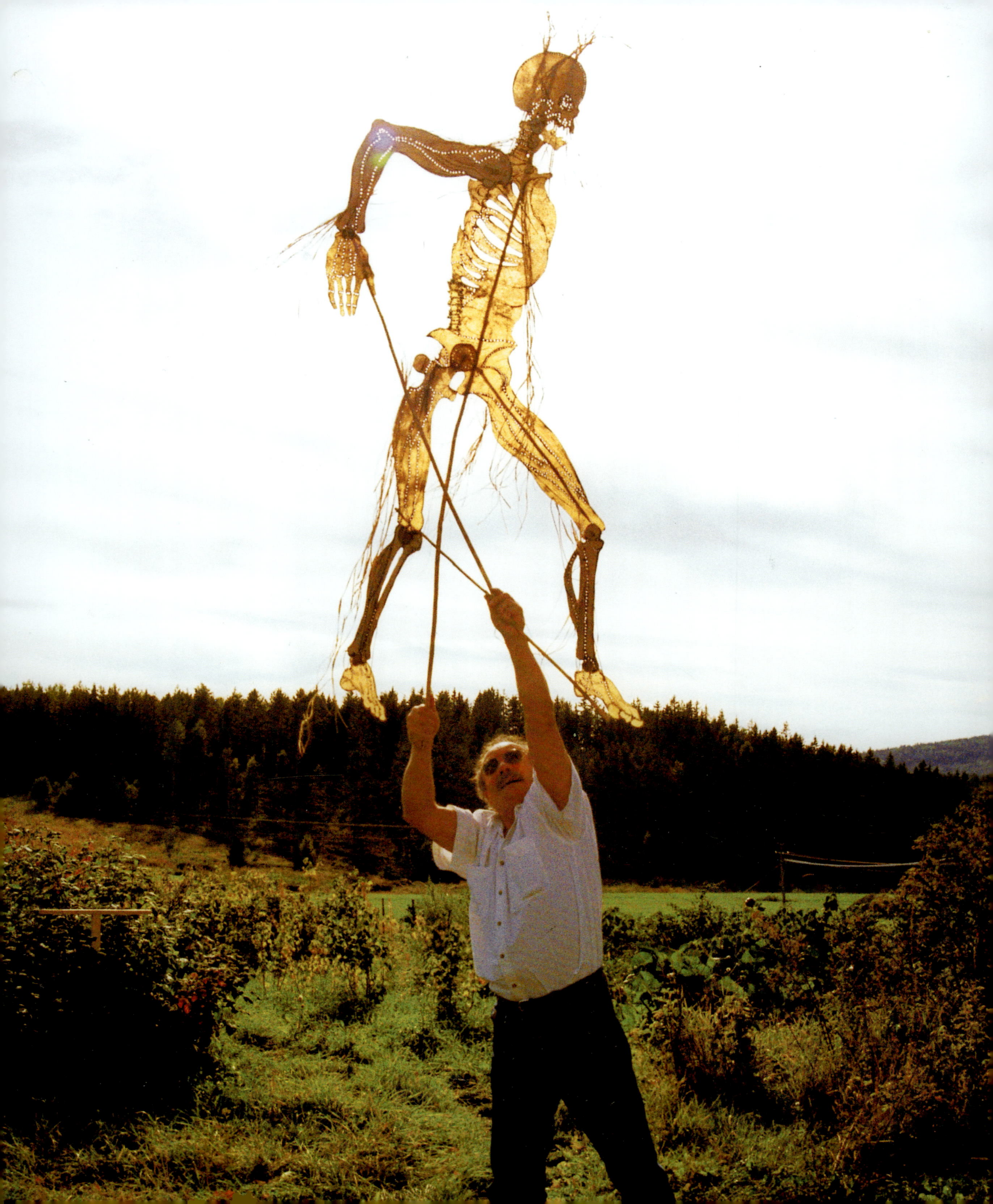

EM BUSCA DAS FONTES HISTÓRICAS

Donato Sartori

As técnicas de construção das máscaras na Grécia Arcaica

São duas as fontes históricas mais atendíveis com relação à conformação morfológica e técnica da máscara do teatro trágico e da comédia grega. A primeira é o *Onomasticon*,[1] que representa um testemunho literário único no gênero; a outra é o vaso de Pronomos, em cuja superfície vascular são representadas máscaras e figuras teatrais pintadas com extremo cuidado e riqueza de detalhes, de modo a constituir uma insubstituível fonte iconográfica e informativa. Os documentos propiciaram a ocasião para um estudo sobre uma hipotética técnica de construção das antigas máscaras do teatro grego que, longe de ter pretensões filológicas, busca simplesmente violar o segredo que tal instrumento conservou por milênios no misterioso baú do tempo. Em acordo com um estudioso do tema, nosso aluno e colaborador Ferdinando Falossi, procuraremos percorrer novamente as etapas de uma investigação que levou anos de pesquisa e de laboratório.[2]

A escolha dos materiais ocorre com base na individuação tipológica do personagem. À luz dos achados realizados no imediato pós-guerra pelo escultor Amleto Sartori, meu pai, a propósito das máscaras renascentistas, e consequentemente da matéria referente às máscaras da *Commedia dell'Arte*, o couro, foram feitas experiências com o mesmo material para as superfícies relativas à parte sem pelo do vulto da máscara grega, enquanto outros materiais mais rígidos foram utilizados para definir as partes cobertas de pelos, cabelos e cabeleira. Tudo isso extraído da pesquisa histórica e tecnológica dos materiais utilizados para a construção artesanal de numerosos objetos e instrumentos de uso junto às populações da Grécia Antiga. Sabe-se que, à época, as técnicas de curtimento e do trabalho subsequente haviam alcançado um alto nível manufatureiro, tanto que documentos contemporâneos remetem inclusive "às maravilhas de um sapateiro que conseguia fabricar ao menos dezesseis tipos diferentes de sapatos de couro".[3]

Enquanto são encontrados traços referentes a todo tipo de objetos em couro em toda a

---

[1] *Onomasticon*, obra lexicográfica em dez volumes que trata, dentre outros assuntos, de arquitetura teatral e cenografia, figurinos e maquinarias; fornece uma série de preciosas informações sobre a dança e sobre as máscaras da tragédia e da comédia grega. O autor, Julios Poludenkes, lexicógrafo egípcio do século II d.C., mais conhecido pelas traduções do renascimento italiano, como Júlio Pólux, colhe suas fontes em Alexandria do Egito. Dentre as numerosas edições e traduções, a mais importante foi a de Amsterdã, em 1526; foi organizada por Seber, Jungermann e Kühn, traduzida em grego, com texto latino à frente.

[2] Ferdinando Falossi graduou-se em Pisa no ano acadêmico de 1981 com a monografia de conclusão de curso *Le Masche-* *re del Cratere di Pronomos* (*Morfologia della Maschera Greca*) [As Máscaras da Cratera de Pronomos (Morfologia da Máscara Grega)], orientada pelo Prof. Roberto Tessari. "O pressuposto que está na base da pesquisa" – afirma Falossi – "é que a máscara tenha sido, originalmente, o vulto de Dionísio, e que, em seguida, este vulto tenha gerado os personagens que reencontramos nos dramas conservados, assim como a vestimenta, no início peculiar ao nume do teatro, tornou-se a roupa dos atores. Esta hipótese levou a considerar as manifestações primárias do deus: o touro e o bode, e a retirar destes símbolos os motivos necessários para a construção".

[3] Ver F. Falossi, op. cit.

Donato Sartori, *Hellequin, Condottiero Diabolico della Mitologia Nórdica* [Hellequin, Comandante Diabólico da Mitologia Nórdica] World Theatre Project, direção de Peter Oskarson *shadow* (sombra) em couro cru de alce Suécia, 1999.

literatura grega de Homero a Safo e Aristófanes, nenhuma informação, literária ou arqueológica, é encontrada a respeito das máscaras de teatro. Para a realização, por exemplo, de um sátiro chifrudo, descrito minuciosamente pelo pintor de Pronomos, foi realizado um desenho do personagem em tamanho natural, seguindo a descrição do vaso em terracota, e procedeu-se à realização, segundo as técnicas dos Sartori, de uma matriz em madeira a *tutto tondo*,[4] em dimensão que pudesse conter a cabeça do ator por inteiro. Concluído o entalhe, seguiu-se a umidificação da peça de couro curtido com tanino, um curtimento *ao natural* que remonta a épocas históricas primordiais, através de frequentes banhos em água quente, alternados a espremeduras e estiramentos apropriados para amolecer e tornar flexível a natural superfície rígida do couro.

A aplicação do couro banhado sobre a superfície lenhosa da matriz é um procedimento longo e bastante complexo, e o tempo de trabalho requer ao menos alguns dias de aplicação. O couro então é aderido à superfície e fixado com preguinhos metálicos de cobre, de latão (não de ferro, que em contato com o tanino provocaria uma reação química que escureceria o couro). Uma parcial secagem do couro permite comprimi-lo através de uma densa *texture* de pontos executados com um martelo de chifre, cheio e envernizado, sobre toda a superfície. A máscara batida, a esta altura já seca, será em seguida separada da matriz e começará o trabalho de acabamento. Seguindo os detalhes descritos no *Onomasticon* de Pólux, foram experimentados vários materiais para realizar barbas, bigodes e cabeleiras com lã de ovelha (não desfiada), pelo de cabra, crinas de cavalo.[5]

Enfim, aplica-se o *Onkos* (espécie de gorro de forma triangular típico da maior parte das máscaras da tragédia) fixando-o à fronte, e de cujas laterais (fronte; de seus lados) pende uma fluente cabeleira, necessária para dar à máscara o aspecto tipológico desejado. Para a coloração foram seguidas as sugestões iconográficas do pintor de Pronomos e as técnicas indicadas pelo *Onomasticon*. O betume judaico, antiquíssima matéria fóssil já empregada pelos Sartori, é utilizado para a patinagem decisiva que, produzindo uma pátina de envelhecimento, caracteriza as novas colorações, obtidas por meio da moedura de pedras, terras e óxidos naturais, e confere uma luz de oxidação natural, aquela que o couro adquire após anos de uso e de desgaste. Uma outra versão, sempre em caráter experimental, mesmo que extraída de fontes históricas, lembra vagamente nosso atual papel machê, mesmo não utilizando papel, mas panos tecidos em teares.[6]

As experiências feitas sobre a matéria viva por Ferdinando Falossi são desenhos atentos, mesmo que carentes de referências filológicas, quando se trata de estuques e colantes naturais provavelmente usados pelos escultores de máscaras da Antiga Grécia. Trata-se, de todo modo, de maquiagem em camadas espessas, ou estuques realizados com borra de vinho, ou excrementos de animais ruminantes tratados com solidificadores, ou colantes extraídos de

---

[4] *Tutto tondo* – tipo de escultura na qual a figura está livre por todos os lados; escultura a *tuttotondo*/efeito *tuttotondo* – o de uma escultura que tem uma parede de apoio, mas que emerge com plenitude de volumes. (N. T.)

[5] É interessante a investigação conduzida por Falossi a respeito das variadas tipologias de ovelhas e cabras difusas pela Antiga Grécia, na Turquia, na Crimeia, que apresentam um velo de tufos de pelo muito longos com uma curvatura do cacho que fica perfeitamente sobreposto às ondas da barba do velho Sileno.

[6] O detalhe é referido por Aristófanes no verso 406 das *Rãs*: "de trapos alguns têm o manto, os outros de farrapos estucados (ou colados juntos) as máscaras" (Ver F. Falossi, op. cit.). Provavelmente, trata-se de linho, dado que no Antigo Egito este material, tornado rígido pela clara de ovo e estucado, era a base dos processos de mumificação dos soberanos e da preparação das máscaras fúnebres. Ver *Rituels Funeraires de l'Ancienne Egypte* [Rituais Funerários do Antigo Egito]. Introdução, tradução e comentário de J. C. Goyon. Paris, Les Edition du Cerf, 2000.

elementos naturais como o mel, a clara de ovo, a cera virgem de abelhas, elementos que têm a função de ligar pedaços de pano (o linho era largamente difundido na Grécia Arcaica), folhas secas, cascas de árvores flexíveis, fibras vegetais e plantas palustres mais ou menos trabalhadas e, naturalmente, a resina de coníferas, utilizada como colante em toda a área ocidental. Desta vez, diferentemente do método precedente, prepara-se um negativo em gesso, de uma matriz escultura-máscara modelada na argila; sobre o molde, oportunamente isolado por óleos, sabões, glicerina e outros elementos que tenham propriedade para destacar, são colocados, em extratos sobrepostos, pedacinhos de pano, folhas oportunamente umedecidas e, então, flexíveis, fibras palustres, e assim por diante, coladas entre si com resinas naturais, amidos ou colas de farinha cozida, fusão de cera de abelha. Depois que o artefato já seco for retirado da matriz, passa-se ao acabamento, estucagem e polimento.[7]

Ao fim a máscara ficará dura e resistente, permitindo várias apresentações da tragédia.

Uma notícia, vinda do *Scoliaste* [Escoliaste] de Demóstenes, confirma que no interior da máscara era colocada uma camada de pele, ou de feltro, para evitar que o rosto do ator ficasse em contato direto com a superfície áspera, mas também para que a máscara-casco permanecesse afastada da cabeça do ator e pudesse vibrar através da emissão do canto corêutico, produzindo um efeito vibrafônico, típico dos coros da Antiga Grécia.

As farsas *fliaciche*[8] na Magna Grécia e as "fabulae atellane"

Duas cidades romanas vangloriam-se de ter dado origem à comédia flíaca: Megara Nisea na Grécia e Megara Iblea na Sicília. Temos pouquíssimas informações sobre as formas cômicas megarenses: seus atores, porém, usavam máscaras e interpretavam *a soggetto*,[9] isto é, improvisavam. Quatrocentos anos antes de Cristo, o comediógrafo Epicarmo deu forma literária a tais motivos teatrais espontâneos, caracterizando as máscaras de modo a parodiar o mito épico e olímpico. Tem-se notícia, de fato, que as farsas fossem interpretadas por atores nus, munidos de um enorme falo postiço. Recorrem os nomes de Ennous, Ofelandros, Ocuricos, que correspondem a algumas divindades da fecundidade associados ao *tiaso*[10] de Dionísio e, talvez, na origem, dependentes do deus.

Sobre alguns vasos coríntios e beócios do início do século VI a.C. são figuradas ações burlescas relativas aos mitos heroicos e às divindades olímpicas, ou ainda cenas de personagens grotescos mascarados que roubam vinho e alimento, todos motivos recorrentes na farsa dórica. Os personagens figurados nos vasos áticos e coríntios mostram o uso de verdadeiras e próprias máscaras corporais colocando em evidência próteses grotescas, como glúteos desproporcionais e atributos generativos de grandes dimensões (o falo, o ventre, o seio feminino).

---

[7] O polimento da superfície, áspera devido ao estuque orgânico, com toda probabilidade era realizado com a pele de alguns tubarões presentes no Mediterrâneo e no Mar Egeu. Minúsculas escamas espargem sobre a pele destes cetáceos, ponteadas, e com pontas voltadas para o rabo do peixe, de modo a formar uma superfície fortemente abrasiva que, utilizada pelo lado correto, chegava a polir também madeiras e outras superfícies bastante duras e compactas. A moderna tela esmeril toma o nome, justamente, do tubarão esmeril presente em todo mar temperado. Ainda hoje os mestres japoneses, que talham as máscaras para o teatro tradicional, utilizam a pele do esqualo para o acabamento das superfícies toscas.

[8] *Fliaciche* (*sing. fem. fliacica*) – dos *fliaci*; interpretado pelos *fliaci*. *Fliaci* – *flíacos* – junto aos antigos dórios da Itália meridional, atores de farsas populares calcadas numa comicidade salaz e trivial. (N. T.)

[9] *Soggetto* – argumento, tema, roteiro. *Recitare a soggetto* – simplificadamente interpretar, atuar, seguindo o roteiro, mas improvisando tiradas e gestos. (N. T.)

[10] Sobre *tiaso* ver nota 8 ao texto de Ludovico Zorzi, neste volume, p. 49. (N. T.)

Tais hipóteses consideram que os poetas teriam encontrado inspiração nas antigas festas agrárias em honra às divindades telúricas espartanas e sicilianas, transformando-as em motivos farsescos interpretados por atores disformes, dedicados à execução de danças parodísticas e ações míticas. Numerosos remanescentes, cerâmicas, vasos, estatuetas de argila dos séculos V e IV a.C. mostram dançarinos com vestimenta de embutir e com máscaras satíricas e caricaturais, vultos silênicos[11] com expressões moduladas, por vezes de maneira imperceptível, e que antecipam a riqueza de soluções naturalistas das máscaras da comédia nova.

Se o teatro grego nasce do mundo mítico e provém do culto, para descrever e resolver as contradições do destino humano, o teatro romano parece assinalado, ao contrário, pela exigência de imediatismo material; e identifica-se não apenas com a realidade cotidiana e coletiva, mas também com uma prática bélica e heroica. De fato, os primeiros atores romanos são os inventores dos *Carmina Triumphalia*, espécie de récitas improvisadas para celebrar os comandantes vitoriosos. Em tais manifestações, como em outras formas de espetáculo, a tradição de Roma revela a influência dos etruscos, sob o domínio dos quais permanece até o século V a.C.; o cortejo triunfal, ligado às paradas circenses, articulava-se em figurações de músicos, dançarinos armados, sátiros e bufões, personificados por atores mascarados. De fato, de origem etrusca, e não grega, é em Roma o uso cênico da máscara, como revela o termo latino *persona* (do etrusco *phersu*).[12] Afrescos de Tarquinia e de Chiusi descrevem cenas esportivas e agonísticas, que deveriam ter o caráter de espetáculo teatral pois os personagens envolvidos eram representados com máscaras.

Persona, em latim, tem o significado equivalente a *prosopon*, termo grego que equivale a viso, face, máscara. A palavra é um calque semântico de um termo pertencente à terminologia técnica do teatro grego. As implicações conceituais relativas à *persona* têm importância fundamental, pois justamente da noção de *máscara* e *personagem* desenvolver-se-á o conceito de "persona" entendida como personalidade. As línguas greco-latinas, além disso, apresentam outros motivos para a reflexão linguística sobre o significado de *masca-larva-persona*, como no caso das palavras *maniae, mormÿ (mormo), mormolykeion* que têm significado de fantasma e, ainda, de máscara.

A tradição teatral romana, mesmo derivando diretamente da grega, dela difere devido ao limitado emprego das máscaras, preferindo sobretudo pesados penteados, cabeleiras e perucas que eram rapidamente trocados quando os atores passavam de um personagem a outro. Cor e talhe da peruca indicavam claramente o papel, a idade e o sexo do personagem: brancas para os velhos, pretas para os jovens livres, ruivas para os escravos astutos, e assim por diante. O testemunho de Cícero no *De Oratore* demonstra como era importante, no teatro latino, a expressão do vulto, a mímica facial, em particular a expressividade dos olhos, como reveladores da interioridade da alma. Não se tem notícia a respeito de como chegou, em primeiro lugar, ao grande cômico romano Roscio Gallo a ideia de usar a máscara de modo profissional e constante; presume-se que fosse um meio para esconder seu forte estrabismo.

Em Roma, os atores eram escravos ou libertos; sua profissão, junto à sociedade latina, era considerada de tal modo degradante que fazia perder a dignidade de *civis romanus* ao homem

---

[11] Referentes a Sileno. Sileno – velho e sábio sátiro que acompanha Dionísio, de barbas e cabelos acinzentados. (N. T.)

[12] *Persona* indica em latim a máscara de cena; o termo parece derivar do estrusco *phersu*, personagem mascarado que atiça um cão contra outro indivíduo: o jogo, em que se quis individuar ainda a origem dos jogos gladiatórios, encontra-se figurado em algumas tumbas etruscas, pintadas no final do século VI a.C.

Charivari
miniaturas do *Roman de Fauvel*
Paris, Bibliothèque Nationale de France.

A História – Em busca das fontes históricas | 69

livre que subisse no palco. A mancha era dupla: a de trabalhar, atividade, por definição, própria dos escravos, e a de exibir a si próprio. Mas na época de Roscio Gallo (morto em 62 a.C.), amigo de Cícero, surgiu junto ao público romano uma espécie de veneração em relação à figura do ator, tanto que este podia participar da vida social e frequentar o círculo de elite dos intelectuais romanos.

No volume IV do *Onomasticon* afirma-se que a comédia ática previa nove tipologias de velhos (pais, *lenoni*,[13] parvos, etc., que se diferenciavam pelas diversas conotações morfológicas: rugas, sobrancelhas, formas e cores dos cabelos, barbas), onze tipos de jovens, sete de servos e dezessete de mulheres. Para a tragédia, Pólux lista seis tipos de velhos, como Príamo, pela velhice privado de toda energia física e intelectual, imberbe, com poucas madeixas de cabelos brancos; Cadmo, menos velho com a abundante barba branca; Édipo, na beira da idade senil, com cabelos cinzas e carnação escura. A estes se juntam oito tipos de jovens, três de servos, onze de mulheres e outras tipologias caracteriais, como o cego, o louco e outros mais.

A comédia latina não herdou tanta variedade de matizes, confiando o inteiro repertório ático a um número muito mais exíguo de tipos, que o público reconhecia facilmente através de diversos atributos ornamentais, perucas, maquiagem: o bastão para o velho, as panelas para o cozinheiro, a espada para o soldado; além disso, as cores das roupas distinguiam idade e categoria social: branco para os velhos, multicolor para os jovens, brilhante para os afortunados; os ricos vestiam hábitos purpúreos. Outras características estabeleciam a categoria social: os escravos vestiam uma túnica curta, os parasitas carregam o manto enrolado no braço, os rufiões um pálio de remendos coloridos, as meretrizes vestiam vistosos hábitos amarelos (símbolo da avidez).[14]

Da Grécia, o teatro romano assimilou as formas que lhe eram mais congeniais e que, de resto, haviam florido em solo itálico, como as farsas flíacas, o mimo, o teatro cômico em que não aparecia o mito e o divino. As primitivas festas populares lembradas por Virgílio celebravam-se após a colheita ou após a vindima,[15] e as pessoas abandonavam-se a danças e bufonarias com o rosto tingido de borra ou enegrecido pela fuligem, improvisando versos *fesceninos*.[16] As primeiras formas de ação dramática latina, onde se reencontram características de atuação bem definidas foram as *fabulae atellanae cavaiolae*.[17]

A *fabula atellana*, vivamente influenciada pela tradição cômica grega, dela herda uma sagaz tendência para a tipificação e para a exasperação da comicidade. Trata-se de uma trama improvisada para a qual ocorrem quatro máscaras (*personae oscae*). Não são claras as origens dos personagens, mesmo que em alguns sejam evidentes as raízes em parte gregas, em parte etruscas; mas é lógico que cada uma encontre sua própria ascendência em figuras similares, presentes na tradição teatral precedente.

Os oscos da Campânia costumavam representar farsas interpretadas por tipos fixos, por

---

[13] *Lenoni* (pl. *lenone*) – na antiguidade romana, mercador de escravas, rufião. (N. T.)

[14] Ver M. Bettini, *La Letteratura Latina. Storia Letteraria e Antropologia Romana* [A Literatura Latina: História Literária e Antropologia Romana]. Florença, La Nuova Italia, 1995.

[15] A pintura vascular ática dos séculos VI e V a.C. documenta muito bem como a máscara esteve na base do processo de formação do ídolo grego; em louvor a Dionísio, celebravam-se as *gestas vinícolas* durante as quais a máscara tinha a função de garantir aos participantes o anonimato, necessário a uma festa de desenfreado caráter orgiástico. Ver V. Gleijeses, *Le Maschere e il Teatro nel Tempo* [As Máscaras e o Teatro no Tempo]. Nápoles, Società Editrice Napoletana, 1981.

[16] No original, *fescennini* (pl. de *fescennino*) – antiquíssimo canto popular agreste, talvez originário da cidade etrusca de Fescennio, caracterizado por temas licenciosos e agressivos; obsceno, licencioso. (N. T.)

[17] *Fabula atellana* do nome da cidade osca Atella, nas proximidades de Roma; *fabula cavaiola* do nome do lugar de origem, Cava.

ocasião de festas populares e ocorrências religiosas. No século IV a.C. as representações ocorriam em osco, mas depois de alcançarem notável sucesso em Roma foram improvisadas em latim; gradualmente substituíram a anterior *fabula togata* [fábula togada] apresentando-se como *exodium* depois da tragédia, a exemplo do drama satírico dos gregos que sucedia a trilogia trágica.

Quatro eram os caracteres da farsa *atellana*: *Dossennus*, caracterizado por uma corcunda, astucioso e adulador; *Bucco*, vanglorioso e fanfarrão; *Pappus*, velho tonto e priápico; *Maccus*, jovem bobo, vão e ambicioso. Além das máscaras principais, havia na *fabula* outros personagens colaterais necessários para animar o desenvolvimento da história, e algumas figuras demoníacas rústicas, inspiradas na superstição popular: estas emergiam das profundezas do inferno para assustar as *personae oscae*.[18]

Larvae análogas já estavam presentes nas farsas flíacas e nas dóricas mais antigas. Os inumeráveis autores de farsas geralmente confundiam-se com os atores, que tiveram prestigiosos reconhecimentos à época do Império Romano (o caso do ditador Sila foi famoso).

De dois poetas, Nóvio e Pompônio, em especial, restaram fragmentos de textos, cujos conteúdos são bastante vulgares e obscenos; mas a grande capacidade inventiva dos atores transformou as farsas em um dos mais apreciados momentos lúdicos do período imperial romano (século I a.C.), até a chegada de uma outra nova forma popular, que presumivelmente floresceu no momento em que se apagou o interesse pela *atellana*.

Enquanto a tragédia grega em geral não interessou aos romanos, pelo que deixaram de passá-la adiante, o mesmo não ocorreu com a comédia. Imitações da comédia nova grega de Menandro, um dos autores maiores, foram difundidas no território do império por obra do úmbrio Plauto e, mais tarde, pelo refinado Terêncio. Tratava-se de uma comédia regular que em Roma chamava-se *palliata* (da indumentária típica vestida pelos atores do pálio) e que era interpretada por atores recrutados mediante pagamento.

Geralmente, os mimos vestiam uma máscara que, pela iconografia de referência e pelas numerosas estátuas deixadas pelos artistas da época, tinham características estéticas bastante semelhantes às das gregas: máscaras com casco cheias de ornamentos cênicos, cabeleiras abundantes, barbas, bigodes e a característica boca que, por séculos, nos foi repassada como *megafônica*. Os tipos representados pelas máscaras nas comédias eram os comuns (o velho, o escravo, o parasita, o *lenone*, o soldado). Era costume, perante o público romano, impor ao ator que não agradasse a plateia tirar a máscara e mostrar o rosto nu para receber os insultos das pessoas.

Na *Commedia dell'Arte* aparecerão os antigos personagens tomados da comédia latina de Terêncio e Plauto: velhos e ricos libertinos, que aspiram os favores de jovens servas ou a posse de belas escravas que os mercadores de carne humana vendiam a alto preço, os servos (os escravos da comédia clássica) espertos e ladrões, o costumeiro rol de pedantes

---

[18] Reporta-se aqui uma hipótese de Vincenzo De Amicis, que aproxima os personagens das *fabulae atellanae* aos da *Commedia dell'Arte*: Macco = Pulcinella; Pappo = Pantaleão; Dossenno = Doutor; Sannio = Zanni; Bucco = Capitão Espavento; *Miles gloriosus* = Capitão Fracasso. Dosseno, o corcunda arguto e malicioso derivante das antigas *fabulae*, pode ser comparado à figura de Pulcinella napolitano; além da corcunda, que em Pulcinella está presente também na parte anterior, outro elemento comum aos dois tipos cômicos: a presença sobre a máscara negra de um priápico narigão, evidente alusão ao símbolo fálico. Tais elementos, mesmo não sendo suficientes para demonstrar a influência do teatro latino sobre a *Commedia dell'Arte*, tornaram-se, de todo modo, apanágio da *commedia all'italiana*, que, desde o Renascimento e por mais de dois séculos levou o prestígio da cultura itálica até as mais remotas cortes (europeias) de países europeus. As semelhanças que aproximam o teatro latino da *Commedia dell'Arte* não parecem terminar aqui; nas *fabulae*, de fato, os atores improvisavam em versos, com base num entrecho satírico e nas intrigas, *tricae*, semelhantes (em tudo) aos roteiros da comédia ao *improvviso*.

Attore-diavolo [Ator-diabo] (detalhe) miniatura medieval do manuscrito de Renaud de Montanban Paris, Bibliothèque Nationale de France.

presunçosos, militares arrogantes e fanfarrões e uma quantidade extraordinária de intrigas amorosas, jogos de engano e sátiras ferozes. Alguns estudiosos consideram extraordinária a semelhança, mesmo que não seja concebível uma filiação direta, entre a comédia popular quinhentista e as antigas formas chamadas *fescennini* ou *satura*, espécie de representação satírica, composta de uma *assemblage* de fragmentos destacados da ação e de derisão entre gestos, palavras e ações licenciosas, que se atribuía aos sátiros.

Uma forma espetacular originalíssima que unia música, dança, canto e versos. À *satura* uniram-se mais tarde as *fabulae atellanae* com uma espécie de *satura* osca da Campânia, tipicamente caricatural, representada ao improviso com máscaras.

A invasão dos bárbaros

Um aspecto de fundamental importância na história da relação homem/animal, durante a Alta Idade Média, é constituído pelo valor que o primeiro atribuía ao segundo. Numa civilização em que o homem vivia em estreito contato com a natureza, o animal era o elo e, ao mesmo tempo, o símbolo das forças obscuras que presidiam a ordem das coisas. Basta pensar na simbologia ligada ao cão, expressão de coragem e fidelidade, junto aos longobardos, que persistiu até a época dos potentes Scaligeri de Verona.[19] Seus nomes recorrentes eram Cangrande, Cansignorio, Mastino [Cão de guarda]; além disso, a parte superior do elmo que carregavam, que abaixava até mascarar os olhos durante o combate, representava a cabeça de um cão, resíduo tardio de um hábito de combate que encontrava raízes muito distantes no tempo; naqueles legendários guerreiros da cabeça de cão destinados a esfacelarem-se entre si na falta de inimigos.

No fundo da lenda há um núcleo de verdade: o costume de dar início à batalha com danças sacras, durante as quais os guerreiros cobriam

---

[19] Scaligeri remete aos da casa Della Scala, senhores de Verona nos séculos XIII e XIV. (N. T.)

Um Attore in Costume di Diavolo
[Um Ator com Figurino de Diabo]
(detalhe)
miniatura medieval do manuscrito de Renaud de Montanban
Paris, Bibliothèque Nationale de France.

a cabeça com a pele das cabeças de animais considerados corajosos e ferozes: cães, lobos, ursos. Assim se explicam as fabulosas histórias dos guerreiros da cabeça de cão, chamados *cinocéfalos*, e os nomes das pessoas cunhados sobre expressões germânicas, como as que indicam, por exemplo, o "elmo de lobo" (*Wolfetan*).

Durante muitos séculos, o uso entre os longobardos de chamar Lobo aos filhos homens teve larga difusão, até bem depois da conquista da Itália por parte dos carolíngeos. Do século XII em diante, com a difusão dos sobrenomes, a escolha dos nomes do mundo animal foi muito grande, muito mais articulada que na idade precedente, pois enriqueceu-se de aumentativos, diminutivos, pejorativos e outros módulos de alteração dos apelativos animais. A feiura física e o seu contrário, os dotes e os defeitos do caráter, as atitudes militares, a ferocidade, a coragem são descritos com a denominação de outras tantas feras. Paulo Diácono, nascido em 730 d.C., na sua *História Longobardorum* [História dos Longobardos] refere a existência de guerreiros ferozes com a cabeça de cão: "Eles combatiam com inaudita crueldade e costumavam beber sangue humano; se não conseguiam fazê-lo com o do inimigo capturado, chegavam a beber o próprio".[20]

Talvez um antigo rito de metamorfose sob os despojos do lobo, por parte dos guerreiros tomados por um deus e, provavelmente, eufóricos pela ingestão de substâncias excitantes,[21] típico de um xamanismo proveniente talvez da cultura mongol e transmitida aos germanos pelos povos das estepes. Aqui, de fato, se encontram traços de animismo e xamanismo na poesia épica e heroica dos germanos (édica e escalda).[22] No século VII, Damaskios, grego de Damasco, afirmava que, durante o assédio a Roma por parte de Átila, os espíritos dos guerreiros mortos continuaram a bater-se por três dias e três noites, com ardor maior que o dos vivos.[23] Acreditava-se que o rei dos hunos comunicasse as ordens ao seu exército ladrando e uivando como um lobo.[24] A tradição, derivada dos antigos costumes, com o declínio do domínio longobardo na Itália, não demorou a ser acantonada, conservando, no entanto, símbolos que se inseriram na iconografia e na nomenclatura heráldica das dinastias e das senhorias.

Por volta do final do primeiro milênio, dentre todas as hordas bárbaras que se sucederam na invasão do sudeste europeu, notabilizou-se por ferocidade e crueldade a população ugro-finesa dos húngaros ou magiares de raça mongol, como foram chamados. Sua crueldade foi descrita em contos terrificantes, como o hábito de desmembrar os inimigos e beber seu sangue, a ponto de merecerem o nome que, repetido deformado pelo populacho, transformou-se de "húngaro" em "ogre" na França, em "orco" [ogre] na Itália, sinônimo de ser violento e cruel.[25] São muitas as lembranças de sua

---

[20] Paulo Diácono, *Historia Longobardorum* (*Storia dei Longobardi*) [História dos Longobardos]. E. Bartolini (org.). Milão, Tea, 1999, p. 17.

[21] Os temidíssimos Berserkir lançavam-se sobre o inimigo envolvidos em peles de lobo ou de urso; ferozes guerreiros nórdicos de aspecto ferino, personificações da fúria aniquiladora, desciam em campo anunciando-se com gritos selvagens, sobre-humanos, que tinham por objetivo aterrorizar os inimigos. Meio homens meio feras, precipitavam-se na batalha sem armadura, estraçalhando e destroçando quem aparecesse à sua frente. Os míticos Berserkir (os vestidos de peles de urso) e os Ulfhednir pertenciam a algumas sociedades culturais dedicadas a

Odin, em sua valência de deus da guerra. São verdadeiras seitas que submetiam os próprios adeptos a cruéis ritos de iniciação, fazendo uso de substâncias inebriantes e drogas capazes de torná-los insensíveis à dor física.

[22] A primeira metade do século V vê os longobardos entre os povos migrantes confederados, sob a guia de Átila, rei dos hunos. Também Átila era considerado cinocéfalo e chefe da cavalgada dos mortos.

[23] K. Meisen, *Die Sagen vom wütenden Heer und wilden Jäger*. Münster, 1935, p. 22-23.

[24] Paulo Diácono, *Historia Longobardorum*, op. cit., 1, p. 11.

[25] Nas lendas populares europeias, tem valência de ser malvado, gigantesco e hórrido, devorador de carne humana, em particular de crianças. Remete a um ser mitológico

nefasta passagem pelo Ocidente e, em particular, pela Itália, ocorridas entre o final do século IX e metade do século X.

No Vêneto são muitas as denominações da toponomástica que evocam os eventos guerreiros ligados à passagem dos húngaros: Longare, Longara e Longarone, ou a mais conhecida Val Leogra no território de Vicenza; no dialeto friulano, ainda hoje, *òngiar* significa tosco, inculto. Não temos menções particulares às máscaras húngaras, senão as que se referem às utilizadas durante os ritos mortuários. De fato, os defuntos eram enterrados em tumbas retangulares em posição supina e com a testa voltada a oeste. O corpo era envolvido num sudário e, no caso de um guerreiro, vestido com os vários elementos de seu armamento. No caso de personalidades de grau mais elevado, o vulto do morto era coberto por um véu de linho sobre o qual eram costuradas gemas de ouro ou de prata, em correspondência aos olhos e à boca, à guisa de máscara funerária.

Dentre as várias formas rituais, algumas tocam o campo do canibalismo e da conservação do crânio dos inimigos, prática denominada "voto". Em 567 os bizantinos derrotaram os ostrogodos, eliminando assim a única barreira ao avanço dos longobardos. Alboíno sucede ao pai Andoíno na liderança do seu povo; aliado aos ávaros, derrota os gépidas.[26] Em 568, Alboíno, à frente de muitas tribos bárbaras, conquista o Vêneto, obrigando as populações a se refugiarem nas ilhas da laguna, provocando o início de um insidiamento que, reconhecido pelo exarcado de Ravena, foi administrado pelos patriarcas de Aquileia; após tornar-se autônomo, constituiu-se em dogado em 692. Sob Carlos Magno, em 810, tornou-se núcleo citadino com o nome de Venetia.

A máscara e o diabo no Ocidente medieval

Nas sociedades tribais, as máscaras ocupam lugar central na organização sociocultural das comunidades. Sem dúvida, a máscara também deveria ser de grande importância nas tradições folclóricas da Idade Média ocidental, nas celebrações do calendário: desde os doze dias, chamados "do caos", inseridos entre o Natal cristão e a Epifania, até as festas ligadas ao ciclo das estações e ao carnaval, aos banquetes fúnebres, e ao *charivari* nos séculos XIV e XV. Como resulta dos documentos e dos testemunhos sobre o assunto, desde os primeiros séculos da Era Cristã, a hierarquia eclesiástica condenou as máscaras em termos peremptórios e com uma oposição radical, enquanto signo duplo, que "esconde" quem a veste e "evoca" por meio de traços aquilo que não se vê.

Mas, ao lado da problemática conceitual havia algo mais; com sua materialidade, a máscara colocava, de fato, um quesito essencial à teologia e, de modo geral, ao cristianismo medieval: quase sempre evocava um ser demoníaco, uma entidade dos ínferos que fazia referência a hábitos rituais anteriores ao cristianismo, reportava ao "paganismo", como preferia chamá-lo a Igreja. Dançar e cantar hinos aos deuses significava então desviar-se do culto a um deus único para o rol infinito de madonas, anjos, arcanjos e santos que o acompanhavam.

---

latino, demônio do reino dos mortos, representado como um gênio com as asas negras, armado de foice.

[26] Paulo Diácono narra como Alboíno conservou o crânio do rei gépido Cunimundo, por ele derrotado e morto, usando-o como uma copa para beber. A circunstância é conhecida pois constitui o motivo da vingança de Rosmunda, filha do rei, obrigada por Alboíno a desposá-lo e a brindar no crânio; o episódio culminará com o assassinato do marido. As práticas rituais relativas às cabeças perdurarão longamente até a primeira Idade Média. Junto aos longobardos, a cabeça era considerada o centro da espiritualidade do homem e a sua posse era considerada mágica, disto derivavam os rituais. O uso de taças libatórias obtidas com o crânio dos inimigos mortos era chamado "la scalla", como testemunha o conhecido episódio de Alboíno e Rosmunda.

Mas seria possível a um estudioso contemporâneo, enfrentar o tema da máscara medieval, se nenhum exemplar chegou até nós? Um problema, de outra parte, que recai também sobre os remanescentes gregos e latinos que, construídos com materiais orgânicos lábeis (cascas de árvore, folhas, materiais cerosos e resinosos, etc.), não resistiram à ação destrutiva dos micro-organismos e à erosão do tempo. Felizmente, chegaram-nos as imagens e as formas da obra dos artistas que repropunham cenas de mitologia, de teatro, de festa, através de esculturas, pinturas, afrescos, mosaicos, cerâmicas. Portanto, se as máscaras verdadeiras, isto é, as utilizadas, à época, no teatro ou no rito, dissolveram-se no tempo, aquelas em simulacro, realizadas com materiais mais resistentes (pedra, mármore, terracota, etc.), puderam alcançar os nossos tempos para testemunhar não só a forma, mas também, por vezes, os mais recônditos significados.

Para os estudiosos, no entanto, há um ulterior problema filológico. Pois, se se conhecem as máscaras medievais somente através de textos e efígies que provêm da cultura religiosa oficial, quem pode garantir que, através do filtro eclesiástico de amanuenses, escrivães e doutores da Igreja, tão adversos a ponto de lançar anátemas e promulgar editos proibitivos em confronto com a máscara popular, tenham chegado até nós documentos e iconografias correspondentes ao verdadeiro? Seria necessário individuar, através da imensa produção de textos e imagens, somente as ilustrações "verdadeiras" das máscaras do passado, isto é, as que sofreram manipulações e deformações menores.

O vocabulário latino medieval possui certo número de termos que os historiadores concordam em traduzir pela palavra "máscara"; todavia, nenhuma saiu da cultura medieval: trata-se de termos que têm origem na cultura grega ou latina antiga, ou ainda nas culturas chamadas "bárbaras". A cultura oficial da Igreja em parte baniu e em parte adotou alguns destes vocábulos. Por "máscara", na Idade Média, entende-se "evocação de potências sobrenaturais", aparições de entidades diabólicas; o termo latino *larva* é conservado com o significado de "mascarada" e, no século XV, refere-se àquela coletiva do *charivari*.

A expressão *larvae daemonorum* exprime o juízo moral negativo da Igreja, pois as hierarquias eclesiásticas consideravam as máscaras (ou ao menos algumas delas) relacionadas a seres demoníacos. Também para os outros termos derivados do latino antigo, *persona* e *figura* que, mesmo que mais raramente que *larva*, algumas vezes significam máscara, podemos tecer as mesmas considerações. Na língua italiana, a palavra máscara aparece muito mais tarde: entre os primeiros escritores a dela fazer uso, o mais célebre é Giovanni Boccaccio, autor do *Decamerão*.

Para além das questões léxicas, há ainda um aspecto a ser examinado. No sentido estrito do termo, não é possível separar as máscaras dos travestimentos: assim, a condenação eclesiástica, geralmente dirigida contra qualquer tipo de mimetização, foi também o contexto geral em que se enquadrou a condenação pelas máscaras. A postura das autoridades eclesiásticas, neste caso, foi sempre ambígua: rejeitou os travestimentos pagãos antes e os folclóricos depois, mesmo salvando algumas mimetizações que, utilizadas nos mistérios religiosos, serviam para reforçar publicamente a condenação do anjo negro, o diabo do credo cristão. Mas, vestir a máscara significa, também, ser "outro". Veja-se, por exemplo, o que se lê na declaração encontrada na maior parte das condenações dos tribunais eclesiásticos.

A máscara que assemelha o homem à mulher em um travestimento ao contrário, ou à fera, é ilegítima, má, porque interrompe a única *similitudo* permitida, a do homem criado à imagem de Deus. Mas como Deus é figura absoluta cuja transfiguração não pode ser senão a forma radiante do mesmo, o homem, única criatura a carregar seus traços, não pode mudar de semblante sem incorrer em pecado: mascarando-se faz de si um ídolo, mascarar-se é diabólico.

No Ocidente medieval, o diabo é metáfora de mascaramento; como a máscara, tem o poder de transformar e de transformar-se para realizar seus torpes e recônditos escopos. Mas não tem outro travestimento além de seu próprio aspecto, visto que não usa realmente uma máscara. Um conceito, este último, reencontrado nos ritos iniciáticos das sociedades não ocidentais: o feiticeiro, o bruxo, o xamã, quando dança, não usa a máscara, ele é aquele que a máscara representa.

Numa recente viagem de estudo à Ilha de Bali, na Indonésia, pudemos confrontar diretamente o extraordinário grau de transladação de personalidade nos sacerdotes que, durante um rito, entrando em *transe* profundo, assumem a identidade da divindade que é representada pela máscara vestida.

Mas o engano da máscara, como o do diabo, permite à Igreja manifestar a verdade, denunciando-o no entanto. As condenações eclesiásticas, repetidas por mais de dez séculos em termos quase que imutáveis, não fizeram com que as máscaras desaparecessem, porque tais objetos, proibidos em variados documentos, continham a essência da condição natural e humana; sua importância estava radicada nas crenças das pessoas comuns, apesar dos anátemas e dos exorcismos que se sucederam no decorrer dos séculos.

Le Roman de Fauvel [O Romance de Fauvel]

Imagens surpreendentes das máscaras medievais encontram-se nas miniaturas que acompanham um manuscrito de Gervais du Bus (1315-1322), conservado na Bibliothèque Nationale de Paris. O título, *Le Roman de Fauvel* [O Romance de Fauvel], revela uma sutil sátira dirigida contra políticos, nobres e dignatários de corte, prelados de toda ordem e grau, por parte do herói da história, o cavalo Fauvel (*faux* = falso, *vel* = véu, máscara). As letras que compõem o nome, além disso, correspondem às iniciais em francês, de outras qualidades não exatamente positivas, que em italiano soam assim: adulação, avareza, vilania, vaidade, avidez, velhacaria.

A primeira miniatura representa um ator com uma máscara de cavalo no ato de alcançar o leito de Vanglória, com quem acabou de esposar-se. Mas Fauvel casou-se sem cerimônias nupciais, nem civis, nem religiosas, e a sanção de seu "concubinato" é um violentíssimo *charivari*, que o texto descreve longamente com minúcias, enquanto outras quatro miniaturas ilustram-no com riqueza de detalhes. Prossegue-se com uma descrição, frequentemente alusiva, dos travestimentos de monge, jogral,[27] mulher (mas quem veste as roupas femininas é um homem) e dos instrumentos utilizados para fazer um barulho ensurdecedor, caçarolas, frigideiras, tampas, caldeirões e tudo o que possa ser encontrado, em metal, numa cozinha equipada.

O hábito medieval de acompanhar com os *charivari* as núpcias não benditas pelos católicos (por exemplo, as de um velho com uma jovenzinha, entre pessoas viúvas, matrimônios de conveniência ou de interesse, etc.) prolonga-se pelos séculos, para além da Idade Média, perdendo gradualmente o significado de contestação. Usa-se ainda hoje amarrar ao carro do casal uma longa fileira de latas, vasilhas, objetos metálicos que provocam um notável fragor na partida para a lua de mel: será

---

[27] No original, *giocoliere* – que se exibe em jogos de destreza física, equilibrismo, manipulação, sobretudo em espetáculos públicos (circo, variedades). (N. T.)

talvez uma sobrevivência do antigo *charivari*? E o mesmo barulho encontra-se, também, nos personagens que animam o *charivari* descrito no *Roman de Fauvel* [Romance de Fauvel], munidos de campainhas e guizos, semelhantes aos pendurados no pescoço dos animais no pasto. Outros empurram e puxam uma carreta cujas rodas, girando, urtam barras de ferro, provocando um fragor metálico assustador, outros irrompem por portas e janelas, jogam sal num poço e excrementos na cara. Certos personagens assemelham-se a homens selvagens: suas cabeças são cobertas de pelos hirsutos e carregam dois caixões cheios de cabeças cortadas. Enfim, o texto termina com a descrição de um gigante a cavalo, cuja visão evoca ao autor Hellequin e sua manada selvagem que o segue furiosa.

O exército dos mortos

São dois, principalmente, os princípios em matéria de mortos definidos por Santo Agostinho: de um lado, o privilégio e as honras concedidos pela Igreja aos próprios mortos – santos, mártires, confessores (era indispensável à Igreja destacar a excelência incomparável de seus defuntos) – de outro, a pouca importância atribuída por tradição eclesiástica aos corpos dos mortos, por assim dizer, comuns. Mais que com o cadáver, era preciso, de fato, preocupar-se com a salvação da alma. Quanto a este ponto, a Igreja pretendia diferenciar-se decisivamente dos usos pagãos, desaprovando abertamente as suntuosas tumbas da aristocracia romana, os sacrifícios, os ritos e as ofertas mortuárias. Todavia, diferenciar as práticas funerárias eclesiásticas das pagãs não era tarefa fácil. Eis, então, a proclamação dos editos, proibições e ordens superiores que indicam ao povo aquilo que se deve fazer em matéria de mortos. No ano de 882, por exemplo, o arcebispo Incmaro de Reims (Hinkmer von Reims, 1980) proíbe brindar a alma do morto, rir, banquetear durante os funerais. O padre não deve permitir que diante dele ocorram jogos com as feras, carrosséis e torneios, nem se usem *larvae* (máscaras chamadas Talamascas).

Apesar das proibições oficiais, o culto dos mortos, demonizado pela igreja desde os primeiros tempos da Idade Média, continuava a ser praticado pelas pessoas, inclusive as cristianizadas, com a habitual presença do cortejo noturno dos mortos, da caça selvagem.[28] A partir dos primeiros séculos do segundo milênio, manifestou-se um desejo muito forte por parte da Igreja de cristianizar o culto dos mortos, especialmente em âmbito monástico. Entre 1024 e 1033, os influentes abades do mosteiro francês de Cluny, um dos principais centros da cultura cristã, instituíram a festa dos mortos, fixando sua data em 2 de novembro, no dia seguinte ao de Todos os Santos.

A credulidade na existência dos espíritos, fomentada sutilmente pelo clero, seja através da literatura, com histórias inerentes a aparições de almas implorantes, seja através da predicação de episódios edificantes nos púlpitos, como *exempla* e *miracula*, fez o resto. Lentamente, o antigo culto dos mortos pareceu obscurecer-se, enquanto se ia aceitando a ideia de almas inquietas que, do além, pediam aos amigos e parentes missas pelas almas, a pagamento, para abreviar os tormentos do purgatório. Na verdade, apesar dos esforços dos eclesiásticos para regularizar o culto dos defuntos, a partir do século XI intensificaram-se também os contos populares sobre aparições coletivas de defuntos que formavam um bando, um cortejo ou um exército de mortos.

Tratava-se, presumivelmente, de antigas crenças nórdicas, difundidas na Europa

Donato Sartori, Estudo para a máscara medieval nórdica *Hellequin*, 1992. nanquim e guache.

---

[28] A isso já aludia Tácito (55-120 d.C.), na *Germania* (cap. XLIII), mas de modo obscuro e emblemático.

A História – Em busca das fontes históricas | 79

sul-ocidental pelas invasões bárbaras. As primeiras tentativas para cristianizar tais convicções não tiveram sucesso, mesmo que se almejasse demonstrar como tais ordens de cavaleiros mortos não fossem mais que almas penadas em busca de expiação na dimensão humana, geralmente no próprio lugar de seus pecados. Um purgatório itinerante, em suma, que teve a sua lógica conclusão na invenção do verdadeiro purgatório cristão, sancionada pelo Concílio de Reims, em 1274. Mas as crenças ligadas às aparições coletivas de hordas de mortos permaneceram obstinadamente sólidas na cultura popular, a ponto de a igreja terminar por demonizar a presença dos cavaleiros noturnos, definindo-os e condenando-os oficialmente como bandos "diabólicos" da caça selvagem.

Hellequin e a manada selvagem

A mais antiga referência escrita relativa ao exército peripatético dos mortos deve-se ao monge anglo-normando Orderico Vitale (1075-1142), que foi abade de Saint-Evroul, um mosteiro da Normandia, onde escreveu uma monumental *História Eclesiástica*, em que aparece pela primeira vez o nome de "Hellequin" ou de "mesnie Hellequin", o diabólico condutor e a sua manada selvagem de mortos.[29] "Mesnie Hellequin" é apenas um dos nomes que, nos documentos orais ou nas fontes escritas, é atribuído ao cortejo dos mortos errantes. É também chamado: na França, *chasse sauvage* [caça selvagem], *chasse infernale* [caça infernal], *chasse aérienne* [caça ariana], *chasse maligna* [caça maligna], *chasse maudite* [caça maldita], *grand veneur* [caçador-mor], *chasseur noir* [caçador negro], *chasseur nocturne* [caçador noturno], *chasse Arthur* [caça Artur], *chasse du Piqueur noir* [caça do Picador negro], *chasse d'Oliferne* [caça do Oliferne], *chasse du roi* [caça do rei], *chasse du roi Salomon* [caça do rei Salomão], etc.; na Alemanha, *Wilde Jagd* [caça selvagem], *Wilder Jäger* [caçador selvagem], *Wütendes Heer* [exército furioso]; na Espanha, *estantigua* [exército antigo] e *Santa Compaña* [Santa Companhia]; na Suíça alemã, *Totuchrizgang*, *Nachtschan*, *Nachtvolk* [procissão dos mortos, tropa noturna, povo noturno]; no Cantão Tessino, procissão dos pobres mortos; na Escandinávia, *Gongfoela e Gongferda* [caça diabólica], *Oskoreia* ou *Asgardreia* [coortes diabólicas] e assim por diante.

Orderico colhe notícias sobre o tema no período entre 1123 e 1137, com base em possíveis testemunhos derivados de informantes locais da diocese de Lisieux: monges, portanto, mas também cavaleiros e nobres da região que considera os mais autorizados detentores da memória nomanda. O monge-escritor, oportunamente, coloca a data de início de seu conto em 1091, ano em que grandes desordens e guerras de conquista conturbaram a Normandia, devastada por decênios, sem que fossem poupadas igrejas, abadias e ordens monásticas. O abade coloca o conto na boca de um dos testemunhos, segundo as mais experimentadas regras dos *exempla*, *mirabilia* e *miracula*, os clássicos contos edificantes dos eclesiásticos medievais que entraram em uso por iniciativa dos pais da Igreja e de famosos predicadores.

Na Normandia, na gélida e luminosa noite de São Silvestre, em 1091, Gauchelin, um jovem padre, atravessando um campo quando voltava da visita a um doente, foi quase arrastado por uma grande multidão de seres, fragorosa, lamentosa e gemente, em louca corrida. A armada era comandada por um gigante demoníaco que o ameaçava armado com uma enorme clava. A manada selvagem desfilava numa procissão de mortos, como

---

[29] Ver M. Lecco, *Il Motivo della Mesnie Hellequin nella Letteratura Medievale*. [O Tema da *Mesnie Hellequin* na Literatura Medieval]. Turim, Edizioni dell'Orso, 2001, p. 57-82.

reconheceu Gauchelin. Infantes que carregavam todo tipo de utensílios e instrumentos metálicos que produziam um grande fragor, e então: carregadores que transportavam féretros cheios de anões monstruosos com cabeças grandes como barris, demônios e etíopes que perseguiam as criaturas danadas com golpes de lança e queimando-os e depois mulheres descompostas cavalgando cavalos negros cujas selas estavam retesadas de pontas incandescentes. O padre continuava a ver o séquito gemente de padres, monges e frades, abades e bispos, incitados por uma grande armada de seres diabólicos que cavalgavam, entre sulfúrea fumaça e chamas avermelhadas, grandes e negros corcéis que foram reconhecidos pelo aterrorizado padre como a banda de Herlechin (*Haec sine dubio familia Herlechini est*).[30]

O padre salva-se e, algum tempo depois, antes de morrer, descreve a Orderico Vitale a horrenda visão, pontualmente transcrita no volume XIII de sua obra. Remetendo ao passado e observando a procissão, é possível fixar-se na figura terrificante, se bem que majestosa, do ser diabólico que encabeça a tropa dos mortos, Hellequin, presença maligna milenar. Se levamos em consideração outros componentes da lúgubre procissão, como os "anões das cabeças grandes" ou as outras figuras monstruosas, os torturados por "demônios e etíopes", torna-se evidente a tentativa de Orderico de colocar no mesmo plano dos diabos também os etíopes, populações africanas, objeto de extermínio por parte dos exércitos das cruzadas. Ao longo do percurso da primeira cruzada, no final do século XI, forma-se uma longa mancha de sangue que, através dos Balcãs, península da Anatólia e Síria, estende-se ainda sobre toda a parte africana (Magrebe) que beira o Mediterrâneo.

---
[30] Orderico Vitale, *Historia Ecclesiastica* [*The Ecclesiastical History of Orderic Vitalis*]. [A História Eclesiástica de Orderico Vitale]. Ed. Marjorie Chibnall. Oxford, Clarendon Press, 1968-1980, 6 vol., livro XIII.

Etíopes, mouros, portanto, africanos, são considerados descrentes e, assim, merecedores de santa punição, reunindo-os aos habitantes do inferno cristão; como os diabos, são arrastados pelo deus no mais profundo das vísceras da terra entre as chamas eternas.

Uma outra visão arrepiante refere-se às mulheres nuas, bramantes e gritando, seviciadas com pregos incandescentes plantados sobre as selas de cavalos furiosos: assim, com o fogo e os miasmas venenosos, são punidas pelos prazeres impudicos e sedutores que gozaram quando ainda estavam em vida.

É este o comentário moralista de Orderico Vitale, que conclui a histórica descrição da horda capitaneada por Hellequin; um comentário que não impressiona dado que a mulher, na Idade Média, tem um papel subalterno na sociedade europeia. A procissão de Hellequin tem ampla verificação nos países da Europa setentrional; liga-se, por exemplo, à *Wilde Jagd* germânica e às tradições nórdicas que se espalham da Inglaterra até a Escandinávia, com o nome de *Odinsjagten*. Não por acaso, o advento misterioso da cavalgada selvagem ocorre na noite de Ano-Novo, no meio do período mágico.

Se do conto de Orderico extrai-se simplesmente que Hellequin é um gigante armado de clava, outros documentos medievais atestam uma personalidade vigorosa e extrovertida. Uma poesia de Bourdet, da segunda metade do século XIII, descreve a bruxa Luque le Maudite que a 13 de janeiro, sentindo-se doente, envia uma mensagem a Helekin, chefe do inferno, por onde circula armado com uma barra de ferro, declarando-lhe que antes de morrer quer desposá-lo. Helekin aceita e, encabeçando sua manada, sobe ao mundo dos vivos, saqueando e destruindo tudo o que acha pela frente, até encontrar Dame Luque e levá-la consigo para o inferno, fazendo um grande alvoroço e organizando extraordinários festejos.

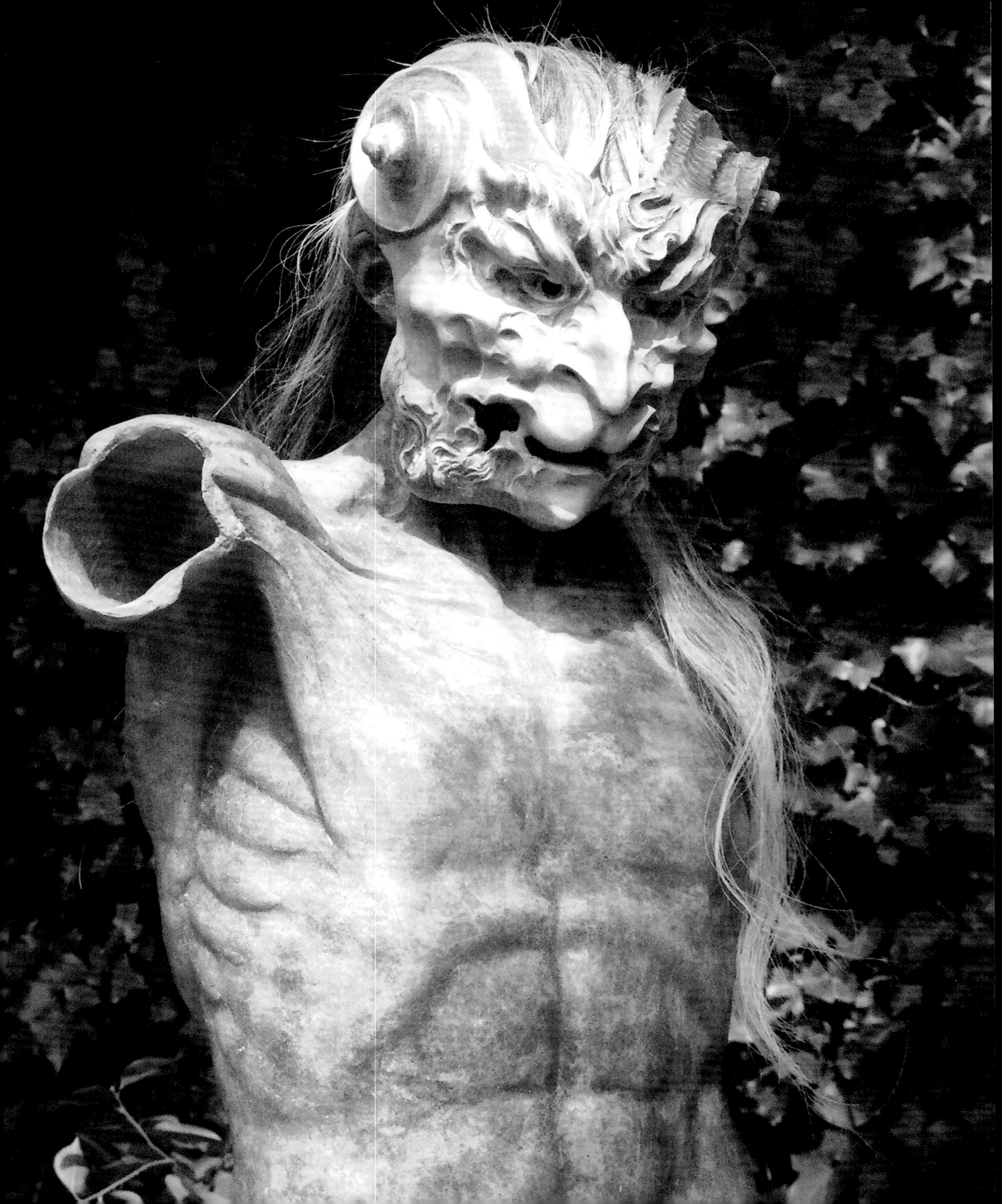

MÁSCARAS BARROCAS

Roberto Tessari

A crítica e as máscaras

Locanda das Máscaras é o nome da pousada – junto à Ponte del Ghiereto – em que Goethe, durante a travessia do Apenino tosco-emiliano, passou a noite entre 22 e 23 de outubro de 1786: uma embrionária propaganda "turística" antecipava desta maneira ao ilustre viajante o encontro com o Carnaval de Roma, experiência fundamental da *Italienische Reise* [Viagem à Itália]. Tendo partido para reencontrar os traços do mito e da arte clássica, Goethe reconduzia à pátria, unida à impressão de uma viva arqueologia, a imagem de uma vida social ainda permeada de formas antigas. Entre os suvenires italianos, aos desenhos de sua própria mão reproduzindo os vestígios da civilização latina, ele juntava os cobres gravados que retratavam as máscaras: figurações estéticas das categorias psicológicas e sociais de um povo, sugestivas a ponto de alimentar o projeto de uma tipologia germânica correspondente: "Wir dachten auch etwas auf deutsche Weise in dieser Art hervorzubringen, unsern Hanswurst war ein Salzburger, unsern Landjunker wollten wir aus Pommern nehmen, unsern Doktor aus Schwaben".[1] Os cobres aluminados de Goethe, estampados ainda por Valentin no *Trattato sulla Commedia dell'Arte, ossia Improvvisa* [Tratado Sobre a *Commedia dell'Arte*, ou seja, *Improvvisa*],[2] são o veículo que reporta aos primeiros cultores oitocentistas do antigo "teatro italiano" a interpretação das máscaras formulada pela cultura alemã do tardo século XVIII. De fato, mesmo inspirando-se nos cânones do novo historicismo – evidente na consciência de preencher, com *Masques et Bouffons* [Máscaras e Bufões], "uma lacuna nos trabalhos de nosso século, século de classificação, ou de compilação, se quisermos"[3] – Maurice Sand enfrenta o estudo da *Commedia dell'Arte* mantendo-se fiel ao princípio segundo o qual a sua história "não pertence apenas à história da arte", mas "sobretudo à da psicologia de duas nações [Itália e França]".[4] E ainda Vernon Lee, por mais que esteja empenhada em indagar sobretudo a dramaturgia popular para nela colher verdadeiros ou supostos "fermentos" de revolta social e política, interessa-se pelos personagens das farsas setecentistas em termos de *Völkerpsychologie*, naturalmente descobrindo por trás do "manto" que esconde seus vultos "inquietações sediciosas", alimentadas por um povo de "lazarentos, vagabundos, iletrados", que

---

[1] W. Goethe, *Wilhelm Meisters teatralische Sendung*. Berlim, 1957, p. 158. [Tradução não literal: "E se pensássemos introduzir algo do modo de ser alemão neste gênero artístico, o nosso Arlequim seria um salzburguense, o nosso Cavaleiro gostaríamos de tomá-lo na Pomerânia, e o nosso "Doutor" na Suábia".].

[2] Lembramos que este estudo de Francesco Valentini, publicado em Berlim em 1826, inaugura a crítica moderna sobre o teatro *dell'Arte*.

[3] Maurice Sand, *Masques et Bouffons* [Máscaras e Bufões]. Paris, Lévy, 1860, vol. I, p. VII. [No original, "une lacune dans les travaux de notre siècle, siècle de classement, de compilation si l'on veut". (N. T.)]

[4] *Idem*, p. VI. [No original, "n'appartient pas seulement a l'histoire de l'art", ma "surtout à celle de la psychologie de deux nations (Itália e França)". (N. T.)]

Ermes
máscara dos Sartori
Oréstia de Ésquilo, direção de Peter Oskarson
Gävle (Suécia), Folkteatern, 2001.

proclamavam "na gíria multicolorida de seus dialetos que a Itália não estava morta".[5]

Mesmo simplificando – no sentido de uma limitação abstratamente psicológica ou abstratamente sociológica – a complexidade da intuição goethiana, estas análises românticas ainda concordam com sua fonte ao propor uma interpretação global do significado da máscara italiana, ao celebrar com amor sua organicidade misteriosa e atraente. É a estação do positivismo, com sua apaixonada pesquisa de documentos e sua pedantesca filologia, perdida nos rastos de um evolucionismo de papel, a colocar em crise esta postura, experimentando as possibilidades de uma investigação analítica, abrindo caminho para uma dissensão até bastante material da máscara. Esta última, nos últimos anos do século XIX, foi aprisionada no jogo das polêmicas relativas às origens da *Commedia dell'Arte*, a ponto de sua imagem unitária sair dilacerada: os seus elementos figurais, o seu nome, a sua função – considerados os remanescentes arqueológicos de um organismo agora disperso; fragmentos nos quais é possível divisar os sinais de um passado ambíguo, ora identificável no mimo latino, ora na dramaturgia medieval, ora no teatro erudito do Renascimento[6] – são examinados separadamente para gerar testemunho a favor de uma ou de outra tese em discussão. Se o agitado processo encontra falência em seu objetivo principal, e portanto não traz contribuições válidas à compreensão do teatro *improvviso*, consegue por outro lado um resultado fértil em consequências pois, reconhecendo nos diversos remanescentes da máscara sinais que revelam um nascimento e uma história de todo ou parcialmente estranhos à *Commedia dell'Arte*, implicitamente autoriza um certo divórcio entre a historiografia relativa a um e outro campo de pesquisa. Com efeito, áugure autorizado foi Croce, que dirigiu sua atenção ao teatro *improvviso* sobre a dupla linha de análise do "tipo" e da proposta de interpretação global do fenômeno cênico em que teve condições de exprimir-se a estação mais celebrada de sua existência[7] – do positivismo aos nossos dias, a exegese da comédia "*all'italiana*" e a de seus "*caracteres*" caminharam por vias divergentes: uma empenhada em enquadrar todo documento e todo resultado posterior nos delimitados confins de um fenômeno histórico, a outra irrequietamente tendente a explorar as diversas perspectivas fugazmente abertas por este ou aquele componente da máscara. As pesquisas sobre a roupa, a linguagem, a função tornam-se capítulos obrigatórios de todo estudo relativo aos *zanni* ou aos Velhos: placas que indicam os pontos de partida convencionais para aprofundamentos precipitam-se nos mais recônditos extratos do folclore, da lenda, da polêmica social, da tradição cênica. Assim como nos cobres de Goethe e nas ilustrações de Maurice Sand vive a interpretação intuitiva da máscara emanada de seus primeiros avaliadores, na estrutura do *Pulcinella* de Bragaglia ou da *Vita di Arlecchino* [Vida de Arlequim] de Nicolini estão assinaladas as trilhas praticadas

---

[5] Vernon Lee, pseud. de Violet Paget, *Il Settecento in Italia. Letteratura, Teatro, Musica*. [O Século XVIII na Itália: Literatura, Teatro, Música]. Milão, Fratelli Dumolard, 1881-1882; vol. II, p. 210, 255.

[6] A primeira tese foi defendida por V. De Amicis, *La Commedia Popolare Latina e la Commedia dell'Arte* [A Comédia Popular Latina e a *Commedia dell'Arte*]. Nápoles, Morano, 1882. A segunda por L. Stoppato, *La Commedia Popolare in Italia* [A Comédia Popular na Itália]. Pádua, Draghi, 1887. Um exemplo evidente da terceira intepretação pode ser visto em I. Sanesi, *La Commedia* [A Comédia]. Milão, Vallardi, 1911, vol. 1, p. 445.

[7] Exemplo deste primeiro interesse crociano é "Il Tipo del Napoletano nella Commedia" [O Tipo do Napolitano na Comédia]. In: *Saggi sulla Letteratura Italiana del Seicento* [Ensaios sobre a Literatura Italiana no século XVII]. Bari, Laterza, 1962[4], p. 259-93. Para uma avaliação sobre o teatro *improvviso* veja-se, em vez disso: B. Croce, "Intorno alla 'Commedia dell'Arte'" ["Sobre a '*Commedia dell'Arte*']. In: *Poesia Popolare e Poesia d'Arte* [Poesia Popular e Poesia de Arte]. Bari, Laterza, 1957[4], p. 507-18.

pela moderna arqueologia da máscara. Se a escolha que induziu os estudiosos a distinguir uma história da *Commedia dell'Arte* (fenômeno em que a máscara intervém do exterior para nela desempenhar um papel) de uma história de seus personagens (que por um longo período desenvolve-se independentemente da evolução do teatro *improvviso*) parece estar inspirada em um critério elementar de clareza exegética, não menos evidente resulta a utilidade de uma correta anatomia da máscara com a finalidade de iluminar conclusivamente sua relação com os roteiros[8] dos cômicos italianos. Todavia, uma fértil convergência destes dois caminhos percorridos pela crítica permanece como ideal ainda não alcançado, pois quase toda pesquisa sobre um "tipo" particular – geralmente por excesso de amor – não escapa à tentação de propor um juízo sobre a *Commedia dell'Arte* fortemente viciado pela perspectiva particular de que parte a investigação, segundo a qual, por exemplo, os destinos deste teatro são colocados na dependência (com eloquente antítese) ora exclusivamente de Pulcinella, ora do Doutor ("catalizador" de suas representações).[9] Consequência lógica de tal postura e, ao mesmo tempo, aberta denúncia das responsabilidades que a ela compete é o fenômeno pelo qual mesmo os que dedicam seu interesse à história global do teatro *improvviso* aceitam de boa vontade encontrar um fácil motivo condutor, uma interpretação preconcebida assaz atrativa, através da evocação de uma máscara dominante.[10] Mas as farsas em que culmina a vida de Pulcinella e Arlequim – e que, portanto, continuam catalisando a atenção dos estudiosos, como manifestação mais prestigiosa e completa da vida da máscara – não podem ser consideradas meros pretextos para a verborreia do Balanzone ou os funambulismos dos *zanni*. E já que o amor pela máscara parece incompatível com sua correta anatomia, não será, então, inoportuno sacrificá-lo a uma investigação mais particularizada.

Anatomia da máscara-personagem e morfologia da máscara-objeto

Os cômicos, ao assinarem suas próprias cartas, frequentemente juntam ao nome real o assumido no palco: o "Enamorado" Antonio Fidenze assina "Jacom'Antonio Fidenzi chamado *Cinzio*", e, em outra carta, subscreve inclusive: "*Cinzio* Fidenzi cômico".[11] O improvisador dos séculos XVI e XVII instaura com a parte[12] por ele desempenhada uma relação de fato diferente da que intercorre entre o ator moderno e o personagem nascido da irrecuperável criação de um dramaturgo: relação de cumplicidade, de assídua frequentação, a ponto de culminar numa forma de descoberta identificação; contrato que perdura pela inteira vida do intérprete e permite à máscara viver através do tempo em uma ininterrupta série de reencarnações, mas que também impõe ao ator levar em conta os traços de que ela foi se enriquecendo com o tempo. A vestição do cômico *dell'Arte* assume, enfim, uma intensidade de significado estranha à mais ou menos ocasional interpretação. Ele veste despojos que não podem ser animados pela força mágica

---

[8] No original, *canovacci*. Ver nota 2 ao texto de Calendoli, neste volume. (N. T.)

[9] Ver A. Campanelli, *Il Dottor Balanzone* [O Doutor Balanzone]. Bologna, Liceo Galvani, 1965, p. 57.

[10] *The World of Harlequin* [O Mundo de Arlequim] torna-se de fato a *Commedia dell'Arte* para Allardyce Nicoll, no homônimo estudo publicado em Cambridge em 1963.

[11] Ver as cartas de Fidenzi publicadas in: L. Rasi, *I Comici Italiani* [Os Cômicos Italianos]. Florença, Bocca, 1887-1905, vol. 1, p. 881.

[12] Resumidamente, pode-se dizer que, no âmbito do teatro, *parte*, especial mas não exclusivamente no cômico popular, remete ao conjunto de falas e à ação cênica relativas a um ator que interpreta um determinado personagem; o próprio personagem. (N. T.)

Crispin
água-forte, de N. Bonnard,
século XVII
Copenhague, Det Kongelige
Bibliotek, segunda parte da
coletânea Fossard.

Jacquemin Ladot
água-forte, século XVII
Copenhague, Det Kongelige
Bibliotek, segunda parte da
coletânea Fossard.

da palavra poética – pronunciada uma vez por todas e reevocada através de um exercício de memória – mas, sim, por invenções mímicas e linguísticas "extemporâneas": portanto confiadas a *exploits* em que a graça do gênio ocupa grande parte (aquela que Perrucci define "particular dom do céu (...), doce tirania do arbítrio"),[13] mas grande parte possui também o tirocínio de uma educação difícil, pois "a graça (...) deve ser acompanhada da arte, porque geralmente a arte vence a natureza mas não a natureza à arte".[14] Com efeito, também a improvisação possui uma retórica própria: a ela devem se dedicar "apenas as pessoas idôneas e peritas, e que saibam o que quer dizer regras da língua, figuras de retórica, tropos";[15]

mas esta retórica não pode ser resolvida em sede de preceituação literária, porque "querendo experimentar atuar de improviso poetas, doutores e literatos, confundiram-se e atrapalharam-se de tal maneira que não conseguiram dizer uma só palavra".[16] A arte do cômico, em suma, não é somente educação do dizer extemporâneo, mas antes de tudo respeito a uma tradição,[17] capacidade de prestar contas ao passado que toda máscara traz consigo, exercício voltado a explorar incessantemente aquele patrimônio cujo peso o cômico

---

[13] A. Perrucci, *Dell'Arte Rappresentativa Premeditata e all'Improvviso* [Da Arte de Representar Premeditada e ao Improviso]. Ed. A. G. Bragalia, 1961, p. 104.
[14] Ibidem, p. 105.
[15] Ibidem, p. 159.

[16] Ibidem, p. 161.
[17] Da inevitável necessidade do ator *dell'Arte* de respeitar o "passado" é eloquente testemunha a seguinte passagem de Perrucci, relativa à infeliz aventura romana de um cômico que interpretava a parte de um servo bobo: "o acima referido Andrea Ciuccio, indo representar em Roma, e querendo fazer o discurso do astuto, citando a autoridade de poetas solenes (...), aborreceu o povo daquela sublime cidade, (...) disso se apercebeu e decidiu entregar-se a todos os seus despropósitos cômicos, obtendo assim todos os aplausos possíveis" (A. Perrucci, *Dell'Arte...*, op. cit., p. 221-22).

assume no ato de sua primeira vestição. Esta é uma verdadeira e própria cerimônia iniciática, na qual os despojos da máscara, inertes à terra após a morte do antigo intérprete, adquirem nova vida. Através do gesto com que o ator veste sua roupa, cada parte da roupa impõe-se ao ator, traçando à sua volta os limites de intransponíveis leis comportamentais. Na roupa de retalhos de Arlequim, na *zimarra*[18] de Pantaleão, na toga do Doutor, uma história antiga é cifrada com fios desenrolados das tradições folclóricas, das polêmicas regionalistas e sociais, da tradição dramática: o cômico deve aprender a lê-la, deve preparar-se para assumir o papel do servo bobo ou do servo astuto, do mercador ou do vazio chicaneiro, deve repetir os distorcidos traços canônicos da linguagem e da mímica do veneziano ou do bolonhês, do rústico ou do intelectual. Os estudiosos das máscaras, mesmo com os limites já denunciados, repercorreram, através de uma pesquisa teórica munida de métodos mais ou menos científicos, a estrada que o cômico seguia para apropriar-se de seu personagem, a passos ritmados por *exploits* de intuição genial, com paradas dedicadas a um constante aprimoramento da técnica cênica. Hoje pode ser facilmente individuado o conjunto dos elementos folclóricos e sociológicos que a máscara introduz nas farsas *dell'Arte*, animando e modificando a sua estrutura como nos esquemas do teatro plautino renascentista. E, no entanto, no aporte às representações *improvvise* ainda parece transcurado ao menos um dos componentes dos coloridos trajes *zanneschi*: a máscara-objeto que cobria o vulto da máscara-personagem. "O ator que atua sob uma máscara recebe do objeto em *papier mâché* a realidade de sua parte. Por ela é controlado e deve obedecê-la. Assim que a coloca, sente fluir em si um novo ser, um ser de que antes sequer suspeitava a existência; (...) os próprios tons de sua voz serão ditados por esta máscara, a *persona* latina, um ser privado de vida até o momento em que ele a adota, que de fora vem dele tomar posse e o substitui".[19] Assim exprime-se – segundo Duchartre – o diretor Copeau no âmbito de um discurso que nasce da moderna experiência teatral mais que

Guillot Gorin água-forte, de G. Huret, J. Couvay, século XVII Copenhague, Det Kongelige Bibliotek, segunda parte da coletânea Fossard.

---

[18] Longa veste de origem espanhola com colarinho e mangas largas que no passado as pessoas especiais usavam sobre as outras vestes como sobretudo. (N. T.)

[19] P.-L. Duchartre, *La Commedie Italienne* [A Comédia Italiana]. Paris, Librairie de France, 1924, p. 57.

de um específico conhecimento da *Commedia dell'Arte*, mas que, no entanto e especialmente, a esta última parece oportuno se aplicar. Na verdade, não deve ser subestimado que, na vestição do cômico, o elemento que confere valor de iniciação ao ato é a máscara, a qual, mais que a roupa, reevoca um gesto tão antigo que confina com o extratemporal, reconduzindo-nos não apenas ao teatro grego, mas também ao fascinante mundo do mito. Não pretendemos, com isso, reabrir em versante tão ou mais arriscado e nebuloso que outros a obsoleta querela sobre a origem do teatro *improvviso*, mas sobretudo sublinhar a necessidade de considerar com atenção este elemento do vestuário dos cômicos, indagar se é verdade – como é verdade – que através da máscara flui no ator uma personalidade diferente, qual é esta personalidade, de onde deriva, e sobretudo qual é sua contribuição para as características expressivas da comédia italiana em sua mais celebrada estação barroca. Por isso, ao lado de uma anatomia da máscara-personagem, parece-nos oportuno colocar uma pontual definição da morfologia da máscara-objeto.

"O atuar mascarado", afirma Perrucci, "ficou com as partes dos bufões e ridículos, dando-lhe caricatura de cor morena, nariz grande ou achatado, olhos pequenos ou turvos, fronte enrugada, cabeça calva; há ainda as barbas falsas, ou postiças, que servem (...) para acompanhar os rostos ridículos".[20] Se juntarmos à descrição do teórico seiscentista os grumos que desfiguram a testa ou as maças do rosto de Arlequim ou Pulcinella, poderemos dizer que estas palavras traçam um retrato da máscara em tudo correspondente às reproduções contemporâneas. Além disso, das palavras de Perrucci – sobretudo do termo, bastante genérico, diga-se, de "caricatura" – transparece,

ao lado da descrição, um aceno de interpretação, que não deixa de encontrar seguidores nos estudiosos contemporâneos: em Bragaglia, por exemplo, que parece concordar com o juízo formulado por Napoli Signorelli sobre Pulcinella, cuja máscara original teria sido "um retrato ao natural do rosto de um camponês de Acerra, feio e naturalmente bufo, mas não monstruoso".[21] Mas o conjunto dos caracteres do "objeto em *papier mâché*" (ou em couro, para sermos precisos) não nos parece interpretável à luz de um genérico conceito de "caricatura". Ainda menos, acreditamos ser iluminadora a constatação segundo a qual "a máscara foi negra (...) porque nós somos brancos: se fôssemos negros as máscaras teriam sido brancas".[22] Ou ainda a reconstrução da gênese destes caracteres assim concebida: "Num primeiro momento, quando decidiu-se refazer realisticamente o camponês, a máscara foi apenas bronzeada pelo sol, e teve um nariz exagerado; quando se quis fazê-la grotesca, fez-se com que rejeitasse o rosto humano e assumisse um focinho monstruoso e absurdo: negro".[23] O "focinho monstruoso e absurdo" é, na realidade, traço originário da máscara, que, ao contrário, assumiu, com o tempo, contornos mais estilizados, menos provocadores. Somente a propósito das protuberâncias que a caracterizam continua aberta a discussão entre quem as retêm, com Bragaglia, imitações dos "porros" campesinos – *topos* do retrato caricatural do camponês – e quem, como Nicolini, nelas veja relíquias de chifres gastos pelo tempo. De resto, nos parece óbvio aceitar a hipótese sobre a origem diabólica da máscara, certamente não ignorada pelos contemporâneos da *Commedia dell'Arte*, como Savaran,

---

[20] A. Perrucci, *Dell'Arte...*, op. cit., p. 216.

[21] P. Napoli Signorelli, *Storia Critica dei Teatri Antichi e Moderni* [História Crítica dos Teatros Antigos e Modernos]. Nápoles, Osimo, 1810, vol. VI, p. 353.

[22] A. G. Bragaglia, *Pulcinella*. Roma, Casini, 1953, p. 65.

[23] Ibidem.

citado pelo mesmo Bragaglia: "Mommo *em grego*, Masca *em toscano e lombardo e em latim* Larva *significando um demônio e uma máscara*".[24] Traço diabólico é a "cor morena", e, em qualquer caso, demoniacamente sarcástico aparece o nariz da máscara, seja ele "grande" (o adjetivo é uma pudica reticência para cobrir aquela protuberância explicitamente fálica plantada sobre o rosto do ator que bem conhecemos em uma miríade de ilustrações do século XVI e ainda do XVII) ou "achatado", isto é, feito à imitação do focinho simiesco. Em suma, o mais verossímil arquétipo da máscara permanece aquele indicado por Nicolini: a imagem da boca do Inferno que campeava em toda sacra representação medieval e que levava o significativo nome de Hure de Herlequin. Da Hure saíam sobre os palcos manadas de diabos – seriamente maléficos mas também zombadores – descendentes de uma estirpe perdida nas névoas das lendas inglesas sobre Herla King: o mítico soberano encerrado na gruta infernal por Pigmeu e dela saído, junto com o dinamarquês Hamlet, transformado por encanto em Führer des wilden Heeres, demoníaco chefe da "caça selvagem".[25] É a grotesca confusão da *Wilde Jagd* o que os descendentes de Herla trazem ao palco, renovando os seus laços escurris e as cadências loucas de suas danças desenfreadas. É a Hure demoníaca o que cobre seus rostos e, de transformação em transformação, continuará a cobri-los durante as peregrinações que os diabos-atores realizarão, da Idade Média em diante, pelos teatros, diferentes a cada vez, mantendo suas partes sempre renovadas.

Com todo direito, Madame Cardine podia desmascarar Arlequim com estas palavras: "*Você se assemelha muito a Cérbero / quando atua com a máscara*".[26] E, no entanto, alguns séculos já haviam passado desde que o *zanni* era, com o nome de Herla King, colega de Cérbero. O velho diabo, neste ínterim, havia sido obrigado a ganhar a vida mediante alianças que não combinavam com sua autoridade – em particular aquela com bufões e charlatães, que para ele haviam liberado os palcos da *Commedia dell'Arte*.[27] Tivera que assumir também um *status* civil que o tornasse cidadão da terra: em suma, a esta altura engalanara-se com uma veste que denunciava sua condição social, falava uma linguagem que a ele atribuía uma certidão de cidadania, fizera-se servo ou patrão, e no entanto podia-se reconhecer sua proveniência por meio daquela mácula negra que agora cobria só a metade de seu rosto:[28] o século XVII tratará de refinar seus contornos posteriormente.

---

[24] Idem, p. 67. ["Mommo *en grec*, Masca *en toscan et lombard et en latin* Larva *signifient un demon et un masque*." (N. T.)]

[25] A propósito da lenda de Herla King e dos outros elementos reportados nesta passagem, veja-se F. Nicolini, *Vita di Arlecchino* [Vida de Arlequim]. Milão, Nápoles, Ricciardi, 1958, p. 55-74. [Ver ainda, neste volume, o texto de L. Zorzi, *Mitologias Lendárias de Alrequim*, p. 47-58. (N. T.)]

[26] Os versos citados pertencem à *Histoire Plaisante des Faicts et Gestes de Harlequin, Comedien Italien, Contenant Ses Songes et Visions, Sa Descente aux Enfers Pour en Tirer Mère Cardine* [História Agradável dos Fatos e Gestos de Arlequim, Comediante Italiano, Contendo Seus Sonhos e Visões, Sua Descida aos Infernos para dali Retirar a Senhora Cardine], poemeto anônimo publicado em Paris em 1585 (inspirado num libelo contra Madame Cardine, celebérrima rufiona parisiense), parcialmente reproduzido por Nicolini em *Vita di Arlecchino* [Vida de Arlequim], op. cit., p. 112. [Tradução aproximativa de "*A Cerbérus fori tu ressembles / quand tu ioues masqué*". (N. T.)]

[27] No que concerne ao papel que os "charlatães" tiveram na gênese do teatro *improvviso*, permito-me remeter às páginas dedicadas ao assunto em meus volumes *La Commedia dell'Arte nel Seicento: "Industria" e "Arte Giocosa" della Civiltà Barocca* [A Commedia dell'Arte no Século XVII: "Indústria" e "Arte Jocosa" da Civilização Barroca]. Florença, Olschki, 1969; *Commedia dell'Arte: La Maschera e L'Ombra* [*Commedia dell'Arte*: A Máscara e a Sombra]. Milão, Mursia, 1981.

[28] Poucos estudiosos têm dado atenção à característica talvez mais significativa da máscara dos personagens *dell'Arte*: isto é, a de ser uma "meia"-máscara. Um rápido aceno à questão encontra-se em A. Nicoll. *Il Mondo di Arlecchino* [O Mundo de Arlequim]. Milão, Bompiani, 1965, p. 57.

Arlequin
água-forte, de Jean Leblond.
Copenhague, Det Kongelige
Bibliotek, segunda parte da
coletânea Fossard.

O diabo e a dissimulação honesta

O século em que, segundo as palavras de Francesco Fulvio Frugoni, "a verdade anda com máscara"[29] interroga-se com suspeita e temerosa superstição sobre a "verdade" escondida pelo couro moreno que esconde parcialmente o rosto dos protagonistas das farsas improvisadas. Um dos mais célebres cômicos do século XVII, Niccolò Barbieri, lembra que "se nos referimos ao senso comum, por vezes as pessoas simples ao ouvir os histriões falarem acreditam que sejam feiticeiros e encantadores, e em certos lugares da Itália creem que os cômicos façam chover e cair tempestade",[30] e não deixa de citar um episódio que revela explicitamente a aura de obscura lenda que então circunda as representações da *Commedia dell'Arte*: "chegando a dizer, inclusive, que, ao iniciar uma comédia um ator morreu de maneira súbita, e que, imediatamente, um demônio tomou a forma daquele ator morto e prosseguiu a comédia".[31] Naturalmente, tais fábulas nascem somente em meio ao público constituído por "pessoas simples", e são apoiadas pela mais tenaz e duradoura aderência das companhias menos ilustres – aquelas refutadas pelos teatros de corte ou pelas "salas" públicas, portanto obrigadas a trabalhar nas praças e nos arrabaldes para um público prevalentemente popular – à máscara primitiva e aos seus traços diabólicos e grotescos. Mas, à sua gênese não deixa de trazer uma contribuição substancial a arrazoada polêmica contra a máscara sustentada pelos intelectuais do tardo século XVI e do XVII, e propagandeada com obstinado cuidado pelos eclesiásticos. Para Garzoni, "a primeira máscara que jamais existiu no mundo sem dúvida alguma foi o anjo negro, que sob o vulto de serpente maliciosa persuadiu a primeira mãe ao hórrido excesso",[32] de resto, em *La Piazza Universale* [A Praça Universal], ainda é possível reencontrar, ao lado da pontual denúncia da origem demoníaca das máscaras, uma eloquente aproximação entre suas manifestações e as da antiga festa orgiástica pagã, cujos fastos em 1585 ainda não parecem estar apagados, pois

---

[29] F. F. Frugoni, *Del Cane di Diogene* [Do Cão de Diógenes]. Veneza, Bosio, 1689, vol. I, p. 449.

[30] N. Barbieri, *Discorso Familiare* [Discurso Familiar]. Veneza, Pinelli, 1628, p. 45.

[31] Ibidem, p. 71.

[32] T. Garzoni, *La Piazza Universale di Tutte le Professioni del Mondo* [A Praça Universal de Todas as Profissões do Mundo]. Veneza, Ziletti, 1616, p. 278.

"aquele agrupamento [dos Bacanais] não difere em nada do que se faz hoje em dia em Val di Lucerna, o qual foi dissipado por édito público"; por isso as máscaras podem ser definidas "arremedos daquelas Mênades antigas".[33] Demônio que age como Mênade, a máscara carrega, já fora dos palcos, uma aura de diabólica licitude, um princípio dissolvedor da ordem social e da moralidade cristã ("como se comportam melhor nas reuniões públicas as prostitutas depois de mascaradas? Como se consegue melhor estabelecer relações com as donas de casa e com as moças solteiras que escondem o rosto sob as máscaras estudadas justamente para este fim?"),[34] de modo que a acusação de obscenidade torna-se o fácil e eficaz clichê propagandístico de que sempre irão valer-se os eclesiásticos do século XVII em sua incansável polêmica contra as manifestações populares da *Commedia dell'Arte*: os "vilíssimos impostores (...) costumam representar nas praças públicas comédias ao *improvviso* (...) gesticulando como loucos e, o que é pior, fazendo mil obscenidades e porcarias".[35] Que já no século XVII avançado ainda não faltassem histriões fiéis às manifestações burlescas e provocatórias do anjo negro, testemunham, entre outras, as ilustrações celebérrimas de Callot, em cujos *Balli di Sfessania* [Danças de Sfessania] as principais máscaras passadas em revista, mesmo que pelo crivo de uma interpretação intelectualística, não apenas mostram-se ainda dotadas de seus atributos originais – primeiro entre todos o desproposital nariz fálico – como aparecem quase sempre abandonadas a uma sarabanda báquica grotescamente alterada, cujo tom orgiástico é clamorosamente sublinhado pelo figurino descomposto e sumário dos participantes. Todavia, se o diabo,

---

[33] Idem, p. 279.
[34] Idem, p. 280.
[35] A. Perrucci, *Dell'Arte...*, op. cit., p. 160.

da Idade Média em diante, pudera sobreviver somente encarnando nos atores, com o inexorável transcorrer do tempo e a sucessão de civilizações culturais, deveria delimitar cada vez mais as arestas vistosas de seu comportamento e aceitar que os "seus" cômicos – impelidos por necessidades econômicas básicas e pela miragem de uma nobilitação artística – levassem a máscara do anjo negro para o interior das cortes e aos teatros burgueses, submetendo-a naturalmente às correções pelas quais poderiam tornar aceitável sua presença. A mais afortunada estação da *Commedia dell'Arte*, com

Turlupin
água-forte, de Huret, Rousselet e Mariette, século XVII
Copenhague, Det Kongelige Bibliotek, segunda parte da coletânea Fossard.

Gandolin
água-forte, século XVII
Copenhague, Det Kongelige
Bibliotek, segunda parte da
coletânea Fossard.

efeito, abre-se sob a chancela de um processo de purificação da máscara-personagem e da máscara-objeto. São os dados sociológicos cifrados sobre a veste do personagem os que antes de mais nada chamam a suscetível atenção de um público bem pensante, obrigando os atores a remendar o hábito de Arlequim segundo um novo modelo que, em 1628, suscita o desdém do cômico tradicionalista Cecchini: "ao invés de emendas e remendos (coisas próprias do homem pobre) usam [os *zanni*] quase que um bordado de retalhinhos hamornizados, que os representam amorosos, lascivos e não servos ignorantes".[36] A virulência da sátira social, graças ao "bordado de harmonizados retalhinhos", é afastada dos palcos *dell'Arte*, em homenagem aos cânones de uma nova estética do divertimento, bem expressa – ao fim do século – pelo conceito perrucciano de "ridicularia urbana", isto é, "*Turpitudo sine dolore minimeque noxia,*[37] de forma que nem palavras porcas, nem satíricas contenha".[38] Mas os novos preceitos que regulam a vida barroca da máscara, assim como proscrevem a sátira, dissolvendo a polêmica antivilanesca em jocosa caricatura, também banem a "palavra porca" e tentam sufocar a essência da máscara, constringindo-a a uma função exclusiva e educadamente cômica: o "suscitar o riso" através de uma branda paródia.[39]

Empenhados em lutar contra uma tríplice frente de hostilidades, sustentada pelos literatos, pelos eclesiásticos e pelos soberanos, os cômicos do século XVII aceitam – por volta do terceiro decênio do século – uma rendição à discrição que os compromete a abandonar o "bufo" pelo "prazenteiro",[40] a obscenidade pela obediência aos cânones da ética cristã,[41]

---

[36] P. M. Cecchini, "Frutti delle Moderne Commedie e Avvisi a chi le Recita" [Frutos das Modernas Comédias e Avisos a quem as Interpreta]. In: E. Petraccone, *La Commedia dell'Arte*. Nápoles, Ricciardi, 1927, p. 8.
[37] Aproximativamente, *uma obscenidade que não gera ofensa e que provoca poucos danos (à moral)*. (N. T.)
[38] A. Perrucci, *Dell'Arte...*, op. cit., p. 249.
[39] Idem, p. 81. Também neste caso, o esforço de Perrucci parece voltado a "purificar" o teatro *dell'Arte* de qualquer elemento que possa perturbar a ordem social e a ética cristã, segundo o espírito de seu tratado, concebido para "criar regras" para improvisar, isto é, para privar a dicção extemporânea de sua perigosa liberdade.
[40] N. Barbieri, *Discorso Familiare...* [Discurso Familiar], op. cit., p. 27.
[41] É éloquente, a este propósito, o memorial de Luigi Riccoboni ao Duque de Parma: "Os cômicos suplicam a S.A.S. [Sua Alteza Seréníssima] interceder vivamente junto à corte [de França], para que lhes seja concedido, como na Itália, o livre uso dos S. Sacramentos, principalmente porque eles não proferiram mais nada de escandaloso, e Riccobboni empenha-se em submeter os roteiros

a liberdade política pela submissão ao poder constituído.⁴² Transformadas as suas associações livres em "companhias ducais", eles transformam um artesanato voltado à elaboração do divertimento popular em indústria do divertimento a serviço da autoridade. Naturalmente se, para entrar na Companhia do Duque de Módena, os atores aplicam-se em recobrir os remendos do vestido de Arlequim com um agradável bordado estilizado, ao mesmo tempo – com base em suas ordens – a indústria modenense das máscaras providencia a mudança de seus moldes, cancelando o nariz fálico, dando lustre à superfície de couro negro, propiciando-lhe um aspecto bastante semelhante àquele, inocentíssimo, que terá no século XVII.⁴³

A idade na qual "a dissimulação adapta-se a índoles sábias, e a simulação a falsas, como ao vulto a máscara",⁴⁴ obrigara também o Diabo a uma "dissimulação honesta", a um pacto que ainda lhe permitia exercitar sobre os palcos certos jogos burlescos, mas em troca exigia a sua renúncia a levar – intacta – a força dissolvente de sua alegre *Wilde Jagd*.

A presença do anjo negro na burguesa cidade das máscaras

Já que muitos roteiros do século XVII, como afirma Perrucci, são prevalentemente "tomados de comédias desenvolvidas pelos antigos", e reduzidos "de maneira a se poder representar

---

das comédias ao exame de (...) um eclesiástico, para sua aprovação". (Ver L. Rasi, *I Comici...* [Os Cômicos...], op. cit., vol. II, p. 352).
⁴² "Será que [a comédia *improvvisa*] vai colocar na sua cabeça ideias que irão perturbar sua mente ou confundir a consciência? O cômico não navega por estas águas." (N. Barbieri, *La Supplica* [A Súplica]. Veneza, Ginami, 1634, p. 76).
⁴³ A respeito da transformação do nariz, com relação à máscara napolitana, veja-se A. G. Bragaglia, *Pulcinella*, op. cit., p. 67.
⁴⁴ F. F. Frugoni, *Del Cane...*, op. cit., vol. IV, p. 62.

all' *improvviso*",⁴⁵ não é difícil – comparando-os a suas fontes – descobrir que contribuição do anjo negro ainda pode dar, neste momento, às características expressivas da *Commedia dell'Arte*. São principalmente os *zanni*, servos astutos ou servos bobos, os personagens que mais permanecem fiéis ao espírito originário da máscara demoníaca, que se manifesta em sua conduta cênica levando-os, irresistivelmente, a desviarem-se do comportamento estabelecido pelo poeta para a parte que eles usurpam na

Paphetin
água-forte, século XVII
Copenhague, Det Kongelige Bibliotek, segunda parte da coletânea Fossard.

---

⁴⁵ A. Perrucci, *Dell'Arte...*, op. cit., p. 256.

transcrição "*all'improvviso*" da comédia "erudita". Se, por exemplo, na *Trappolaria* [A Comédia de Trappola] de Giovambattista Della Porta, quando o jovem protagonista e a escrava pela qual está enamorado refletem sobre suas desventuras, o servo Trappola intervém procurando aliviar com falsa alegria a tristeza do casal e afirma: "eu tenho mais necessidade que vocês, mas rio para fazer vocês rirem, pois se choro eu também, faremos um funeral em terço" (1,4), no roteiro homônimo[46] – que do texto originário repete pontualmente os acontecimentos essenciais – Coviello, tomando o lugar de Trappola, imprime à cena um caráter, de fato, particular:

> "Coviello vê a escrava desmaiada, corre em busca de água, com o *lazzo da água pura ou perfumada, da cisterna ou da fonte? quente ou fria?*[47] Ao fim, cai com a panela e finge servir-se de urina. Turchetta volta a si, Coviello [diz] que sua urina vai como um bálsamo. Turchetta descobre ter sido vendida, Fedelindo [o jovem Enamorado] perde as forças, grita: água! Coviello, com a urina, retorna e aumenta o preço da urina, e depois, escutando os desgostos dos amantes, finge desmaiar: aqueles gritam: água; ele: vinho".

No lugar da humana compreensão de Trappola, Coviello coloca um *lazzo* vulgar: um passo inspirado em delicado patetismo transforma-se, pela magia demoníaca dos *zanni*, em sequência de gestos bufos, estranhos à economia do acontecimento, gratuitos, e portanto tão mais reveladores do caráter essencial da máscara, como do espaço expressivo por ela constantemente procurado. Com efeito, ao exemplo lembrado poderíamos juntar outros, mas – para reconhecer nos roteiros componentes estranhos ao espírito da comédia renascentista – não é preciso continuar no plano de uma entendiante comparação, pois o termo técnico *lazzo* já vale como palavra-chave para indicá-los caso seu aspecto clamorosamente gratuito não fosse suficiente para denunciar a ação de gosto jocoso-grotesco da máscara, como no seguinte *sketch* bordado em torno do ocasional aparecimento de um colar:

> *Zanni* olha aquele colar e cria sobre ele muitas expectativas; Pulcinella, apartado, demonstra intenção de roubá-lo; rápido veste-se de Diabo, coloca a mão sobre o colar; *Zanni* fica com medo, deixa o colar e foge. Cola que, apartado, viu tudo, vem vestido como Morte, mete as mãos sobre o colar: Pulcinella, amedrontado, o abandona e foge. Pandolfo e Ubaldo, que observaram, vêm vestidos de esbirros, fingem querer levar Cola preso; [ele] larga o colar.[48]

Ainda no mesmo roteiro, verifica-se outro episódio do gênero quando a história principal se conclui com a infalível série de casamentos: pois "Zanni pretende [por mulher] Pasquella" e "Cola [quer] o mesmo", as duas máscaras entram em acordo e "decidem ganhá-la num certame", dando vida a um torneio cavaleiresco cujos contornos cômicos podem ser percebidos lendo a lista das "tralhas", que, entre outras coisas, prescreve para a representação "dois cavalos de papelão" e "lanças de cana".

---

[46] Trata-se do anônimo *La Trappolaria* [A Comédia de Trappola], publicado pelo Perrucci em seu tratado (ver p. 257-62). A cena citada pertence ao segundo ato. [Vale observar que o vocábulo *trappola* significa *armadilha*. (N. T.)]

[47] Este *lazzo* indica uma cena cômica típica do servo, que, prestando ajuda a uma pessoa desmaiada, ao invés de correr com a água solicitada, retarda a ação de maneira bufa, exigindo uma pontual especificação das características do líquido. [Para o termo *lazzo*, ver nota 12 ao texto de Ludovico Zorzi, neste volume. (N. T.)]

[48] *La Finta Notte di Colafronio* [A Falsa Noite de Colafronio], I, 10. Este roteiro é o segundo da Coletânea Magliabechiana, atribuída ao final do século XVII ou ao início do XVIII, integralmente editada por Bartoli no volume *Scenari Inediti della Commedia dell'Arte* [Roteiros Inéditos da Commedia dell'Arte]. Florença, Sansoni, 1880.

Em suma: o jogo, a burla, o travestimento, o ato vulgar são os elementos que conservam um traço, mesmo que descolorido e "dissimulado", da aura que o anjo negro introduziu nos palcos em seu tempo. Na estrutura das farsas *dell'Arte* estes apresentam-se ora como distração[49] com sentido em si mesma, ora – e este é o caso dos *lazzi* de Coviello na *Trappolaria* – como obstáculo ao desenvolvimento lógico da ação: distração e confusão constituem a incidência genuína da máscara sobre a trama dramática: com o passar do tempo, o prevalecimento da primeira sobre a segunda revela uma constante preocupação em acomodar a ação de perturbação típica de Herla King aos limites intransponíveis do alegre *sketch*.

Uma análise da linguagem das máscaras, realizada nas poucas páginas que abrem uma espiral sobre a presumível história vivida pela palavra naquele teatro onde ela assumia o lábil aspecto da improvisação, só pode nos levar a constatações análogas. Aos *lazzi* mímicos, de fato, os *zanni* fazem acompanhar *lazzi* verbais deste tipo: "*o lazzo do diálogo em terço* é quando os enamorados estão desdenhosos um com o outro e chamam Pulcinella, e, por exemplo, o Enamorado diz a Pulcinella: – Diga a ela que é uma ingrata; – Pulcinella vai à mulher e diz: – Cotello diz pra você coçar o rabo –".[50] Ou ainda quando se dirigem às fantescas por eles cortejadas:

Dois carvões em brasa
são estes olhos que me queimam com seu ardor, (...)
estes lábios encarnados são tições acesos, (...)
se eu sinto tanto frio
para me aquecer um pouco
não me preocupo mesmo, meu caro tesouro
se quiser me aprofundar na tua solfatara.[51]

Le Sabotier [O Sapateiro] água-forte, de N. Bonnard Copenhague, Det Kongelige Bibliotek, segunda parte da coletânea Fossard.

---

[49] No original, *divagazione*, cuja tradução literal poderia ampliar possibilidades de ambiguidade entre nós. O vocábulo, no texto, remete à noção de digressão, parentética, com o objetivo da comicidade. Em se tratando da dramaturgia da *Comedia dell'Arte*, a *divagazione* é, para o autor, módulo que obstaculiza comicamente o desencadeamento lógico da ação; um parêntese, portanto, que distrai. (N. T.)

[50] P. Abriani, *Selva overo Zibaldone di Concetti Comici* [Selva ou *Zibaldone* de Conceitos Cômicos]. In: E. Petraccone, *La Commedia...* [A Comédia], op. cit., p. 269-70. [A frase final contempla jogo de palavras explicitamente obsceno, com a rima: "l'innamorato dice a Pulcinella: Di' a colei che è un'ingrata –: Pulcinella va dalla donna e dice: – Cotello dice che te la gratti". (N. T.)]

[51] A. Perrucci, *Dell'Arte...*, op. cit., p. 218-219. Estes versos fazem parte de uma "saudação" do *zanni* napolitano à fantesca, baseada na relação metafórica entre a anatomia da mulher e a morfologia dos fenômenos vulcânicos. [No original, "Doje vrasere de fuoco / so ss' vuocchie che m'abbrusciano co sforzo, (...) / chisse lavra ncarnate so

Por trás da linguagem de Coviello ou Pulcinella entrevê-se uma realidade desconhecida pelo elegante fraseado dos jovens "enamorados": é a realidade de um apetite sexual muito distante do petrarquesco amor dos vários Florindo e Isabella. Assim como os *lazzi* mímicos vulgares perturbam a história fundamental, também a alusão obscena e o salaz equívoco introduzem no "sério" diálogo amoroso um burlesco fator de confusão. Assim como o jogo e a mascarada aparecem circunscritos aos limites do *sketch*, também a palavra dos *zanni* tende a encerrar-se num espaço parentético, como sabemos ser o das relações entre servo e fantesca. Além disso, sobre a sensualidade da máscara a retórica barroca estende o manto do estilo metafórico, ambígua salvaguarda formal de uma ética formalística, segundo a explícita admissão de Perrucci, que não deixa de acenar aos "equívocos desonestos", que devem substituir a "palavra suja" e "fazer com que não fiquem escandalizados o inocente e o casto, de modo que os dois sentidos sejam tão confusos que não se entenda claramente o lascivo, encoberto pela honestidade".[52] Mímica e linguagem da máscara, portanto, realizam juntas um sempre variado jogo de confusão e distração grotesca que pareceria ameaçar o essencial desenvolvimento daquelas tramas *dell'Arte*, ainda mais se se pensa que de sua aventura amorosa é *deus ex machina* aquele personagem (o primeiro *zanni*) a quem Perrucci, junto a todo o teatro *improvviso*, reconhece a tarefa de "puxar a intriga".[53] É verdade que o teórico seiscentista ainda lhe atribui a função de "embrulhar as cartas",[54] mas este ofício permanece subordinado ao primeiro: na realidade, se a máscara deve, com a sua burlesca verve demoníaca, "embrulhar as cartas", a confusão por ele suscitada poderíamos definir como confusão organizada, de modo a não infringir a ordem da história, mas sim confirmá-la. Uma confirmação do homogêneo plano linguístico da *Commedia dell'Arte* é a forma com que se exprimem os *zanni* (que é o mesmo estilo metafórico dos áulicos e bem compostos Enamorados). Uma confirmação da imagem de um mundo humano ordenado é a confusão suscitada pela máscara, que ordinariamente permanece fechada nos termos da parentética cena de *lazzi*.

As farsas improvisadas, fundamentalmente, no âmbito de uma praça pública, apresentam-nos – variando-a de mil maneiras – a eterna história de um burguês conflito de gerações que (em torno da única realidade reconhecida por este teatro: o amor) vê pais e filhos confrontarem-se em uma batalha de êxito previsível, consagrada ao triunfo dos jovens e de seu "são" erotismo. A solução pacífica de todo conflito na forma quase ritual de uma sucessão obstaculizada e no entanto inevitável ao direito matrimonial é o ensinamento oferecido pela *Commedia dell'Arte*, a que Perrucci – e antes dele todo cômico empenhado numa definição teórica de seu teatro – estende a desusada tarefa de *docere et delectare*. Mas, se o teatro *improvviso* compartilha com qualquer outra dramaturgia quinhentista e seiscentista a mensagem que é objeto de seu esforço "didascálico", realiza por outro lado uma original e própria dimensão hedonística. Para confirmar a ordem burguesa, ela, de fato, através da máscara, chama o próprio Demônio; o "mel" de que se recobre sua "verdade" pode apresentar, portanto, o inapetente sabor que a ela deriva da confusão grotesca da *Wilde Jagd* trazida à cena. Na *Commedia dell'Arte*, Arlequim é servo do jovem

---

tezzune alluminate, (...) / e se so tanto friddo // pe mme scarfà no poco / né me ne curo niente o gioja cara / si bè me schiaffe into a la zorfatara". (N. T.)]

[52] Idem, p. 218.
[53] Idem, p. 215.
[54] Ibidem.

Enamorado: o anjo negro é servo do burguês, e deve ajudá-lo em seus edulcorados problemas sociais divertindo-o.[55]

Epifanias de diabos aristocráticos e diabos plebeus na corte barroca

Mas, não apenas nos limites da cidade de Pantaleão e do Doutor, desenvolve-se a vida demoníaca da máscara: dirigindo a atenção de seu seiscentista espírito parasitário também às comédias que Perrucci define "modernas"[56] (isto é, ao repertório espanhol contemporâneo, aos dramas de Tirso, Lope de Vega e Calderón), o teatro *dell'Arte* apropria-se de suas tramas sem esquecer de nelas reservar um lugar para os seus *zanni*. Na versão "ao *improvviso*" do *El Burlador de Sevilla* [O Burlador de Sevilha], de fato, é possível reencontrar, ao lado de Don Juan, Pulcinella, assim como na transcrição de *Neron Cruel* [Nero Cruel] de Lope de Vega, entre os sicários do tirano romano, não faltam o eterno Pulcinella e Coviello.[57]

Inserida na corte, em contato com personagens de condição nobre, a máscara não esquece os *lazzi* de seu repertório, os jogos através dos quais pode continuar a realizar suas próprias distrações, ou introduzir nos acontecimentos uma grotesca confusão. No momento em que Don Juan foge do palácio real de Nápoles após

Polichinelle e Pantalon
água-forte, de época de Mariette, século XVII
Copenhague, Det Kongelige Bibliotek, segunda parte da coletânea Fossard.

L'uomo in Costume Mascherato
[O Homem com Figurino Mascarado]
água-forte em coloração de época, século XVII
Copenhague, Det Kongelige Bibliotek, segunda parte da coletânea Fossard.

---

[55] Poderíamos dizer que a *Commedia dell'Arte* opera uma "reeducação" da máscara, em relação à essência diabólica que domina seu comportamento, aviltando aqueles princípios puramente hedonistas que Goethe bem individuou nos Pulcinella do *Fausto*, símbolos da desordem e da antissociabilidade contrapostos aos Taglialegna. O teatro *improvviso* transforma os Pulcinella em Taglialegna, faz com que se torne princípio da ordem o que era princípio da desordem.

[56] A. Ferrucci, *Dell'Arte...*, op. cit., p. 256.

[57] Os roteiros lembrados são: *Il Convitato di Pietra* [O Convidado de Pedra] (n. 47 da parte I da Coletânea Casamarciano, datada 1699) e *Nerone Imperatore* [Nero Imperador] (n. 68 da parte I da mesma coletânea).

haver seduzido Isabella, o *zanni* que vive a seu serviço encontra um modo de abrir, mesmo que em cena caracterizada por viva tensão, um parêntese farsesco: "D. Giovanni do balcão precipita. Policinella ao rumor desperta. Fazem a sua cena de combater no escuro; depois da cena se reconhecem e pronto partem para Castela".[58] Não diversamente, no momento em que Don Gonzalo d'Ulloa cai traspassado pelo *burlador*, seu cadáver oferece ao *zanni* o pretexto ideal para desafogar a sua verve mímica: "Policinella, fugindo de casa, depara-se com o morto e faz a sua cascata".[59] Num caso e no outro, o riso momentâneo que destroça o tecido da aventura aparece provocado por uma elementar contraposição entre os caracteres incanceláveis da máscara e as aristocráticas leis comportamentais a que obedecem todos os seus *partners*. Todavia, ao menos em uma ocasião podemos descobrir uma relação não antitética entre Pulcinella e seu patrão: na última festa sexual jocosa e bufa que precede a ruína do *burlador*:

> "[máscaras e camponeses] pegam os instrumentos e começam a dançar e tocar. Nisso, chegam D. Giovanni e Policinella: colocam-se no meio e dançam; (...) D. Giovanni, abrançando[-a], leva Rosetta embora. Eles se dão conta, não veem a esposa, querem-na de Policinella, vão pra cima dele, e com barulhos e bastonadas encerram o segundo ato".[60]

Diferentemente do Caterinone [Catalinón] de Tirso, cuja parte é usurpada da *Commedia dell'Arte*, Pulcinella une-se a Don Juan na extrema aventura erótica, arrastando-o inclusive para uma dança que, por sua conclusão, podemos aproximar às condenadas por Garzoni. No espaço de uma breve aventura, a máscara e o herói negativo da tragicomédia aparecem-nos conjugados: o elemento que os une é o espírito demoníaco que vive em ambos, mesmo encarnado em duas diferentes expressões: burlesca em Pulcinella, seriamente ameaçadora em Don Juan, inimigo das leis da honra que regula a "boa" corte barroca.

As obras "régias" da *Commedia dell'Arte* apresentam-nos, portanto, uma epifania diabólica não mais simples, mas dupla: a máscara ladeia o herói negativo, e este último, naturalmente, concentra sobre si o interesse da trama, sempre destinada a celebrar a derrota do libertino e do ateísta, a morte, isto é, do anjo negro aristocrático que procura disseminar – através da sedução no *Il Convitato di Pietra* [O Convidado de Pedra], através do banditismo no *L'Ateista Fulminato* [O Ateísta Fulminado][61] – a desordem no cosmo da corte. Ao anjo negro popularesco e burlão, nesta ulterior perspectiva, resta confiada uma função marginal; as aventuras dos roteiros "modernos", de fato, não podem mais ser dominadas pela astúcia benéfica dos *zanni*, mas sim pela mão firme da providência divina. No conflito entre as potências do bem e do mal, a máscara deve resignar-se a entreter os espectadores com *lazzi* esporádicos, ou então submeter-se às bastonadas que apagam qualquer veleidade libertina sua, ou até mesmo ao trágico ludíbrio do suplício, como acontece a Buffetto do *L'Ateista Fulminato* [O Ateísta Fulminado], que incautamente quase se inseriu, "armado *alla ridicola*",[62] na luta entre o herói negativo e seus inimigos: "Olivetta pergunta o que aconteceu com Bufetto. Aurelio

---
[58] *Il Convitato di Pietra* [O Convidado de Pedra], I, 2.
[59] Idem, II, 4.
[60] Idem, II, 6.

[61] Trata-se do quarto roteiro da Coletânea Casanatense, datada da metade do século XVII. Recomendamos seguir a transcrição de Macchia, mais confiável que a precedente de Bragaglia (ver G. Macchia, *Vita Avventure e Morte di Don Giovanni* [Vida, Aventura e Morte de Don Juan]. Bari, Laterza, 1966, p. 132-47).
[62] *L'Ateista Fulminato* [O Ateísta Fulminado], II, 2.

ordena que se veja. ABRE-SE [a porta da gruta] E VÊ-SE BUFFETTO EMPALADO".[63] Em alguns destes roteiros, de resto, o Demônio desce pessoalmente sobre a terra para combater a sua batalha contra a religião:[64] a epifania do anjo negro terrífico assinala a morte trágica de sua máscara.

Somente numa corte livre da ameaçadora presença do ateísmo, a vida dos *zanni* pode voltar a realizar-se com plenitude semelhante ao menos à que encontramos no espaço dos enredos plautinos. Um numeroso grupo de roteiros barrocos, de fato, testemunha o apego da *Commedia dell'Arte* à máscara: levado a ponto de realizar um âmbito expressivo em que as exigências didascálicas e propagandísticas não terminem por sufocar o espírito de Arlequim e de Pulcinella. São estas as farsas ambientadas numa corte jubilosa, protegida pela presença de um mago benéfico que vela pela saúde dos príncipes, do palácio real e dos vários Coviello, Buffetto, etc., que aqui encontramos nas vestes de cortesãos. Estes últimos, se – graças à cena régia – encontram-se livres da incumbência de zelar pelos amores de seus burgueses patrõezinhos, por conta da presença do mago, não têm por que temer ulteriores epifanias diabólicas, e assim podem melhor se dedicar a desvelar o vulto cômico-grotesco do anjo negro. De fato, a frágil trama de roteiros como *Le Due Fonti Incantate* [As Duas Fontes Encantadas], *La Magia d'Amore* [A Magia do Amor], *Il Creduto Principe* [O Acreditado Príncipe],[65] confiada aos milagres de uma fabular magia branca, adquire vivacidade e interesse somente devido aos equívocos alimentados pelo gosto burlão dos *zanni*: nas fontes, encantadas pelo mago para apagar a contenda entre dois príncipes rivais no amor da bela Eleonora, não bebe a vítima predestinada, mas – por culpa de Buffetto – a mulher por eles amada; Bettolino, tendo se dirigido com seu patrão Learco ao antro do necromante para obter "a faixa para amarrar à fronte", graças à qual "por 24 horas adquire-se a forma desejada",[66] coloca-a, desordenando a "magia de amor" tentada por Learco;

Arlequin
água-forte de N. Bonnard, século XVII
Copenhague, Det Kongelige Bibliotek, segunda parte da coletânea Fossard.

---

[63] Idem, III, 3.
[64] Veja-se, por exemplo, *La Ninfa del Cielo Tradita nell' Onore con la Forza del Pentimento* [A Ninfa do Céu Redimida em Sua Honra com a Força do Arrependimento], roteiro n. 38 da citada Coletânea Casanatense.
[65] São, respectivamente, os roteiros n. 44, n. 7, n. 20 da citada Coletânea Casanatense.

[66] *La Magia d'Amore* [A Magia de Amor], I.

Harlequin
Joseph Dominique Biancolelli
água-forte de N. Habert, século XVII
Copenhague, Det Kongelige Bibliotek, segunda parte da coletânea Fossard.

"acreditado príncipe" em virtude de um encanto, Bertolino aproveita a ocasião para satisfazer todos os seus ressentimentos pessoais, enchendo os cárceres do palácio com todos os que haviam feito a ele a menor indelicadeza, e realizando com o verdadeiro príncipe – como é óbvio – uma frenética sequência de equívocos. A magia, em suma, como recria uma aura mais condizente com os herdeiros de Herla King, galvaniza as forças da cômica desordem latente na máscara, que terminam por expandir-se pela cena apoderando-se de todos os personagens, realizando uma dimensão expressiva da *Wilde Jagd*, grotescamente alucinada. Este é o caso do roteiro *Li Quattro Pazzi* [Os Quatro Malucos],[67] cuja história culmina no geométrico processo de desencadeamento de uma loucura coletiva, contágio que se alastra pela encantada atmosfera noturna:

> "Aurelio para ter Angela bate [à porta de sua casa]. Angela [abre], Aurelio a leva com ele. Nisso, Leonora o vê [e] enlouquece. Nisso, [aparece o] Príncipe, Leonora o abraça e [vão] embora. Nisso Aurelio que viu tudo enlouquece. Nisso, Buffetto, para levar embora a serva, bate. Nisso a serva parte com Buffetto. Nisso, Olivetta, que observou, enlouquece. Nisso, [aparece] Bertolinno, ela o abraça e fora. Nisso Buffetto que viu enlouquece".[68]

O ritmo da ação, inicialmente escandido por uma mecânica – quase titeriteira – repetição de gestos, aparece cada vez acelerado: "Leonora faz seus desatinos e [vai] embora, (...) Aurelio faz seus desatinos, (...) Oliveta [faz] seus desatinos, (...) Buffetto [faz] seus desatinos e se vai",[69] até que uma dança – onde bem podemos imaginar o comportamento de Mênade não só por parte dos *zanni*, mas também de seus *partners* – recolhe em sintética expressão a loucura dos personagens, destinada a apagar-se em sono catártico: "loucos todos os quatro fazem o baile, caem por terra e adormentam-se".[70] Mas a intervenção de uma magia benéfica, ainda neste caso, recompõe na corte um quadro de ordem e tranquilidade (geralmente, realizado através do entrelaçamento de uma cadeia de casamentos): o retorno da luz cancela os últimos sinais da caça selvagem evocada pela máscara, apaga a lembrança extrema da grotesca loucura e da dança "báquica" a que haviam sido condenados na Idade Média alguns companheiros de Herla King.

---

[67] Roteiro n. 37 da Coletânea Casanatense.
[68] *Li Quattro Pazzi* [Os Quatro Malucos], II.
[69] Ibidem.
[70] Idem, III.

Arcádia: terra de jogos para a máscara, o Sátiro e o Selvagem

Para subtrair o anjo negro de seu destino de morte, para utilizar ainda seus aspectos "ridículos", para nele dobrar as veleidades da desordem em confirmação de uma ordem "urbana", a *Commedia dell'Arte* não se limita a transferir suas máscaras para uma corte feliz, chega a confiá-la aos perigos de uma aventurosa navegação, empenhada na descoberta de terras ainda mais habitáveis pelos reinos fantásticos das fábulas. É a Arcádia – transformada pelos cômicos em "Isola Perduta" [Ilha Perdida][71] – o cais que a quilha de Pulcinella e Pantaleão encontra em sua rota, graças a um naufrágio ainda uma vez suscitado pela magia.[72] Nos roteiros que muito oportunamente Neri recolheu sob a denominação de *Scenari Delle Maschere in Arcadia* [Roteiros das Máscaras na Arcádia], o teatro *improvviso* – valendo-se, como era seu costume, de afortunadas experiências literárias – evocou um mundo subtraído, por antiga convenção, do domínio da história, suspenso em uma dimensão extratemporal: aqui, pelos prados e nas selvas da terra dos pastores, *zanni* e "velhos" podiam desencadear mais livremente uma *Wilde Jagd* a que estavam prontas a se juntar as criaturas do mito: máscaras pré-cristãs do anjo negro.

Náufragos na *Arcadia Incantata* [Arcádia Encantada],[73] os personagens das farsas seiscentistas não demoram a nela se ambientar, depois de um instante de desalento provocado, no mais, pela inesperada liberdade que os priva das obrigações inerentes a um *status* burguês ou aristocrático. É a sua eterna fome a desencadear-se primeiro, em uma tentativa de furto que causa desordem na mágica terra: "[Doutor, Tartaglia, Coviello e Pulcinella] vêm a árvore de frutas, põem-se a olhar as estradas com medo dos patrões, querem colher os frutos; nisso, saem chamas; aqueles [fazem] seus medos, frutas vão pro ar, eles querem castigar".[74]

Ato de constituição da "Fraternal Companhia"
Pádua, 1545.

---

[71] "A cena representa Arcádia, Ilha perdida" é a indicação que aparece em *La Nave* [A Nave], roteiro n. 26 da segunda parte da Coletânea de Basilio Locatelli, datada de 1622.

[72] A frequência do tema do naufrágio nos roteiros pastoris induziu Neri a formular sugestiva hipótese que vê nos roteiros de ambiente pastoral uma fonte de *A Tempestade* de Shakespeare (F. Neri, *Scenari delle Maschere in Arcadia* [Roteiros das Máscaras na Arcádia]. Città di Castello, Lapi, 1913, p. 33-41).

[73] É este o título do roteiro n. 1 da primeira parte da Coletânea Casamarciano. Foi publicada por Neri in *Scenari delle Maschere...*, [Roteiros das Máscaras...], op. cit., p. 87-93.

[74] *Arcadia Incantala* [Arcádia Encantada], II.

Depois, é o apetite sexual que – devido ao encontro com uma lasciva camponesa – neles desperta forças contenciosas: "Silvana toma-os por forasteiros, acaricia-os, eles se enamoram, e entram em contenda; com o rumor, [o] Mago os repreende como lascivos, aqueles desdenham e querem maltratá-lo".[75] Mas é sobretudo o gosto pela burla conatural aos *zanni* que encontra boas ocasiões para desenvolver-se na intriga dos amores pastoris:

> Mago [aparece] com guirlanda e a encanta, [de modo] que quem tiver a cabeça por ela cingida parecerá a pessoa que se ama; a pendura num ramo, e parte. Policinella diz ter comido bem e ter deixado os companheiros dormindo; vê a guirlanda, coloca-a; nisso Silvio, acreditando ser Clori, apela a ela, ele burlando ri, Silvio desdenhoso e lamentando-se parte, ele fica. Filli estima Silvio, apela a ele, ele a desdenha, e ela parte, Policinella fica. Fileno o crê Filli, apela a ela, ele burla e aquele vai embora, ele fica; nisso, Clori apela a ele, ele burla com ela, ela vai embora.[76]

E ainda: "Templo. [Aparecem] Doutor [travestido] de Júpiter, Tartaglia de Vênus, Policinella de Cupido e Coviello de Sacerdote. [Chegam] pastores e ninfas, [fazem] suas preces, deixam presentes, os bobos[77] [dão] suas respostas; ninfas e pastores partem, e eles põem-se a comer".[78] As máscaras encontram um modo de renovar seu repertório burlesco, principalmente contra os convencionais habitantes da Arcádia, numa cômica batalha a qual ainda acedem, ora como aliados, ora como antagonistas de Pulcinella e de seus companheiros, máscaras que o teatro *improvviso* não pode desfrutar habitualmente sobre os palcos, mas que de todo modo pode reencontrar nos confins de suas ocasionais férias extratemporais: o Sátiro e o Selvagem. Estes últimos, aos quais permaneceu estranho o processo que nobilitou as façanhas da Hure permitindo que elas acedessem também às praças públicas, repropõem imagens e gestos imediatos, mais crus, do anjo negro: "Sátiro (...) pega Lidia pelas tranças, [dizendo] querer vingar-se dos ultrajes feitos a ele, amarra-a a uma árvore, para que seja comida pelas feras";[79] "Salvatico vê sua ninfa, quer pegá-la, ela corre pela cena".[80] Expressões de um instinto sexual de nível animalesco e de uma violência bruta; permanecem estranhos a eles a inteligência e o *humour* que caracterizam os outros "diabos" do teatro *improvviso*, irmãos mais afortunados que não precisavam esconder nem uma espessa peliça bestial, nem os pés caprinos.

Em todo caso, o objeto da maliciosa burla ou da ríspida brutalidade das máscaras continua sendo o mundo das ninfas e dos pastores, cada vez mais perdido no calculado jogo barroco de um amor, que de um personagem recai sobre outro sem possibilidade de correspondência: "Silvio [lamenta] o amor de Clori e sua crueldade; nisso, Clori, a crueldade de Fileno, Silvio apela a ela, ela desdenhando-o parte, ele doloroso a segue; Fileno [aparece deprecando] o amor de Filli e sua crueldade; nisso, Filli [se desespera com a] crueldade de Silvio, Fileno apela, ela desdenhando vai, ele desesperado parte".[81] O esquema de um tal círculo erótico, inaugurado a seu tempo pelas *Intrighi d'Amore* [Intrigas de Amor], não dificulta identificar sob os véus e túnicas o elegante aspecto que caracteriza os protagonistas

---

[75] Ibidem.
[76] Ibidem.
[77] "Sciocchi" [Bobos] é termo técnico usado em alguns roteiros para designar as máscaras ridículas.
[78] *Arcadia Incantata* [Arcádia Encantada], III.
[79] *La Pazzia di Filandro* [A Loucura de Filandro] (roteiro n. 4 da segunda parte da citada Coletânea Locatelli), III.
[80] F. Scala, *Il Teatro Delle Favole Rappresentative* [O Teatro das Fábulas Representáveis]. Veneza, Pulciani, 1611, p. 156 v.
[81] *Arcadia Incantata* [Arcádia Encantada], I.

"sérios" dos roteiros plautinos: sob os nomes de Fileno e Clori, os de Flavio e Isabella; debaixo da máscara pastoral, os personagens do idílio burguês. A derrisão de Pulcinella em seu confronto, a violência tentada pelo Sátiro sobre a ninfa pareceriam indicar que, na Arcádia, a máscara e o seu demonismo não apenas se emancipam da subserviência a um jovem patrão, mas agem inclusive antagonicamente ao seus objetivos matrimoniais. Seria, enfim, bastante sugestivo reencontrar na *Commedia dell'Arte* uma luta entre a máscara (ou o Sátiro) e o pastor conduzida segundo o modelo da antinomia, evidenciada por Nietzsche, entre aquele "sátiro" que era "alguma coisa de altíssimo e divino" e o pastor burguês "falso e todo paramentado".[82] Mas nem mesmo na "perdida" Arcádia o teatro *improvviso* pretendia celebrar o triunfo do anjo negro e de sua caçada selvagem; portanto, não ladeou a máscara com o Sátiro e o Selvagem para ajudá-los nesta obra: um e outro, de fato, são sempre apresentados como servidores de um mago, aquele mago benéfico e burlão que resulta ser sempre o indefectível soberano da Arcadia. É o necromante que provoca o naufrágio das máscaras e preliminarmente afirma a sua vondade de submetê-las aos seus poderes: "Mago [fala da] chegada dos forasteiros; diz que não partirão sem que ele permita".[83] É o próprio mago quem afirma querer "a derrisão de pastores e ninfas":[84] uma variante agradável para uma vida monótona, não obstaculizada por velhos avaros e moralistas. E o mago, após ter permitido que Pulcinella, seus companheiros, o Sátiro e o Selvagem irrompam numa bufa sarabanda capaz de emaranhar os fios dos amores pastoris, intervém providencialmente para restituir ordem à Arcádia, para obter uma triunfal sequência de matrimônios: "[o Mago] casa Silvio e Clori, Fileno e Filli, Silvana e Dameta",[85] para censurar a imoral sensualidade ("Mago os repreende como lascivos"). Inconscientemente, ainda uma vez, o anjo negro, apresentando-se às margens da Ilha perdida provido de bem quatro máscaras diferentes, acaba por prestar-se a confirmar, apesar de seu desejo de desordem, uma ordem que agora já conhecemos. Ao pobre Satanás, na estrutura elaborada para os roteiros dos cômicos *dell'Arte*, só resta – se quiser apresentar o seu cativante vulto burlesco – limitar-se a uma jocosa e irresponsável vagância, porque, caso tente uma explícita epifania, aguarda-o um destino de morte: o destino do sedutor e do ateísta, de Don Juan e do Conde Aurelio.

Máscara dimidiada e máscara duplicada

Seremos tentados a concluir que a máscara foi adotada, no século XVII, para evocar no jocoso círculo mágico da *Commedia dell'Arte* algumas qualidades perturbadoras de um mais antigo mitologema demoníaco: a fim de utilizar expressivamente seus poderes impressivos, e – junto – exorcizar suas características exemplares. Mas, já que justamente de utilização se trata, pode ser mais produtivo não nos fixarmos no fascínio que emana dos fantasmas das máscaras, mas sim tentarmos circunscrever os módulos materiais que distinguem historicamente o "novo" emprego da máscara-objeto. Nesta linha, se as morfologias diabólicas dos "focinhos" assumidos pelos *zanni* remontam ao fácil mas inevitável confronto com um modelo, genérico que seja, de arquétipos medievais carnavalescos, é oportuno refletir sobre certas peculiaridades de um semelhante modelo. Talvez tornando a citar o precioso testemunho do *Decamerão*:

---

[82] F. Nietzsche, *La Nascita della Tragedia* [O Nascimento da Tragédia]. Bari, Laterza, 1967, p. 85.
[83] *Arcadia Incantata* [Arcádia Encantada], I.
[84] Ibidem.

[85] Idem, III.

Amleto Sartori, Estudo para as roupas dos personagens da *Commedia dell'Arte*, 1956 carvão sobre papel-manteiga.

Buffalmacco, que era pessoa alta e vigorosa, encomendou uma destas máscaras que se costumava usar em certos jogos que hoje não se fazem, e vestindo uma grande peliça negra pelo avesso, nela se acomodou de modo a parecer um urso; apesar de a máscara ter a cara do diabo e ser chifruda. E assim vestido, seguido por Bruno para ver como iria sair a obra, foi à praça nova de Santa Maria Novella; e assim que percebeu que o senhor mestre lá estava, começou a pular de um lado para o outro como um maluco, e a fazer uma grande sarabanda pela praça, e a assobiar, urlar, a emitir sons estridentes como que à guisa de delirante.[86]

[86] Ver G. Boccaccio, *Decamerão*, Jornada VIII, novela IX.

Por mais que seja resíduo de "certos jogos que hoje não se fazem", a burla terrificante de Buffalmacco resolve-se em completo ocultamento do indivíduo no invólucro da larva demoníaca: da "grande peliça negra" ao "viso de diabo". É a *conditio sine qua non* para que a máscara, animada por aquela pessoa "vigorosa", anime a imagem impessoal do "delirante"; decline todas as linguagens extraverbais que são a vida da Obsessão diabólica: "saltarelar", "saltitar", "assobiar", "urlar", "estridular". Em outros termos, a "obra" de Buffalmacco, por mais afastada que esteja de qualquer hipótese de uma completa resignação do protagonista ao espírito da festa carnavalesca, pode realizar-se plausivelmente somente quando aceita uma particular relação entre a máscara demoníaca e o seu portador:

relação de absoluta aceitação do sujeito seja à "retórica" comportamental de que a máscara é depositária seja (preliminarmente) à função de perfeita estrutura obliterante ("viso" e "chifres") que constitui sua essência.

E, aqui, convém recordar que a máscara-objeto do cômico *dell'Arte* não é – na realidade – uma máscara: mas uma "meia"-máscara, uma máscara *dimidiada*. Ou, na verdade, uma estrutura que por um lado liga-se à tradição carnavalesca (renovando, como deplorará Noverre no século XVIII, "estas figuras horrendas que escondem a natureza para nos mostrar apenas uma sua cópia disforme e careteira".[87] Mas que, por outro, dela dinstingue-se resolutamente; tomando distância daqueles "certos jogos que hoje não se fazem", não através de uma intenção vitalmente burlona à Buffalmacco, mas em virtude da interposição de um filtro cultural a que bem podemos aludir genericamente evocando espírito e formas do Renascimento (ou, na verdade, do indubitável pai histórico da *Commedia dell'Arte*). São, de fato, tesouras de ideal maestria renascentista aquelas por meio das quais os profissionais do teatro, enquanto separam do depósito de um velho reservatório parateatral o curioso *monstrum* da máscara diabólica, dispõem-se a modificá-la, considerando-a,

---

[87] J. G. Noverre, *Lettres Sur la Dance* [Cartas Sobre a Dança]. Paris, Lieutier, 1952, p. 20. [No original, "ces figures hideuses qui cachent la nature pour ne nous en montrer qu'une copie difforme et grimacière". (N. T.)]

justamente, como *monstrum curiositas*, tanto ou mais digna de figurar, como outras, na jocosa *Wunderkammer* animada por seu espaço cênico; mas como qualquer outra obrigada a ali figurar após o necessário jogo "de extraí-las de seu contexto para recontextualizá-las"[88] de uma maneira bem diferente. Se isso é verdade, resulta estranho afirmar que "não faz muito sentido (...) perguntar-se qual seria o significado das máscaras usadas pelos cômicos quando é justamente aquele significado que elas perderam quando os cômicos a assumiram".[89] Assim como pode tornar-se desviante – após ter reconhecido que: "as máscaras (...) foram derivadas dos carnavais e das tradições"[90] – imaginar que elas

> "tenham sido utilizadas para construir comédias sob influência de textos da arqueologia clássica. Justamente nos anos em que se vinha definindo o modo de produzir teatro característico das companhias italianas, de fato, era publicada a tradução latina que tornava cômoda a leitura do *Onomasticon* de Júlio Pólux, que constitui o principal ponto de referência para o conhecimento do modo de fazer teatro dos gregos. Em seu capítulo sobre os atores, Pólux listava os diferentes figurinos atribuídos pela convenção das comédias a cada tipo de personagem e mostrava não apenas como podiam ser codificados os tipos úteis à composição dramática, mas também como esta codificação podia traduzir-se cenicamente através da fixação de uma roupa, de uma máscara".[91]

À parte a não totalmente improvável (mas também não demonstrada, e nem necessária) frequentação de certos "textos de arqueologia clássica", realmente importa pouco determinar a ocasião que levou os cômicos em direção ao uso teatral da máscara. Somente a individuação da tonalidade particularíssima deste uso pode oferecer uma contribuição qualquer ao estudo das intenções e dos êxitos expressivos que distinguiram a experiência *dell'Arte*. E que se revelam com flagrante evidência se voltamos a considerar o simples mas nada insignificante corte operado pelas "tesouras" dos atores sobre o protótipo do vulto diabólico. Um corte que, em primeira instância, negando a autônoma completude estrutural da máscara, nega a possibilidade de sua personificação (inclusive uma personificação não carnavalesca: "*alla* Buffalmacco", entenda-se); e qualifica seu emprego como citação. Nos espetáculos da comédia do *improvviso*, a meia-máscara não vale para conotar a imagem do Diabo: alude – e como componente de várias tipologias: o *zanni*, o velho, o capitão – a tais linhas de força (mas artisticamente filtradas) da antiga máscara carnavalesca. Trata-se, em particular, de uma citação aposta à parte superior de um rosto individual: voltada, então, a cancelar sua fronte, olhos, nariz e bochechas; ou na verdade, a negar, da personalidade humana, o perfil e o olhar. Segundo Noverre, o supremo ultraje da máscara consiste justamente em celar os olhos do indivíduo, pois a variedade e a mobilidade das linhas de um vulto "seriam imperfeitas se os olhos não acrescentassem os sinais da verdade e da semelhança (...); eu os compararia a dois archotes destinados a clarear todos os traços e neles propagando este claro-escuro que os distingue e lhes dá valor. Sem os olhos, nenhuma expressão, nenhuma verdade".[92] Se quisermos ser menos iluministas,

---

[88] F. Taviani, "Il Segreto delle Compagnie Italiane Note Poi come Commedia dell'Arte" [O Segredo das Companhias Italianas Depois Conhecidas como *Commedia dell'Arte*]. In: F. Taviani e M. Schino, *Il Segreto della Commedia dell'Arte. La Memoria delle Compagnie Italiane del XVI, XVII e XVIII Secolo* [O Segredo da *Commedia dell'Arte*. A Memória das Companhias Italianas dos Séculos XVI, XVII e XVIII]. Florença, La casa Usher, 1982, p. 375.
[89] Ibidem.
[90] Ibidem.
[91] Idem, p. 375-76.

[92] J. G. Noverre, *Lettres Sur la Dance* [Cartas Sobre a Dança], op. cit., p. 20. [No original, "seraient imparfaites si les

"sans les yeux", vigora uma expressão outra, triunfa uma verdade outra: aquelas desenhadas pelo perfil de um focinho demoníaco, e iluminadas pelos "flambeaux" ctônicos matreiros através das fissuras orbitais da meia-máscara. Mas trata-se, justamente, de um certo bestial e ínfero dimidiado; privado da característica talvez mais inquietante: as goelas devoradoras. Mutilada em sua boca enrijecida e atônita, a máscara não pode ser mais nem a careta nem a voz que reverberam fantasma e *phoné* de uma imaginário terrificante. A fratura que a determina desqualifica-a de símbolo para sinal. Ela, reduzida a signo, não fala, mas é falada; não age, mas é agida. E não por um poder mágico ou divino, mas sim pelos lábios e pela mandíbula do ator, os quais – exibindo-se em toda evidência – celebram o triunfo da palavra e do trejeito expressos sobre os "estridores" e sobre a "cara de diabo" repetidos "à guisa de" delirante.

O cômico *dell'Arte*, então, se se submete à máscara, o faz para exprimir seu domínio sobre a máscara: para dela utilizar tais forças impressivas; mas no âmbito formal de um jogo que as transfigura em signos expressivos, trazendo para o primeiro plano – junto a uma parte de sua carne nua – a maestria técnica do indivíduo-ator: a maravilha de um inédito profissionalismo do ato de interpretar. Assim, o virtuosismo do espetáculo ao *improvviso*, por mais que concebido sob as insígnias do gosto experimental do Renascimento, afirma na civilização barroca o prazer de um calculado *azar* "ridiculoso" entre a força do rosto e as forças da máscara. Talvez ainda contribua sugerindo – a esta civilização – os felizes motivos da distinção ou indistinção entre realidade e aparência, entre viso e semblante, entre sinceridade e dissimulação. Ou (ao menos) destruindo a organicidade da máscara-fetiche e individuando as possibilidades do signo-máscara e de sua relação com o vulto pessoal, inaugura no reino da cena "divertimentos" destinados a sortes curiosas nas cenas régias. Como acontece – no entardecer do século XVII, junto à corte da França – neste episódio lembrado por Saint-Simon:

> Bouligneux, tenente-general, e Wartigny, marechal de campo, foram mortos diante de Verue; dois homens de grande valor e, de fato, únicos. Havíamos feito, no inverno anterior, muitas máscaras de cera de pessoas da Corte, naturais, usadas sob outras máscaras, de forma que ao nos desmascararmos, as pessoas se enganavam ao tomar a segunda máscara por nosso rosto, quando, de fato, havia um [rosto] verdadeiro, e totalmente diferente debaixo; divertimo-nos muito com essa brincadeira. Neste inverno quisemos nos divertir novamente com isso. Foi uma grande surpresa quando encontramos todas aquelas máscaras naturais em perfeito estado e tal qual haviam sido guardadas após o carnaval, exceto aquelas de Bouligneux e de Wartigny, que, conservando sua aparência perfeita, tinham a palidez e o semblante cansado de pessoas que acabaram de morrer. Apareceram, deste modo, em um baile e causaram tanto horror que tentamos ajeitá-las com ruge, mas o ruge apagava-se instantaneamente, e os traços cansados não desapareciam. Isso me pareceu tão extraordinário que julguei o fato digno de ser relatado; mas teria evitado isso, se toda a Corte não tivesse, como eu, testemunhado, e ficado extremamente surpreendida com aquela estranha singularidade. Ao fim, jogamos fora aquelas duas máscaras. (...).[93]

---

yeux n'y ajoutaient pas le signe de la vérité et de la ressemblance (...); je les comparerai à deux flambeaux faits pour éclairer tous les traits et y répandre ce clair-obscur qui les distingue et les fait valoir. Sans les yeux, point d'expression, point de vérité". (N. T.)]

---

[93] L. Saint-Simon, *Mémoires* [Memórias], t. II. Paris, Gallimard, 1949, p. 414-15. [No original, "Bouligneux,

O macabro carnaval da dupla "masque" (onde a primeira funciona como mera cortina teatral para a enganadora epifania de um mero retrato-molde de cera de um rosto humano) elude tanto os originários valores da máscara quanto as novas técnicas de sua animação artística. Simplesmente indica uma virada histórica: o amanhecer de uma cultura na qual as forças da Vida e da Morte não podem mais ser localizadas em uma Imagem impessoal (expressa e cultivada religiosamente por um imaginário coletivo), mas são percebidas – perigosamente ativas – somente dentro da invisível margem que divide e conjuga externo e interno do Indivíduo. Se a meia-máscara *dell'Arte* era signo teatral, a dupla-máscara da Corte é metáfora social (e política): o riso suscitado pela primeira, e o divertimento-perturbação provocado pela segunda constituem os dois parênteses extremos entre os quais o século XVII assume e sufoca a tradição da máscara. Dela fazendo, justamente, um objeto de jogo e de calafrio: algo que, justamente, por aborrecimento ou por repulsa, "a la fin", *on peut jeter*.

lieutenant général, et Wartigny, maréchal de champ, furent tués devant Verue; deux hommes d'une grande valeur, mais tout a fait singuliers. On avait fait, l'hiver précédent, plusieurs masques de cire de personnes de la Cour, au naturel, qui les portaient sous d'autres masques, en sorte qu'en se démasquant on y était trompé en prenant le second masque pour le visage, et c'en était un véritable, tout différent, dessous; on s'amusa fort a cette badinerie. Cet hiver-ci on voulut encore s'en divertir. La surprise fut grande lorsqu'on trouva tous ces masques naturels frais, et tels qu'on les avait serrés après le carnaval, excepté ceux de Bouligneux et de Wartigny, qui, en conservant leur parfaite ressemblance, avaient la pâleur et le tiré de personnes qui viennent de mourir. Ils parurent de la sorte a un bal, et firent tant d'horreur qu'on essaya de les raccommoder avec du rouge, mais le rouge s'effaçait dans l'instant, et le tiré ne se put rajuster. Cela m'a paru si extraordinaire que je l'ai cru digne d'être rapporté; mais je m'en serais bien gardé aussi, si toute la Cour n'avait pas été, comme moi, témoin et surprise extrêmement, et plusieurs fois, de cette étrange singularité. A la fin, on jeta ces deux masques." (N. T.)]

É somente ao final do século XIX que o pensamento teatrológico mais credenciado dirige novamente sua atenção à *étrange singularité* do "vulto contrafeito". Por exemplo, as oscilações do gosto experimental simbolista – contestando *a priori* toda e qualquer significação de um objeto dramático concebido como espelho da realidade (e não como trâmite epifânico da verdade) – insistem num âmbito de signos dominado pela constelação da máscara. A partir da "profissão de fé" com que Gustave Kahn, em 1889, pretendeu especificar a teatrologia profética de Mallarmé. Lá onde, passando em revista as "formas previsíveis" de uma arte representativa "modernista", se por um lado auspicia que o novo "drama" gire em torno de presenças resolvidas em "vozes" e em "posturas plásticas" de modo a constituírem puros temas musicais que "ritmam e aliteram as sensações (...) não mais segundo as probabilidades da vida, mas segundo (...) intenções essenciais", por outro devaneia sobre um tipo de "comédia" que coloque em cena "seres bizarros" dotados sobretudo "de aparência, de máscara". E, celebrando provocadoramente os valores expressivos da "pantomima americana" e do "circo", é invocado o triunfo de um imaginário espetacular todo jogado entre a *clownerie* moderna e "algo semelhante" à antiga *Commedia dell'Arte*.[94]

Também da perspectiva contemporânea de Maeterlinck, se "toda obra de arte é um símbolo, e o símbolo não suporta de modo algum a presença ativa do homem", "a cena", tradicionalmente compreendida, "é o lugar onde as obras de arte morrem, porque antinômica

[94] G. Kahn, "Un Teatro per l'Avvenire. Professione di Fede di un Modernista" [Um Teatro para o Futuro. Profissão de Fé de um Modernista]. In: S. Carandini, *La Melagrana Spaccata: L'arte del Teatro in Francia dal Naturalismo alle Avanguardie Storiche* [A Romã Partida: a Arte do Teatro na França do Naturalismo às Vanguardas Históricas]. Roma, Valerio Levi, 1988, p. 44-45.

Il Carro dei Comici
[A Carroça dos Cômicos]
máscaras dos Sartori
festa bufa, direção de P. Baiocco
Foligno,
Teatro di Porta Romana, 1986.

é sua representação por meio de elementos acidentais e humanos", enquanto

> "entre as forças do símbolo e as do homem que nela agitam-se há constante divergência. O símbolo no poema é um centro ardente cujos raios divergem ao infinito, e quando (...) se trata de uma obra de arte absoluta, têm uma extensão cujo limite é marcado unicamente pela potência do olho que o perscruta. Mas eis que o ator avança em meio ao símbolo. Um extraordinário fenômeno de polarização, em relação ao sujeito passivo do poema, produz-se imediatamente. O olho não segue mais a divergência dos raios, o seu convergir o retém. O acidente destruiu o símbolo".[95]

Fundando-se necessariamente sobre esta contradição essencial, o espetáculo dramático, para o autor belga, não tem outra *chance*, se não a de adotar técnicas – como, justamente, o uso da máscara – aptas a "resguardar" mais ou menos eficazmente a força de polarização negativa presente na imediatez do corpo atorial:

> "Os gregos não ignoravam tal antinomia, e suas máscaras para nós incompreensíveis serviam (...) para atenuar a presença do homem e para aliviar o símbolo. Se em algumas épocas o teatro conheceu uma vida orgânica e não simplesmente dinâmica como a atual, foi apenas por mérito de algum artifício (...) colocado para defender o símbolo em sua luta contra o homem".[96]

Será *desta* virada em diante que os homens de cena ver-se-ão obrigados a refletir com particular urgência sobre as especificidades irredutíveis e últimas de seu setor: as únicas em condições de garantir-lhes a sobrevivência para além das fronteiras da era tecnológica. E, para responder às interrogações suscitadas por tais problemáticas, parece necessário dirigir o olhar – para além daquele voltado para as remotas profundezas[97] do teatro trágico – a todas as formas de *teatralidade, primordial ou de toda forma fortemente ritualizada* em cujo âmbito seria possível reencontrar as razões essenciais do fazer espetáculo: o sentido e as formas de seu consistir como indispensável resposta a uma necessidade antropológica primária, e não como supérfluo exercício estético funcional somente para variadíssimas instâncias de ordem intelectualística, mundana e econômica.

Nesta perspectiva, será particularmente fértil em resultados – após a viagem no tempo empreendida pelos cultores do trágico dionisíaco – a endereçada à reconquista da *Commedia dell'Arte*, já prefigurada pelo intenso interesse pelas máscaras de que haviam dado prova tanto os jogos experimentais de George e Maurice Sand, como o grande *exploit* do *Ubu* de Jarry. O modelo oferecido pelo estilo singular das companhias profissionais italianas entre os séculos XVI e XVII parecia – na atmosfera pós-simbolista – exemplo privilegiado de uma energia expressiva mantida pelos atores ao mesmo tempo criativos e "supermarionetistas", baseada em uma linguagem livre de fato de qualquer hipoteca literária, resolvida em tipologias de perfeita síntese entre abstrações arquetípicas e corposidade "popular", capaz de envolver, em grau máximo, os espectadores. Não pode espantar, portanto, que a maior parte dos grandes diretores de vanguarda ou inovadores do primeiro século XIX – de Gordon Craig a Meyerhold, de Vagtangov a Max Reinhardt, de Alexander Tairov a Jacques Copeau – detiveram-se longamente, tanto em nível de estudo quanto em plano de

---

[95] M. Maeterlinck, "Il Teatro" [O Teatro]. In: S. Carandini, *La Melagrana Spaccata...* [A Romã Partida...], op. cit., p. 80.
[96] Ibidem.

[97] No original, *fondali* – profundidade das águas do mar, de um rio, de um lugar, a partir de um determinado ponto; (teat.) cena de fundo do palco, rotunda. (N. T.)

experimentações práticas, ao redor do velho "teatro à italiana". Interrogando-se, sobretudo, acerca dos segredos da *improvisação* e das *máscaras*: duas "chaves" reputadas essenciais para desbloquear uma fechada teatralidade de *routine*, toda baseada no clichê do personagem psicologicamente crível, e na obrigação (para o ator) de sabê-lo interpretar segundo a verossimilhança. O leque de respostas que disso deriva ficou aberto – como testemunham ainda alguns acontecimentos exemplares da segunda metade do século: de um lado, os muitos decênios de sucesso planetário do strehleriano *Arlequim, Servidor de Dois Patrões* (1947); de outro, o interesse de um Eugenio Barba em relação à *Commedia dell'Arte* – entre o restauro mais ou menos fiel de algumas autênticas ou supostas características relevantes do prestigioso modelo, e a reformulação em termos de fato modernos seja de uma improvisação compreendida como *autônomo externar-se, através de signos corporais, da interioridade profunda do ator*, seja de um conceito de "máscara" alusivo a *figuras (não individualizadas, mas sim simbológicas) de alta e enérgica estilização artística*.

Nesta última vertente é que serão colocadas – e em posição de absoluto relevo – as embora diversas, mas entre elas incindíveis, experiências de Amleto e Donato Sartori: dois percursos, ambos assinalados pela fidelidade ao mais fértil plexo antropologia-escultura-espetáculo, ainda que um e outro destinados a ressoar em oitavas diferentes. No caso de Amleto, uma atenção muito precoce à máscara japonesa conduz o artista à difícil redescoberta dos materiais e das *teknai* que foram orgulho dos "mascareiros" italianos entre o século XVI e o XVIII, e permite-lhe (a partir dos anos quarenta do século passado) dar corpo moderno aos perdidos fantasmas da antiga *improvvisa*, movendo-se ao longo de um percurso destinado a cruzar-se seja com o primeiro experimentalismo de encenação italiano (de Gianfranco De Bosio a Giorgio Strehler, justamente), seja com as pesquisas europeias de ponta sobre dinamismos do corpo atorial exemplificadas por um Jacques Lecoq, e a encontrar a sua mais feliz síntese exatamente no celebérrimo *Arlequim* do Piccolo. No caso de Donato, pontual retomada em termos criativos da experiência paterna em torno da arte da máscara teatral permanece no centro do empenho artesanal e poético, mas – em torno dela – tendem a dilatar-se as duas esferas da pesquisa científico-antropológica, e da aventura artística de vanguarda mais em sintonia com todas as viradas fundamentais do último Novecentos e do novo milênio. De um lado, então, máscaras teatrais em couro de rigorosa fatura inventiva. Mas, de outro, inéditas obras de complexa *poiesis* escultórea: "travestimentos urbanos" que restituem densidade imaginal a panoramas até mesmo muito conhecidos; "estruturas gestuais" concebidas para restabelecer conotações de verdade expressiva à insignificância do corpo humano, etc. E ainda, se não sobretudo, experiências didáticas e organizativas: dos Laboratórios pedagógicos sobre a arte da máscara, ao Centro Máscaras e Estruturas Gestuais, ao Museu Internacional da Máscaras. Espaços e momentos organizativos onde pesquisa e documentação antropológica, e estudo e prática *dell'Arte* fundem-se no quadro de uma viva organicidade cultural.

(de *Arte della Maschera nella Commedia dell'Arte* [Arte da Máscara na *Commedia dell'Arte*], op. cit., p. 85-104.)

As formas da invenção

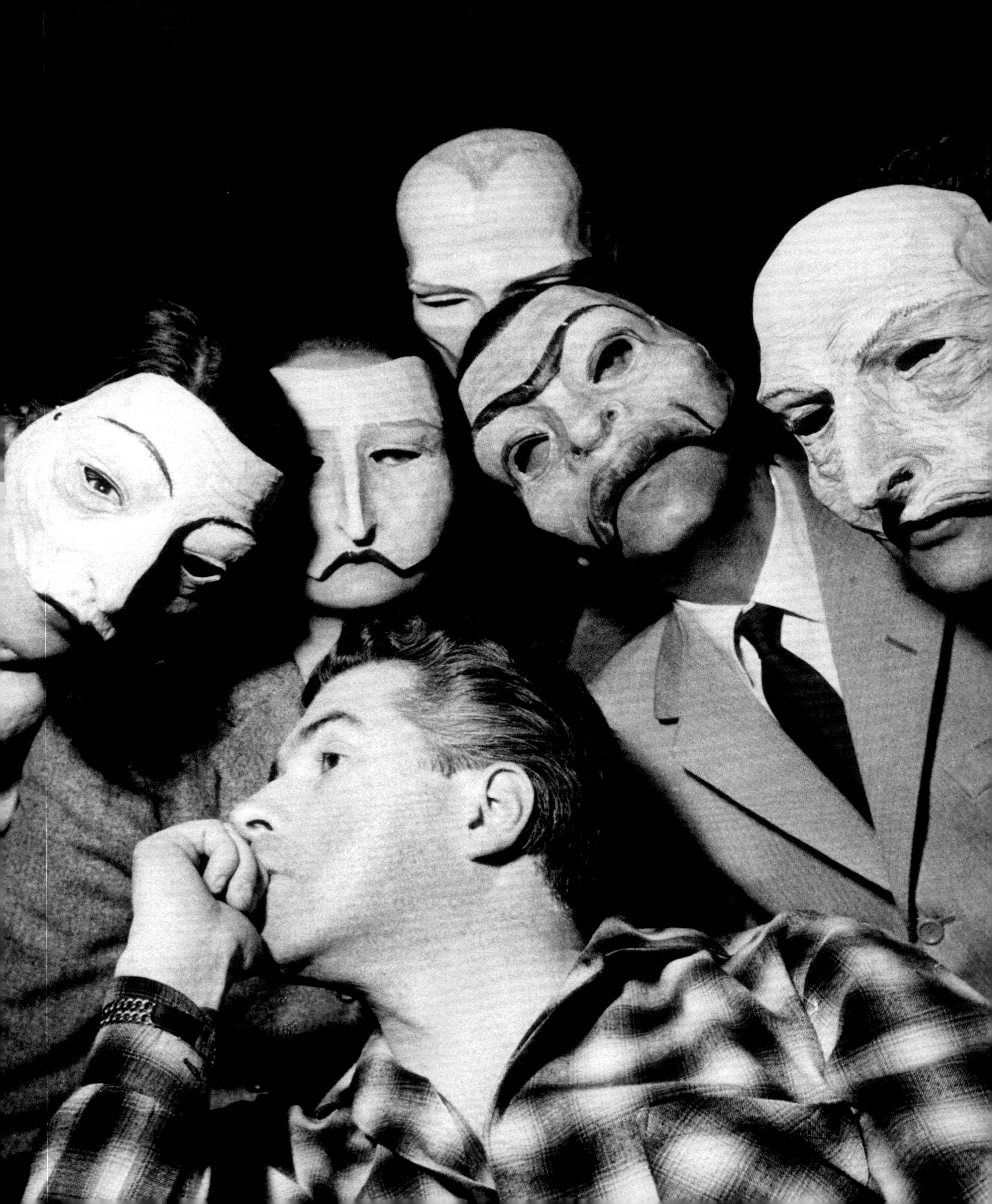

O "OFÍCIO" DA POESIA
Giorgio Strehler

✺

Falar das máscaras de Amleto Sartori é falar de uma amizade antiga, de um trabalho comum, de descobertas comuns que marcaram um período distante da minha vida e que retornam hoje em nostalgia bastante viva. Nostalgia não por ter perdido a juventude, mas um companheiro como Sartori, desaparecido tão cedo e tão brutalmente. E, no entanto, não sei recuperar, hoje, com precisão, como nos encontramos, Sartori e eu, tanto tempo faz. Sei apenas que um certo dia nos encontramos em seu estúdio em Pádua, a falar de teatro e da "máscara em teatro". Naquele tempo muitos de nós, jovens diretores (e eu talvez mais que os outros), estávamos quase obcecados por certos problemas do "teatro gestual" que nós, então, chamávamos simplesmente "mímico". As relações do corpo no espaço, o sentido do movimento expressivo, do gesto, do "silêncio" animado estavam diante de nós cheios de interrogações e de mistérios. Era a época das lições de Étienne Decroux, que fomos os primeiros a convidar ao Piccolo Teatro, e que de imediato nos pareceram desconcertantes. Ainda hoje penso naqueles anos com Decroux, na escola do Piccolo, e depois com Marise Flach, sua aluna direta, e com Jacques Lecoq como momentos fundamentais para a minha formação teatral e não apenas para a minha; para a de meia geração de teatrantes. Todo o teatro posterior foi marcado pela experiência-predicação de Decroux. Para os exercícios "com máscara" (praticávamos muito intensamente também inúmeros exercícios "sem máscara", a rosto nu), Sartori preparou uma máscara básica famosa e desconhecida por ignorância pelos demais, mesmo os dedicados ao trabalho, e que na minha opinião é sua obra-prima, a "máscara neutra", isto é uma máscara "sem expressão". O gesto, o corpo, a situação, a relação com outros corpos e movimentos deveriam sozinhos dar um sentido e um sentimento à máscara estática, absorta e limpidamente vazia, inventada por Sartori. Foi uma grande fadiga intelectual, uma pesquisa formal voltada para os limites do impossível, pois, dado o tema, logo percebemos a dificuldade absoluta para a sua realização. Uma máscara que deveria representar a ausência. Sartori fez inumeráveis tentativas e repetiu-me várias vezes que a conquista da máscara definitiva de que possuo ainda um exemplar e que frequentemente coloco diante de mim sobre a mesa para me gerar silêncio custou a ele um esforço, uma concentração e uma "severidade" de sinais (justamente de severidade falou) muito maiores que todas as suas outras obras de escultura. "Talvez" – me disse – "tenha sido a coisa mais difícil que enfrentei". E de fato o último exemplar desta máscara, depois reproduzido várias vezes em papelão (por razões de custo e de tempo) havia sido precedido por dezenas de outros exemplares diferentes e menos "puros". Outro adjetivo que retornava em seus discursos de então. Foi um espetáculo belíssimo, inesquecível, ver sobre uma mesa, contra uma ampla vidraça no estúdio de Sartori, algo em torno de vinte máscaras "em busca do neutro", dentro das quais passava a sombra de um sorriso, um sinal de perplexidade, ou de uma tristeza ou outra coisa, para depois, pouco a pouco,

Giorgio Strehler e as máscaras de Amleto Sartori
L'Oro Matto [O Ouro Louco]
de Silvio Giovaninetti
Milão, Piccolo Teatro, 1953.

Máscaras dos Sartori
Arlecchino Servitore di Due Padroni
[Arlequim, Servidor de Dois Patrões]
de Carlo Goldoni, direção de
Giorgio Strehler
Milão, Piccolo Teatro, 1967.

lá pelas últimas, tornar-se somente transparente "vulto humano", parado no instante do vazio. Ou quase. Nós utilizamos esta máscara durante anos, e justamente com ela certa noite Étienne Decroux mostrou-nos pela primeira e última vez, a "levitação" de um corpo humano. Realmente, por um instante, Decroux, com a máscara neutra de Sartori e também graças a uma perfeita coordenação de cada gânglio nervoso e cada feixe muscular de seu corpo e com uma concentração tão absoluta de quase causar medo, ficou diante de nós, espectadores atônitos, "suspenso no espaço" imóvel. Instante que nos pareceu eterno.

Certamente, porém, esta máscara não foi o início da pesquisa de Sartori num ofício de arte assim tão antigo e assim tão perdido. Foi assim que em nosso trabalho de comediantes tivemos próximo, durante longo tempo, um artista grande e simples, humano e generoso como Sartori que nos enviava ou trazia ele mesmo, envolvidas em papel de arroz como presentes de Natal, suas pequenas obras-primas "artesanais" sobrevindas dos séculos sobre as tábuas de um palco contemporâneo. Quanta sabedoria, quanto amor e quanta humildade existe atrás das "máscaras" de Sartori! Que lição de profissionalismo, aquele profissionalismo que não exclui o poético, mas, ao contrário, geralmente determina-o, para tantos teatrantes que acreditam ter descoberto o novo teatro identificando-o com uma espécie de ausência de responsabilidade e de fadiga cotidiana. Creio que justamente através do trabalho de Sartori, além do nosso, o teatro moderno por anos tornou mais seu o tema antiquíssimo da máscara e procurou desenvolvê-lo, mesmo que nem sempre corretamente, antes de esquecê-lo novamente, ou quase. Os não numerosos exemplos de hoje e os poucos artistas de hoje que se dedicam ao "trabalho da máscara" são todos, direta ou indiretamente, devedores de Amleto Sartori que, de tão longe, soube reencontrar um fio partido e reenlaçá-lo para o futuro. Portanto, tudo aquilo que foi feito e se pode fazer para lembrar a presença no teatro contemporâneo de um homem de teatro tão simples e profundo, além de um escultor tão vivo e rico como Sartori, será sempre pouco. Muito pouco em confronto com aquilo que ele nos deu e nos deixou como uma prova de fidelidade e de amor pelo teatro e pela vida.

O ator e a máscara

A conquista da "máscara" foi, para todos e para Marcello Moretti, um caminho progressivo que se bateu contra um número impreciso de fatos: da falta de uma tradição viva, portanto, de um hábito mental e físico, à falta técnica, verdadeira e própria, de "instrumentos" idôneos.

Os atores, na primeira edição do *Arlequim*, atuavam com pobres máscaras de papelão e gaze sobrepostos em camadas. Nós as construímos, pode-se dizer, com as nossas mãos, dia após dia. Eram máscaras "infernais", incômodas, dolorosas. As partes em relevo logo penetravam na carne, a visibilidade era relativa e distorcida. Aplicadas estreitamente ao rosto, como eram, com um primitivo sistema de elástico, sem flexibilidade, as máscaras não permitiam que as pálpebras se movessem. Os cílios do ator batiam contra as bordas e faziam os olhos lacrimejarem, num pranto perene e secreto. Os atores, cada um por sua conta, começaram, então, a embuti-las com estranhas almofadas de algodão, fixado por dentro com esparadrapo. Assim, a parte interna das máscaras assumiu um aspecto nada poético. Depois, com o uso, o suor dos atores penetrava no papelão e pouco a pouco desmanchava a compacidade da máscara. Ao final do espetáculo, tínhamos entre as mãos alguns trapos pretos, gotejantes, que só no dia seguinte retomavam uma certa forma e

Arlecchino
máscara dos Sartori
La Famiglia dell'Antiquario
[A Família do Antiquário]
de Carlo Goldoni,
direção de Orazio Costa,
intérprete Cesco Ferro
Milão, Piccolo Teatro, 1955.

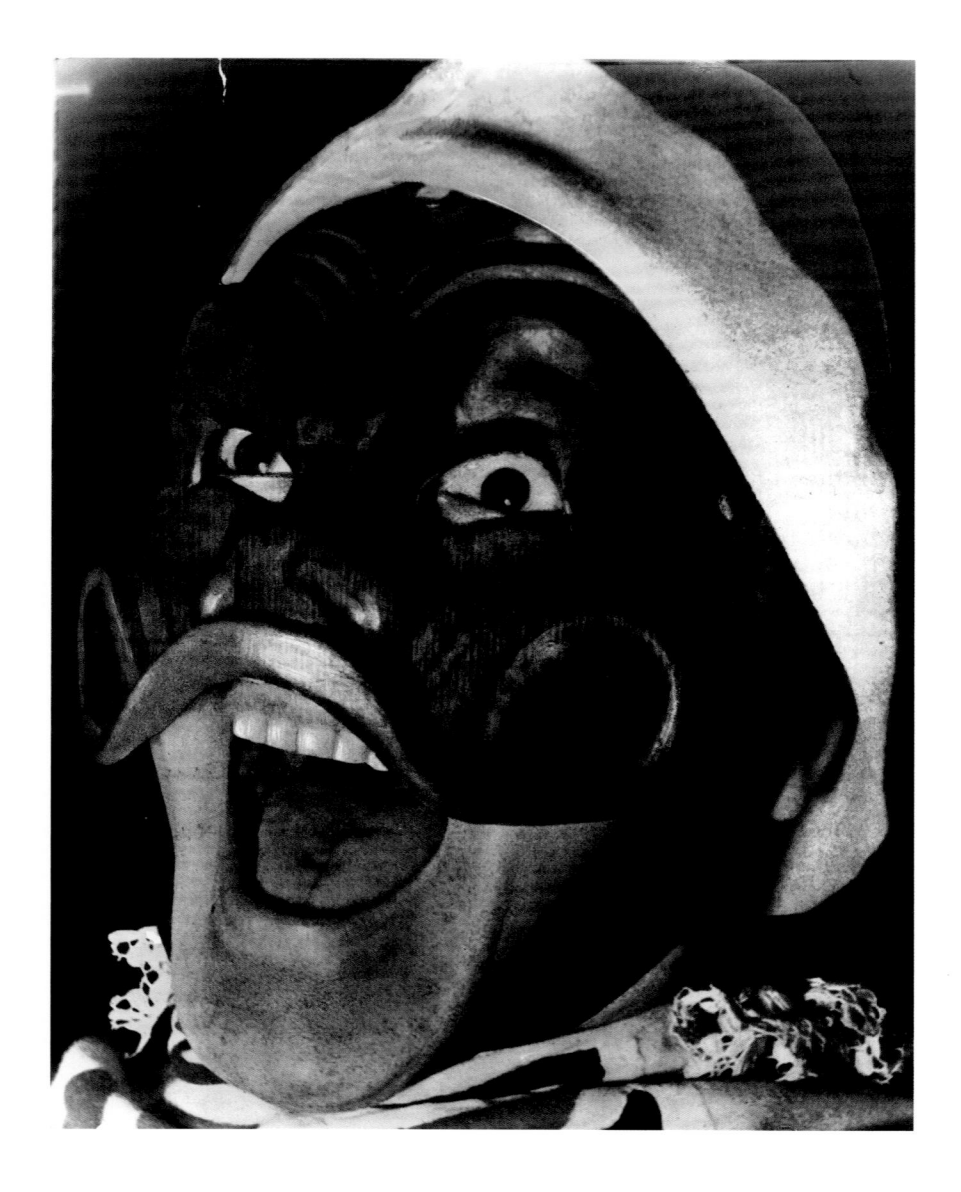

Arlecchino máscara dos Sartori *L'Amante Militare* [O Amante Militar] de Carlo Goldoni, direção de Giorgio Strehler, intérprete Marcello Moretti Milão, Piccolo Teatro, 1951.

consistência. Existia também o drama pessoal dos atores que com a máscara não se "sentiam". Por um fenômeno psíquico, o ator com o rosto coberto "sentia" menos a si mesmo e os parceiros. Além disso lhe parecia ser "inexpressivo"; havia sido retirado dele uma arma potente: o jogo facial. O ator ainda deveria conquistar a "mobilidade" da máscara. Tinha de "reinventar" também nisso uma tradição sepultada e que ninguém mais poderia nos ensinar. Marcello, nesta primeira edição do *Arlequim*, terminou por atuar sem a máscara. Havia resolvido o problema brutamente pintando-se a máscara de preto sobre o rosto. Era mais cômodo, sobretudo para ele, em eterno movimento, mas era também o sintoma mais secreto da resistência do ator à máscara.

A máscara é um instrumento misterioso, terrível. A mim sempre deu e continua a dar uma sensação de espanto. Com a máscara, estamos no limiar de um mistério teatral, retornam os demônios, os visos imutáveis, imóveis, estáticos, que estão nas raízes do teatro. Percebemos bem cedo, por exemplo, que o ator, em cena, não pode tocar a máscara, com um gesto costumeiro (mão na fronte, dedo sobre os olhos, cobrir o rosto com as mãos). O gesto torna-se absurdo, inumano, errado. Para reencontrar a sua expressão, o ator deve indicar o gesto com a mão, não realizá-lo "realisticamente" sobre a máscara. A máscara, em síntese, não suporta a concretude do gesto real. A máscara é ritual. Neste sentido lembro que, a uma certa altura, durante os aplausos finais, havia indicado aos atores que finalmente aparecessem ao público de rosto descoberto. Para não perder tempo, entre um fechamento de cortina e a abertura seguinte, os atores desmascaravam-se e jogavam sua própria máscara nos bastidores. Pouco a pouco foram os próprios atores, primeiro a recolher as máscaras assim que possível, depois a aprender uma maneira de tirá-la e segurar na mão ou alta sobre a fronte. E desde então nunca mais vi uma única máscara jogada pelo canto, nem no camarim. Ela sempre ocupou, em meio à natureza-morta da mesa de maquiagem, o lugar de honra. Marcello não colocou a máscara então porque não podia colocá-la, mas porque dizia: "se perderia o jogo da expressão". "Além disso" – continuava – "todos os atores, antes de mim, fizeram assim"; e me trazia fotografias, mais antigas, em que aquilo que dizia era comprovado pelos fatos. Só aos poucos a máscara foi aceita. Graças sobretudo a Amleto Sartori, esta criatura teatral tão cara que retomou do nada, assim que solicitado por nós, uma técnica perdida no tempo: aquela dos mestres "mascareiros" dos séculos XVI, XVII e

XVIII. Ele esculpiu e construiu as suas primeiras máscaras em couro, após inúmeras tentativas. Eram ainda máscaras pesadas e notavelmente rígidas, mas eram constituídas de uma matéria fundamental: o couro. Agora, a matéria não era mais hostil ao rosto do ator. Mesmo sem se incorporar ainda à pele humana, aderiam mais docemente, eram consistentes e bastante leves. "La ga da esser come um guanto!",[1] dizia Amleto, mas a luva ainda demoraria a chegar. A visão das máscaras no espaço começou a convencer os atores e Marcello. Depois, a teoria de Sartori sobre o *Arlequim* que pode ter a máscara tipo "gato", tipo "raposa", tipo "touro" (suas definições cômodas para diversas expressões fundamentais das máscaras) interessou, infantilmente, Marcello que a quis (sua primeira) de "gato" porque "ele é mais ágil".[2] Como não se enternecer ao recordar este jogo, na perspectiva do grande teatro, na perspectiva da grande vida! Assim Marcello cobriu-se pela primeira vez com a máscara morena "tipo gato" para depois passar ao tipo "raposa", e para concluir (conquista!) a um tipo fundamentalmente original, de *zanni* primitivo, adoçado naturalmente pela cadência estilística do *Servidor de Dois Patrões* de Goldoni.

E foi ele o primeiro a descobrir para todos a "mobilidade" da máscara. Descobriu que a boca, com a máscara, tornava-se bem mais importante que com a face nua. Apenas sublinhada por uma linha branca, a boca que saía da parte superior do rosto mascarado, móvel e viva, conquistava um valor expressivo incrível. Descobriu sozinho algumas tendências expressivas da máscara que eu cataloguei e que assinalaram um ponto de partida para um trabalho que depois indiquei aos atores, com paciência, com o passar do tempo. A essa altura, a máscara o havia "possuído". Uma noite, Marcello, homem pudico, discreto e solitário, disse-me que agora, sem a máscara, parecia estar nu. Foi naquele momento, conquistado pela máscara, que Marcello se "liberou" de qualquer estorvo e, por ela "protegido", deixou-se ir ao encontro do personagem. Atrás da máscara, Marcello, tímido (como todos os atores, e ele mais que os outros), pôde fazer refluir toda uma vitalidade, uma fantasia não "realista" ancorada, no entanto, em sua interior natureza popular, e seguir aquele processo de redescoberta e de enriquecimento, que eu próprio, do meu lado, estava fazendo, sobre o problema da *Commedia dell'Arte*, renascida em meio a nós, quase por milagre.

Estou convencido, ainda hoje, que Marcello sentiu-se finalmente livre de tantos embaraços (complexos, diríamos, hoje?), que também o prendiam em seu trabalho de comediante, somente atrás de seu personagem mascarado. Encontrou a liberdade na constrição, a fantasia no esquema mais rígido e assim representou "a parte mais viva" de si. Lembram seus companheiros e o público aquele seu rosto "verdadeiro" que emergia da máscara, ao final do espetáculo? Era um rosto estático, verdadeiramente cheio de luz, um pouco perdido, mal e mal sorridente em seu sorriso enigmático. Pode ser reencontrado idêntico, assustadoramente idêntico, em algumas imagens de antigos cômicos *dell'arte*. É um rosto limpo, disponível, um rosto todo por fazer. O rosto do ator.

(de "In Margine al Diario" [À Margem do Diário]. *Quaderni del Piccolo Teatro di Milano*, n. 4, 1962, p. 59-61.)

---

[1] Expressão dialetal vêneta para indicar que a máscara deve vestir o rosto do ator como a luva veste a mão; deve "cair como uma luva". (N. T.)
[2] No original, "el xe piú agile!". (N. T.)

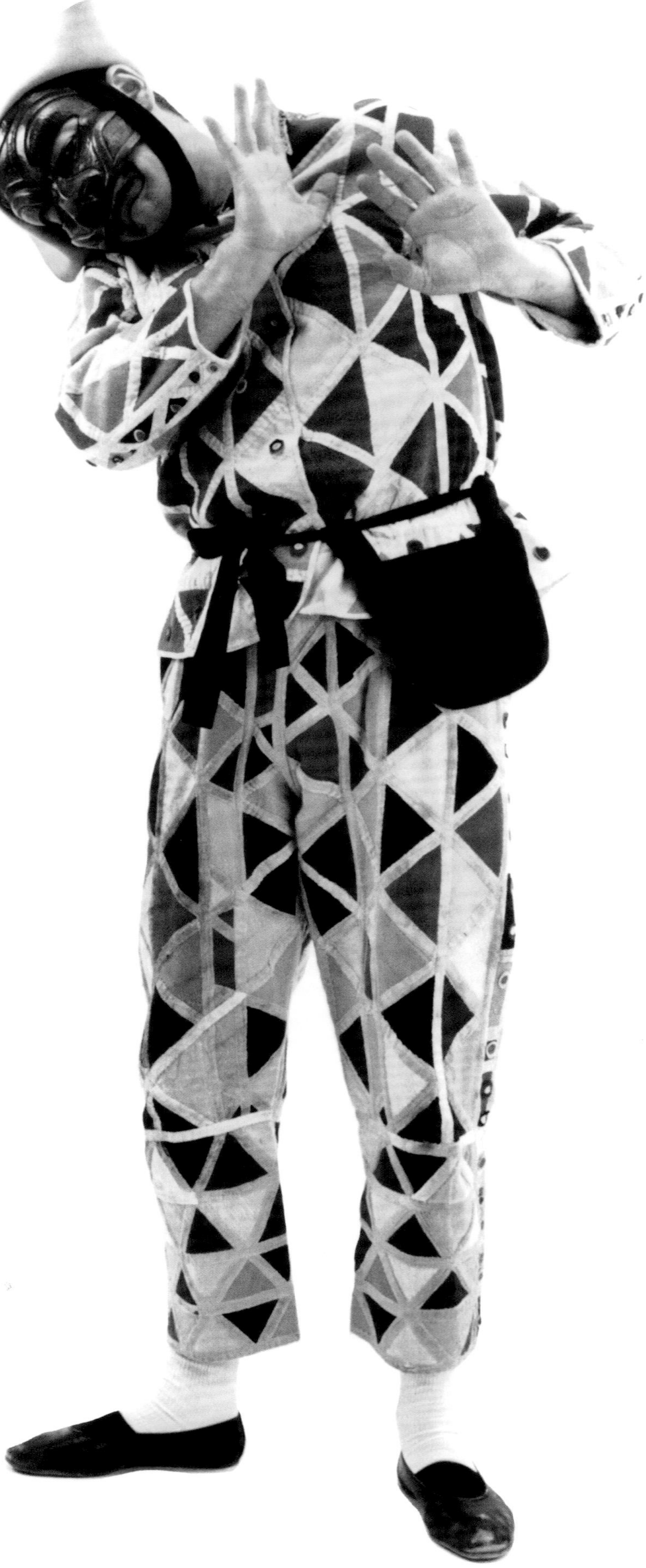

ARLEQUIM, A MINHA VIDA
Ferruccio Soleri

O meu encontro com o personagem de Arlequim aconteceu quase por acaso, enquanto eu ensaiava, no curso de ator da Academia de Arte Dramática de Roma, *La Figlia Ubbidiente* [A Filha Obediente] de Goldoni, prova de um então aluno diretor, Giacomo Colli. Estava preocupado: nascido na Toscana, jamais interpretara em veneziano. "Não tenha medo" – disse-me o professor Orazio Costa – "Marcelo Moretti, o Arlequim do Strehler virá para te ajudar". Mas Moretti estava sempre ocupado com Strehler; veio somente para o ensaio geral e não me deu qualquer ajuda concreta. Evidentemente, porém, algo em mim o tocou, pois, quando chegou o momento de pensar num substituto, escolheu justamente a mim.

Minhas relações com o Piccolo Teatro começaram no ano seguinte, quando eu frequentava o terceiro ano. Orazio Costa, que deveria encenar no Piccolo *La Favola del Figlio Cambiato* [A Fábula do Filho Trocado] de Pirandello, solicitou à direção da escola que eu fosse com ele. Fui apresentado a Strehler, que me disse: "Ah, Soleri, o Arlequim da Academia"; Moretti deve ter falado de mim a ele. Depois de me formar, quando eu atuava no Teatro del Convegno com Enzo Ferrieri, Missiroli, que então era assistente de Strehler, chamou-me (era 1959) para perguntar se eu estava disposto a participar do *Arlequim* que estava de partida para uma longa turnê pela Europa e África do Norte. "O papel é o do pequeno camareiro" – disse-me Missiroli – "mas procure se soltar porque Strehler pensou em você e quer que você esteja próximo a Moretti, isto quer dizer que está com alguma ideia. No ano seguinte, haverá a turnê americana e o substituto do papel principal é exigido pelo contrato". Atuando no papel do camareiro da locanda, praticamente um figurante, eu ficava nos bastidores observando Moretti. Via sua habilidade mesmo que eu não tivesse esperteza para compreender as coisas. Mas assimilava, talvez sem perceber. "Fique nos bastidores, Soleri" – dizia-me Moretti – "assim você vê e aprende. Nunca se sabe".

Ao final da turnê, a televisão me ofereceu um contrato de dois meses. Então escrevi a Paolo Grassi para perguntar-lhe se havia lugar para mim na temporada do Piccolo. "Não tem", – respondeu Grassi – "mas posso te oferecer a turnê americana do *Arlequim*. Como camareiro, naturalmente". Eu disse que sim, mas estava um pouco desconfiado porque Stefano Jesurum, que já havia interpretado o papel de Arlequim em alguns espetáculos, havia-me dito que Moretti queria lhe falar. Logo em seguida, recebi um telefonema de Moretti: encontro em um bar próximo ao Teatro Giulio Cesare. Falamos e falamos de tudo e de nada; mas num certo momento Moretti me perguntou de chofre: "O que você gostaria de fazer no *Arlequim*?". E eu, seguro: "Silvio". "E Arlequim, não?" "Mas, o senhor é quem faz", respondi. "E se fosse necessário um substituto?" Foi assim que soube ter sido escolhido e que chegara o momento de me empenhar e me preparar para interpretar um personagem que me fora imposto por Costa e Colli e que, de algum modo, me era confirmado por Moretti.

Arlecchino
máscara dos Sartori
Arlecchino Servitore di Due Padroni
[Arlequim, Servidor de Dois Patrões]
de Carlo Goldoni,
direção de Giorgio Strehler,
intérprete Ferruccio Soleri,
Milão, Piccolo Teatro, 1963.

Para a turnê americana trabalhei com Moretti apenas por quinze dias: ensaiava em seu lugar; enquanto dirigia os ensaios, ele me dizia: "Faz assim e assim", mas nunca me explicava o porquê dos pedidos que me fazia. Ensaiei algumas vezes com Strehler, porque ele desejava aprimorar meu papel. Percebeu imediatamente que eu era diferente de Moretti. Dizia: "Faz assim e assim", mas depois voltava atrás porque eu deveria reentrar exatamente na engrenagem rigorosamente estabelecida. Lembro ainda minha primeira atuação em Nova York, num dia de semana. Anuncia-se pelo microfone que naquela representação Moretti seria substituído por Ferruccio Soleri. O teatro tinha dois mil lugares: detrás da cortina onde já estávamos todos prontos com o braço erguido na característica posição de balé, ouvi dois mil murmúrios de desapontamento. Meu braço caiu, senti-me esvaziado. Dos bastidores chegou-me peremptória a voz de Grassi: "Soleri, por Deus, o braço". Abriu-se a cortina, Narcisa Bonati, que então interpretava Esmeraldina, sempre garantiu que o público me aplaudiu de saída. Mas, devo dizer que realmente não ouvi. O primeiro ato foi assim: o segundo, com a cena do jantar e o pudim, interessou muito ao público; no terceiro senti que podia fazer. Esta foi a minha primeira vez como Arlequim. Inesquecível. Em 1961, Marcelo Moretti morreu, e de Arlequim não se falou mais.

Mas, na temporada 1962-63, Grassi propôs-me um contrato de oito meses para o *Galileu* de Brecht, onde interpretei o príncipe Giovanni de Médici jovem, o estropiado na procissão do Carnaval e um seminarista. Foi durante as apresentações de *Galileu* que me disseram que Strehler queria retomar *Arlequim* numa edição particular em Villa Litta, ao aberto. Comecei a ensaiar com Virginio Puecher. Depois chegou Strehler e começou a desmontar tudo: "Ferruccio, aqui a voz não está bem. Você precisa encontrá-la, tem que reforçá-la". Incumbiu-me de fazer exercícios de sustentação dentre os quais um muito útil: ler o jornal sem parar, sem respirar e sem pontuação, até acabar o fôlego,

Arlecchino
máscara dos Sartori
Arlecchino Servitore di Due Padroni
[Arlequim, Servidor de Dois Patrões]
de Carlo Goldoni,
direção de Giorgio Strehler,
intérprete Ferruccio Soleri
Milão, Piccolo Teatro, 1963.

e depois começar de novo. Foi trabalhando com ele que compreendi o que era Arlequim e o que fora a *Commedia dell'Arte* bem mais que pelos livros que eu havia lido. De minha parte, levava a ele minha habilidade na acrobacia, minha vontade de fazer, as minhas características, a minha juventude. Mas a minha voz só encontrei no segundo ano; antes estava muito preocupado com o encontro com o público e com a crítica. O meu Arlequim devo a Strehler, que me deu tudo.

Dificuldades eu tive muitas. A primeira vinha da minha relação com a máscara. "Você não faz rir; não exprime nada", dizia Strehler, duríssimo, e isso me deixava em pânico.

Comecei a estudar a máscara diante do espelho. Compreendi ali que a máscara levava a interiorizar aquilo que o corpo deveria sentir. Ficava aterrorizado com isso; depois percebi que havia uma vantagem: podia olhar o mundo pelo buraco da fechadura, enquanto os outros não podiam ver minhas emoções. A máscara que Donato Sartori me fez é diferente da de Moretti (que usei durante quatro anos) no talho dos olhos que eu acentuei tornando-os mais de gato, em sintonia com o personagem mais acrobático, mais jovem que eu interpretava. Para fazer Arlequim, trabalhei muito, sempre apoiado por Strehler. Strehler jamais me disse: "Pronto, aí está; pronto está feito" quando eu estava buscando o meu Arlequim. Mas, enquanto eu ensaiava para a edição *dell'Addio* [edição do Adeus], em 1987, disse algo de que me lembrarei sempre: "Ferruccio, eu não entendo. Você envelhece, mas o seu Arlequim está cada vez mais jovem. Mas como consegue?".

(de Maria Grazia Gregori (org.), *Il Piccolo Teatro di Milano: Cinquant'Anni di Cultura e di Arte* [O Piccolo Teatro de Milão: Cinquenta Anos de Cultura e de Arte]. Milão, Leonardo Arte, 1997).

Arlecchino
máscara dos Sartori
Arlecchino Servitore di Due Padroni
[Arlequim, Servidor de Dois Patrões]
de Carlo Goldoni,
direção de Giorgio Strehler,
intérprete Ferruccio Soleri
Milão, Piccolo Teatro, 1963.

Si les acteurs italiens ont le génie de l'improvisation, les peintres et sculpteurs ont celui du masque.

Aussi quand nous avons monté l'Orestie d'Eschyle, nous avons fait appel à un sculpteur padouan : Amleto Sartori.

Sartori nous a modelé d'admirables masques dans la matière la plus précieuse pour ce genre d'objet : le cuir.

Ces masques firent l'enchantement des acteurs. Sartori devint notre ami et nous sommes heureux, aujourd'hui, de fêter le succès de sa magnifique exposition. Nous sommes "fiers" de lui !

Jean Louis Barrault

ADMIRÁVEIS MÁSCARAS

Jean-Louis Barrault

❋

Jean-Louis Barrault e sua companheira Madeleine Renaud atuavam no Théâtre Marigny. Neste pequeno teatro parisiense foram realizados alguns dos mais significativos experimentos ligados às máscaras da Commedia dell'Arte, *descoberta depois de uma viagem à Itália, ao Piccolo Teatro de Milão, onde Barrault conheceu as máscaras de um escultor paduano, Amleto Sartori, que justamente naqueles anos estava redescobrindo as técnicas e a morfologia das antigas máscaras* dell'arte. *Na Itália descobriu também os textos de Angelo Beolco, chamado Ruzante. A arte cênica das tragédias gregas estimula Barrault a tal ponto que, após um longo trabalho de estudo e de pesquisa, prepara a* Oréstia, *a trilogia de Ésquilo (Agamemnon, Coéforas, Eumênides) que se tornou seu cavalo-de-batalha e que lhe deu ocasião para ressuscitar a questão da máscara. Foi ainda em 1955 que enfrentou os palcos com as máscaras em couro de Sartori para a* Vaccaria *de Ruzante. Barrault escrevia a propósito de sua relação com as máscaras:*

O nosso caráter está impresso em nosso rosto como um mapa geográfico; com a máscara tudo isso é suprimido, mas ao mesmo tempo é estendido a todo o corpo. Definitivamente, se a máscara retira provisoriamente do vulto o mapa do ser, ao mesmo tempo, permite-nos expandi-la pelo corpo inteiro, permitindo-nos, com isso, ter um rosto de um metro e oitenta. Decroux dizia que o rosto, no teatro, não serve, e de fato ele não o usava; juntos, buscamos e pesquisamos a máscara, mas jamais a alcançávamos. Apenas as máscaras criadas pelo escultor italiano Amleto Sartori permitiram que entrássemos em uma extraordinária dimensão teatral, nos apropriássemos de uma intensidade de expressão que, de outro modo, jamais teríamos imaginado. Quanto às máscaras da *Commedia dell'Arte*, elas são o instrumento de uma forma de arte que inscreve-se perfeitamente em nosso (meu) modelo de pesquisa mímica e pantomímica, esta forma de teatro tornou-se sem dúvida o arquétipo de um teatro total. O ser humano, de fato, tem a possibilidade de viver e, ao mesmo tempo, ver-se viver. A *Commedia dell'Arte* é a perfeita expressão desta dualidade.

(de Jean Perret, "Entretien avec Jean-Louis Barrault" [Entrevista com Jean-Louis Barrault]. In: Jacques Lecoq (org.), *Le Théâtre du Geste, Mime et Acteurs* [O Teatro do Gesto, Mimo e Atores]. Paris, Bordas, 1987, p. 67-69.)

"Se os atores italianos têm o gênio da improvisação, os pintores e os escultores têm o da máscara. Então, quando montamos a *Oréstia* de Ésquilo, dirigimo-nos a um escultor paduano: Amleto Sartori. Sartori nos modelou máscaras belíssimas com o material mais precioso para este tipo de objeto: o couro. Estas máscaras encantam os atores. Sartori torna-se nosso amigo e hoje estamos felizes por festejar o sucesso de sua magnífica exposição. Nós estamos 'orgulhosos' dele!"
(Carta a Amleto Sartori, 1961)

Jean Louis Barrault
com máscaras da *Orestea*
[Oréstia] de Ésquilo
Amleto Sartori
Couro pintado e patinado
Teatro Marigny, Paris, 1955.

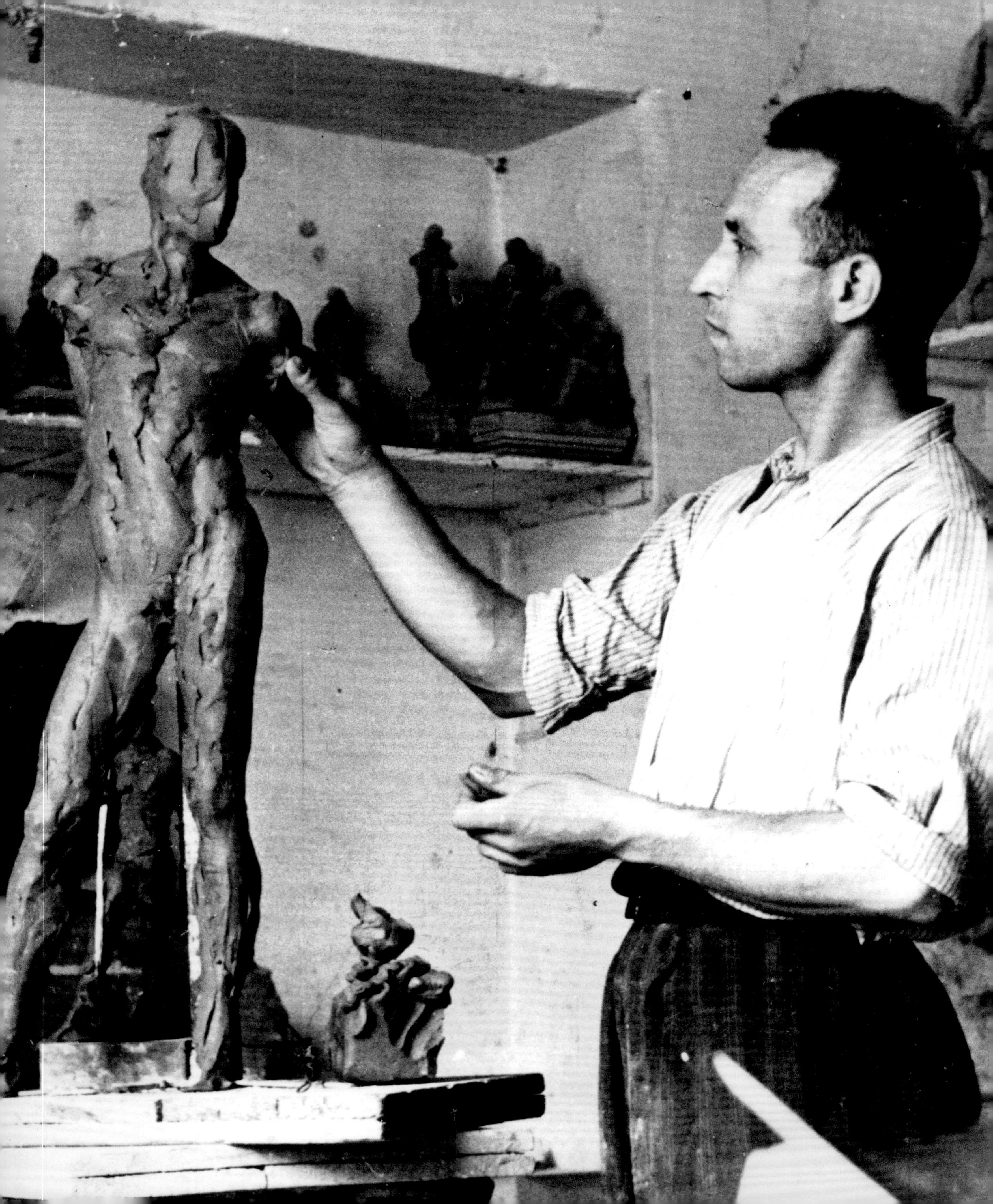

MEMÓRIAS ARTÍSTICAS

Amleto Sartori

Anotações autobiográficas

Nasci a 3 de novembro de 1915 em uma casa hoje demolida, na ponta do Carmine, no bairro dos Pellettieri. Lembro pouco ou imprecisamente de minha primeira infância, sensações cúpidas e aspectos grotescos, somente. Era a época da Guerra Mundial, de privações, de medos. Os meus pais refugiaram-se em Módena, comigo e com minha irmã. Depois voltamos a Pádua e fomos morar na Santa Croce, na periferia, lugar então aberto, próximo ao campo. Conheço tudo daqueles lugares: os bastiões ásperos e tépidos de sol, a canaleta que parecia vibrar fresca e límpida, antes de se aprofundar e nutrir, após um longo trecho escuro, o Pra' della Valle; e os hortos e as casas raras e os plátanos enormes sob os quais acampavam os ciganos com quem eu frequentemente me entregava a impetuosas algazarras. Não muito longe, a igreja embebida em odor de incenso suavemente contaminado pelo mofo do umidificador. Foi um tempo feliz, permeado por horizontes arejados e perfume de pão saído do forno que nunca mais reencontrei.

Depois veio a escola: um pesadelo. Até a terceira série lembro-me apenas das grades das janelas, as professoras que falavam como se estivessem no púlpito e um profundo estupor por um aspecto do mundo insuspeitadamente distante de qualquer possibilidade de que eu o aceitasse. A terceira série atingiu-me profundamente na pessoa de um professor. E reagi feio. Um tinteiro jogado voou sobre as carteiras em meio a gritos, confusão, um terremoto. Fui perseguido e ainda hoje lamento a sutil ferocidade dos adultos debaixo da máscara do sorriso de condescendência.

Naturalmente, fui expulso de todas as escolas do Reino e reprovado. Readmitido posteriormente por obra de uma diretora, fui encaminhado à terceira série de repetentes cuidada, Deus a bendiga e a conserve por muito tempo, por uma mestra, a senhora Andolfo, que logo me compreendeu e então me encaminhou para minha estrada. Não sei como fez, mas um fato é certo: pagou do próprio bolso um banco da sala quebrado por mim e deixou que eu apenas lesse e desenhasse, porque fazer conta era para mim uma imensa escuridão que até hoje não superei.

Com ela cursei duas séries e foi minha salvação. Depois dela começou o calvário. A quinta com um professor. Eu tinha nove anos. Desde aquela época, meu pai, para me tirar da rua durante a tarde, e também porque minha mãe e minha irmã maior trabalhavam com ele, mandou-me a um amigo de infância que voltara de Paris trazendo um pecúlio obtido pelo trabalho com entalhe de madeira. Um homem que, apesar das incompreensões a que me submeteu, possuía uma capacidade técnica até então jamais vista.

Parecia brincar, e divertia-se, escavando flores, folhas, fruta, animais grotescos na madeira. Coisas cheias de frescor, e, com aquele ar encantado sobre as figuras e os animais, parecia perdido em meio a um requinte de adornos dignos do mais belo barroco e rococó francês. Com ele fiquei dois anos, que considero fundamentais para a minha formação no ofício.

O escultor Amleto Sartori
Veneza, Accademia delle Belle Arti.

Concluí as primeiras séries, na escola, onde agora ensino. Anos duros como que a domar a massa do pão com uma mão. Oito horas de escola por dia, depois a oficina, de um entalhador no bairro hebraico, até a noite. Foi uma espécie de palco, onde vi passar uma humanidade próxima à da Corte dos Milagres, unida por um encaixe espesso, de tom ao mesmo tempo picaresco e dramático, digno de um Ruzante elevado aos mais altos bastidores. Para mim e para os meus, eram anos de fome, no circuito de um trabalho prolongado, sem mais interesse pela ideia de sacrifício e sem possibilidade de salvação.

Meu pai fora despedido porque não queria saber de carteirinhas fascistas e taxado como subversivo porque amigo de Matteotti. O orgulho de minha mãe confortava-o, tanto que jamais se curvou.

Anos plenos de experiência, de sofrimentos suportados com dignidade e encobertos por uma dura máscara da qual transparecia vez ou outra o choro silencioso de minha mãe.

Realizei os quatro cursos da escola de arte, frequentando oito horas ao dia e trabalhando outras seis. Às vezes pensava que ia morrer; mas consegui. Terminada a escola, fui despedido pelo patrão. Tirei de cima (eu tinha quase dezesseis anos) o casaquinho de militar pintado de azul e fui para Roma, à casa de um tio.

Ali procurei emprego: nada. Procurei durante dois meses, alternando os estados de ânimo de suicida a aqueles, perdidamente estupefatos, de visitas aos museus e galerias da inteira Roma. Voltei para casa como um cachorro levado pela asfixia, mas embebido por um senso de pânico e solar. Lembro que pensava inteiramente em termos de forma. Ainda não descobrira a cor.

Seguiram-se outros duros meses, entre a busca de um trabalho qualquer e leituras furibundas de livros emprestados por amigos e tomados de empréstimo de todas as bibliotecas a que tinha acesso. Segui um critério racional. Primeiro, me lembro, os russos, todos, na edição *Barion*, mas principalmente naquela mais rara *La Slavia*. Depois os alemães, os ingleses, os nórdicos, deixando-me levar pelas leituras dos autores de moda: à Földi, Körmendi, Lajos Zilahy.

Propus-me continuar a estudar de qualquer modo e obter o título de professor de arte. Empreguei-me por necessidade junto a um representante de tecidos. Com o que ganhava podia estudar em um liceu artístico noturno. Aos dezesseis anos, trabalhando de dia e estudando à noite, obtive o diploma de professor de arte do Instituto de Veneza. Depois perdi o emprego e comecei a trabalhar por minha conta, fazendo objetos falsos para os antiquários a preço de fome, alternando ganhos discretos e rápidos, explodindo minas nas pedreiras de traquito. Arriscava a pele alguns dias da semana, mas podia estudar outros dois.

Obtive, assim, o diploma de professor, sempre frequentando a escola privada. Depois, tendo conquistado uma bolsa de estudo da Prefeitura de Pádua, inscrevi-me na Academia de Veneza, que frequentei por um ano, alguns dias da semana. Mais tarde, durante quase dois anos, usufruí de outra bolsa de estudos pública, e com ela pude transferir-me para a Academia de Florença, onde ensinava o professor Graziosi. Dois anos de intenso e duro trabalho, fazendo esboços de mármore no turno da noite e estudando durante o dia.

Voltei a Pádua para frequentar o último ano em Veneza. A fome me deixara quase transparente. Voltei a trabalhar por minha conta, muito irregularmente, e ganhando pouco. A Escola Selvatico chamou-me para um concurso de chefe de laboratório na seção de pedra, e eu ganhei. Em um ano tratei de acabar a Academia, ensinar e trabalhar também porque o dinheiro continuava pouco. Parecia uma maldição. Fui convocado às armas e frequentei o curso de alunos oficiais alpinos em Bassano por um mês. Fui expulso acusado de antifascismo. Voltei e recomecei a trabalhar e a ensinar. Naquele ano me casei e nasceu meu filho Donato (1939).

Em janeiro de 1940 tive uma peritonite, em Ferrara, e quase morri. Depois de dois meses de cama levantei para me dirigir ao distrito chamado como soldado simples. Fui mandado a sete ou oito hospitais militares pelo mal decorrente da grave doença. Em casa era a fome e, assim que tive condições, tornei-me soldado, trabalhando nas horas de liberdade.

Em 1942 nasceu Serenella. Fui mandado de volta à casa em 1943 e retomei o ensino. A guerra estava em curso e os alemães demitiam e perseguiam os judeus. Vieram os guardas armados e me levaram tudo de casa sempre devido à questão racial. Depois a casa foi bombardeada. Eu mudava de lugar e era observado à distância como um perigo público. Isto não impediu que me encontrasse espontaneamente no movimento clandestino. Daquilo por que passei não se fala com facilidade. Direi apenas que por duas vezes caí nas mãos dos sicários da "banda Carità"[1] o que, se por um lado foi uma coisa terrível, por outro, eu diria, foi uma experiência moral e humana impagável. Vi diante de mim a vida e a morte em seus aspectos mais terríveis e mais elevados; saí com uma visão de mundo com limites bastante ampliados.

Terminada a guerra, retomei o ensino. Recompus a família e à custa de muito trabalho consegui ter minha casa. Em 1948 fui chamado ao Teatro da Universidade para ensinar história da arte e modelagem de máscaras teatrais. Quem me chamou foi Gianfranco De Bosio que voltava de Paris com os mais recentes anseios de renovação. O teatro de prosa tornou-se familiar para mim, tanto pelas leituras como pelo amontoado das galerias mais altas que eu frequentava com um tio, amigo de um lanterninha que se contentava com um copo de vinho. Vi todo o repertório clássico das companhias da época: Moissi (de que mal me recordo), Zacconi, Chiantoni, Ruggeri, a Gramatica, Benassi, etc. Trabalhei com os amigos do teatro da universidade por três anos participando ao vivo dos problemas teatrais e, sobretudo, tomava para mim o problema da máscara que, pude descobrir, estava quase abandonado.

Projetar a máscara

Foi em 1948, discutindo sobre o elemento máscara em meio aos problemas teatrais com Jacques Lecoq e Gianfranco De Bosio no teatro da Universidade de Pádua, que propus tentar alguma realização. Primeiro como experimento, depois, na medida em que o problema foi se colocando em termos cada vez mais amplos e concretos, decidi aprofundá-lo decisivamente.

Pela lembrança de noções históricas, realizei inicialmente máscaras em madeira esculpida, mas, apesar de resultarem extremamente sutis e leves, me satisfizeram apenas como resultado artístico. Tentei realizações em papel machê. Através de um longo período de experimentações, consegui realizar máscaras que, pela leveza, solidez e praticidade, considero hoje, dificilmente superáveis por mim mesmo.

Agora, à distância de cinco anos (à parte o valor e o gosto artístico), estes exemplares conservam intactas as características formais e de colorido, mesmo com o notável uso a que foram submetidas.

Com conquistas de ordem técnica, fui aos poucos me aprofundando também na cultura específica relativa às máscaras em geral, e de maneira particular, às máscaras clássicas antigas; depois, pouco a pouco, à da *Commedia*

---

[1] Trata-se do apelido da "Repartição de serviços especiais" (RSS) de Florença, uma espécie de escritório político-investigativo, com ampla autonomia, dentro da 92ª Legião Camisas Negras. Foi comandada por Mario Carità, que chefiou esta divisão de modo tão autônomo e feroz, fazendo com que se tornasse tristemente conhecida, por suas violências e torturas, somente como Banda Carità. (N. T.)

dell'Arte italiana dos séculos XVI-XVII, até o inteiro Goldoni. A certa altura, surgiu, naturalmente, um problema que, dada a importância e a novidade do ponto de vista, me apaixonou profundamente; isso: os vários Zanni, Pantaleão, Arlequim, Briguela, etc., pareceram-me identificados de modo sempre muito aproximativo e com caracteres iconográficos e psicológicos apenas grosseiramente definidos.

Uma investigação mais aprofundada revelou-me, sucessivamente, a existência de toda uma tipologia iconográfica consequente em sentido histórico e relativa a cada um destes personagens; sem levar em conta, além disso, a questão relativa ao ator que assumia o papel da máscara.

Portanto, o problema não seria, hoje, o de refazer as máscaras segundo a tradição iconográfica histórica, relativa a cada obra (também devido às enormes dificuldades que isso apresentaria), mas o de rever completamente o critério iconográfico com cognição e sensibilidade modernas. Em outros termos, seria tolo refazer ou tentar refazer uma máscara de Arlequim o mais semelhante possível à usada por Dominique ou Fiorilli ou ainda por um Arlequim da Companhia de Flaminio Scala; mas identificar o caráter particular do Arlequim de uma determinada comédia e realizá-lo segundo uma sensibilidade moderna. Irá se tratar, enfim, de construir uma máscara que, mesmo possuindo

Amleto Sartori em seu estúdio-ateliê.
Pádua, Istituto d'Arte "Pietro Selvatico", 1950.

as características essenciais do Arlequim tradicional, possa responder mais adequadamente ao personagem em questão e assumir seu papel e valor representativo essencial.

Colocado o problema nestes termos, a matéria em estudo, em senso artístico, torna-se quase ilimitada e deixa ao artista a possibilidade de manifestar completamente a própria intuição, a força artística e a capacidade realizadora. Ocorre, então, que uma máscara de Arlequim que valha, por exemplo, para *La Cameriera Brillante* [A Camareira Espirituosa], de Goldoni (que representa o caráter do servo bem escroque mas profundamente ingênuo), não será válida também para o Arlequim de *La Famiglia dell' Antiquario* [A Família do Antiquário], do mesmo Goldoni, que apresenta, junto às características básicas, um componente de desonestidade que exige características expressivas particulares. E assim será para cada comédia e para cada personagem através do inesgotável filão que a tradição teatral nos oferece. Naturalmente, ao lado deste problema, foi-se colocando de maneira impositiva também o problema técnico, porque, implicitamente, tratava-se de usar a mesma matéria usada no passado e esteticamente insuperável: o couro. Se existe uma série limitada de exemplares de máscaras antigas, existe uma ainda mais limitada, se não efetivamente pobre, literatura técnica referente às máscaras de couro. E, no entanto, este ofício teria alcançado grande esplendor na Veneza do século XVII, pois pôde contar com uma corporação chamada dos "Maschereri" coexistente com as outras ilustres dos "Pintores", "Entalhadores", "Escultores",[2] etc. Como justificativa parcial, podemos reconhecer o uso difuso da máscara na vida civil da Sereníssima; mas que não se separe da existência, podemos dizer, rotineira e estandardizada de máscaras, a presença de máscaras excepcionais destinadas às festas

---

[2] No original, em dialeto: "Pitori", "Calegheri", "Tajapiera". (N. T.)

Amleto Sartori modela a estátua em argila do monumento a Ruzante. Ao fundo o filho-aluno Donato desenha
Pádua, Istituto d'Arte "Pietro Selvatico", 1957.

O ator Marcello Moretti no estúdio de Amleto Sartori diante do próprio retrato
Pádua, 1956.

(lembre-se o senso de competição pronunciadíssimo nos notáveis e nos ricos) e de algumas realmente famosas dos comediantes célebres.

Após esgotar, o quanto pude, do ponto de vista artístico, a observação dos exemplares famosos existentes na Itália, na França e na Áustria, atirei-me em busca de uma literatura que me pudesse oferecer a indicação de um caminho a seguir. Seria inútil e aborrecido fazer a história cronológica; basta dizer apenas que dispendi mais de um ano em pesquisas tendo como resultado o encontro de algumas noções escorregadias e inexatas sobre a técnica de encadernação em pele e em couro na Veneza da primeira metade do século XVI. Um fato decisivo para mim foi ter visto moldes em madeira (Museu da Ópera de Paris) para um *zanni*, sobre a qual o couro era estendido e modelado, e o testemunho escrito sobre a existência de certos "moldes em chumbo usados para máscaras" (Biblioteca Marciana, Veneza). Daqui veio o ponto de partida. Quanto ao resto, por um longo período de experimentação em que provei muitíssimos tipos de materiais e infinitas percepções, em grande parte, confiei no bom senso. Com a ajuda de amigos técnicos em couro, posso dizer hoje que obtive resultados inesperados se se pensar que consegui obter máscaras de fortíssimo relevo com couro curtido e cores naturais, e depois com couro curtido especial branco, e depois pintado.

Os materiais de que a técnica atual dispõe me permitiram sistemas de impermeabilização e de fixação das cores, para ter uma máscara em couro, cujas características de leveza e elasticidade são inimitáveis e permitem-me hoje a realização de peças cujo brilho e inalterabilidade são garantidos e absolutamente superiores (do ponto de vista técnico) aos exemplares artisticamente ilustres que até hoje nos chegaram.

O recente arrolamento da coleção de máscaras pertencentes a Renato Simoni no Museu Scala de Milão permitiu-me examinar peças importantíssimas e tirar dali notáveis ensinamentos, tanto do ponto de vista técnico como do artístico.

Há, de fato, vários exemplares em couro de Zanni, Arlequim, Pulcinella, que parecem ter sido usados no passado por atores famosos e que, mesmo ressentindo-se das características técnicas e artísticas dos exemplares do Museu da Ópera de Paris, possuem traços mais vitais e compatíveis com o vigor da *Commedia dell'Arte*, e particularidades técnicas evidentes tais como, por exemplo, o uso de um couro muito espesso e, segundo me parece, muito semelhante ao couro cru siciliano recentemente experimentado por mim, com o qual fiz a máscara hoje famosa para o célebre Arlequim, Marcello Moretti, na última edição de *Arlequim, Servidor de Dois Patrões* para as turnês do Piccolo Teatro de Milão pela América do Sul e Europa setentrional. Outra interessantíssima contribuição para o meu aprofundamento técnico foi o conhecimento direto das máscaras teatrais japonesas em Veneza por meio da Companhia do Teatro Imperial de Tóquio na representação de alguns espetáculos Nô (1955).

Tratava-se de uma série de máscaras em madeira esculpida, pintada e laqueada de beleza excepcional e fruto de desconcertante perícia técnica. Disto tive ampla confirmação na supramencionada coleção do Museu Scala, no Museu de Arte Oriental de Veneza, no Museu Chiossone de Gênova, no Museu Guimet em Paris e no Volksmuseum de Viena.

Com a laca, iniciei há tempos uma série de experimentos em larga escala, com a finalidade de obter exemplares em madeira esculpida e laqueada. Por mais imprudente que seja falar de sucessos, tenho a impressão de ter obtido resultados técnicos muito satisfatórios, especialmente no que se refere à exigência de vultos completos. Já estou preparando novos experimentos, inclusive com tipos de materiais particularíssimos e outrora inexistentes; e tenho expectativa de resultados interessantes e, espero, adequados à importância capital do elemento máscara no teatro moderno.

O entusiasmo causado pelas minhas máscaras em amigos valorosos como Barrault, Strehler, Lecoq, Axel, De Bosio, etc., fez-me compreender claramente que a necessidade de uma revalorização estética das máscaras, obtidas mediante uma elaboração séria, poderá levar o público e os homens de teatro a uma, diremos assim, redescoberta do valor fundamental do elemento máscara, trazendo com isso uma contribuição válida para que o teatro continue a viver uma vida profunda e vigorosa.

Naquele período, o mimo Jacques Lecoq foi chamado de Paris para ensinar mimo e improvisação, e tornamo-nos amigos. Foi para mim uma coisa importante, pela abertura a um mundo por mim ignorado. Depois Jacques transferiu-se para Milão.

Na Universidade de Pádua pude encontrar-me também com Ludovico Zorzi, hoje reconhecido como o mais eminente estudioso do grande comediógrafo da Pádua quinhentista: Ruzante. Foi com ele e por seu mérito que pude me aprofundar em muitos problemas relativos a Ruzante e ao teatro renascentista vêneto e penetrar em infinitos e fascinantes temas.

Minhas máscaras foram vistas por Strehler, que mandou me chamar. Encontramo-nos em Veneza. Quase houve uma briga, mas nos entendemos rapidamente. Comecei a trabalhar com o Piccolo de Milão fazendo de início máscaras neutras para a escola e depois as primeiras em papel machê para *L'Amante Militare* [O Amante Militar] de Goldoni. Conheci, então, Marcello Moretti e, após um embate, tornamo-nos amigos.

Depois de alguns meses fui chamado a Bolonha pelo doutor Grassi para me encontrar com Strehler; para aquele festival de prosa o Piccolo representava *Oplà, Noi Viviamo!* [Opa, Estamos Vivos!] de Toller. Projetava-se a retomada do *Servidor de Dois Patrões*, em função da turnê pela Europa e pela América do Sul. Discutiu-se longamente a propósito do caráter das máscaras. Decidiu-se fazê-las em couro. Começou então uma luta surda para alcançar uma perícia técnica e recavar da obscuridade de uma tradição perdida os personagens da *Commedia dell'Arte* na essência que, mais que qualquer investigação ou estudo, Moretti revelara-me com a sua *verve* milagrosa. Mobilizei todos os meios de que dispunha e fiz as máscaras. Todos se entusiasmaram. Não poderia dizer com exatidão quantas fiz desde então. Certamente muitas, e a cada vez com a sensação de quem dá um salto no escuro nelas reencontrando os tipos conhecidos ao longo de uma vida esticada como uma corda, ou entrevistos em meio aos tênues limites que separam o sono da vigília ou a consciência fluida dos delírios.

Arlecchino
máscara de Amleto Sartori
Commedia dell'Arte, direção de Jean-Louis Barrault
papel machê pintado
Paris, Teatro Marigny, 1951.

As formas da invenção – Memórias artísticas | 133

O pai
máscara de Amleto Sartori
Sei Personaggi in Cerca d'Autore
[Seis Personagens à Procura de
Um Autor], de Luigi Pirandello
papel machê pintado
Pádua, Teatro dell'Università, 1952.

Em 1954 fui chamado a Paris por Jean-Louis Barrault para preparar um grupo de setenta máscaras para a *Orestea* [Oréstia]: a trilogia inteira. Por isso, além de representar uma importantíssima experiência, iniciou-se aqui um período em que se olhou com atenção para o meu trabalho – desenvolvido até então entre os severos limites do estudo – por parte de um círculo de homens de teatro de altíssimo valor.

A partir de então, meu trabalho difundiu-se largamente. Trabalhei para diretores de toda a Europa, colhendo a cada vez preciosas experiências de contatos com mundos diversos, mas sempre voltados para uma forma superior de vida.

De todo modo, ao Piccolo Teatro de Milão vai muito do mérito do meu trabalho e é a esta pequena série de homens que me sinto mais ligado por gratidão e afeto.

Do final da guerra até hoje, com alternadas vicissitudes sempre condimentadas com uma dura fadiga, continuei a ensinar, estudar, trabalhar, viajar e nada mais me interessa, e nada peço, além de saúde, para continuar a fazê-lo.

Lembranças em torno de uma máscara

A primeira vez que vi Marcello Moretti foi no Piccolo. Estava só sobre o palco iluminado e esperava o início do ensaio exercitando-se sozinho em um difícil jogo acrobático com um fuzil maior que ele. Havia pouca gente na plateia, no escuro, e ele pensava estar só. Experimentava e voltava a experimentar uma girândola acrobática dentro de um pequeno espaço e parecia impossível que pudesse não se ferir ou quebrar tudo a sua volta. Quando terminou foi instintivo bater palmas. Ele parou de repente, virou em direção ao escuro da plateia com ar contrariado, quase ofendido, como um menino brutalmente trazido do sonho à realidade. Ensaiava-se então *L'Amante Militar* [O Amante Militar] de Goldoni, e eu estava ali justamente para lhe entregar a primeira máscara de Arlequim, feita especialmente para ele. Giorgio Strehler apresentou-nos e eu experimentei a máscara nele. Para Giorgio e para mim estava bem, para ele, não. E disse isso explodindo, dali a pouco, durante o ensaio. Estava furioso feito um potro selvagem no qual se colocara rédea pela primeira vez. "Não se pode atuar com esta coisa na cara, me esmaga, eu não enxergo..." e jogou a máscara no chão.

Eu me ofendi; houve uma briga que Giorgio interrompeu para continuar o ensaio. Quando terminou, reconciliamo-nos; Marcello explicou seu ponto de vista, eu o meu, e começamos a refletir sobre o problema da máscara, creio, como jamais havia sido feito até então. Para mim é impossível repetir aqui todas as

Madame Pace
máscara de Amleto Sartori
Sei Personaggi in Cerca d'Autore
[Seis Personagens à Procura de Um Autor]
de Luigi Pirandello
papel machê pintado
Pádua, Teatro dell'Università, 1952.

observações, todas as considerações (e, da parte dele, verdadeiras e próprias iluminações).

Desta troca afetuosa e contínua, até sua morte, saiu, por exemplo, a justificação, eu diria, a descoberta do passo de Arlequim. De fato, não se pode considerar seriamente a presumida tradição dos movimentos e do passo de Arlequim segundo o modelo do "dizem" ou do "faziam assim", especialmente diante da falta de qualquer literatura técnica a respeito, ou da proximidade no tempo de um grande Arlequim que poderia explicar a continuidade da tradição.

Marcello fez com que eu observasse que, especialmente nas máscaras primitivas dos *zanni*, o furo dos olhos era de diâmetro muito pequeno, e que se estes olhos conferiam à máscara um interessante aspecto animalesco, também tiravam, ou reduziam a visibilidade ao mínimo. Disto nasceu a necessidade de movimentos sucessivos rapidíssimos, ordenados em uma sucessão "grosso modo" deste tipo: tomar posse visual do campo de ação; olhar os próprios pés para verificar continuamente a posição e para não tropeçar em qualquer obstáculo; realizar o movimento no espaço e num tempo mínimo. Dadas estas necessidades, resulta obviamente um andamento escandido e ágil, sublinhado por um movimento quase mecânico dos membros e da cabeça. Marcello deu um ritmo e uma ordem a estes movimentos, por meio dos quais o personagem pouco a pouco foi se cristalizando no interior de uma arquitetura precisa, em que cada particular era dimensionado e reconduzido ao universal, sobre o qual ele tinha uma prodigiosa intuição. Vendo-o e pensando com ele, encontramos a confirmação desta intuição nas velhas estampas e em geral em toda a iconografia arlequinesca. De fato, o personagem é continuamente capturado em movimentos semelhantes aos fotogramas de um balé, cuja sucessão fora intuída por Marcello.

Ele agia sempre, creio, como agiam os mestres artesãos do Renascimento em suas gloriosas oficinas. Submetia-se continuadamente a uma severa aprendizagem, queria ter um conhecimento preciso de tudo, e documentado de modo às vezes maçante.

Esgotada esta fase punha-se ao trabalho com igual consciência e com a segurança e dignidade de quem se colocou e resolveu seriamente todo e qualquer problema de artesanato, a parte do ofício em sua acepção mais alta. Depois, quase sem que ele advertisse, explodia aquela sua carga vital, dentro da qual qualquer coisa estava prevista.

Nesta ordem de problemas e de pesquisa, dele recordo a contínua ânsia por conhecer, a "maneira" de trabalhar de cada pessoa que estimava. Almejava e referia-se ao modo, ao método verdadeiro e próprio, método de trabalho, "ofício", justamente. Sobre o que me era dado conhecer, eu o informava; falei-lhe dos problemas relativos às artes figurativas e do modo de enfrentá-los; dos tão diferentes modos, ligados a escolas, tradições ou personalidades excepcionais. Com frequência, pude fazê-lo conversar com amigos de outras disciplinas e ele muito ávido escutava e perguntava até não poder mais, com uma propriedade que indica a sua angústia pela perfeição. Assim era Marcello, sedento por conhecimento, curioso, daquela curiosidade para a qual toda coisa é maravilha e alimento para o ânimo: escrupulosíssimo homem, intransigente artesão e grande ator.

Dentre os tantos lados estupefacientes, por vezes desconcertantes de uma personalidade complexa, esquiva, tímida, profundamente melancólica, algo emergia constantemente: a capacidade de pegar a estrada justa, fosse o ângulo visual para observar uma estátua ou o modo de colocar uma questão, uma objeção sobre um problema de qualquer ordem. Procedia com instinto animal. Depois parava quase espantado para procurar uma justificativa para seu próprio comportamento.

Com o passar do tempo, a estima decorrente das relações de trabalho tornou-se amizade fraterna, e logo, a meu pedido, Marcello criou o hábito de vir a Pádua durante os dias ou períodos livres de trabalho.

Era uma festa quando ele chegava com presentes e o ar de quem volta pra casa, e havia a sua espera todo um acúmulo de coisas: o êxito de uma pesquisa que o interessava, a descoberta de uma beleza natural ou artística, um livro difícil de ser encontrado, uma boa notícia qualquer para ele e para mim. Durante todo o período em que permanecia em minha casa, ou em Abano para cuidar da saúde, ele ia e vinha da casa ao estúdio onde frequentemente me esperava durante as minhas horas de aula no Instituto de Arte. Lembro que o encontrei várias vezes ocupado com meus ajudantes buscando uma forma em gesso, ou procurando entender a direção de um veio para esculpir um pedaço de madeira, ou ainda martelando os dedos procurando cinzelar um bloco de mármore, ou ainda, como geralmente acontecia, buscando aprender a remover uma máscara de couro.

A propósito destas suas tentativas, em que o surpreendi várias vezes, lembro-me de um episódio. Certo dia, há alguns anos, deveria vir até mim o Superintendente das Belas Artes para ver o modelo em argila da estátua de Ruzante que eu, justamente, estava fazendo naqueles dias. Eu me esqueci de dizer ao Marcello, que estava tranquilamente tentando modelar uma máscara com a argila. Quando a porta do estúdio foi aberta para que o Superintendente entrasse, nós o encontramos rodeado pelos meus rapazes, vestido com meu camisão, onde cabiam dois dele, sujo de gesso até os cabelos na tentativa de enformar a máscara que havia modelado.

Normalmente para mim era bastante natural apresentá-lo a todos; e assim seria especialmente, aquele dia, com o Superintendente, que o conhecia pela fama, e mais de uma vez já me perguntara sobre seu trabalho, seu caráter, com aquele afetuoso interesse que Marcello sabia criar à volta de si. Aberta a porta, porém, fiquei perplexo por um segundo; ele me piscou o olho e continuou seu trabalho, representando, divertidíssimo, o seu papel de ajudante de oficina. Como seria de prever, a conversa recaiu sobre ele. Ele me olhou e percebeu que estava para apresentá-lo; virou-se, ocupando-se com um saco de gesso, que colocou nas costas e, passando tranquilamente debaixo do nosso nariz, foi embora com um ar tão divertido como poucas vezes vi naquele rosto sempre melancólico.

Toda vinda sua era-me muito cara, por afastar-me do trabalho ao qual eu sempre ficava preso como um doente; e com ele dávamos um giro por esta bendita e estupenda terra vêneta. Às vezes, partíamos com um itinerário preestabelecido, com mais frequência abandonávamo-nos a uma vagabundagem livre e feliz, que eu não experimentava desde a primeira infância. Com ele vi o meu, o nosso Vêneto, sempre por um ângulo particular. Lembro-me de um temporal que nos pegou no auge do verão enquanto vagueávamos entre os montes Euganei e os Berici; estávamos de vespa e íamos devagar para desfrutar a paisagem digna da grande pintura vêneta do século XVI. O céu escureceu, exaltando os brancos e os cinzas; cada coisa ficou embebida do ar pânico de Giorgione. Paramos sem querer, encantados. Depois começou a chover a grandes lufadas, e eu acenei a ele para que nos abrigássemos. Ele fez um brevíssimo sinal de não com a cabeça e continuou olhando, quieto, enquanto a chuva nos ensopava e a paisagem embranquecia ao redor.

Certa vez, lembro, percorremos lentamente toda a antiga estrada que de Pádua leva a Veneza (nós a chamamos "a Riviera"), seguindo os lentos meandros do Brenta em cujas margens estão disseminadas as vilas dos antigos patrícios. Partimos de manhã, em boa hora, e levamos quase o dia todo para fazer pouco mais que trinta quilômetros. Em Malcontenta deixamos de lado a estrada de Mestre e fomos por aquela velha, semiabandonada, que leva a Fusina, de onde,

Amleto Sartori,
Estudo para uma bruxa
Macbeth de William Shakespeare,
direção de Giorgio Strehler
nanquim, sépia e guache
Milão, Piccolo Teatro, 1953.

Amleto Sartori, *Pantalone*,
Estudo para um personagem, 1952
nanquim e guache.

Amleto Sartori, Modelo para roupa de Arlecchino, *Arlecchino Servitore di Due Padroni* [Arlequim, Servidor de Dois Patrões] carvão sobre papel-manteiga, 1950.

nos levar a Mestre, economizando um longo arco de estrada. Só que, de sua infância até então, vários anos haviam passado; e logo nos vimos correndo sobre sendas ásperas que margeavam os campos e acabavam quase sempre em arames farpados. Corremos até noite alta para conseguir sair dali. Antes, porém, fomos tomados de assalto por um bando de cachorros vira-latas e tivemos que nos defender com torrões e pedras. Depois foi a vez de uma horda de gansos gigantescos que literalmente nos cercaram próximo a um casario rural. Ele desceu da vespa e começou a imitá-los correndo, e os gansos a segui-lo; depois voltava correndo, com o andar deles, e os gansos a fugir com muito barulho. Parecia uma cena de Brueghel. Lembro que não consegui segurar a vespa e deixei que caísse por terra, sentando em cima dela e desatando em risadas como poucas vezes me aconteceu. Marcello interpretava para si e para mim um trecho de *Commedia dell'Arte* que saía espontaneamente de seu sangue antigo, encharcado no sal da civilização vêneta.

Dentre minhas mais gratas lembranças encontra-se uma visita nossa feita a uma vila chamada "La deliziosa", em Montegaldella, localidade próxima à Riviera dei Berici, não muiuto longe de Vicenza. Uma vila estupenda, projetada, parece, pelo próprio Palladio, e que é ornada por um singular jardinete situado atrás do corpo principal; impossível alcançá-lo se não se conhece. Em tal jardinete, realizado segundo os mais reconhecidos cânones do chamado "jardim à italiana", estão preciosamente instaladas estátuas, em tamanho natural, esculpidas admiravelmente por uma mão que, mesmo sem ser de primeira grandeza, era, certamente, de um ótimo estatuário dono de oficina: Orazio Marinali de Vicenza. Estas estátuas, únicas no gênero, representam as máscaras da *Commedia dell'Arte*. Entre elas há um Arlequim.

Para quem conheceu Marcello, ver esta estátua será certamente uma coisa impressionante. Menor que as outras, com uma roupa

até a última guerra, partiam os pequenos barcos a vapor, que, cortando as profundezas da laguna, chegavam a Veneza, na Riva degli Schiavoni. Reencontramos aspectos de um mundo ligado a sua e a minha infância; e o desfrutamos como dois estudantes em férias.

Quando decidimos voltar era quase noite. Com segurança, indicou-me uma estradinha que entrava pelo campo e que, segundo ele, deveria mais próxima à *palandrana*[3] que da tradicional jaqueta curta, com o camauro,[4] com a máscara *zannesca* e o *batocio*.[5] A postura assemelha-se extraordinariamente a alguns gestos típicos de Marcello. Mais que uma estátua de gênero, parecia tratar-se de um verdadeiro e próprio retrato de Marcello com figurino.

E ele se reconheceu, e por um longo tempo ficou a olhá-lo, a observar suas pequenas particularidades, repropondo-se a modificar sua roupa para torná-la mais próxima daquela.

Antes de ir embora, tomado como acontecia às vezes por uma espécie de maluquice, começou a pernear girando ao redor da estátua e expressando uma clamorosa verborragia[6] da qual emergia um litígio fantasioso com o Arlequim de pedra. Depois recompôs-se e fomos embora. Pelo resto do dia falamos de Arlequim e de sua roupa, como se se tratasse de um ser vivo, porque assim ele o vira e recolocara dentro de si.

Marcello foi, como se disse e é verdade, o último grande Arlequim, mas com isso não se falou de sua natureza intrínseca. Ele não foi apenas um grande ator, na medida em que pode ser um intérprete, mesmo que de grande talento. Ele faz pensar em algumas capacidades inexplicáveis, pelas quais um homem, partindo da folha branca de sua vida, sem possuir ou conhecer uma tradição, consegue, através de caminhos misteriosos, reatar os fios desta tradição e tornar-se ele próprio símbolo e pilar de uma civilização parcialmente esquecida, mas eterna. E a notícia de sua morte chegou a minha casa faz um ano, quando não demoraria a encontrá-lo. E me foi dada quando eu superara a crise, porque sabia-se que para mim morria um irmão. Não pude seguir o seu caixão e nele jogar meu torrão, e me dói; mais frequentemente, porém, prefiro não tê-lo visto. Eu, assim, conservo-o melhor dentro de mim. E depois penso que teria se envergonhado se surpreendido, como me disse Paolo Grassi, com as mãos e o rosto contraídos no espasmo da morte; ele, tão pudico e retraído, a ponto de

---

[3] Veste de casa para homem, ampla e longa. (N. T.)
[4] *Camauro* também no original: boina de veludo vermelho, com barra branca de arminho, na forma de gorro. (N. T.)
[5] Bastão. Ver nota 11 ao texto de Ludovico Zorzi, neste volume, p. 50. (N. T.)
[6] No original, *sproloquio* – discurso prolixo e inconcludente. (N. T.)

Amleto Sartori,
La Resurrezione della Carne
[A ressurreição da carne]
aquarela, 1961.

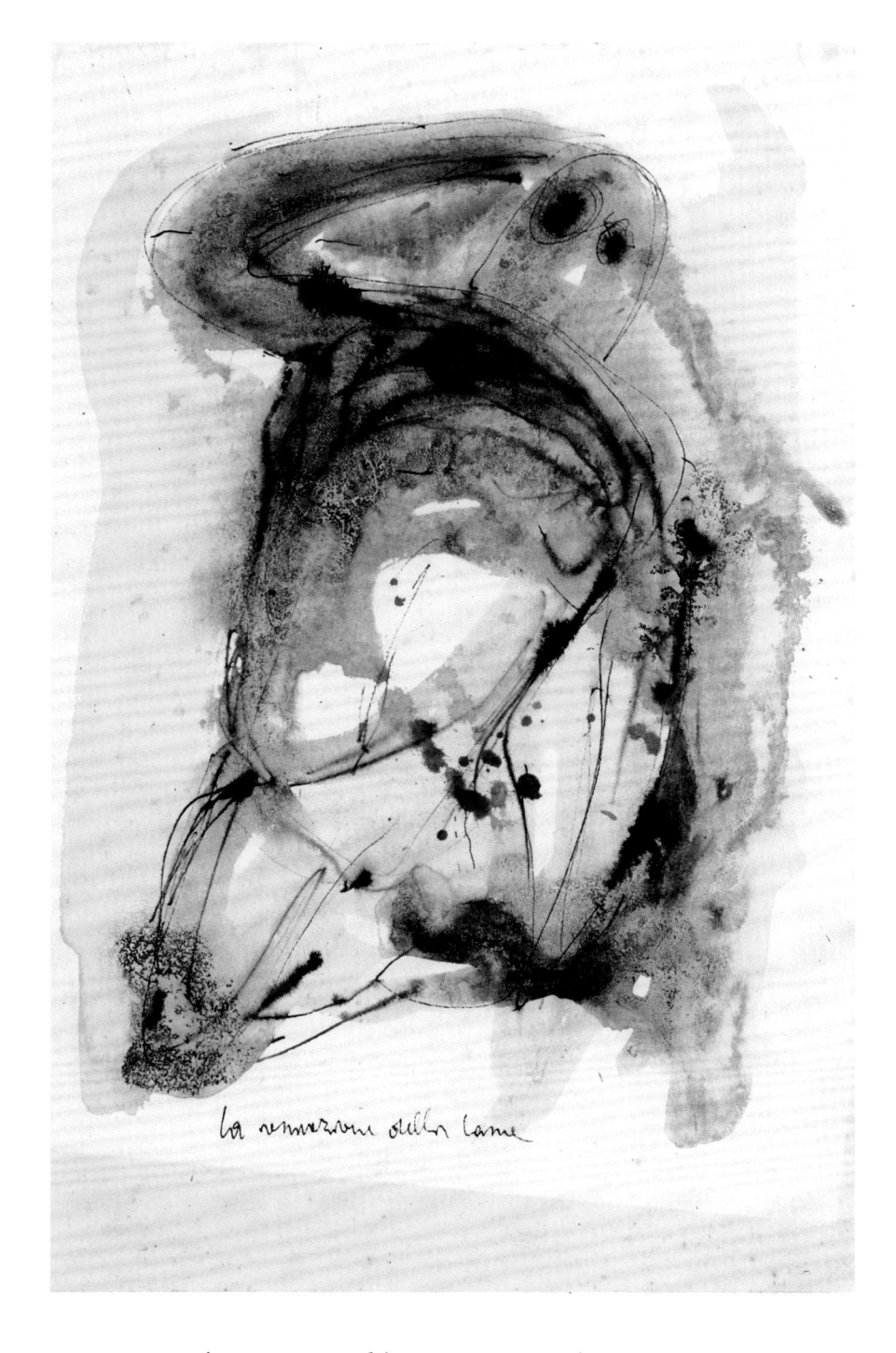

Amleto Sartori, *Grotesco*
Pádua, Museo Civico, 1923.

Estavam comigo, além do pároco, o *partigiano* Fernando Cardellin (Giga), o *partigiano* chefe de Solesino e o *partigiano* chefe Marcello Olivi (Ronco). De repente, fomos avisados que a casa estava cercada pelas SS. Não tivemos tempo para nos mover. Logo depois, através da vidraça opaca do aposento, reconheci a nota figura do tenente Trentanove. Ele e outras duas ou três figuras irromperam na sala e levaram-nos para fora separando uns dos outros. Depois de uma sumária revista dos documentos, os outros foram soltos e eu levado ao Palazzo Giusti: sofri um duro interrogatório a respeito dos motivos pelos quais estava em contato com o pároco. Fui acusado e ameaçado violentamente pelo Corradeschi, pelo Mario Chiaretto e pelo Trentanove. Neguei qualquer acusação e aleguei a justificativa de trabalhos de escultura que estava fazendo para a igreja. Não apanhei. À noite fui solto.

A segunda prisão aconteceu aproximadamente um mês depois. Eu estava no átrio do Instituto de Arte "Pietro Selvatico", onde ensino, por volta das nove e meia da manhã. Sem se fazer notar entrou um homem com um jaquetão de couro que me pareceu já ter visto em outro lugar. Tratava-se do Cecchi; quando o reconheci, o zelador já havia me indicado a ele. Cecchi pediu que o acompanhasse porque, disse, "o major Carità precisa de algumas informações suas". Só tive tempo de pegar o sobretudo e avisar um amigo para que fosse dado o alarme.

Fomos ao Palazzo Giusti a pé. Depois de mais ou menos uma hora e meia de espera fui levado a uma sala (a última à direita entrando pelo salão da escadaria), onde o tenente Trentanove sentava à escrivaninha falando animadamente com um "tipo" que depois soube ser o Squilloni. Havia ainda outras pessoas.

não falar a ninguém sobre seu mal. Ocorre-me frequentemente pensá-lo vivo; acontece sem querer, e muitas vezes me pego deixando de lado alguma coisa (dias atrás um livro) que ele queria conhecer. Depois vem a realidade, e não consigo me convencer; é atroz, mas chegou para mim a hora de sentir-me muito mais só.

O laboratório da humilhação

Fui preso duas vezes. A primeira, por volta de doze de fevereiro de 1945, aproximadamente às dez da manhã. Estava na casa paroquial da Igreja de São Prosdócimo onde eu tinha um encontro marcado com o pároco dom Antonio Varotto para combinarmos a distribuição de volantes e a fabricação de documentos para os *partigiani*[7] indiciados.

[7] *Partigiano* – que partilha uma ideia, uma facção ou grupo; que pertence a um grupo armado, que participa da guerrilha contra os invasores do próprio país ou contra um governo considerado ilegítimo; durante a Segunda Guerra Mundial, pertencente a um movimento de resistência contra os nazifascistas. (N. T.)

O Trentanove reconheceu-me na hora e lembrou-me do ar ofendido que eu fizera quando de minha primeira prisão, alegando minha inocência. Squilloni esfregava as mãos e bebia goladas de pinga[8] de uma garrafa.

O interrogatório começou com uma cortesia exagerada, portanto suspeita. Repentinamente, por conta de minhas sucessivas negativas, Squilloni enfureceu; tirou da gaveta uma tabuleta de madeira e me perguntou se eu a reconhecia (tratava-se de uma xilogravura representando um pequeno asno com uma carretinha carregada de cigarros que havia sido feita para zombar as autoridades, lembrando o roubo de quatro quintais de cigarros para os nossos *partigiani* como presente de Natal; a madeira fora encontrada no bolso de Renato no dia em que havia morrido na mão deles). Squilloni rebateu a minha negativa batendo com ela em minha cabeça violentamente várias vezes. Eu reagi empurrando-o. Alguém me prendeu pelas costas e assim me manteve para que Squilloni pudesse me bater com seus punhos em minha boca e meu nariz, e com os cotovelos no meu ventre.

Graças a Deus, Squilloni foi chamado em outra sala. Fiquei sem ar e nocauteado. Lembro vagamente que alguém ria de mim e do sangue que saía da minha boca. Pouco depois fui levado para o escritório do major Carità. Havia algumas pessoas presentes, dentre as quais recordo o médico Pugliese, o Chiaretto e um coronel da aviação em divisa com o losango vermelho de membro da esquadra.[9] Squilloni apresentou-me como gravurista da capa do *Pinocchio*[10] e de todas as vinhetas que apareceram em jornais clandestinos, dizendo ter cumprido sua obrigação e mantido sua promessa por me identificar e me prender. Enquanto Squilloni falava, fui revistado e despido de tudo quanto possuía; deixaram-me apenas o lenço ensopado de sangue.

O major Carità agradeceu a Squilloni e começou a dizer que já possuía todas as provas contra mim, que poderia dispor da minha vida como quisesse e que convinha que eu falasse se quisesse salvar minha pele. Sofri ofensas de todo tipo. Eu negava. O coronel, num instante

Amleto Sartori, *Partigiano Fucilato* [Partidário Fuzilado]
modelo em pano tingido em argila líquida, 1943.

---

[8] No original, *grappa* – aguardente de vinhaço de alto teor alcoólico. (N. T.)
[9] No original, *squadrista* – membro de uma esquadra de ação fascista. (N. T.)
[10] Sartori refere-se à sobrecapa do livro *Confidenze di Hitler* [Confidências de Hitler] de H. Rauschning, publicado clandestinamente por Zanocco, com prefácio de Antenore Foresta (Meneghetti). (N. E. italiana)

de trégua, acrescentou: "Carità é muito bom, mas eu te levo comigo daqui e te enforco numa árvore da minha caserna". O interrogatório estendeu-se por mais de duas horas.

Depois fui levado ao andar superior numa sala onde havia uma lareira[11] e ali permaneci sozinho, vigiado por um esbirro que depois soube chamar-se Marzotto. Este miserável, provavelmente para me induzir a fazer delações, teve coragem para me dizer o que teria feito de mim se eu não atendesse às demandas do major, contando os meios de que dispunham.

Fiquei aliviado quando vi o amigo Zanocco aparecer com o panelão da sopa. Troquei duas palavras com ele, às escondidas, acertamos alguns pontos para o caso de confrontações pessoais.

Revi Zanocco à noite com outra refeição e falei-lhe ainda. Durante todo o dia, até a troca de carcereiros tive o Marzotto às minhas costas, depois o Accomanni. Por volta das onze da noite fui chamado pelo Carità. Fui ameaçado por ele novamente e tive que responder a muitas perguntas. Quando Carità se foi, fiquei com o Squilloni bêbado. Estavam presentes Cecchi, Mario Chiaretto e outros de que não me lembro. Fui acusado novamente. Neguei. Isso enfureceu Squilloni que tirou o relógio do pulso, o sobretudo e o casaco e me bateu às cegas até perder o fôlego e me mostrar, lamentando-se, as mãos inchadas e avermelhadas. Eu, temendo ser chamado de velhaco e irritá-lo gritando, não reclamava. Isso irritava-o ainda mais. Para me bater, não usou mais as mãos e retomou a tabuleta de madeira que era a peça máxima de acusação, a coronha de uma pistola e o cabo de um punhal que estava sobre a mesa. Parou de me bater quando foi chamado ao telefone pelo major Carità que lhe perguntava sobre a que ponto havia chegado nossa conversa. Ele respondeu que com boas maneiras quase me "convencera". Eu estava com a cabeça ardendo e o corpo todo me doía. Deixou-me dizendo-me afortunado porque tinha algo mais importante a fazer, do contrário, teria me sugado tudo aquela noite.

Cecchi e Chiaretto não disseram palavra durante todo o interrogatório. Pelo modo como me trataram, creio que eu inspirasse piedade a eles.

Passei a noite na sala da lareira em cima de uma cadeira, apenas com o guarda. Faltavam vidros na janela; o frio, as humilhações e os chutes causaram-me uma grande febre; sentia fortes arrepios na espinha, a cabeça queimava.

Na manhã seguinte, Squilloni mandou-me chamar outra vez. Levei outros golpes. De noite, o mesmo. O espancador estava furibundo. O interrogatório da manhã também fora assistido por uma senhorita loira que, soube depois, era a filha mais velha de Carità. Lembro que ela riu com gosto ao ver minha cara batida com a boca inchada e torta. À noite, essa mesma, provavelmente furiosa com alguma coisa que ignoro ou por pura maldade, aproximou-se dando-me dois bofetões e disse: "Como é que não se consegue ver este delinquente humilhado!".

Lembro que, devido à humilhação, à dor que sentia por toda parte e especialmente ao hálito cheirando pinga do Squilloni, aquela noite desmaiei duas vezes.

Depois do interrogatório fui levado novamente ao andar superior, onde um pouco mais tarde me colocaram numa cela já ocupada por sete ou oito pessoas. Lembro que fiquei com o coração apertado quando vi o professor Zamboni. Em minha ingenuidade, lembrei a ele que o conhecia e que o havia visto várias vezes no tipógrafo Zanocco. "Por favor!" – exclamou – "eu jamais estive no Zanocco, nem sequer o conheço". Compreendi que agira mal e que um delator eventual ou

---

[11] No original, *caminetto* – pequena lareira colocada ou construída no interior de um aposento para aquecê-lo. (N. T.)

um companheiro frágil poderia nos arruinar. Zamboni era, creio, o hóspede mais velho do Palazzo Giusti e sua experiência era tal que os conselhos que dele recebi foram de muito conforto e ajuda para mim. Estavam na cela conosco: Dom Giovanni Apolloni, o senhor Faccio de Vicenza, o doutor Miraglia e outros cujos nomes me escapam. Na cela ao lado, junto a muitos outros, estava o professor Meneghetti: por meio de Zanocco, combinamos não nos conhecer.

Com os meus bons companheiros de cela passei três dias durante os quais sofri outros dois ou três interrogatórios: um com o Squilloni que me administrou alguns bofetões, os outros com o major Carità, presente o tenente Trentanove que com suas presumidas experiências artísticas era o meu maior acusador. Naqueles dias tive febre e mal-estar muito fortes.

Na manhã do terceiro dia de cela, pedi visita e o doutor Pugliese decidiu fazer com que me recuperasse na enfermaria, dizendo que ali ficaria um pouco tranquilo porque de outro modo o Carità e o Squilloni teriam me "arrebentado". De tarde me transferiram. Na enfermaria encontrei o professor Cestari que acabara de sair de uma pleurite traumática em decorrência dos golpes que levara, o senhor Avossa, o doutor Sotti ainda sofrendo de uma comoção cerebral pelos golpes recebidos, o engenheiro Casilli de Veneza. Depois de um dia ou dois foi levado para ali também um *partigiano* com uma perna engessada, que nós chamávamos Mario, e dom Luigi Panarotto, pároco de Nove de Bassano, com costelas quebradas, o rosto e o corpo cheios de manchas roxas. Naqueles dias deixaram-me sossegado.

Às ansiedades, às arritmias, aos tormentos morais e físicos deve-se juntar uma noite de um susto terrível. Trata-se do último bombardeio noturno de Pádua. Como regra, ao sinal de alarme, os detentos eram levados para o andar térreo e guardados à vista. Aquela noite, logo depois do sinal de alarme, ouviu-se o zumbido dos aparelhos sobre a cidade. Os guardas, com os presos já prontos, dirigiram-se, como sempre, para o andar térreo. Nós, na enfermaria, estávamos todos na cama e mal tivemos tempo para nos vestir quando todas as portas foram fechadas. Tivemos que ficar onde estávamos, tendo apenas o teto por proteção, no último andar e numa zona relativamente próxima à estação de Santa Sofia.

Ouvimos as primeiras bombas caírem ao longe e sentimos o palácio tremer. À primeira descarga seguiram-se várias outras, cada vez mais perto. Ouvíamos o sibilo das bombas e dos morteiros em cima da cabeça. Da janela aberta para o jardim víamos os estouros e as colunas de fumo se levantarem. Entravam lufadas de ar quente. A casa dançava sob nossos pés. A menos de duzentos metros de nós um edifício queimava. Nossos carcereiros estavam ao seguro numa grande trincheira que nossos companheiros haviam escavado no pátio.

Depois de aproximadamente dez dias, fui chamado ainda uma vez para ser interrogado. Fui interrogado pelo Corradeschi. Ele redigiu inclusive uma ata. Foi chamado para a perícia da xilogravura o professor Francesco Canevacci, diretor do Instituto de Arte "Pietro Selvatico": resultou negativa (ao menos para eles). Fui solto nas primeiras horas da tarde depois de ter assinado uma declaração que impunha silêncio sobre tudo o que eu havia visto e ouvido no Palazzo Giusti.

(de *Arte della Maschera nella* Commedia dell'Arte [Arte da Máscara na *Commedia dell'Arte*], op. cit., p. 167-70, 175-81; Taìna Dogo Baricolo (org.), *Ritorno a Palazzo Giusti. Testemonianza dei Prigionieri di Carità a Padova* (1944-45) [Volta ao Palácio Giusti: Testemunho dos Prisioneiros de Carità em Pádua]. Florença, La Nuova Italia, 1972, p. 47-51.)

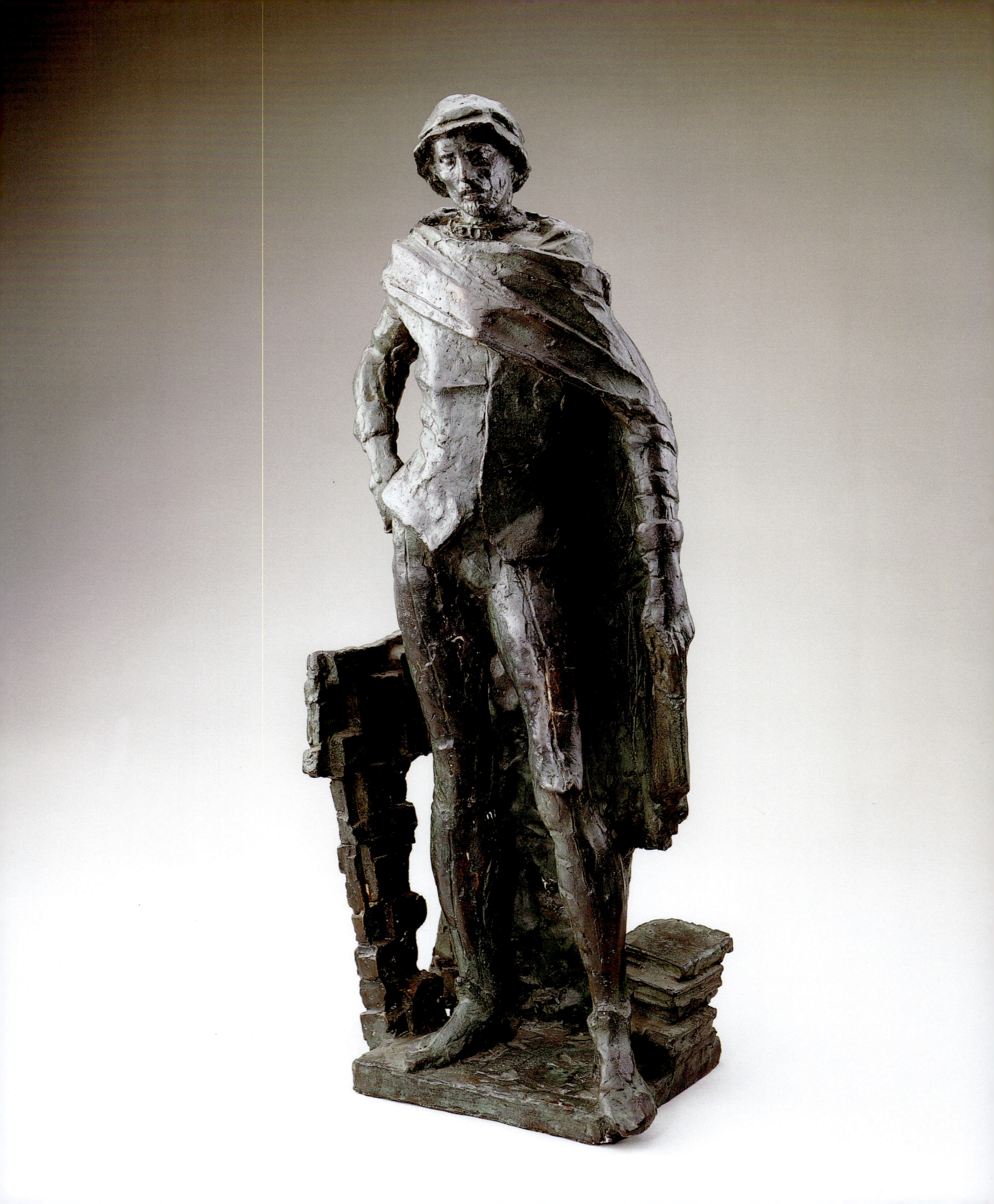

MÁSCARA ESPELHO DE VIDA

Gianfranco De Bosio

Situado na zona oriental da cidade, o Instituto de Farmacologia da Universidade de Pádua foi o centro de minhas experiências de luta clandestina durante a Resistência.[1] Ali me encontrava com o diretor do Instituto, o professor Meneghetti, e com seus colaboradores; lá cruzavam-se os contatos políticos e organizavam-se os ataques armados contra alemães e fascistas. Era o cenário dos meus primeiros anos de universidade. Terminada a guerra, eu e um grupo de amigos fundamos o teatro da Universidade, e aquelas ruas, aquela avenida, aquelas árvores tornaram-se nova meta de encontros, porque justamente nas proximidades do Instituto, na escola de arte Pietro Selvatico, ensinava Amleto Sartori, escultor, professor e amigo. Havíamos nos conhecido por ocasião das minhas primeiras direções teatrais na Sala dei Giganti al Liviano, as *Coéforas* de Ésquilo na tradução de Manara Valgimigli, e *O Pelicano* de August Strindberg, uma aproximação dura, de valor programático. Características de Sartori eram a necessidade de clareza, a franqueza de opinião, a agressividade irônica dos modos de expressão e o calor das conversações.

Comecei a frequentar seu estúdio, outras vezes esperava-o à saída da escola e entabulávamos longas, longas conversas passeando.

Amleto atacava os "cômicos", geralmente de acentos shakespearianos; muitas vezes parecia descobrir sob o rosto dos atores em cena a ausência da luz do intelecto; inimigo dos falsos engenhos, das sofisticarias, pesquisava obstinadamente os valores da arte. Dizia detestar o teatro, e deixava transparecer que se tratava de excesso de amor. Assim começamos a falar de máscaras, de seu uso no teatro, e bom tema de discórdia foi a tragédia grega, que eu havia enfrentado em termos de poeticidade contemporânea, excluindo a pesquisa, naquela ocasião (1946) muito pesante para nós, sobre a atuação com máscara.

Lembro que nos remetíamos aos significados míticos e dionisíacos da máscara, aos seus valores totêmicos, e refazíamos a gloriosa história da máscara da cultura cômica popular da Idade Média até a comédia *improvvisa*, a decadência teatral das máscaras subsequente à reforma goldoniana na Itália e a irrupção da poética naturalista na Europa; a recuperação de seus significados profundos nas experiências figurativas do primeiro Novecentos. E Amleto, desde aquele tempo, via na máscara um meio de salvação que poderia anular a mediocridade do ator, habituado a exprimir-se no âmbito da cotidianidade de suas reações, obrigando-o a confrontar-se com uma imagem inequívoca, superior no plano expressivo, portanto, alcançando necessariamente uma gramática e uma sintaxe formalizada. Prevalecia em Amleto a visão e a força de quem estava habituado a subjugar a matéria dura à expressão; vencia a intransigência do artista contra a preguiça da reação chamada instintiva do teatrante no palco. Deixei Pádua por um ano, do outono de 1947 ao verão de 1948, e trabalhei em Paris em

Amleto Sartori, *Ruzante*, modelo em bronze para o monumento a Ruzante Pádua, 1958.

---

[1] *Resistenza* – movimento de luta político-militar contra a ocupação alemã e as forças filonazistas, surgido durante a Segunda Guerra Mundial nos vários países europeus; também o período em que essa luta se desenvolve. (N. T.)

A filha
máscara de Amleto Sartori
Sei Personaggi in cerca d'Autore
[Seis Personagens à Procura de um Autor] de Luigi Pirandello, direção de Gianfranco De Bosio
papel machê pintado
Pádua, Teatro dell'Università, 1952.

uma escola que seria a origem das pesquisas do teatro da Universidade de Pádua nos anos sucessivos. Durante minha ausência, Sartori realizou a sua primeira experiência pública de modelagem de máscaras, para uma leitura de poesia negra idealizada por Agostino Contarello: os atores atuavam protegidos por grandes máscaras de madeira, que pretendiam representar as características individuais e a consciência coletiva do povo escravo. Confluíam neste início das atividades de Sartori "mascareiro" a lição do primitivismo da arte do século XIX e as profundas raízes populares de sua inspiração. No meu retorno de Paris estavam comigo Lieta Papafava e Jacques Lecoq, que deixava a escola onde era professor de educação corporal para trabalhar em Pádua. Juntos organizamos aquela atividade de estudo e de representações que por alguns anos atraiu os olhares de todos para o teatro da Universidade: a descoberta da linguagem de Ruzante, as primeiras propostas do teatro épico de Brecht na Itália, a introdução da arte do mimo da escola francesa na cena italiana. Neste quadro de experiências, Amleto Sartori fez sua entrada no mundo apartado dos criadores de máscaras.

O grande escritor e teatrante paduano Angelo Beolco chamado Ruzante era um forte elo entre Amleto e eu. Paduano de origem, popular na exigência expressiva, Amleto compartilhava a visão de mundo de Ruzante, a poética do conterrâneo lhe era congênita. Do camponês inserido e descrito na sua realidade, sem exageros mitificadores nem ilusões de palingenesia, mas com adesão às profundezas de seu imaginário, Amleto como Angelo, era amigo e intérprete.

Ele me comunicava os resultados de suas leituras de Ruzante, desfrutava de minhas descobertas e as de Zorzi, levava-nos às hospedarias do Portello e ao Foro Boario para ouvir os longínquos ecos da antiga fala da palavra *pavana*.[2] Creio que a própria decisão de passar uma temporada com os atores da minha primeira *Moschetta* [Comédia da Mosqueta] (1950) nas altas colinas Euganei, para reencontrar os rasgos do antigo *pavano* tenha nascido das conversas com Sartori. Contemporaneamente, e mesmo antes, os estudos de Lecoq sobre o movimento do ator haviam imposto o uso da máscara neutra, para reinventar o gesto cênico e reencontrar sua profundidade e amplitude. Amleto, então, já estava pronto e motivado para realizar a grande passagem da escultura ao teatro. O próprio Lecoq, em outro testemunho incluído neste volume, esclarece com nitidez os tempos e os modos desta sua experiência. Vale recordar apenas que a primeira demonstração pública do trabalho de Lecoq ocorre sobre um texto de teatro Nô japonês traduzido para o italiano, *Le Cento Notti* [As Cem Noites]; para ele confluíam os êxitos de sua aprendizagem com Dasté, aluno preferido de Copeau, mas sobretudo a exigência de recuperar a mensagem do teatro oriental, que havia influenciado tanto o teatro do século XIX, Brecht inclusive.

Os estudos sobre o movimento realizados por Lecoq com auxílio da máscara enriqueciam a obra[3] de Sartori, que podia verificar experimentalmente como "uma boa máscara muda de expressão no movimento", e ao mesmo tempo ajuda a revelar as profundidades emotivas do ser humano. Enquanto Lecoq conduzia Sartori aos caminhos das máscaras "frias", eu levava-o a percorrer a experiência das máscaras da *Commedia dell'Arte* com minhas encenações de teatro goldoniano.

Sartori realiza as suas primeiras experiências específicas no interior do paradoxo de um Goldoni que, ao opor-se com sua reforma às convenções e à extemporaneidade das máscaras *dell'Arte*, na realidade fixa-as e a elas dá vida exterior em muitas de suas comédias. Elas iniciam no Festival do Teatro da Bienal de Veneza com o Pantaleão e o Arlequim de *Pettegolezzi delle Donne* [Bisbilhotices das Mulheres], continuam com *La Cameriera Brillante* [A Camareira Espirituosa] e com *La Famiglia dell'Antiquario* [A Família do Antiquário], em itinerário que aperfeiçoa-se de temporada em temporada. Nas máscaras Amleto pesquisava a interpretação, a síntese entre a psicologia do personagem e a do intérprete, estava em constante busca de certezas teatrais. Havia nele uma tensão obstinada pela forma definitiva, quase que a vontade de subtrair ao teatro sua improbabilidade. Os intérpretes do papel deveriam ir ao seu estúdio, deixar-se observar, mostrar-lhe posturas e gestos, fazer ouvir sua voz e deixar sentir o calor de suas próprias possibilidades expressivas; depois, no teatro, Amleto assistia aos primeiros ensaios para compreender outros aspectos dos jogos do ator; só então avaliava ter chegado o momento da modelagem da máscara. Um motivo de divergência aflorava – e desaparecia – em nossas discussões sobre Ruzante.

Eu me aproximava, então, da primeira encenação e Amleto estava cada vez mais obcecado

---

[2] Ver nota 2 ao texto de Piizzi e Alberti, neste volume, p. 23. (N. T.)

[3] No original, *magistero* – obra, ofício, autoridade de mestre; habilidade, maestria. (N. T.)

Amleto Sartori, Estudo para a roupa do *Pai*, 1952
Sei Personaggi in Cerca d'Autore [Seis Personagens à Procura de um Autor] de Luigi Pirandello têmpera sobre papel "de açúcar" [a indicar azul-escuro].

pelos rostos dos personagens de Beolco; desenhava-os continuadamente, e uma preciosa série está contida nas duas edições paduanas, de 1953 e 1954, de *Anconitana* e *Vaccaria*, organizadas por Ludovico Zorzi. Amleto ficaria tão feliz se os personagens de Ruzante tivessem vestido a máscara, as suas máscaras! Eu estava programaticamente irredutível frente a este sonho seu, não queria cobrir os rostos dos atores, deveriam conquistar de dentro, na ação cênica, a mesma peremptoriedade das expressões desenhadas por Amleto: "Vamos fazer com que vejam os teus desenhos! Você deve falar com eles, você também é um pouco Ruzante – eu lhe dizia – mas quer que os Menato, os Ruzante, as Betìe escondam o rosto, escondam-se atrás de uma máscara? Os personagens de Ruzante rechaçam a máscara!". Amleto então erguia a voz, protestava contra o rosto dos atores, com a minha presumível identificação da máscara com a hipocrisia e o medo...

Na realidade premia demais a mim, a Zorzi, a Scandella, aos atores e também a Amleto afirmar a estranheza do discurso de Beolco frente à sucessiva *Commedia all'improvviso*; pretendíamos individuar então a matriz popular e realista, e até mesmo o valor de proposta exemplar de uma forma de teatro italiano que a cultura vencedora da Contrarreforma estilhaçará e desviará para a codificação redutiva *dell'Arte*.

Somente anos e anos mais tarde (1965 e 1981), depois de um longo caminho percorrido com a assídua e fraterna colaboração de Ludovico Zorzi, encontrarei as razões para recuperar o uso da máscara nas representações de Ruzante, nas danças de corte dos *Dialoghi del Ruzante* [Diálogos de Ruzante] – coreografias de Marta Egri – e no espetáculo do Gruppo della Rocca concebido com Lele Luzzati e Santuzza Calì, mas as máscaras servirão à definição do abstrato mundo cortesão da *Pastoral* justamente em contraste com a "desnaturalidade" do primeiro Ruzante. Uma experiência em sentido contrário (que dedico desde já às conversações de um tempo com Amleto) realizei junto de Luzzati e de Calì com a encenação da ópera nova de Azio Corghi *Gargantua*: procurei restituir, com as máscaras, o senso rabelaisiano da cultura cômica popular como visão carnavalesca do mundo, a concepção bakhtiniana do corpo grotesco. Mas estamos em campos diversos dos do teatro de Ruzante, que do corpo grotesco faz essencialmente tema de fantasmagoria por parte do personagem camponês.

Um último empreendimento comum situado autonomamente, mesmo que Zorzi dela recorde em uma fundamental lição sobre a máscara de Arlequim, conclui os anos paduanos de colaboração com Sartori, a minha encenação dos *Seis Personagens à Procura de um Autor* de Pirandello. Uma didascália, negligenciada pelos teatrantes como bizarria ou precisão intelectualista de puro valor explicativo, permitiu-nos entrar num acordo que nos ressarcia do falhado entendimento sobre Ruzante. "Sugere-se" – escreve Pirandello –

> "o uso de máscaras especiais para os personagens: máscaras expressamente construídas de uma matéria que não afrouxará com o suor e que não por isso deixará de ser leve para os atores que deverão usá-las: trabalhadas e talhadas de modo a que deixem livres os olhos, as narinas e a boca. Assim se interpretará também o sentido profundo da Comédia".

E aqui Pirandello precisa não se tratar mais de fantasmas, mas de *realidades criadas*, "imutáveis construções da fantasia: e então mais reais e consistentes que a volúvel naturalidade dos atores". Pirandello conjuga-se criticamente ao teatro de Sartori, e ainda precisa: "as máscaras ajudarão a dar a impressão da figura construída pela arte e fixada cada uma imutavelmente na expressão do próprio sentimento fundamental" e aqui Pirandello precisa suas variantes, o remorso para o Pai, a vingança para a Enteada, o desdém para o Filho, a dor para a Mãe. Amleto reencontrava na reflexão de Pirandello muitos argumentos para sua visão do teatro. Jogou-se na experiência com entusiasmo criativo e forneceu-nos as máscaras já para os ensaios. Foi um período de trabalho fascinante: tratava-se de transpor, sem ajuda da expressão facial, os sentimentos dos personagens, tornando-os essenciais, as emoções condensadas na expressão global do corpo; contava a relação da máscara com as variações da postura e o jogo das luzes.

O efeito, mesmo sem que todos os atores estivessem equivalentes, foi de notável fascinação. É justo lembrar alguns intérpretes: Ottorino Guerrini, um bravo ator, morto precocemente, foi o Pai, Giulio Bosetti o Filho, Marisa Fabbri foi Madame Pace. A ordem do *capocomico*[4]

---
[4] *Capocomico* – cômico chefe – dirigente de uma companhia teatral para escrituração dos atores; figura que, no seio do teatro cômico-popular, tende a acumular funções como diretor de companhia, primeiro ator, ensaiador. O *capocomicado*, experiência presente em diferentes momentos da história do teatro requer, justamente, estudos

Amleto Sartori, Estudo para a roupa da *Mãe*, 1952
Sei Personaggi in Cerca d'Autore [Seis Personagens à Procura de um Autor] de Luigi Pirandello têmpera sobre papel "de açúcar" [a indicar azul-escuro].

(Gianni Montesi) de afastar os cenários amontoados no palco revelava de improviso a presença dos personagens, que se tornava alucinante devido às esplêndidas máscaras. Onde foram parar após o fechamento do teatro da Universidade (1952), que Universidade e Prefeitura de Pádua não souberam ou não quiseram evitar? O tormento verbal dos personagens, filtrado e regelado pela presença das máscaras, empurrava o drama para os trilhos de uma atuação subtraída ao condicionamento psicologista, com um efeito de estranhamento de tal interesse que mereceria uma verificação nos dias de hoje. Mas a mentalidade dos atores italianos evoluiu suficientemente? A experiência de Sartori nos *Seis Personagens* de qualquer modo encontrará um êxito sucessivo, de altíssimo resultado, nas máscaras para *La Favola del Figlio Cambiato* [A Fábula do Filho Trocado] do mesmo Pirandello (Milão, 1957).

O caminho do teatro da Universidade de Pádua no campo da máscara nos anos do pós-guerra está de fato entrelaçado à formação de Amleto Sartori "mascareiro"; segue as primeiras conquistas, no terreno da *Commedia dell'Arte*, na tipificação popular do personagem, com as ascendências míticas e mágicas que a história da máscara inclui; revela ainda a amplitude de interesses na pesquisa da pura expressividade do movimento sob a máscara neutra, até a conjunção com os pontos centrais de inquietação do teatro contemporâneo revelados pela experiência pirandelliana. A redescoberta moderna do procedimento de fabricação da máscara em couro própria dos cômicos *dell'Arte*, de que Sartori foi protagonista, nasceu, portanto, como consequência de premissas e motivações que a colocam no cruzamento com as modernas vias teatrais.

Mais que uma dimensão historicista e de reprodução de um procedimento de época, Sartori recupera o sentido último da máscara, a sua valência antropológica. O teatro torna-se espelho da vida profunda da sociedade humana. Se a comédia ao *improvviso* faz-se metáfora do teatro, a significar a supremacia do ator no espaço teatral, a máscara do teatro representa o momento simbólico. Ela conecta-se com o patrimônio de crenças e lendas que germinam no inconsciente coletivo para tornar-se memória da humanidade.

(de *Arte della Maschera nella Commedia dell'Arte* [Arte da Máscara na *Commedia dell'Arte*], op. cit., p. 159-62.)

Amleto Sartori, *Truffo*, 1955
Vaccaria de Ruzante
madeira cava e laqueada.

Amleto Sartori, *Ruzante*, 1955
I Rasonamenti de Ruzante
Madeira cava e laqueada.

Amleto Sartori, *Celega*, 1955
Vaccaria de Ruzante
madeira cava e laqueada.

Amleto Sartori, *Sier Tomao*, 1955
Antonitana de Ruzante
madeira cava e laqueada.

histórico-teatrais que o desvencilhem de adjetivos valorativos, de modo a recuperar a compreensão, histórica, de sua noção, a partir do contexto, teatral, de sua configuração. (N. T.)

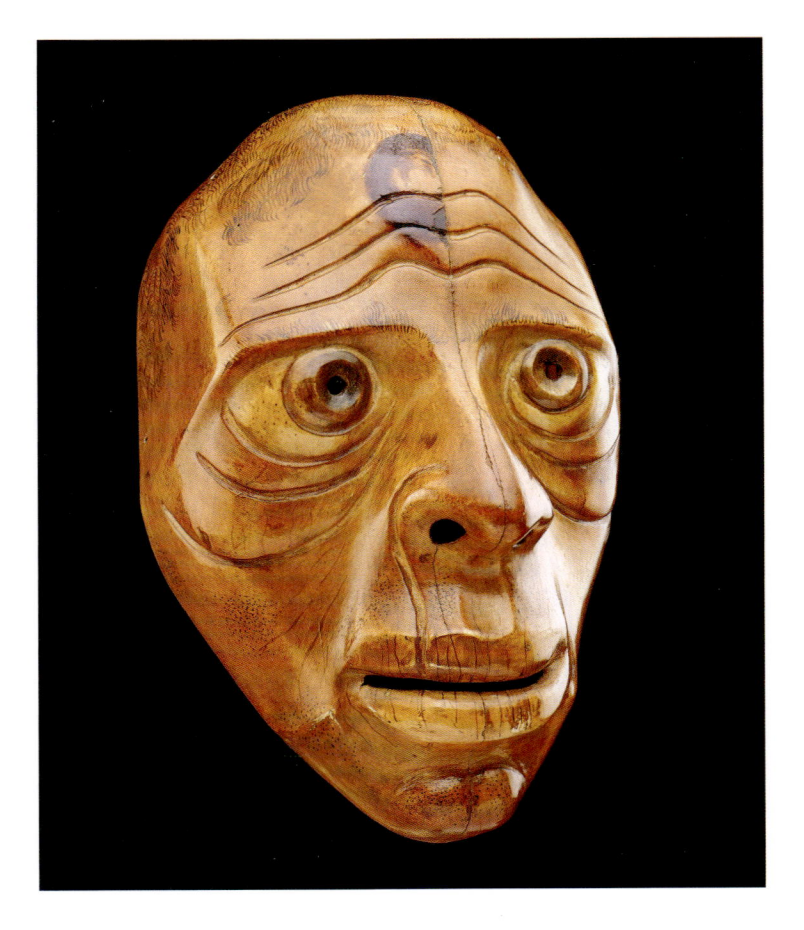

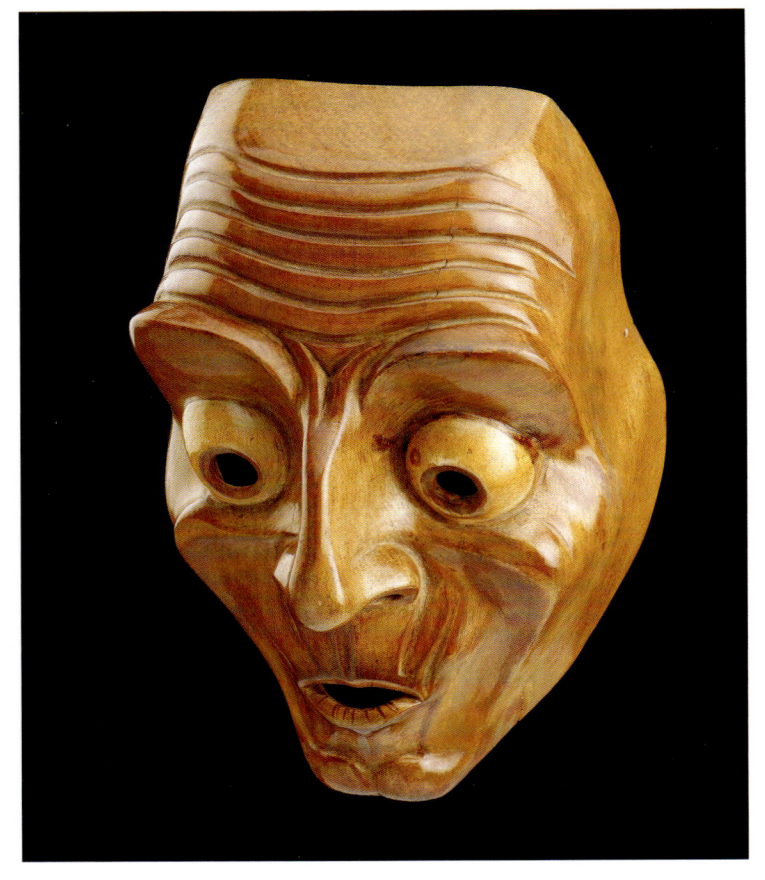

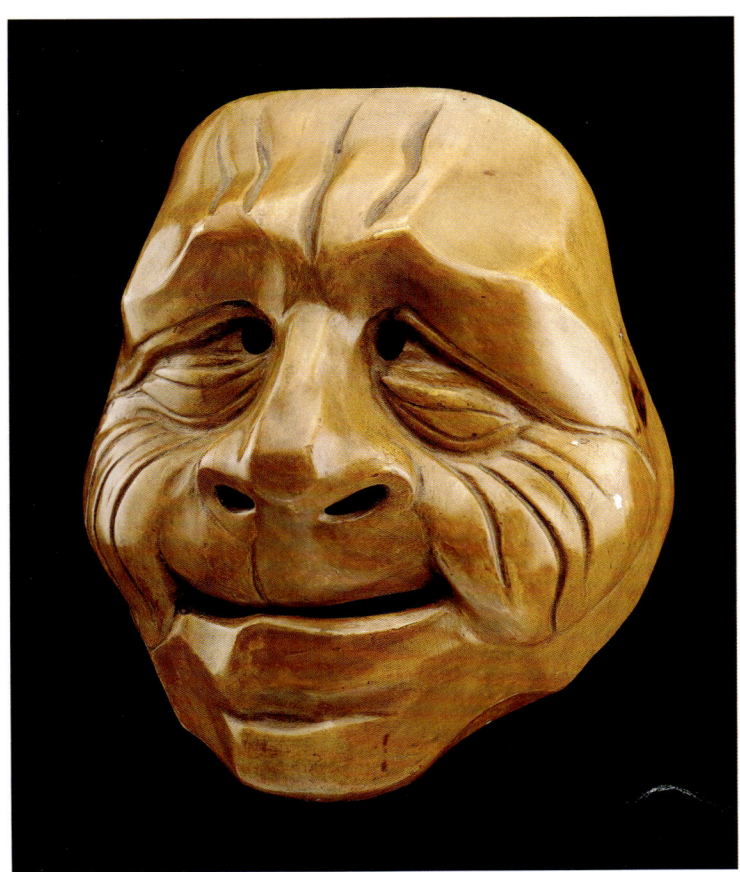

As formas da invenção – Máscara espelho de vida | 153

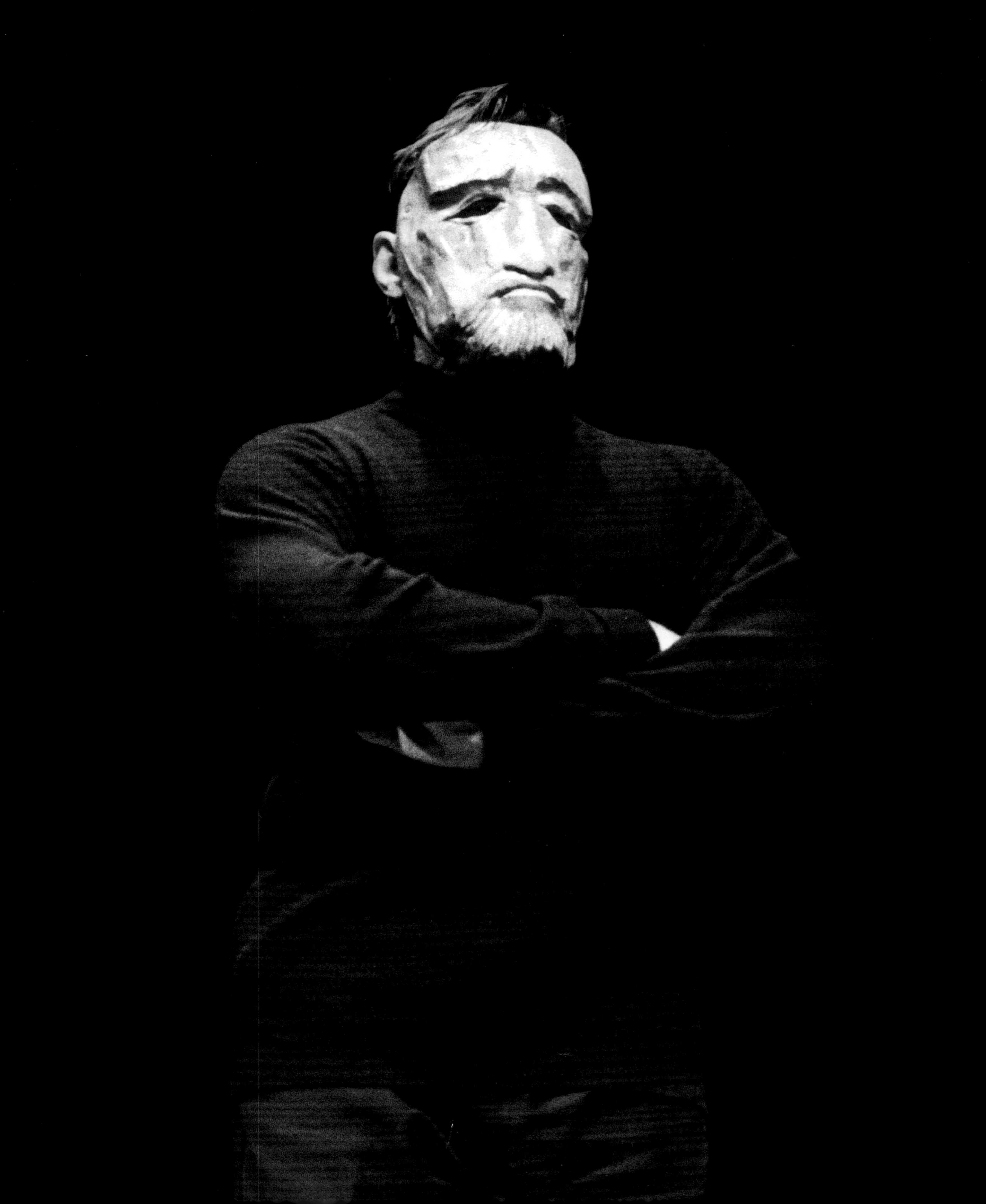

A GEOMETRIA A SERVIÇO DA EMOÇÃO

Jacques Lecoq

O meu encontro com Amleto Sartori

Cheguei em Pádua em 1948 para ensinar movimento e improvisação aos atores do teatro universitário daquela cidade. O grupo de jovens profissionais foi uma das companhias piloto na Itália do pós-guerra, trazendo à luz obras de Brecht e de Ruzante, representando *L'eccezione e la Regola* [A Exceção e a Regra] e *La Moscheta* [A Comédia Mosqueta]. Com a trupe pude elaborar uma mímica aberta ao teatro, diferente daquela, formal e estética, que na França estava encerrada em um verdadeiro gueto, e desenvolver o uso da máscara silenciosa e falante.

Minha experiência com a máscara teve início em 1945 com a Companhia dos Comédiens de Grenoble dirigida por Jean Dasté, primeiro experimento de descentralização dramática na França. Havíamos preparado uma figuração mímica intitulada *L'Esodo* [O Êxodo] que evocava o drama dos camponeses obrigados a abandonar suas vilas e fugir pelas estradas na tentativa de escapar ao invasor. A guerra acabara de terminar e todos ainda sentiam fortemente estes problemas. O espetáculo foi apresentado também nos vilarejos de montanha onde o público jamais havia assistido a uma representação teatral, mas aceitou sem problemas a convenção da máscara, a representação silenciosa e as várias metamorfoses a que nos submetíamos ao nos transformar, de vez em vez, em camponeses, animais, multidão.

Naquela época utilizávamos uma máscara que então chamávamos "máscara nobre", mas que em seguida preferi definir como "máscara neutra". Era derivada das experiências feitas na escola do Vieux-Colombier por Jacques Copeau, de quem Jean Dasté foi aluno e continuador. A máscara, privada de expressões particulares, de aspecto vagamente orientalizante (Copeau era fascinado pelo teatro Nô) representava aquilo que homens e mulheres têm em comum, mesmo que a máscara utilizada pelos homens fosse diferente da destinada às mulheres.

Ao chegar a Pádua, naturalmente, quis continuar a experiência com a máscara, que me influenciara tão profundamente, fazendo com que cada ator construísse sua própria máscara neutra. Precisava encontrar alguém que pudesse nos ajudar neste campo. Gianfranco De Bosio, diretor da companhia, conhecia um escultor que havia trabalhado para um espetáculo sobre poesia negra e que realizara para a ocasião máscaras em madeira esculpida figurando grandes rostos negros. As máscaras não haviam sido feitas para serem vestidas, eram usadas como elemento decorativo pelos atores que, colocando-as ao lado, plantadas sobre um bastão, criavam um espaço significativo apropriado à leitura poética.

Aconteceu assim o meu encontro com Amleto Sartori. Encontramo-nos em cima de um andaime, a cinco metros de altura, ao longo do muro lateral do célebre Caffè Pedrocchi, onde Amleto estava concluindo um novo afresco que substituía o antigo, completamente arruinado. Usava um chapéu de jornal em forma de barca e uma blusa manchada de gesso. Artista e artesão no espaço aberto de sua cidade.

Jacques Lecoq
interpreta uma máscara expressiva dos Sartori
Paris, École Internationale de Théâtre, 1970.

Neutra masculina máscara dos Sartori aula-espetáculo *Tout Bouge* de e com Jacques Lecoq Paris, 1970.

Expliquei o projeto e ele, com entusiasmo, introduziu-nos em seu laboratório na escola "Selvatico". Toda a companhia pôs-se a trabalhar; cada um de nós procurava a máscara neutra sob o olhar curioso de Amleto. Preparamos a terra, depois o gesso, e enfim a cola e o papel seguindo a técnica que Jean Dasté me ensinara. Era preciso construir uma forma em terra para dali extrair uma matriz em gesso, cujo interior era borrifado com glicerina para evitar que a máscara ficasse colada no momento de se destacar. Eram construídas com dez camadas de papel de jornal cortado em pedacinhos, colados uns sobre os outros com cola de amido, e entre elas eram interpostos três extratos de tarlatana: no início, no meio e no fim. Tudo isso era deixado a secar, depois, retirado da matriz, era recoberto com um extrato de gesso inerte, misturado a torrões de açúcar: um segredo que Dasté conservava desde os tempos do Vieux-Colombier mas do qual não se sabia muito a utilidade, dizia-se que servia para evitar que o extrato não gretasse depois de seco.

Respeitava escrupulosamente este rito. Em seguida, com papel vitrificado fino, lixávamos a superfície que pintávamos de marrom e protegíamos com um verniz opaco para evitar refração da luz dos projetores. A coisa mais difícil, no entanto, era a modelação da terra para a máscara neutra. O resultado não foi muito satisfatório. As máscaras neutras de neutro tinham apenas o nome; protuberâncias arrojadas e bordas pontiagudas impediam separá-la da matriz e, uma vez colocadas em nossos rostos, impediam as emoções. Sartori observava nossos esforços com muito respeito e um pouco de compaixão.

Depois, quando chegou o dia em que se devia ir para a cena representar a minha primeira pantomima mascarada *Porto di Mare* [Porto de Mar], inspirada no porto de Chioggia, Amleto decidiu com autoridade e competência que as máscaras seriam feitas por ele, as nossas eram muito feias. Ninguém ousou opor-se a sua decisão; eu não esperava outra coisa, havíamos nos livrado de um grande peso. Assim, com as máscaras neutras de papel machê colado, teve início para Sartori sua aventura com as máscaras, e para mim a história de uma longa colaboração e de uma grande amizade.

Em 1951, deixei Pádua e fui a Milão, chamado por Giorgio Strehler e Paolo Gassi para criar a Escola do Piccolo Teatro e dirigir o coro da *Elettra* [Electra] de Sófocles no Teatro Olímpico de Vicenza. Foi em um café próximo ao teatro desta cidade, num dia de sol e à sombra das pedras,[1] que apresentei Sartori a Strehler falando-lhe das máscaras que até então havia realizado. O Piccolo Teatro já havia apresentado o *Arlecchino, Servitore di Due Padroni* [Arlequim, Servidor de Dois Patrões] de Goldoni com o sucesso que todos conhecemos. Marcello Moretti, Arlequim genial, que marcou este papel com a sua personalidade inventiva, ainda não usava a máscara e preferia uma maquiagem preta que criasse sua

---

[1] No original, "(...) all'ombra delle pietre". Remete às pedras dos monumentos de Vicenza. A passagem reaparecerá, como citação, no texto de Donato Sartori, *A Casa das Máscaras*, neste volume. (N. T.)

ilusão e não o incomodasse em suas evoluções. Os outros personagens tipificados, Pantaleão, Briguela e o Doutor, ao contrário, usavam máscaras de papelão de pouca qualidade.

Sartori, sempre empreendedor, propôs a Strehler experimentar confeccionar máscaras em couro para este espetáculo remontando às da tradição da *Commedia dell'Arte*. As promessas foram mantidas. Até aquele momento, Amleto jamais trabalhara com o couro. Lembro-me de tê-lo acompanhado ao Museu da Opéra em Paris para ver as antigas máscaras de Zanni (predecessor de Arlequim). Observou-as de perto para ver como eram construídas. Pouco tempo depois, a primeira máscara em couro de Arlequim tomava forma. Experimentei vesti-la e fazê-la viver, em vão. Não funcionava. A vitrina de exposição não servira para mantê-la viva.

Ainda conservo esta máscara em minha casa, pendurada à parede do meu estúdio, o que para uma máscara é um destino muito triste.

Uma máscara pode ser tecnicamente bem feita, bela aos olhos, mas impossível de ser operada. É preciso que a sua forma encontre vida graças ao corpo e ao movimento do ator. Não "pode" exprimir tudo sozinha, precisa ser colocada em movimento. Sartori chamou Moretti a seu laboratório de Pádua várias vezes, e, pouco a pouco, trabalhando juntos, a máscara do Arlequim-Moretti ganhou vida. Antes de iniciar a realização de uma máscara, Amleto estudava a obra teatral, procurava compreender o papel, conhecia o ator que deveria vesti-la, procurava colher o objetivo da representação e as capacidades da pessoa. Encontrou couro macio e resistente. Tratou este material de modo a que não deformasse em contato com o suor do ator. Buscava melhorar continuadamente. Um dia decidiu fazer uma máscara neutra em couro para mim. Levou muito tempo, fez várias experiências, media meu rosto, e eu ia experimentá-la em seu laboratório. Ficou tão grudada na pele que eu não conseguia trabalhar. O couro era muito macio e foi preciso fazer uma outra em couro mais sólido. Aprendi assim que é necessária uma distância entre a máscara e o rosto para que se possa utilizá-la. Procurou, por muito tempo ainda, a máscara neutra feminina, passando sucessivamente da camponesa paduana à jovem maravilhada, antes de se firmar sobre a mulher de todas as mulheres.

Seu filho, Donato Sartori, também ele escultor que prossegue a obra do pai com o acréscimo de suas pesquisas pessoais, teve a gentileza de doar-me a forma de madeira original da máscara neutra, matriz das máscaras que a minha escola utiliza desde aquela época. Apenas os que vestiram uma máscara podem conhecer a emoção que ela encerra e quão profundamente isso nos toca. É como possuir um segredo muito difícil de se revelar. Amleto, em seguida, fez numerosas máscaras expressivas inspirando-se particularmente em velhos professores da Universidade de Pádua e em políticos daquela época. Encontrava naqueles vultos, em vários níveis, uma amálgama de paixões que o colocavam em estado de alegre provocação criativa. Em 1956 voltei a Paris para

Neutra masculina máscara dos Sartori aula-espetáculo *Tout Bouge* de e com Jacques Lecoq Paris, 1970.

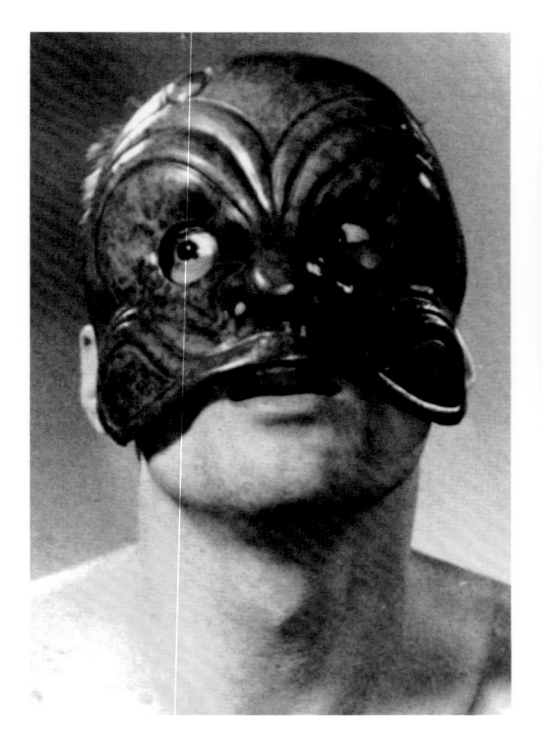

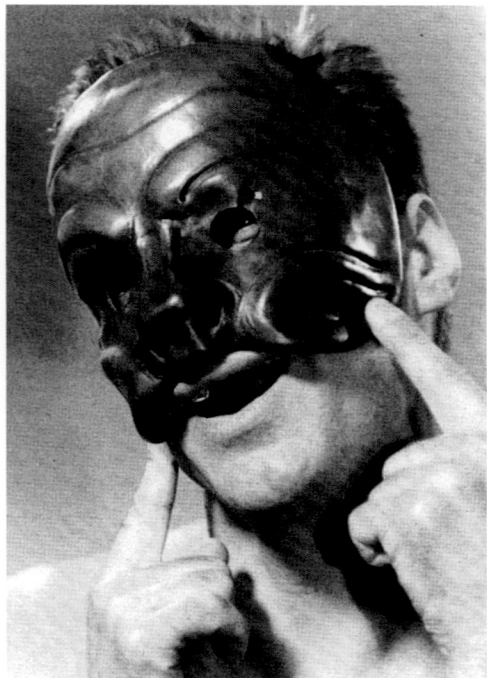

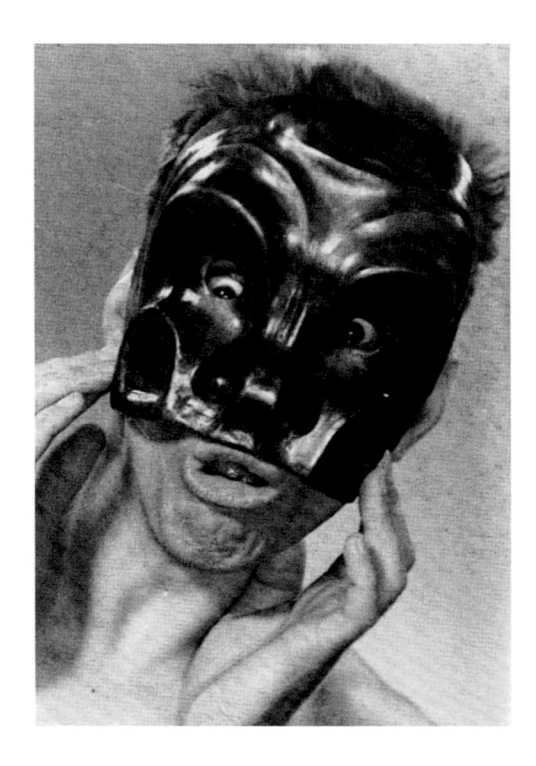

Demonstrações mímicas de Jacques Lecoq, máscaras *da Commedia dell'Arte* dos Sartori couro patinado Pádua, Teatro dell'Università, 1950.

fundar a minha escola de teatro levando comigo toda a série básica das máscaras da *Commedia dell'Arte*, presente de Amleto em minha partida da Itália. Estas máscaras em seguida serviriam de modelo para numerosos outros criadores de máscara na França e no exterior, e inspirariam numerosos espetáculos de meus alunos. Elas ajudam-nos a compreender uma *Commedia dell'Arte* mais próxima de Ruzante que de Goldoni, mais imediatamente inspirada naquela multidão que se apinha pelos mercados de Pádua que na reconstrução pseudo-histórica de uma italianidade de museu. Comédia onde o homem que precisa sobreviver berra seus medos, sua miséria, sua fome, e seus amores e se "arranja" numa hierarquia social onde não há mais revolta, com um senso trágico do irrisório que desnuda as fraquezas humanas. Aqui, a *Commedia dell'Arte* deixa a Itália para tornar-se comédia humana e conquista, assim, o seu verdadeiro significado.

Após meu período italiano prossegui as experiências com as máscaras trabalhando paralelamente também sobre o espaço: era o próprio espaço a ser colocado diretamente em jogo. Tais experiências levaram-me a utilizar máscaras larvárias, vultos muito simples que apresentam um caráter preciso das formas cortantes, pungentes, comprimidas... que funcionam como instrumentos e evocam semblantes animais. Depois foram as "arquiteturas portáteis" (iniciadas com os arquitetos da Escola Nacional Superior de Belas Artes em 1969), grandes estruturas em madeira, metal ou material plástico carregados nos braços e manobrados no espaço como um veículo dinâmico provido de motor.

Os objetos movem-se numa representação abstrata sem se referir a qualquer figuração humana. Encontram origem nas sensações físicas percebidas pelo corpo mímico no jogo das paixões (medo, ciúme, cólera...).

Discurso sobre o uso da máscara

A máscara coloca em relevo a ação do ator e leva o caráter do personagem e da situação ao essencial. Precisa os gestos do corpo e o tom da voz. Levando o texto para além do cotidiano, filtra o essencial e elimina o anedótico. Uma boa máscara é uma máscara que muda de expressão enquanto se move. Se permanece igual mesmo quando o ator muda de atitude, então é uma máscara morta. A máscara não deve fixar a expressão de um momento: não se pode conceber uma máscara que sempre ri, não poderia permanecer em cena por muito tempo, tornar-se-ia um caso: aquele que ri sempre. Para conhecer o valor de uma máscara não basta analisar seus símbolos através de um discurso de significado, é preciso conhecer seu comportamento por meio da sucessão dos movimentos que ela sugere. Uma máscara que seja apenas simbólica não é uma máscara de representação, é apenas a máscara imóvel de uma ideia fixa.

A máscara neutra é a máscara de base que está no centro de todas as outras máscaras. Ela traz referência à calma que servirá para colher as várias paixões e estados dramáticos; não carrega conflitos anteriores, está disponível a qualquer ação. Age como uma pessoa em equilíbrio. Não se pode separar a máscara daquele que a veste e do espaço que a circunda. As máscaras podem ser muito diferentes na forma e no espírito, mas cada máscara teatral válida e bela tem em comum com as outras a capacidade de retransmitir a profundidade da essência humana. É neste nível que se assemelham uma máscara Nô e uma máscara da *Commedia dell'Arte*, uma máscara africana e uma indonésia. O jogo da máscara não é uma ciência exata, mas uma arte exata. Um discurso profundo sobre esse tema não pode não ser poético (lá onde as palavras disparatam). A parte não dita é a maior, como em todas as artes. Sem operar o termo "mágico" que daria um tom misterioso ao tema, direi trata-se sobretudo de um deslocamento da geometria a serviço da emoção.

(De D. Sartori e B. Lanata (org.), *Arte della Maschera nella Commedia dell'Arte* [Arte da Máscara na *Commedia dell'Arte*]. Florença, La Casa Usher, 1983, p. 163-66.)

Jacques Lecoq e Amleto Sartori
Pádua, Teatro dell'Università, 1948.

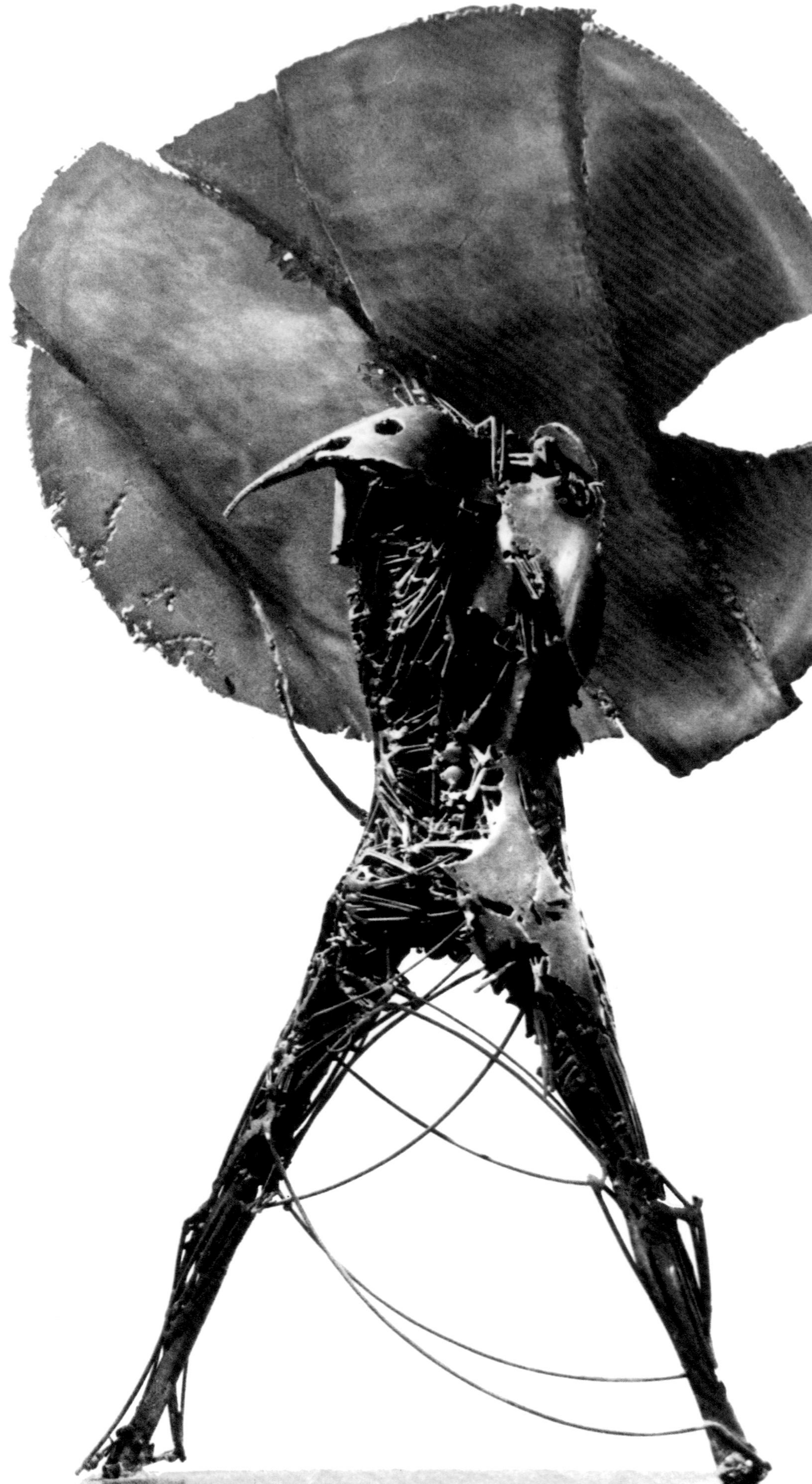

DONATO SARTORI, ESCULTOR

Giuseppe Marchiori, Carlo Giacomozzi, Enrico Crispolti

Não é fácil encerrar numa definição categórica a obra de um jovem que se busca e que, buscando-se, reflete em si as contradições úteis e as curiosidades estimulantes de uma cultura, expressa nos múltiplos aspectos da experiência vivida.

É o caso de Sartori e de tantos outros jovens de hoje, que percorrem as estradas do mundo tendo na bagagem teorias a "verificar" e, geralmente, a exigência angustiante de retomar do começo. Há um limite em que, a cada vez, convergem, como num ponto ideal, os interesses de um artista; mas aquele limite indica frequentemente o momento, só aparentemente conclusivo, de um desenvolvimento aberto, rico de surpresas e de "superações" em série.

Sartori fixou-se, por um momento, sobre um aspecto de transição, que revela todavia algumas escolhas de fundo no domínio do característico surrealismo da escultura britânica e de seus componentes originais, fabulosos. Em nítida oposição à tradição classicista, que por vezes ainda persiste na obra mais vasta de Moore, a "visão" surreal dos escultores britânicos do pós-guerra liberou os monstros e as figuras arquetípicas do remoto mundo romântico, reconduzindo-as como símbolos emblemáticos de um presente ainda conturbado e ferido.

O mesmo acontece hoje, e pelas mesmas razões, mas em situação diversa, na arte de Sartori; com um ímpeto de uma inconsciente revolta e de um empenho que se resolve na busca de uma relação e de um confronto revelador entre forma fantástica e espaço concreto. Agora se tende às imagens arcanas e proféticas da desagregação e da dissolução em um mundo inseguro, sobrevoado ainda ontem pelos insetos monstruosos de Chadwick, da Richier, de Cèsar. As esculturas de Sartori são o produto de uma série de metamorfoses, que as aproximam da nossa inquieta curiosidade com o mesmo misterioso poder de sugestão dos objetos mágicos pré-históricos e daqueles maléficos insetos.

(Da apresentação de Giuseppe Marchiori das esculturas de Donato Sartori na XV Trienal de Milão em 1973.)

Perguntamo-nos, no entanto, o que pretende representar este "Ícaro" exposto ao nosso olhar de modo tão diverso: não mais a mítica expressão de orgulhosa potência, esse decai do fulgurante símbolo de que se adornava. E agora cai dilacerado e vencido, como a própria humanidade, por uma consumação que é estética e ao mesmo tempo ética; porque nós próprios mudamos, nós mesmos destruímos a natureza ou a estamos destruindo, e destruímos também

Donato Sartori, *Icaro*, 1973 escultura em ferro forjado e soldado.

Detalhe do ateliê de Donato Sartori com esculturas históricas e esqueleto de cavalo.

Detalhe do ateliê de Donato Sartori com *Grande Scudo, Colonna Legata, Piccolo Atlante.* [Grande Escudo, Coluna Ligada, Pequeno Atlante].

Donato Sartori, *Grande Escudo* (detalhe), 1974
Bronze.

Donato Sartori, *Nodi* [Nós], 1972
cordas e nós em bronze sobre plano em madeira tratada.

Donato Sartori,
La Mantide Religiosa
[O Louva-a-deus], 1972
ferro e aço.

o homem. Portanto, em impiedosa alegoria, o desfazer-se de Ícaro espelha o do homem, e o do homem o outro da natureza: o espectador terá visto ou verá como, ao redor das imagens do mítico filho de Jápeto, estão representados na imobilidade de uma morte vertida em bronze, gafanhotos e louva-a-deus, besouros e cetônias e talvez carabídeos, as patas ágeis e os élitros azul-celeste e as antenas tão flexíveis paradas na última palpitação de suas vidas.

Vocês diriam, em suma, tratar-se de seres e de animais – na hora extrema da catálise, subitamente surpreendidas por um mar de fogo – dos quais o escultor imagina recobrar as formas, como o arqueólogo desenterra do ventre da terra os remanescentes de um mundo antigo: assim o homem – que é justamente Ícaro – quer simbolizar aqui a última sobra de uma civilização suicida que deixa precipitar em seu abismo até humildes insetos, portanto também a natureza.

Um mal obscuro, de que não se percebe o sofrimento, condena então a humanidade a uma lenta e inexorável extinção? Sem dúvida sim – parece dizer o artista; e os efeitos daquela morbidez ele preconiza na estripação das formas fazendo com que apareça sua podridão:

são emaranhados sígnicos, semelhantes a feixes musculares contraídos, recobertos por perfeitas e luzidias placas.

(Da nota crítica de Carlo Giacomozzi por ocasião da exposição romana das esculturas de Donato Sartori, em 1975, na Galeria "I Volsci", publicada em *La Fiera Letteraria* [A Feira Literária].)

Nesta primeira metade dos anos 1970, a escultura de Donato Sartori veio assumindo indiscutivelmente um caráter muito distinto e pessoal. Tanto na dizimação de poética e nas recorrências temáticas, quanto nos modos operativos, na tecnologia que serve àquela poética, e que realiza tal temática.

Estes modos operativos são, tipicamente, de ação direta sobre o metal, construindo ajuntamentos por meio de saldadura, intervindo depois com freses, etc., de modo a tornar mais compacta e aglomerada a construção, que, de fato, não se pretende desenhar pelo espaço, mas ao contrário acumular-se numa espécie de corpo que constitua a imagem embrionária, que defina, em suma, um impacto com uma provável organicidade. Eis então que a temática frequentada por Sartori, tornada própria, de modo muito resoluto e pessoal, é a da agregação orgânica, do corpo: tartaruga, inseto, ou corpo humano desse 1971, mas sempre, justamente, como um emaranhado de organicidade irredutível que se colocava como proposta dramática de realidade da imagem. Daqui, o tema longamente frequentado pelos "atlantes", os "pequenos torsos oscilantes", até aquela marca ainda orgânica que está presente nos "ligames" dos últimos anos.

Claramente, a declinação poética típica do trabalho de Sartori é justamente a de uma tensão extremamente dramática, descoberta em meio a tramas de natureza, humana, animal, vegetal. É o homem-inseto-monstro que conta de certo modo, redução larvar, retorsão antigraciosa, na perspectiva de uma marginalização do homem na natureza-realidade, em lugar de seu triunfo antropocêntrico (hipótese totalmente abandonada, ou melhor, radicalmente contestada).

Nos recentíssimos "ligames" de objetos, escudos, colunas, portas, emolduramentos, há quase o sinal residual da passagem do homem larva, daquilo que resta; ou ainda o impedimento, o ligame, o cordão é posto também sobre as coisas: na perspectiva de desinência e marginalização as próprias coisas estão suspensas, emblematicamente. Eis então o quadro dentro do qual hoje opera Sartori com muita clareza de intenções e com forte caracterização pessoal na capacidade de intervenção.

As imagens que nos propõe são inquietantes em sua dramática redução, em seu impedimento, em sua constringente ligação, da qual não é possível se desfazer, como não é possível inverter aquele processo de restringência embrional: mais uma redução ao esqueleto, à morte, todavia, que um retorno ao momento genético original. Porque a escolha de Sartori é uma denúncia de tensão, de desconforto, de drama.

(da apresentação de Enrico Crispolti das esculturas de Donato Sartori na Bienal de Arte de Gubbio em 1979.)

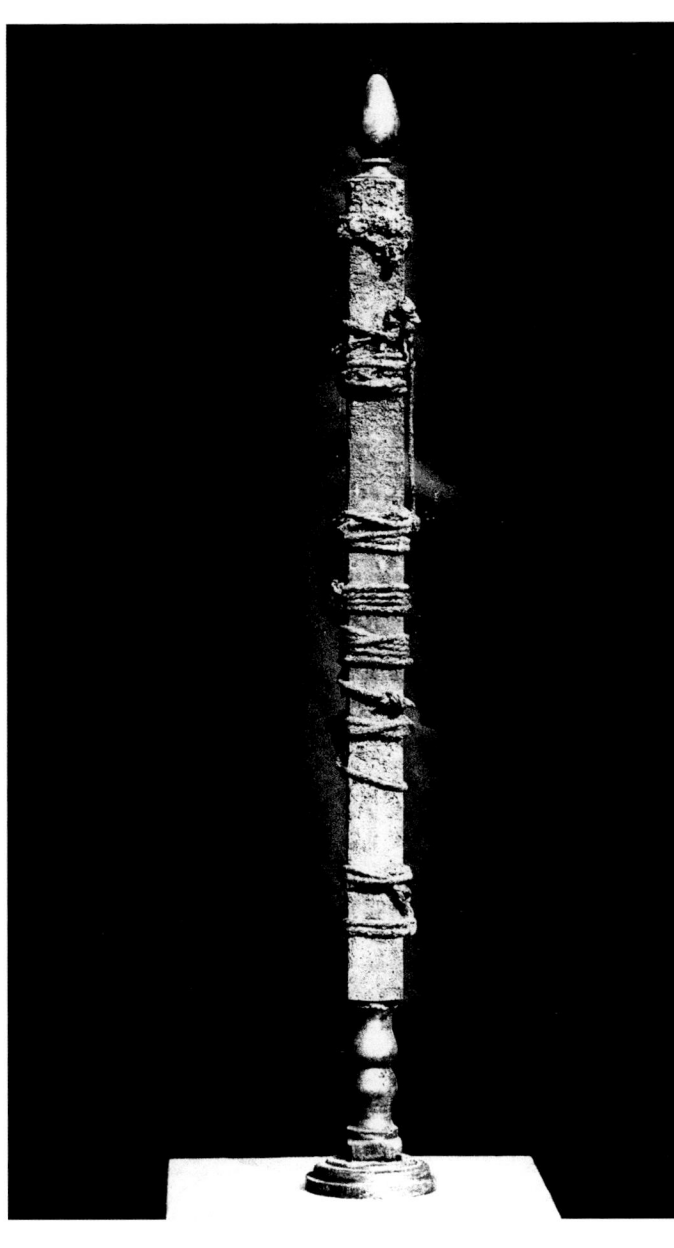

Donato Sartori
Collona Legata [Coluna Ligada].
1975
bronze patinado.

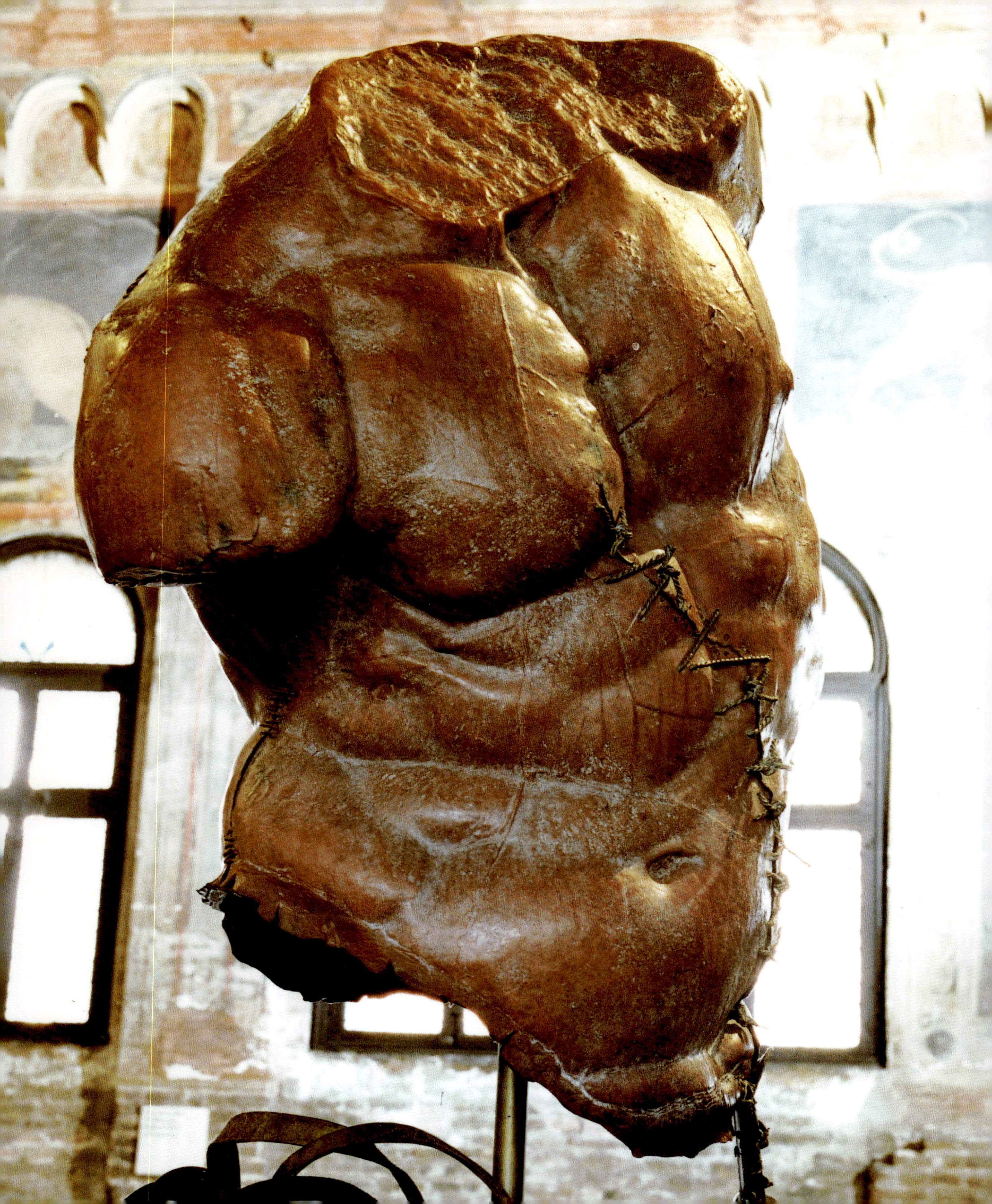

DO *ENVIRONMENT* AO *HAPPENING*

Pierre Restany

Quanto mais a arte se aproxima da vida, mais o artista especula sobre o jogo do acaso. Numa situação de osmose com o ambiente, isto é, de "auto-inclusão", para falar como Cage, a consciência desviante espia as mínimas pulsões aleatórias, organiza-se em função "do que está para suceder".

"Something to take place: a happening", escreve Allan Kaprow no início de seu primeiro "script" (18 *happening* em 6 partes) publicado em 1959 na revista literária *Anthologist*, revista da Rutgers University, e apresentado no mesmo ano na Reuben Gallery de Nova York. Assim, o termo "happening" entra na história da arte através da "outra cara". Kaprow, de fato, antes de tornar-se aluno de Cage, estudara pintura (com Hans Hoffman e Meyer Schapiro) mas pouco a pouco os elementos objetuais tomam, com ele, o sobrevento sobre o elemento pictórico de base (a superfície plana da tela) até eliminá-lo totalmente; e invadem as paredes, enchem a inteira sala da galeria dando forma a uma projeção arquitetônica das colagens, a que Kaprow dá o nome de "environment".

A esta progressão lógica do desvio os espaços convencionais não bastam mais: o *environment* torna-se o da estrada, da cidade, da natureza. Para aquele grande "jogo do acaso no mundo" que o quadro se tornou, Kaprow utiliza qualquer cenário.

O *happening* faz seu aparecimento durante a pré-história da *pop art*. Para Jim Dine e para Claes Oldenburg foi a extensão expressiva de sua visão plástica. Dentre as lembranças daqueles anos de torpor político e de inquietude espiritual tenho ainda na minha memória aquela de uma estranha mostra organizada no subsolo da Judson Church em Greenwich Village, que fora adaptado para a galeria. Uma sala chamava-se *Dipinto in Forma di Strada* [Pintura em Forma de Estrada] e uma outra *Dipinto in Forma di Casa* [Pintura em Forma de Casa]. O visitante era psicologicamente preparado por uma série de contornos caricaturais traçados sobre pedaços de jornais atacados à parede ao lado da escadinha de ferro que levava da rua ao subsolo, e a curiosidade era acentuada por dois cestos atacados à porta, que provavelmente era as gigantescas tetas de uma criatura não melhor identificada.

A *Pintura em Forma de Estrada* era um ambiente povoado por personagens e objetos de papel machê e papelão orlado de preto opaco,

Donato Sartori, *Colosso*, estrutura gestual, 1996 couro natural.

Cap d'Any 2000, mascaramento urbano Donato Sartori e Centro Máscaras e Estruturas Gestuais ação teatral em colaboração com os Saruga (Catalunha) Algueiro, 2000.

como se fossem restos de um gigantesco incêndio. As imagens rudimentares sugeriam um engraxate, um "vagabundo" que está urinando no muro, uma mulher que grita alguma coisa enquanto corre; mas misturados a estas figuras em duas dimensões havia objetos mais ou menos abandonados ou mutilados, como um sapato de mulher, um jornal, os caixilhos de uma janela. E quando da rua se passava à casa, o negro esfumado e o acinzentado desapareciam, víamo-nos arrebatados por uma orgia de cores. Os espaços eram ainda mais lotados, e não só as paredes e o solo, mas também o teto estavam cheios de objetos que o artista garantia serem derivados da arte popular ou tomados de empréstimo pelas ruas.

Periodicamente eram ouvidos rumores estranhos: gemidos, respiros ofegantes, batidas de coração, gritos, conversa de homens e mulheres na cama. "Por que não se levanta e vai trabalhar?", "Por que não podemos ser amigos?". Não menos loquazes eram as paredes: "Vá trabalhar", "Eu gosto da nossa empregada", "Me chame em: Jefferson 6-6331", "Frank Lloyd Wright tentou eliminar a pintura, nós em troca eliminamos a arquitetura", "Como Lolita reduziu Errol Flynn a um Lotario desfeito", "Amor, amor".

Os objetos, como as vozes e os rumores, não permaneciam os mesmos de um dia para o outro. Esta linguagem, e um agudo senso de reportagem urbana, de integração ao ambiente, e do monumentalismo barroco, farão de Oldenburg um dos grandes líderes da *pop art*, e a personalidade fascinante do movimento – se se exclui George Segal, que eu considero o iconógrafo *pop* número um. Cada escultura de Segal é uma escultura/*happening* fixada no instante do gesto. A Primeira Revolução Industrial é o que fez da América uma nação: este "senso da natureza moderna", em 1960, reentra na lógica da história das ideias americanas: a função desviante neodadá prepara a *pop art*, que aparece como expressão de uma cultura industrial que chegou à maturidade, e como folclore nacional. Na Europa, onde duas guerras mundiais sucessivas impuseram forçosamente uma nova paisagem urbana, a natureza moderna aparece como uma descoberta (da sensibilidade) e como uma ruptura (filosófica) – expressão de uma juventude reencontrada a preço de dois sacrifícios, e por isso ainda mais fascinante.

No *Noveau Réalisme* exprime-se o desejo coletivo de assumir a modernidade do momento, a dupla dimensão da função desviante, recriação plástica e fissão semântica. Nos americanos de 1960 há uma maior preocupação estética, um senso da continuidade na evolução, através de "repetições diferentes" e há também estima pelos velhos, por aqueles que fizeram de Nova York a capital da arte contemporânea. Bem mais extremista, no início, o comportamento desviante dos europeus: nenhuma consideração especial para as personalidades, pouco carismáticas, da geração anterior. São matizes, mas evidentes, estas diferenças entre os Nouveaux Réalistes parisienses e os neodadaístas nova-iorquinos, entre um Rauschenberg e um Yves Klein, entre um Tinguely e um Stankiewicz – entre uma cera de Jasper Johns e um manifesto lacerado de Hains ou de Rotella, entre uma compressão de César e uma escultura de Chamberlain.

É na casa de Yves Klein que eu fundo, em 27 de outubro, o grupo dos Nouveaux Réalistes, na presença de Arman, Dufrêne, Hains, Yves Klein, Martial Raysse, Spoerri, Tinguely e Villeglé. Faltam César e Rotella, também convidados: participarão das manifestações sucessivas do grupo, ao qual irão se unir mais tarde, Niki de Saint-Phalle (1961), Christo e Deschamps (1962). A declaração de constituição do grupo, por mim redigida em nove exemplares, firmados pelos adeptos presentes, dizia: "hoje, quinta-feira, 27 de outubro de 1960, os Noveaux Réalistes tomaram consciência de sua própria singularidade coletiva. Noveau Réalisme = novas abordagens perceptivas do real". Os Noveaux Réalistes desconcertaram o clima artístico parisiense, desmantelaram o fronte voluntarista da École de Paris, e instauraram relações diretas com os neodadaístas e os *pop* de Nova York. A primeira mostra de Jasper Johns em Paris é de 1959, as de Stankiewicz e de Rauschenberg de 1961. As mostras individuais e coletivas irão se multiplicar, agora, de um lado e do outro do Atlântico.

A duração da colaboração efetiva do grupo foi breve: 1960-1963. Mas foi decisiva para a evolução da linha voluntarista assim como para a da função desviante. A história do Noveau Réalisme é marcada por dois festivais: Nice (1961) e Mônaco (1963). Um terceiro festival, comemorativo, desenvolveu-se em Milão em 1970, por ocasião do décimo aniversário da fundação do movimento. Os Noveaux Réalistes fizeram largo uso deste gênero de demonstração pública, também fora dos festivais. As "actions-spectacles" de Yves Klein são bem conhecidas, da época azul ao vazio, às impressões: em Paris, em 1960, na Galeria Internacional de Arte Contemporânea, Yves Klein regula ao som da *Symphonie Monoton* os movimentos de seus modelos nus que trazem sobre o corpo os traços da pintura azul. Tinguely é o grande especialista do espetáculo mecânico. Enquanto em Christo, os seus empacotamentos públicos assumem a dimensão grandiosa que conhecemos a partir de 1964, ano em que Christo estabelece-se definitivamente nos Estados Unidos.

Não falemos das "compressões" e das "expansões" de César: o poliuretano expandido empurra o maior escultor do século aos quatro cantos do mundo. Depois do *Pieno* [Cheio] de 1960 (a galeria Iris Clert tomada do pavimento ao teto por objetos descartáveis de todo tipo), Arman realiza as "colères" estrepitosas de móveis, de instrumentos musicais, de aparelhos televisivos, inclusive de apartamentos (o fez com um apartamento de três cômodos + cozinha). Os "repas-pièges" de Spoerri (refeições-armadilha), inauguradas em 1963 junto ao restaurante da Galerie J, são lendários: após ter cozinhado para seus convidados, o "chef" Spoerri cola no lugar de cada um as respectivas sobras da comida. Os tiros de Niki de Saint-Phalle (tiros ao alvo com a carabina), sobretudo aqueles na galeria J, tornaram-na célebre da noite para dia. A "escolha" de Mimmo Rotella dos manifestos lacerados e sua *décollage* dos muros, é uma "action-spectacle" contínua.

No início, a *land art* aproxima-se do espírito da *arte povera*. Celant organiza suas primeiras manifestações em Gênova em outubro de 1967: exposições e colóquio com Boetti, Fabro, Kounellis, Paolini, Pascali, Prini e Pistoletto, Anselmo, Merz e Zorio. No ano seguinte, em outubro de 1968, nas três jornadas de Amalfi "Arte povera, azioni povere" [Arte pobre, ação pobre]. Cunhando a etiqueta "*arte povera*", Celant não tinha outra ambição que a de documentar este momento de transição em direção à obra de arte aberta, apresentando-a um pouco antes que a maior parte dos críticos de arte europeus de sua geração. A nova direção do desvio. Não pode, em 1977, deixar de constatar suas evidentes autolimitações formalistas. Com o 1968, o quadro da desviação generalizada está colocado.

No decênio seguinte, as tendências à desmaterialização da obra/objeto de arte irão se ressentir de uma crescente tendência ao formalismo e ao didatismo. Assistirão a um recrudescimento dos *happenings* e dos *environments*, tornados "performances" e "installations". O vídeo terá um sucesso extraordinário, pois a flexibilidade do meio estimula a imaginação dos artistas. Poucos, porém, infelizmente, seguirão o exemplo de Les Levine, de Douglas Davis e de Muntadas e saberão utilizar a imagem televisiva para definir os termos de uma linguagem verdadeiramente orgânica para o meio. No *mare magnum* da fotografia, onde o abuso é lei, as fotografias brutas de Boltanski fascinam-me como as combinações seriais e as projeções cúbicas de Xante Battaglia. Gostaria de tê-las mostrado a Schad, a Man Ray ou a Moholy-Nagy para saber o que pensariam. Como ponto de referência segura mantenho, de todo modo, a obra do californiano Ruschi e os vários *Antiphotography Books* que ele publicou de 1962 em diante e que define uma "uma coleção de imagens *ready-made*". Considero também o gesto comovente, que reassume toda uma vida dedicada ao amor pelo ofício, a *Hommage à Niepce* do grande Ugo Mulas, as 36 poses disparadas no vazio de um rolinho Kodak... Exceção feita a Rotella, hoje papai da "art-typo", a mec-art europeia dos anos 1963-1965 terá uma segunda via, com alguns de seus protagonistas dos inícios? Um Bestini? Um Neiman? Um Nikos, grande especialista da anamorfose? Um Elio Mariani?

Enfim, tenho em consideração o *Opus Magnum* de um dos mais extravagantes marginais do desvio italiano de hoje, Luca Patella, cujas pesquisas sobre a imagem são inseparáveis do trabalho semântico-aglutinante que ele conduz sobre a língua escrita. Extensão freudiana do *happening*, a *body-art* nos oferece Vito Acconci, Michel Journiac, Gina Pane, Urs Lüthi e algum outro, momentos de grande intensidade na comunicação e de grande verdade psicossensorial. Os *body-artists* debulham os minutos de verdade como se desfolha uma margarida a nós oferecida pelo psicanalista. Gina Pane desmaterializa o limiar da dor como a contrafigura de um faquir sem êxtase. Michel Journiac alcança uma agudeza crítica rara no condicionamento do ambiente: devo a ele ter sido canibal, pois me comunguei, ao final de sua "missa", com uma fatia de pudim feito com seu sangue.

Onde está o desvio em tudo isso? Estes gestos que fascinam porque não mentem são muito autobiográficos para pertencerem à ética da indiferença. A *body-art* é uma arte empenhada, do mesmo modo que a pintura. Aqui o desvio não é mais considerado como função, mas como forma. A forma do desafogo, do desafio, da confissão, do testemunho: o *transfert* voluntarista é total, estes são os "tableaux vivants" das nossas mitologias cotidianas. Esta década parece ter produzido poeira de estrelas e bem poucos planetas, vocês me dirão. Atenção! Os anos 1960-1970 viram a formidável consagração de Joseph Beuys, gráfico e *assemblista* de talento, grande senhor da *arte povera* e mestre iogue do *happening*, campeão do mundo na arte de todas as categorias, Picasso do conceito, chefe do partido democrático e referendário, Magnífico Reitor da Universidade Livre.

A nossa época é caótica e o é não apenas pela fissuração de nossas ironias e dos nossos sistemas de pensamento, o é por uma dupla mutação: a do nosso sistema planetário e pela mudança da estrutura mesma de nossa sociedade e, neste sentido, gostaria de sublinhar a importância social decisiva do maio de 1968 nesta mutação.

Não esqueçamos que naqueles anos Donato Sartori estava em Paris onde vivia uma estação de mutação criativa. Vê e conhece Cesare Boldacini, mais conhecido como César e fica fascinado com as máquinas inúteis de Jean Tinguely expostas, naquele período, no Museu de Arte Moderna da Ville de Paris. De fato, este é o tempo das mutações e das grandes escolhas além de conceituais, também tecnológicas. Ele abandona as técnicas caras ao pai Amleto da fusão em bronze, da terracota ou do mármore e da pedra e assume outras que sabem de ar e de som, de gesto e de social mesmo não abandonando o ferro fundido (material novo para ele) e o maravilhoso couro que agora não tem mais segredo para o escultor paduano. Por muito tempo e ainda agora, toda uma parte da opinião pública tendo a subvalorizar, a minimizar o verdadeiro porte do evento.

É fácil identificar maio de 1968 como a crise de uma certa juventude e de sua cultura, ou mais ainda do modo como estava situada a cultura naquela época, e de reduzir a onda de protestos a um ardor romântico. Agora, com a distância do tempo, podemos compreender bem mais claramente que maio de 1968 foi o sinal anunciador desta grande mudança da sociedade que interessou a Europa ocidental. Por razões simples, gerais e estruturais colocou a ênfase na descoberta do outro, na descoberta da alteridade. O outro era representado por todas as minorias étnicas, sexuais, políticas, socioeconômicas que quiseram ter o poder de proclamar sua existência. Maio de 1968 não se limitou a proclamar o existir do outro e o seu direito de existência, mas deu o passo adiante definitivo, isto é, proclamou o direito destas minorias de terem seus próprios confins e de participar da sociedade consumista com um gosto próprio, e foi assim que explodiu a velha tradição metodológica da estandardização.

A escolha da Bauhaus e de Walter Gropius em 1919, a filosofia do projeto de produção, era baseada na pesquisa de um maior consenso dos fruidores e como finalidade absoluta do produto, o produto-padrão. Segundo as palavras de Gropius, o objeto *standard* era o objeto criado propositalmente para responder a todas as perguntas de um cidadão vivente numa sociedade democrática. Por exemplo, o barbeador elétrico de Mann oferece os mesmos préstimos, o mesmo serviço ao funcionário de confiança de uma sociedade e ao seu motorista. Este conceito de produção ligada à pesquisa de um consenso majoritário de consumidores e fruidores explodiu em maio de 1968 proclamando o direito ao consumo.

Não se tratou de criar um produto bom para todos, mas um produto com uma estrutura bastante flexível para adaptar-se às diversidades do mercado, aos alvos do mercado. Esta mudança criou condições revolucionárias no sistema socioeconômico e assim passamos da sociedade industrial à sociedade pós-moderna, e este é verdadeiramente o sinal decisivo, evidente, de nossa entrada no terceiro milênio com todas as contradições e a necessidade de elaborar uma nova cultura, a necessidade de instaurar novas hierarquias de valores. Evidentemente isso não se faz assim facilmente porque a valoração *standard* em nível de produção industrial, artesanal e estética o é também em nível da consciência planetária. Vivamos, este é o signo do terceiro milênio, a grande crise da operatividade, a ideia política da manifestação cultural de maio 1968 ligada à filosofia, ao espírito binário.

A ideia política: estávamos de tal modo habituados a esta visão dualista do universo que, a partir do momento que o império soviético se desordenou, a nossa imaginação encalhou. Como fazer para substituir a esta visão dualista (os Estados Unidos de um lado e a União Soviética de outro) um outro sistema de política que não funciona? Como fazer para analisar esta fragmentação contínua dos Estados geográficos, como pensar numa qualidade de vida normalizada em pequenos territórios, talvez mais reduzida em nível meridional, mas mais feliz e mais harmoniosa na população, na coerência do viver? Todos estes são problemas não resolvidos e fazem nascer uma *escalation* moral. Entramos no reino da diferença e esta diferença modificou o nosso sistema de produção e a estrutura interna da nossa sociedade.

Isto temos de aceitar como fenômeno normal, porque corresponde à realidade inexorável dos fatos e esta talvez seja a coisa mais dura. E, se é normal na nossa consciência assumir a normalidade na diferença, isso continua sendo bastante difícil porque o velho sistema da sociedade industrial, de nosso invejado passado, era ligado justamente à estrutura prepotente do eu, do eu e não do outro. Só agora fazemos uma experiência de uma sociedade planetária baseada justamente na normalidade do outro.

Até maio de 1968, querendo ou não, éramos filhos de Klee, Mussolini, Stalin ou Marx em condições talvez um pouco mais neutras e humanas, com referências em Churchill, Roosevelt ou Tito; porém éramos poucos e nós, filhos dos sistemas passados, estávamos baseados na total hipertrofia globalizada e totalizante do eu.

A arte vive de modo primordial esta mudança de sociedade porque, como a psicologia social, altera-se completamente com a passagem de uma estrutura de poder ligada ao eu a uma estrutura de poder ligada ao outro. Também na filosofia estética ocorre uma mudança de valores, uma passagem do belo ao verdadeiro. Hoje toda uma parte da produção industrial, da produção artística não pode mais estar ligada aos sistemas habituais, usuais da estética do belo por uma razão evidente: a produção estética deve conquistar a adesão de um público que não é mais homogêneo, que não é mais sólido em sua compacidade. A arte deve também responder à necessidade da diferença.

Como se apresenta este novo sistema de juízo estético? Este, de fato, não é o puro e simples produto da lógica da evidência, é todo um dispositivo, toda uma estrutura altamente culturalizada, altamente sofisticada. É um sistema de aparências que tende a dar a sensação gratificante da verdade, mas as coisas desenvolvem-se mesmo se a verdade da arte é aparência, então esta verdade não se representa, apresenta-se e passamos assim da representação à apresentação. Apresentar, em vez de representar, quer dizer conquistar a adesão do público através de um sistema de verdade gratificante que se substitui à sensação do belo.

Um exemplo metafórico vem da realidade virtual. O que é a realidade virtual se não um sistema muito sofisticado de redes eletrônicas que nos dão a sensação de verdade mais verdadeira que a verdade? É justamente esta metáfora que dá, ao meu ver, a verdadeira sensação desta mudança estética. Se a arte caminhou em direção a este necessário encontro com a verdade, isto se deveu a um fato importantíssimo, que talvez tenhamos menosprezado, e que talvez seja, infelizmente, do ponto de vista da arte, a característica essencial do nosso século. O nosso século foi o primeiro e, até o momento, o único a ter duas histórias da arte paralelas: a primeira é a sucessão dialética usual dos estilos: a partir de 1913, com Marcel Duchamp e o seu *ready-made* nasceu uma outra face da arte onde todo o sistema baseia-se na relação entre arte e indústria. Hoje, nesta história paralela, passou-se da dimensão modernista, a de Duchamp, a uma dimensão pós-moderna que é obra nossa.

No meio tempo, de 1913 até hoje, desenvolveu-se uma relação entre arte e indústria cada vez mais forte, mais decisiva, mais constante. Em 1952, o musicista americano John Cage publicou um dos livros mais importantes da história da arte presente, *The Theory of Inclusion* [A Teoria da Inclusão], no qual identifica, de maneira total e absoluta, a arte com a vida. Se a arte é vida, então cada setor, cada manifestação da vida tem direito à sua expressão artística. Diz John Cage: "existe uma música do caminhão que passa"; como compositor musical, Cage, retomando uma velha experiência, a dos sons em liberdade, está pronto a inserir na sua linguagem artística qualquer manifestação sonora. Esta corrente desenvolveu-se através do newdada, o Nouveau Réalisme, a *pop art*, a *body-art* até chegar, hoje, a uma situação de abertura muito grande.

De 1913 em diante, a arte, esta arte da diferença, desenvolveu-se como se fosse preciso se preparar para assumir uma função social generalizada que certamente não é o papel ou a função da arte tradicional; a sociedade, de modo consciente ou inconsciente, cada vez mais insistente, cada vez mais premente, pede ao outro uma função social precisa. Damos por descontado que o maior problema social é o desemprego e todos sabemos que a máquina está roubando cada vez mais o trabalho do homem, o destino imediato do homem é a gestão deste ócio forçado.

A sociedade pede hoje aos artistas da outra face da arte, os artistas da diferença, que sejam os engenheiros do tempo livre, isto é, que preencham este tédio existencial devido à desocupação, ao ócio forçado de tanta, tanta gente; e vê-se justamente que as fissuras no sistema cultural de organização coletiva da humanidade, como a religião e o esporte, são muito significativas. Todos os incidentes nos estádios, todas as corrupções devidas ao mau costume na gestão e na promoção das sociedades esportivas, a proliferação das seitas no universo da crença religiosa e espiritual demonstram justamente as debilidades internas destes sistemas de animação coletiva. À arte cabe substituir, em grande parte, suas debilidades e portanto a sociedade solicita cada vez mais aos artistas da diferença estes tipos de intervenção, isto é, intervenções de tipo social.

A importância social da arte tornou-se uma coisa vital e quando vejo o desenvolvimento orgânico do pensamento operativo dos Sartori, me dou conta de que Donato soube recolher a verdade empenhada e comprometida do pai para andar, também ele, em direção a um empenho, uma intervenção física coletiva no território social. A sua evolução em direção a estes programas de *performance* é muito significativa e cabe muito bem para ilustrar o meu discurso sobre a visão operativa da arte a serviço da sociedade. Para ilustrar um pouco a vocês tal fator de mutação do juízo estético, gostaria de mostrar como estes critérios de verdade podem ser funcionais através de uma comunicação tolerante.

A tolerância na normalidade da diferença torna-se o principal fator, o fator discriminante, o fator de catalisação da comunicação e torna-se, portanto, um valor estético. Lembrem-se que o uso da tolerância como acelerador da comunicação estética não é uma coisa direta, tutelada pelo passado, ligada sempre a um certo tipo de poder. O poder jamais foi tolerante. Da contrarreforma em diante, a arte moderna sempre foi intolerante; agora o estado social da diferença deve ser tolerante.

Donato Sartori fundou, em Abano, em 1979, o Centro Maschere e Strutture Gestuali [Centro Máscaras e Estruturas Gestuais] que encarna o desenvolvimento de seu pensamento e o fundamento multidisciplinar de sua visão. O elemento-máscara é a unidade léxica da linguagem da "nova comédia". O *happening* de Kaprow, revisitado por Jerry Rubin à luz do Living Theatre e da Modern Dance de Merce Cunningham encontra-se, assim, organicamente colocado em confronto com a antiga tradição italiana. Incansável e insaciável, Donato não dá trégua à pesquisa dos gestos e das máscaras de nossa modernidade. Ele é o historiador de nossas praças, de nossas vias, de nossos cortejos e de nossas barricadas, mas também de nossos bailes ao aberto, de nossas feiras, de nossos ralis esportivos e de nossas festas ecológicas: de nossas celebrações coletivas. O Centro Maschere e Strutture Gestuali nos oferece uma perfeita dosagem de violência e felicidade, o rosto da comédia humana de nosso tempo.

(De uma conferência proferida em Pádua, 20 de abril de 1996, por ocasião da mostra *Maschere e Mascheramenti. I Sartori Tra Arte e Teatro* [Máscaras e Mascaramentos. Os Sartori entre Arte e Teatro]. Pádua, Palazzo della Ragione, 1996.)

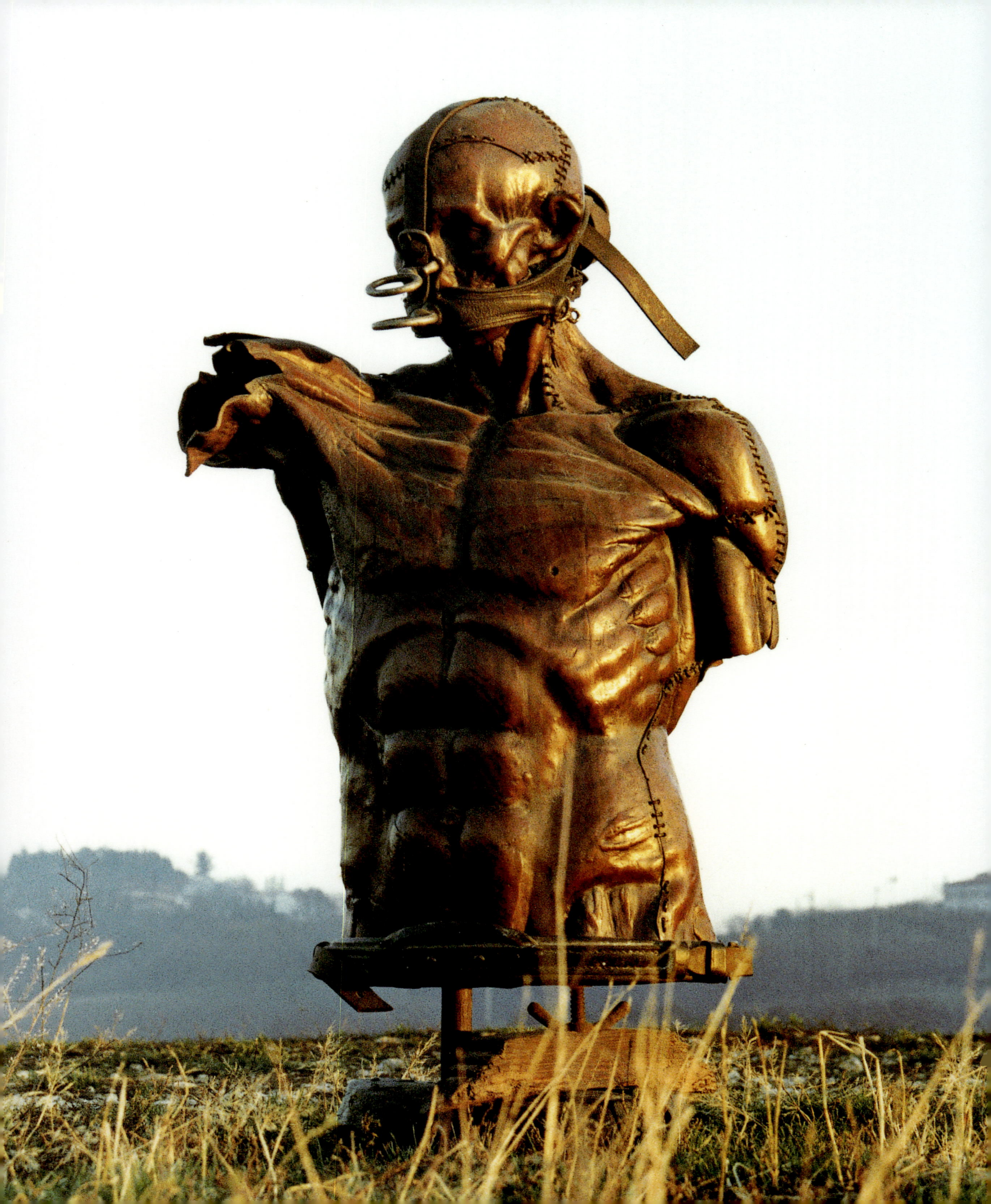

AS FLORES DE MAIO
Virginia Baradel

Em um livro esgotado de Ruggero Bianchi, *Off off & Away*, sobre o teatro de vanguarda americano dos anos 1970, encontramos uma classificação tão arbitrária quanto útil para navegar a esmo no tumultuado mundo do "novo teatro americano". Bianchi distingue "teatro político, teatro ritual e teatro de pesquisa". No primeiro prevalece um forte empenho social destinado a conduzir o público a uma tomada de consciência libertadora e antagonista frente aos sistemas de vida e de poder vigentes; o segundo é mais ligado ao valor simbólico dos gestos e das ações, ao envolvimento expressivo e catártico do espectador; o terceiro é baseado na vontade artística e na invenção das linguagens (ao modo da arte, ou seja, trabalhando sobre materiais, sobre as técnicas e sobre as formas).

É curioso notar como todas as três motivações encontram-se nas ações coletivas de Donato Sartori e do Centro Maschere e Strutture Gestuali [Centro Máscaras e Estruturas Gestuais]. É curioso até o momento em que não nos prendemos ao totem em torno do qual gira a fenomenologia e a prática estética de Sartori, ou seja, a máscara. Amleto Sartori, extraordinário conhecedor e escultor dos mapas fisionômicos, dela havia feito a forma príncipe da expressividade humana, seu talento concernia à máscara teatral derivada da *Commedia dell'Arte*, aos "tipos" como quintessência da condição humana; máscara portanto compreendida não como esconderijo de identidade, mas como intensificação expressiva, como *hipervulto*, concernente à caracterização comunicativa elevada à categoria.

O percurso de Sartori pai foi inteiramente feito em torno do homem e ao teatro de expressão por excelência; o de Sartori filho transportou a ideia da máscara que revela para a cena social, adaptou o *hipervulto* à escala urbana, abriu-o a lógicas interativas mantendo sua potência simbólica. Nisto Donato Sartori é mais filho de seu tempo que o pai fora do seu. A redescoberta e a elevação da máscara revestida de couro a uma desconhecida excelência formal foi uma aventura artisticamente solitária partilhada com atores e diretores na qualidade de interlocutores fundamentais, mas somente Amleto possuía a exclusividade daquela pesquisa. Donato Sartori viu-se em meio a uma condição de pesquisa generalizada que não era concernente apenas ao mundo das formas, mas estava revolucionando as próprias razões da existência da experiência artística.

A questão em jogo não era mais a beleza, não era nem mesmo o conhecimento por meio das formas, mas nada menos que o nascimento do homem novo do qual participava o artista despertando a consciência através da subversão dos valores estéticos. Eis então que o processo vale mais que o objeto, o político mais que o subjetivo, a cena pública indiferenciada mais que a setorial. Entre o final dos anos 1960 e durante boa parte dos 1970, a vontade de forma e a vontade de ação social foram costuradas juntas. A maior parte da arte torna-se política, política em amplo espectro, entendendo a dimensão pública como lugar e como matéria de intervenção. Eis então que a máscara dos Sartori conhece a euforia de uma extensão diversa,

Donato Sartori, *Miologico*, estrutura gestual para o filme *Le Maschere dei Sartori* [As Máscaras dos Sartori] realizado pela televisão alemã WDR Pádua, 1987.

Donato Sartori, *Miologico 2*,
Estrutura gestual, 1984
couro patinado.

Donato Sartori, *Condizione Umana*
[Condição Humana],
Estrutura gestual
couro patinado
Bitef, Belgrado, 1977.

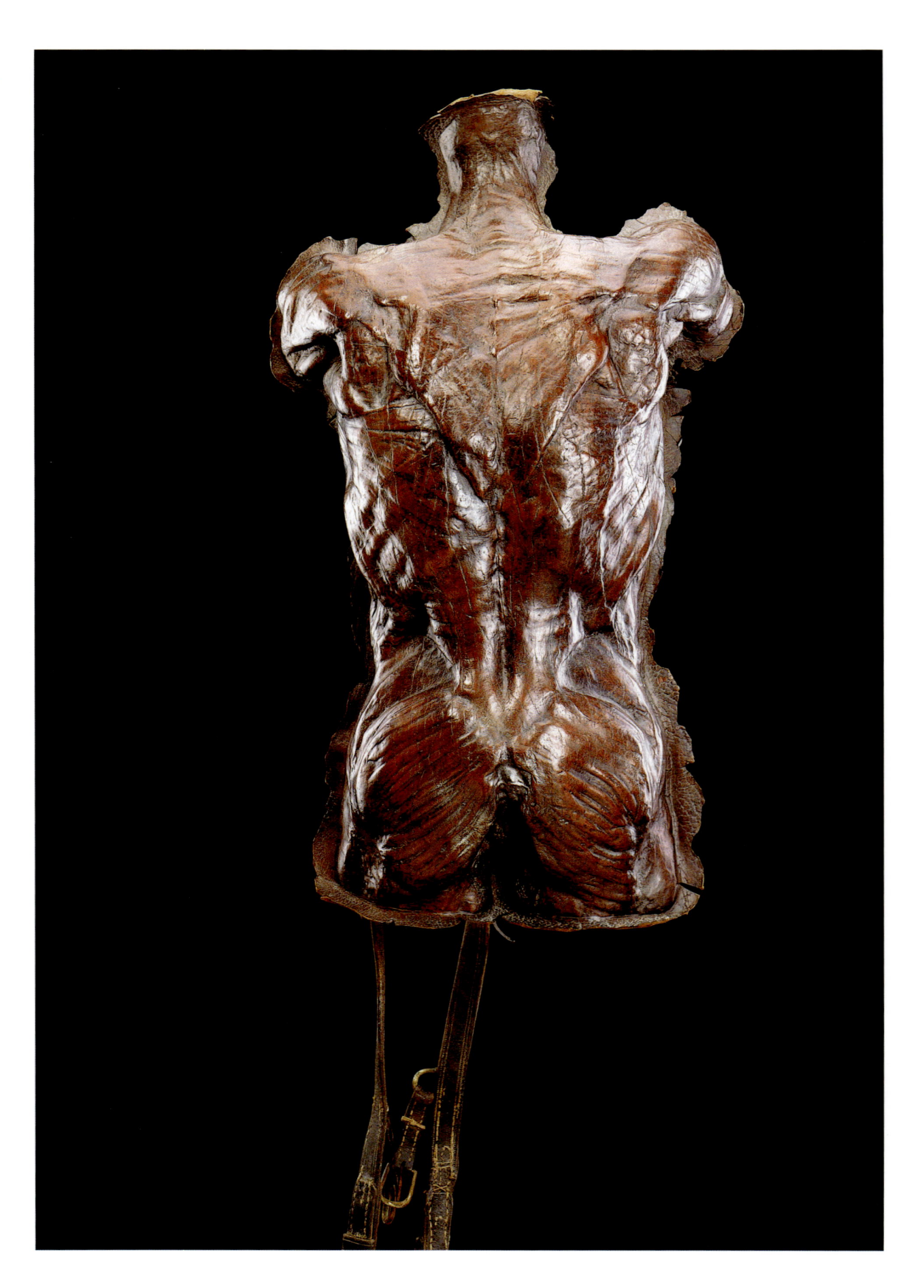

As formas da invenção – As flores de maio | 175

torna-se tema para o corpo e para a condição humana codividida e partícipe no teatro do mundo, torna-se representação emblemática de uma situação do homem que se pretende denunciar e sanar. Mas, ao mesmo tempo, torna-se um singular motor de pesquisa expressiva "off off & away": escultura dinâmica, *performance*, coletividade criativa.

Tudo isso, naqueles anos, não era apenas um pressuposto ambiental para as experiências artísticas de vanguarda, era a arte mesma, por inteiro, saída de si e regenerada no mundo real, reanimada pelas pulsões revolucionárias dos artistas. A arte já havia colocado amplamente em discussão todas as suas fronteiras desde o final dos anos 1950, abolido as regras dos gêneros, das matérias, do mercado. Saíra dos recintos sacros e espalhara-se, para contestar e para criar, nas ruas. E é justamente na rua que encontra o teatro que, por sua vez, havia abandonado o palco, assim como ela havia abandonado galerias e museus.

Naqueles anos, a arte olhou com cupidez as experiências teatrais de vanguarda; poderíamos dizer que, naquela condição de pesquisa, todas as artes tenderam à ação teatral, implicaram e manifestaram o processo em ato, o gesto público, a reflexão compartilhada. O teatro estava nas ruas experimentando vertigem de liberdade, a sacudir, a testar-se, a fatigar-se com as pessoas reais, com o povo dos involuntários espectadores, provocados, estupeficados, coenvolvidos. Sartori pertence àquela razão de ser artista que considera fundamental o envolvimento consciente e libertador dos outros, e isso o leva a realizar esculturas que em seu fazer-se e situar-se no espaço e no contexto cultivam a aspiração a uma prática coletiva. Os seminários-laboratório conduzidos em Mirano e Bergamo (com Eugenio Barba) em 1977 são emblemáticos a esse respeito. Neles, insistem três ordens de investimento: estético, pedagógico e político. As esculturas antropomórficas em couro de título *Conzidione Umana* [Condição Humana] são criadas com os participantes no seminário, mas possuem a cifra estética de Donato Sartori. Trata-se de um compartilhamento projetado em direção a uma combinação de consciência-conhecimento. Na prática de projeto e de realização, o participante entra no interior de um processo de apropriação material de significados que a forma em si possui. A forma fala de partes falhas do corpo humano, de uma fidelidade anatômica adulterada por intervenções de costura, talhos, roturas, etc. Alças, cordas, tirantes, suspensórios, anéis permitem sustentar e puxar plásticos dorsos em situações suspensas, de ponta-cabeça, oscilantes. O efeito narrativo é muito convincente e, apesar disso, é justamente o compartilhamento a acender sua expressividade, pois aquela estrutura, aquele dispositivo figural altamente significante, foi realizado a várias mãos que, apreendendo os segredos da técnica e do nascimento da forma (mais ainda do negativo), de um tema tão intensamente dramático, amplifica seu poder de comunicação. Melhor seria falar, tendo em vista a dimensão coletiva e estética de sua realização, de manifestação.

Nos anos seguintes, este paradigma de ação artística replica-se e consolida-se em outros encontros urbanos, na realização do filme *Maschere e Strutture Gestuali* [Máscaras e Estruturas Gestuais] e, por fim, em *Ambienteazione* [Ambienteação] no Palazzo Grassi durante a Bienal do Teatro de 1980, ano e ocasião em que reaparece em grande escala também a dinâmica da escultura vivente, do *happening* público e da "teia" que Sartori havia concebido em 1975 como "ação comportamental" no âmbito das atividades do grupo paduano de *Azione Critica* [Ação Crítica].

A tipologia destas experiências artísticas compartilhadas pertence, de direito, ao âmbito da pesquisa de vanguarda própria daqueles anos. Existem todos os ingredientes inovadores relidos, inclusive, em uma chave que poderemos definir de todo modo figurativa, com a ideia guia de realizar uma comunicação em condições de exprimir através do corpo (o verdadeiro, o seu decalque, a sua imagem, o seu movimento) uma unidade de entendimentos políticos que funde em si o aspecto contestador e o propositivo, aquilo que se coloca em questão e aquilo que toma seu lugar. Sartori possui uma técnica e uma elevada capacidade de realização maturada com o aprendizado paterno, com a máscara de couro. A ideia da ação parece a ele indissociável da ideia da criação e da criação material, da produção de uma forma (por mais que complexa e inalcançável nas ações públicas) e, portanto, do universo experimental dos anos 1960 e 1970, o lado que mais lhe pertence é o da dimensão coletiva e da participação criativa.

Se depois juntamos a esta acentuada disposição pedagógica a exigência da expressividade, o índice de dramaticidade já implícito em suas esculturas de couro, o transporte do espaço fechado do laboratório ao aberto da praça da dinâmica criativa e o consequente envolvimento do público mais em chave de consciência mais que, reichianamente, liberatória, eis que volta o tema da máscara como *hipervulto* social que possui tanto as conotações da intencionalidade estética subjetiva (codividida) quanto as do "desmascaramento" coletivo. Uma parte *construens* e uma parte *destruens* fortemente, indissoluvelmente entrelaçadas.

Então, se é verdade que os *semens* da revolução teatral operada pelo Living e pelos Bread and Puppet são reconhecidos como horizonte de referência (mais que o *happening* americano de um lado e o situacionismo europeu de outro), é verdade também que o lado forte da anarquia e da fisicalidade exasperada do Living e o visionário infantil e comunitário de Schumann são diferentes daquela forma de construtividade *positive orientated* que está presente nos trabalhos de Sartori e que tende sempre, no entanto, para a fecundidade do ato criativo. Certamente, os princípios do Living fizeram escola, colocaram ramos e raízes que podemos encontrar na poética expressiva do Centro Máscaras e Estruturas Gestuais. Quando lemos, em meio às meditações de Beck em *La Vita del Teatro* [A Vida do Teatro], que "o teatro do próximo desenvolvimento dos seres humanos deverá dirigir-se à criação de condições em que o público possa sentir fisicamente a si próprio, examinar o seu ser, seu ser físico particular, seu corpo sacro, individualmente e coletivamente", não podemos não pensar nas ações urbanas do Centro e, ainda uma vez, perceber como o acento da intenção criativa escorre da máscara que cela à máscara que revela o vulto, à máscara compreendida como *lie detector* que consente à verdade do vulto evidenciar-se, tornando-se, por isso mesmo, um manifesto de poética, uma espécie, justamente, de *hipervulto*: por extensão (coletiva), intensidade (subjetiva) e complexidade (linguística).

Ainda outros aspectos nos levam a considerar a fonte do Living como antecedente crucial: o papel da imaginação, da improvisação e da gestualidade marcadamente ritual. A imaginação compreendida beckianamente como *survival-kit* do cérebro é um requisito indispensável a qualquer indivíduo e mais ainda ao trabalho do artista. Tornar-se artista corifeu e promotor da imaginação é um imperativo moral – mais que estético – que o Centro alimenta até hoje com as grandes *performances* urbanas. A improvisação é o nervo da *Commedia dell'Arte* e, do ponto de vista artístico, está presente nas vanguardas históricas como o dadaísmo e o futurismo. Todavia é no Living e suas irradiações que se torna constitutiva da experiência de liberação da subjetividade coagida, não menos que da experiência do método de trabalho do *workshop*. Diferentemente do que, na verdade, acontece nos *happening* de Kaprow, de Oldenburg e de Cage, que incluíam mais o acaso que a improvisação, predispondo do mesmo modo uma rede bastante precisa para a estrutura do *happening*. O tema da gestualidade neste ritual dominante está presente em muitas experiências das vanguardas teatrais tendentes ao envolvimento psicofísico do espectador; certamente a do Living foi a experiência mais radical quanto a isso, transformando, ao menos na primeira estação, o espetáculo em cerimônia de catarse pessoal e autoconsciência coletiva.

Em Donato Sartori, as raízes teatrais entrelaçam-se capilarmente com sua biografia de artista, a revelação do maio francês, dos Nouveaux Réalistes, da sucata como fulcro de nova poesia, do magistério popular, da desmistificação devastadora, tornam-se para ele uma extraordinária nova versão da *Commedia dell'Arte* que o pega pelo calcanhar e o induz a fórmulas estéticas e políticas de produção criativa. O nascimento do Centro é inteira consequência deste *furor*, deste imperativo moral de compartilhar com os outros a propriedade privada do talento dos conhecimentos à luz de um desenho mais geral de resgate social.

A íntima natureza teatral da pesquisa de Donato Sartori aparece imediatamente em toda sua evidência se comparada, por exemplo, à experiência teatral conduzida por Michelangelo Pistoletto, e analogamente atirada às ruas, em meio ao público e fora das regras. O *Zoo*, criação teatral do artista piemontês, mesmo compreendendo a ação como práxis coletiva onde o conceito de mascaramento joga um papel determinante, era orientado sobretudo para a análise do comportamento e do pensamento. Na história plurianual de *Zoo*, a forma-teatro era compreendida mais como fenômeno e processo cognitivo que expressivo. O espetáculo-jogo do *Uomo Nero* [Homem Negro] na praça em Corniglia, por exemplo, oferecerá materiais para *performances* de alto teor autorreflexivo que alcançarão amplos êxitos expositivos e editoriais.

Sartori recusava, então, e recusa até hoje, a fórmula e a destinação de seu produto de pesquisa como obra de arte, como mercadoria celebrada pelo alto teor de realização. De resto, não se pode nem mesmo falar de teatro *tout-court*, pois tanto o processo criativo como o performativo possuem as características de aventura estética. Portanto, o trabalho de Donato Sartori e do Centro Máscaras e Estruturas Gestuais coloca-se como um híbrido estético que, enquanto tal, mantém ainda viva e atual aquela tendência para a derrubada de fronteiras entre os gêneros artísticos e para a profícua promiscuidade das linguagens que caracterizou o gênio estético-político dos anos ao redor de 1968.

A aventura do museu

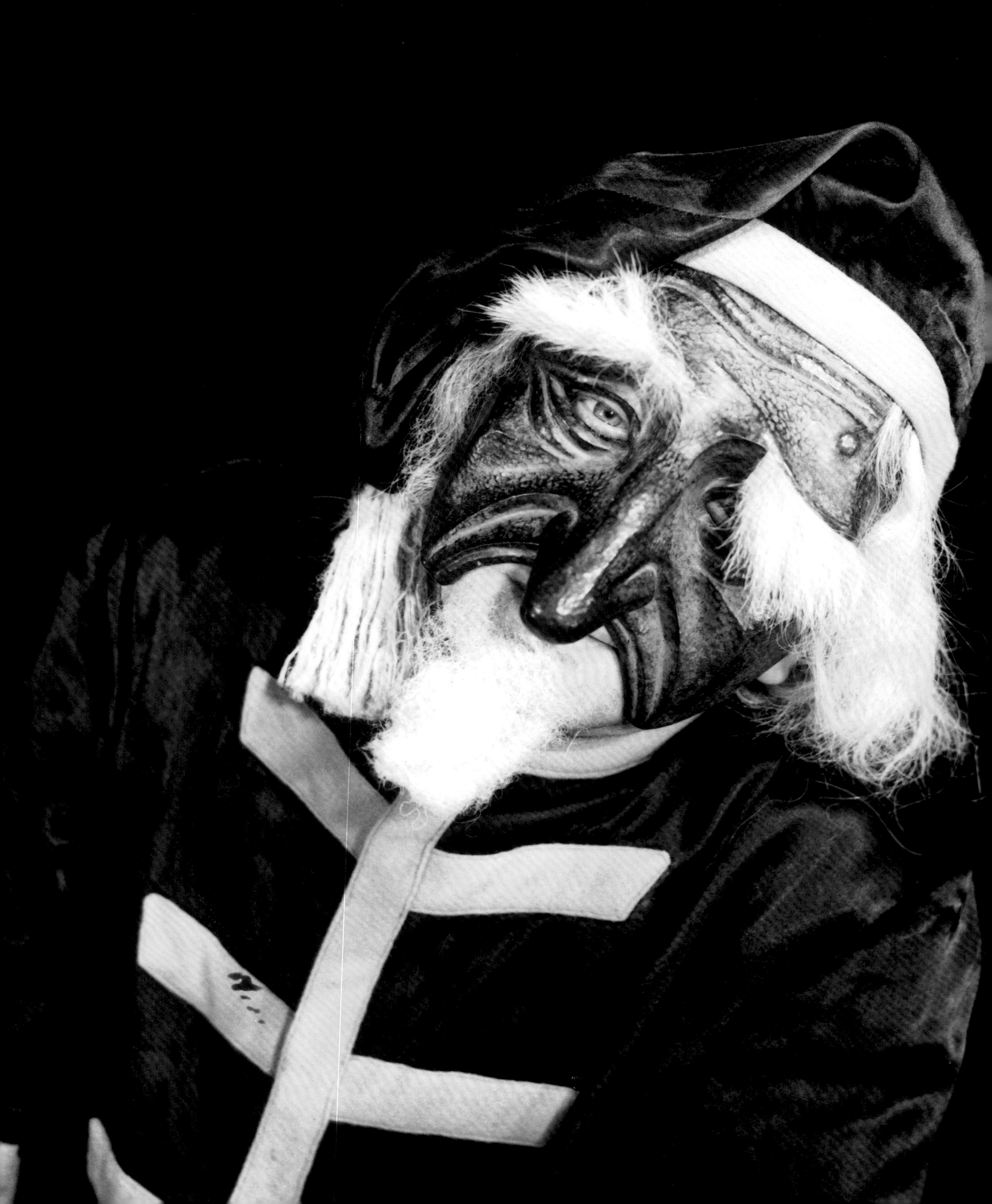

A CASA DAS MÁSCARAS
Donato Sartori

A vida teatral novecentista

Se tivéssemos de percorrer novamente a história cronológica da máscara teatral desde o final do segundo milênio, deveríamos primeiramente retornar a um dos mais representativos personagens de teatro do início do século: o diretor e cenógrafo inglês Edward Gordon Craig (1872-1966), que em 1908 publicou em Florença a revista *Masks* [Máscaras], onde escreveu:

> Houve um tempo em que a máscara servia para a guerra, quando a guerra era considerada arte. Houve um tempo em que a máscara era usada para as cerimônias, porque se pensava que só o rosto não fosse forte o bastante. Veio o momento em que a máscara foi escolhida pelos grandes do teatro clássico: Ésquilo, Sófocles, Eurípedes. Veio o tempo em que o ator soberbo não quis cobrir seu rosto e atirou fora a máscara. Um tempo para os jogos infantis e para as festas mascaradas. Hoje devemos criar uma máscara nova, recusando recorrer à arqueologia do passado, e que consiga dar um vulto à alma do ator para tonar maior o teatro.

Veremos o último Craig nas vestes de docente na Academia de Belas Artes da capital toscana, onde ensinou aos jovens um teatro de puro movimento e onde também exercitou certa influência sobre o jovem Amleto Sartori, à época aluno de escultura dentro dos muros do mesmo instituto. A pedra fora, então, lançada: a curiosidade pela máscara, extraordinário instrumento-objeto, contaminou o ambiente teatral de todo o século.

Alguns anos depois, em 1912, Oskar Schlemmer concretizou na Alemanha uma reflexão sua sobre as máscaras montando um balé que mais tarde foi representado na sede da Bauhaus de Weimar; na França, quase na mesma época, o jovem dramaturgo Jacques Copeau inaugurou a pequena sala na Rive Gauche, o Teatro do Vieux-Colombier. O evento alcançou ressonância europeia de 1913 a 1924, não apenas porque apresentava um verdadeiro crisol de artistas de teatro, mas também pela realização de um novo tipo de dispositivo cênico, e sobretudo pela adoção da máscara como meio teatral de fundamental importância para a pesquisa e a formação do ator.

Para conduzir os atores à familiaridade com o próprio corpo, Copeau os fez trabalhar com a máscara. É um interesse de longa data o de Copeau para com as máscaras da *Improvvisa*, que desde o início da aventura teatral estudou e compartilhou com Léon Chancerel, estudioso de teatro que propôs a ele um vasto repertório documental sobre as figuras e sobre os personagens *dell'arte*, dentre os quais a obra de Maurice Sand, *Masques et Buffons* [Máscaras e Bufões], publicada em Paris em 1860. A partir desse momento, o mascaramento tornou-se para Copeau e para a geração dos mestres do teatro um instrumento de extraordinária importância.

O fermento cultural daqueles anos, além disso, foi estimulado por uma forte motivação por parte de alguns pesquisadores e

Pantalone
máscara dos Sartori
Pantalon Bryllup,
antiga comédia italiana,
direção de Gabriel Axel
couro patinado
Copenhague, Teatro de Estado,
1952.

historiadores do teatro que quiseram percorrer o caminho de volta em busca das próprias raízes perdidas, tomando impulso justamente daquele teatro de origens populares que, do primeiro Renascimento e por mais de dois séculos, foi protagonista indiscutível nos palcos de todo o Ocidente: a *Commedia dell'Arte*. Kostantin Miklashevski (1886-1944), chamado Mic, homem de teatro russo, publicou em 1914 em São Petersburgo um texto exemplar, intitulado *La Commedia dell'Arte o Il Teatro dei Commedianti Italiani dei Secoli XVI, XVII, XVIII* [A *Commedia dell'Arte* ou o Teatro dos Comediantes Italianos dos Séculos XVI, XVII, XVIII]. O texto, de indiscutível valor histórico e documental, que aparecera na revista russa *L'Amore delle Tre Melarance* [O Amor das Três Laranjas],[1] dirigida por Meiyerhold, fornece um considerável testemunho a respeito de uma efetiva atenção do teatro russo de vanguarda às técnicas, temáticas e máscaras da *Commedia dell'Arte*.

Foi exatamente neste contexto que Mic, em uma de suas viagens a Paris, quis conhecer Copeau; do encontro nasceu uma sólida amizade e uma longa colaboração; de fato, para o próprio Copeau: "o ator em máscara tem força maior que aquele cujo rosto é visível ao público".

O ator e diretor Charles Dullin (1885-1949), após uma longa série de engajamentos diversificados no mundo teatral, decidiu acompanhar Copeau na aventura do Vieux--Colombier até 1921, para depois fundar sua própria escola que será frequentada, entre outros, por Antonin Artaud, Jean-Louis Barrault e Étienne Decroux.

No início da Primeira Guerra Mundial, em um trem que os conduziria a Paris, viajavam dois jovens que haviam decidido alistar-se no XXII regimento dos dragões: Pierre Louis Duchartre e Charles Dullin. Foi este encontro determinante que convenceu Duchartre a submergir naquele estranho mundo do teatro, que não lhe pertencia por eleição, mas que o fascinava tanto que, terminada a guerra, dedicou-se a uma pesquisa sobre as origens do teatro e sobre as máscaras da *Commedia dell'Arte*, que lhe permitiu publicar em 1925 a primeira versão de *La Comedie Italienne* [A Comédia Italiana], texto que constitui uma das referências culturais mais pesquisadas por parte de atores, diretores, estudiosos e homens de teatro.

Dentre os inumeráveis alunos da escola, surgida ao lado do teatro Vieux-Colombier, um em particular, Étienne Decroux, destacou-se no uso do corpo como instrumento teatral, a ponto de tornar-se um dos principais fomentadores de uma corrente mímica em que beberam muitos outros atores emergentes à época, dentre os quais Jean-Louis Barrault e Marcel Marceau. "Remover o rosto para reencontrar o corpo"[2] foi o objetivo que marcou a metodologia pedagógica desta escola dirigida por Copeau e que se tornou, por assim dizer, o lema de Decroux, a quem bastava esconder dos espectadores as expressões do rosto do ator. Com este objetivo, mediante o uso de tecido levíssimo (véu), aprimorou uma máscara em condições de envolver toda a cabeça do ator, permitindo-lhe a máxima visão e respiração perfeita.

---

[1] A revista, cujo subtítulo era "La Rivista del Dottor Dappertutto" [A Revista do Doutor Dappertutto], dirigida sob este pseudônimo pelo próprio Meyerhold e da qual saíram ao todo nove números, combatia, em nome da *Commedia dell'Arte* e da obra de Carlo Gozzi, o teatro chamado psicológico e naturalista. Como espelho da atividade da Rua Borodinskaia, publicou numerosos artigos sobre os cômicos italianos junto a diversos roteiros e obras do próprio Gozzi. Ver C. Solvetti, "L'Amore delle Tre Melarance: La Rivista del Dottor Dappertutto" ["O Amor das Três Laranjas: a Revista do Doutor Dappertutto"]. *Carte Segrete* [Cartas Secretas], n. 32, 1976, p. 15-30.

[2] No original, "Enlever le visage pour retrouver le corp". (N. T.)

Amleto Sartori em seu estúdio com os alunos do Istituto d'Arte "Pietro Salvatico", Pádua, 1959.

Na escola, foram usadas, em vez disso, máscaras de papelão confeccionadas segundo uma técnica experimentada pelo próprio Copeau, que consistia em extratos sobrepostos de papel de jornal unidos com cola de amido, obtida pelo cozimento de farinha de trigo, à qual se juntava um torrão de açúcar. Esta última curiosidade tornou-se por muito tempo um dos mistérios que envolvia o fascínio da máscara, dado que o próprio mestre manteve a receita secreta. As máscaras, de vaga aparência antropomórfica, não deveriam possuir expressão alguma, de modo a permitir ao aluno-ator exprimir as próprias emoções apenas com o uso mímico do corpo. Este particular instrumento didático foi chamado *a máscara nobre*[3] ou também de *calma*, considerando a inexpressividade que a caracterizava, e ao final da Segunda Guerra Mundial, adquiriu o nome de *máscara neutra*.

Jean Dasté, aluno e genro de Copeau, casado com sua filha Marie Helene, foi quem transmitiu o uso de tal máscara, após a experiência do Vieux-Colombier, acompanhando o mestre a Borgonha em 1925, onde organizou um grupo de atores que levou o nome de Copiaus. Dasté e Marie Helene fundaram em 1945 sua própria companhia, que teve o nome de Les

---

[3] No original, *le masque noble*. (N. T.)

A partir da esquerda: Paolo Grassi,
Amleto Sartori, Marcello Moretti,
Giorgio Strehler
Vicenza, Teatro Olimpico, 1951.

Comédiens de Grenoble, para colocar em prática as teorias, os ensinamentos e o uso da máscara segundo Copeau. Aqui fez sua primeira aparição, como ator-mimo profissional, o jovem Jacques Lecoq, que há pouco concluíra um curso de estudos de arte dramática ministrado por Charles Dullin e Jean-Louis Barrault.

Trabalhar no grupo de Grenoble significava para o jovem mímico encontrar o mito de Copeau, a tradição pedagógica do Vieux-Colombier e, sobretudo, confrontar-se com a experiência dos Copiaus. Através de Dasté, Lecoq descobriu de fato o *Jeu du Masque* [Jogo da Máscara] e tomou conhecimento de suas exigências técnicas a respeito do uso e da realização das máscaras em papel machê. Voltando a Paris, em 1945, foi admitido na escola recém-criada EPJD (Education par Le Jeu Dramatique) [Educação para o Jogo Dramático]; descobriu, assim, sua vocação para o ensino, deixando de lado a profissão de ator. Mais tarde, teve oportunidade de conhecer o diretor Gianfranco De Bosio e sua colaboradora Lieta Papafava dei Carraresi, chegados a Paris (graças a uma bolsa de estudos da Universidade de Pádua) para um curso de atualização teatral na EPJD. De Bosio, assistente do poeta Diego Valeri, então diretor da Faculdade de Letras da cidade, empenhou-se muito para mudar a sorte do teatro universitário, então extremamente conservador e dominado por correntes tradicionalistas pouco sintonizadas com o clima de euforia cultural que atravessava a Europa no imediato pós-guerra.

O teatro universitário de De Bosio em Pádua

A Universidade, de fato, produziu sob a guia de notáveis personalidades acadêmicas e com a contribuição dos jovens que haviam participado da Resistência, sob a direção de Egidio Meneghetti, uma série de iniciativas culturais, dentre as quais a fundação de um teatro da

Universidade, dirigido por De Bosio, que fundou também uma escola, para a qual Lecoq foi convidado a ensinar o movimento do corpo, Lieta Papafava interpretação e estudo dos textos, Ludovico Zorzi história do teatro e Amleto Sartori história da arte e modelagem das máscaras. Lembra Lecoq: "Cheguei a Pádua em dezembro de 1948; esperando-me à estação estavam, além de De Bosio, todos os atores do teatro da universidade: Agostino Contarello, Gennaro Gennari, Giuliana Pinori, Mario Bardella, Lieta Papafava". A estes se juntaram outros como Giulio Bosetti, Carlo Mazzone, Vanda Cardamone e o cenógrafo Misha Scandella.

Poucos dias depois, Lecoq fez sua primeira demonstração aos atores da companhia mostrando o que sabia fazer, em especial reproduziu a famosa *caminhada no lugar*,[4] característica caminhada mímica no mesmo lugar inventada nos anos 1930 por Decroux. Um comentário irônico de um aluno, que irrompeu: "bonito... mas aonde vai?", levou Lecoq a compreender que a mímica pura, compreendida como gênero autônomo, justamente como a realizaram atores que dela fizeram uma profissão espetacular, como Decroux e Marceau, estava bem longe daquele *mime dramatique*, aberta ao teatro e com finalidades pedagógicas, e do qual há tempos já intuía a existência. Lecoq não trazia máscaras consigo quando chegou a Pádua, a única, que ganhara do amigo Dasté, emprestara *estupidamente*[5] a um bailarino para uma demonstração na Alemanha: "Eu vim a Pádua com a técnica para a construção da máscara neutra na cabeça, e a ideia de trabalhar essa máscara na escola".[6] De Bosio sugeriu que fosse até o escultor Amleto Sartori, que já havia criado algumas máscaras para um espetáculo de poesia negra realizado pela Universidade de Pádua nos salões do Palazzo Papafava na Rua Marsala. Dentre outros, atuavam: Carlo Mazzone, Agostino Contarello que cuidou também da direção, o panorama artístico foi comentado pelo próprio De Bosio.

As máscaras, esculpidas por Sartori, em madeira cava e pintada, montadas sobre bastões apoiados no chão, tinham a função de cobrir o rosto dos atores sem serem vestidas e foram as primeiras máscaras teatrais realizadas por Amleto, uma tentativa criativa que não permaneceu isolada. A apresentação foi ilustrada por imagens pictóricas de artistas vênetos, além das do próprio Sartori, que exibiram suas obras: Guidi, Fasan, Pendini, Perissinotto (Peri), Saetti, Rosa, Schiavinato, Tosello, Travaglia, Vedova e Tono Zancanaro.

Amleto Sartori não era apenas pintor, era sobretudo escultor, e em meio a suas peculiaridades contava ainda com um profundo conhecimento da anatomia humana decorrente de sua frequência em aulas universitárias de anatomia, com o objetivo de documentar graficamente alguns volumes de medicina publicados por amigos médicos, professores universitários. Fora isso, ele frequentara por longos anos as Academias de Belas Artes de Veneza e de Florença, instituições especializadas onde se estudavam disciplinas escultórias como a anatomia, a osteologia e a miologia para artistas.[7]

---

[4] No original, *marche sur place*. (N. T.)

[5] No original, *bêtement*. (N. T.)

[6] No original, "Je suis arrivé a Padue avec la thecnique pour la costruction du masque neutre dans la tête, et l'idée de travailler ce masque dans l'école". (N. T.)

[7] Amleto Sartori sempre teve com a máscara uma relação que poderia ser definida congênita. De fato, desde muito jovem, expressou com o entalhe uma profunda predisposição para o grotesco. Em 1928, aos treze anos, iniciou um trabalho de escultura a ele encomendado pelo antiquário Alfredo Bordin, que concluiu dez anos mais tarde. Durante esse período, foram esculpidas em madeira de *cirmolo*, em baixo relevo, e *a tuttotondo*, diversas figuras grotescas, máscaras e monstros para guarnecer um apartamento inteiro, hoje expostas junto ao Museu Cívico do Santo de Pádua. Para *cirmolo*, ver nota 16, do próprio autor, mais adiante. Para *tuttotondo*, ver nota 4 ao texto *Em busca das fontes históricas*, de Donato Sartori, neste volume. (N. T.)

Naturalmente dotado para o retrato, Amleto, curioso com os pedidos de Lecoq para a realização de máscaras neutras a serem sucessivamente utilizadas na escola de teatro, não só ofereceu o espaço em seu laboratório junto à escola de arte "Pietro Selvatico" onde ensinava, mas, após ter observado a incapacidade dos alunos para modelar os rostos das máscaras, propôs, com determinação, uma eficaz intervenção sua. Lecoq lembra a escolha de Amleto para fazer ele próprio as máscaras.[8] Àquelas, seguiram-se outras máscaras para espetáculos que o teatro da Universidade colocou em cena de 1948 a 1951, ao longo de diversas produções como *Le Cento Notti* [As Cem Noites], espetáculo inspirado nas figuras do teatro Nô japonês que Lecoq levou a Pádua como eco da experiência de Grenoble; *Porto di Mare* [Porto de Mar], pantomima com máscaras neutras e coreografia do próprio Lecoq; *I Pettegolezzi delle Donne* [As Bisbilhotices das Mulheres], de Carlo Goldoni, com direção de De Bosio e cenografia de Misha Scandella. Dentre tantas, surgiu uma extraordinária: os *Sei Personaggi in Cerca d'Autore* [Seis Personagens à Procura de um Autor], com direção de De Bosio e a intepretação de Giulio Bosetti no papel do filho. A marcante tipologia pirandelliana, presente na obra, permitiu a Sartori indagar profundamente sobre a psique humana para produzir uma série de máscaras-personagem em papel machê policromado, que deu decisivo rasgo artístico ao espetáculo inteiro. Outras obras inspiradas nos textos de Ruzante foram encenadas, após estudos e publicações surgidos na primeira metade do século, por obra do francês Alfred Mortier e do vêneto Emilio Lovarini, com quem meu pai manteve uma longa relação epistolar e, todavia, graças também ao aporte oferecido pelos estudiosos Ludovico Zorzi e Paolo Sambin.

É curioso perguntar pelo motivo que levou De Bosio, convicto defensor das máscaras *dell'Arte*, a recusar sua utilização para os espetáculos de Ruzante, não obstante a culta e fundamentada convicção de Giovanni Calendoli, que via Ruzante como antecipador, em seu tempo, das máscaras da comédia *improvvisa*.

Mas a sorte fora lançada; a fama das máscaras de Amleto difundira-se tão rapidamente que alcançou consenso não apenas na Itália, mas sobretudo na Europa, em pleno despertar cultural pós-bélico. Em Paris, de fato, Jean-Louis Barrault, tocado pela fama das máscaras em couro criadas pelo artista italiano, quis inicialmente experimentar as da *Commedia dell'Arte* para uma representação no Teatro Marigny; e, mais tarde, recorreu às dos personagens para a *Vaccaria* [A Comédia das Vacas] de Ruzante. Foi um grande acontecimento em Paris, e as novas máscaras cativaram de tal modo diretor e público, que foram contempladas com uma nova produção que Barrault colocou em cena no Festival Internacional de Bordeau (1955) e, sucessivamente, com a complexa trilogia de Ésquilo, a *Orestea* [Oréstia], no Odeon de Paris, representada com 75 máscaras esculpidas em couro por Amleto Sartori.

Estes foram os anos de minhas primeiras lembranças de infância, ligadas ao teatro e às máscaras, e que aos olhos de um menino transcorreram como um jogo. Lembro as longas noites sem dormir devido à presença de atores e gente de teatro que frequentavam minha casa de Riviera Paleocapa, de cujas janelas eu admirava a majestosa imponência da Specola. Lembro as declamações frenéticas de Agostino Contarello, singular ator-autor paduano que vinha "experimentar" aqui os seus personagens teatrais antes de interpretá-los no teatro da Universidade. Durante as infinitas noites de vigília forçada (eu, de

---

[8] Ver, neste volume, *A Geometria a Serviço da Emoção*, de Jacques Lecoq.

fato, dormia na saleta ao lado da cozinha, a única área aquecida da casa onde ocorriam os encontros), dezenas e dezenas de pessoas marcavam encontros para discutir teatro ou, simplesmente, para tomar um copo de vinho com os amigos, e frequentemente isso ia até o amanhecer. A amizade entre meu pai e Jacques (ao qual, mais tarde, juntar-se-ia Marcello Moretti, extraordinário intérprete do *Arlequim* strehleriano), era tal que frequentemente os dois desapareciam por dias inteiros em busca de rostos característicos, verdadeiras e próprias máscaras humanas que só poderiam ser encontradas em alguns pontos nodais da cidade ou em seus arredores imediatos.

O mercado "dos frutos e das ervas" das praças, sob o salão do Palazzo della Ragione de Pádua,[9] com os seus bancos coloridos e perfumados, fervilhante de uma pitoresca fauna popular, era fonte inesgotável de sugestões para as máscaras *pavane*[10] da tipologia ruzantiana. Amleto amava estes locais e frequentemente vinha inspirar-se com Jacques que, curioso e extasiado, descobria a Itália em sua essência verdadeira e popular. A Itália da *commedia all'improvviso* reencontrava-se ali, viva, com seus personagens autênticos, a algazarra e os gritos típicos de todo mercado local. Rapidamente se tornou hatitual para os dois amigos fazer longos passeios de vespa pelos bastiões medievais, para chegar a locais característicos e geralmente mal-afamados, habitados por uma multidão de "tipos" dignos das mais sugestivas histórias do povo *pavano*; o Foro Boario no Prato della Valle, com o seu extraordinário folclore camponês, era meta dos comerciantes de gado, envolvidos em tabardos pretos que, chegando às primeiras luzes do amanhecer a bordo de suas "carrocinhas" puxadas por cavalos pungidos por elegantes chicotes, fechavam os negócios cuspindo nas palmas e selando o acordo com um vigoroso aperto de mão. Também Porta Portello, emblemática zona de má fama da cidade, era uma das metas preferidas, inesgotável celeiro de ideias e sugestões para modelar máscaras e personagens para o escultor paduano, de posturas e atitudes para o mímico francês. Outro lugar predileto era o bairro periférico de Santa Croce, lugar santo, povoado por peregrinos do mundo todo em busca de alguma graça ou milagre, pedido ao padre Leopoldo, um minúsculo frade capuchinho.

Lembro ainda uma tarde de festa, em que Jacques veio à nossa casa acompanhado de Lieta Papafava; mais tarde chegou também Agostino Contarello. Foi quase um encontro-espetáculo, com meu pai que contava anedotas sobre personagens da velha Pádua, comparando o espírito cáustico da Gaetana ao da Betìa de ruzantiana memória, fazendo piadas sobre algumas figuras que realmente existiram, ou ainda existentes, como Chichi Badan, famoso portador do maior atributo masculino do Vêneto, hipotizando paralelismos entre Pace del Portello e personagens históricos, como Sier Tomao da *Anconitana* ou o próprio Ruzante, como intérprete de suas próprias comédias. Jacques, me lembro, àquela época comprido e esquelético, brincando e mimando, intepretava as figuras conforme iam sendo citadas: o gordo e porcino Tuogno, de uma antiga farsa anônima, colocado em confronto com o Feitor da *Vaccaria* [A Comédia das Vacas].

E assim chegamos ao final da tarde; ao escurecer, convidados por alguém fomos comer carne de cavalo em Legnaro, pequeno burgo situado ao longo da estrada para Chioggia. Apertados numa velha jardineira, entramos por trilhas de terra até chegar, já no escuro,

---

[9] No original, "sotto il salone della vecchia Padova". Trata-se do "salone" do Palácio da Razão, um grande edifício civil de Pádua, construído no século XIII. Sua parte inferior abriga sedes dos mercados paduanos. (N. T.)

[10] Ver nota 2 ao texto de Piizzi e Alberti, neste volume, p. 23. (N. T.)

Amleto Sartori, *Pantalone*, estudo para a *Cameriera Brillante* [Camareira Espirituosa] de Carlo Goldoni, direção e interpretação de Cesco Baseggio nanquim e guache Veneza, 1956.

a um conjunto de casas rústicas de madeira e teto de palha, vagamente iluminadas por lâmpadas de carbureto e aquecidas por fogareiros alegres e crepitantes, contidos em enormes e fumarentas lareiras. Em meio a um ensurdecedor zunido dialetal, surgiu diante de nós uma multidão de personagens estranhos que pareciam ter saído de um filme de Dreyer; estavam sentados à volta de mesas de madeira escangalhadas, cheias de garrafas de vinho e pratos

Bruxa
máscara de Amleto Sartori
Macbeth de William Shakespeare,
direção de Giorgio Strehler
papel machê pintado
Milão, Piccolo Teatro, 1952.

fumegantes de "carne na terrina",[11] servida com polenta assada na brasa. O lugar, não muito longe de Pádua, era conhecido por histórias populares que o indicavam como cova de ladrões de cavalo. Parece que os pobres animais foram abatidos às escondidas, ao longo dos fossos, e as carnes, objeto de lucrativo

---

[11] No original, "carne in tocio", em dialeto. A expressão indica carne umedecida, com molho. (N. T.)

Personagem
máscara dos Sartori
La Favola del Figlio Cambiato
[A Fábula do Filho Trocado] de
Luigi Pirandello,
direção de Orazio Costa
couro pintado e patinado
Milão, Piccolo Teatro, 1956.

contrabando, eram colocadas para defumar dentro dos canos das chaminés, em função de um provável costume local, adquirido durante a carestia provocada pela guerra.

Neste ambiente de sabá, em meio à fumaça e aos reflexos avermelhados das brasas, ganhavam forma, debaixo de dramáticas contraluzes, figuras sanguíneas; personagens e máscaras que seriam desenhadas e publicadas como complemento aos textos sobre Beolco, que Ludovico Zorzi preparou para as edições Randi em 1953. Afloram ainda as lembranças do dia em que vi meu pai radiante e entusiasta, depois de um retiro em Arquà Petrarca, minúsculo lugarejo medieval enrocado nos Montes Euganei, conhecido seja por ter hospedado o homônino poeta, seja porque ali era possível resgatar um dos dialetos mais puros, menos italianizado, enfim, e mais próximo do pavano antigo, dos textos ruzantianos. Tratava-se de um seminário sobre a língua pavana, organizado por De Bosio, tendo em vista uma série de representações sobre o tema com os atores do teatro da Universidade.

Como toda bela fábula, esta também teve seu fim. Os primeiros sinais de uma crise que estava afligindo o teatro universitário fizeram com que Giorgio Strehler, que já há alguns anos dirigia com sucesso o Piccolo Teatro de Milão com Paolo Grassi, se aproximasse. O teatro da Universidade fechou os batentes devido ao acúmulo de dificuldades econômicas, mesmo com a fama alcançada e o interesse gerado junto a intelectuais e homens de cultura: "Conseguimos resistir somente por quatro anos até que cortassem nossas pernas com a recusa da Universidade e da Prefeitura de Pádua em continuar a subvencionar um teatro incômodo".[12] A experiência terminou em abril de 1950 com a última representação no Piccolo Teatro de Milão. Foi justamente no Piccolo, para onde todos os atores do teatro paduano confluíram, chamados por Strehler e Grassi para engrossar as fileiras de um teatro que crescia rápida e enormemente. O próprio Lecoq foi chamado a Milão para fundar a escola do Piccolo Teatro.

Também Strehler foi contagiado pela presença da máscara no teatro entre as duas guerras, tanto é verdade que foi envolvido nesta aventura exatamente por Étienne Decroux, convidado naqueles anos a vir a Milão para um ciclo de lições no Piccolo: "Todo o

---

[12] De uma entrevista concedida por Gianfranco De Bosio, Verona, 30 de dezembro de 1997.

teatro posterior foi marcado pela experiência-pregação de Decroux".[13]

O Piccolo Teatro de Strehler

O primeiro encontro entre Amleto Sartori e Giorgio Strehler ocorreu ao final de 1951 "num dia de sol à sombra das pedras"[14] num café em frente ao Teatro Olimpico di Vicenza, onde o Piccolo encenava a *Elettra* [Electra] de Sófocles, com direção de Strehler e coreografias de Lecoq. Estavam presentes, além de Strehler, Marcello Moretti e Lecoq. O Piccolo Teatro já havia apresentado em 1947 o conhecido *Servitore di Due Padroni* [Servidor de Dois Patrões] de Goldoni. Naquela edição, Pantaleão, Briguela e o Doutor usavam máscaras horríveis, segundo o próprio Strehler, enquanto Arlequim, interpretado pelo genial Moretti, utilizava uma maquiagem preta que, reproduzindo os traços de uma máscara, criava sua ilusão. A centelha fora acesa; dali a pouco lá está Giorgio Strehler, em Pádua, visitando os atores do teatro da Universidade, sobretudo para conhecer de perto o artífice das máscaras de que tanto se falava no mundo teatral do pós-guerra: "sei apenas que certo dia vimo-nos em seu estúdio de Pádua falando de teatro e da máscara no teatro". Em meio a tantas amontoadas sobre os balcões de trabalho, ficou atraído e seduzido pelos estudos gráficos e plásticos que Amleto havia produzido durante as profundas pesquisas sobre a máscara neutra.

"Talvez", disse Amleto, "tenha sido a coisa mais difícil que já tenha feito; [...] Nós utilizamos esta máscara durante anos, e justamente com ela certa noite Étienne Decroux mostrou-nos pela primeira e última vez, a 'levitação' de um corpo humano. Realmente, por um instante, Decroux, com a máscara neutra de Sartori e também graças a uma perfeita coordenação de cada gânglio nervoso e cada feixe muscular de seu corpo e com uma concentração tão absoluta de quase causar medo, ficou diante de nós, espectadores atônitos, 'suspenso no espaço' imóvel. Instante que nos pareceu eterno".[15]

Donato Sartori, *Galileu*
Vida de Galileu de Bertolt Brecht, direção de Giorgio Strehler
papel machê policromado
Milão, Piccolo Teatro, 1963.

---

[13] G. Strehler, "Il Mestiere della Poesia" [O Ofício da Poesia]. In: *Arte della Maschera nella Commedia dell'Arte* [Arte da Máscara na *Commedia dell'Arte*]. D. Sartori e B. Lanata (org.). Casa Usher, 1984, p. 171.

[14] A citação é de Lecoq, em texto presente neste volume. Ver nota 1 àquele texto, p. 156. (N. T.)

[15] G. Strehler, "Margine al diario" [Às Margens do Diário]. *Quaderni del Piccolo Teatro di Milano* [Cadernos do Piccolo Teatro], n. 4, 1962, p. 59-61. Passagem emblemática que reaparece no texto de Strehler, neste volume, p. 116. (N. T.)

Pulcinella
máscara dos Sartori
Il Figlio di Pulcinella
[O Filho de Pulcinella],
direção de Eduardo De Filippo
couro patinado
Roma, Teatro Quirino, 1962.

Foi importante a visita de Strehler a Pádua. Sartori lhe propôs, com audácia, estudar e realizar as máscaras como haviam sido concebidas na tradição da *Commedia dell'Arte*. Até então Amleto jamais havia experimentado o couro, mas, como artista eclético e curioso que era, levado pela necessidade, começou com a vigorosa ajuda da mulher Miranda a consultar textos e volumes antigos, conservados nas principais bibliotecas europeias: a Marciana de Veneza, a coleção Burcardo de Roma, os intermináveis arquivos da Nacional e a do Arsenal de Paris. Descobriu que no Museu da Ópera havia algumas matrizes em madeira para máscaras em couro e em Veneza moldes em chumbo *par mascare*, das quais ninguém conhecia o uso e as técnicas.

Dirigiu-se então à Basílica de Santa Giustina, em Pádua, onde conheceu um prior especializado em técnicas de restauração dos antigos volumes encadernados em couro e pergaminho, tomando conhecimento dos segredos do trabalho com pele animal curtida. Esculpiu a sua primeira matriz em madeira de *cirmolo*,[16] tendo como referência os modelos observados em Paris; recobriu com um couro de cabra úmido e fino. Conforme a superfície enxugava-se, Amleto comprimia o couro sobre a madeira com as batidas de um martelo de chifre e alisava-o com varetinhas de buxo lúcido[17] que ele mesmo construíra. Assim vem à luz a primeira máscara em couro.

Naquele momento ensaiava-se no Piccolo *L'Amante Militare* [O Amante Militar], de Goldoni, cujo Arlequim era interpretado por Macello Moretti; Strehler solicitou a Sartori estudar as máscaras para os atores. Eu acompanhava meu pai, que se dirigia a Milão com frequência cada vez maior, para levar as máscaras que inventava, produzia e experimentava num clima de furor criativo que eu jamais vira antes durante a minha adolescência.

Estar em meio às máscaras era rotina para mim. A lembrança mais marcante foi a cena, tão movimentada quanto divertida, entre meu pai e Marcello Moretti, que ensaiava no palco um enésimo, perigoso salto acrobático. Meu

---
[16] *Cirmolo* é termo dialetal vêneto que identifica o *Pinus Cembra*, conífera utilizada para entalhe em todas as regiões alpinas.
[17] No original, *bosso* (reg). *Busso* – arbusto sempre verde com pequenas folhas ovais, brilhantes e perfumadas; espontâneo no Mediterrâneo, cultivado para formar sebes; madeira desse arbusto, duríssima e compacta. (N. T.)

pai estava na plateia: acompanhava a atuação, fazia anotações e rabiscava esboços. Marcello sentia sua concentração sufocada pela estreiteza que a máscara deixava para os olhos, dava saltos bruscos continuadamente para ver onde iria chegar, como podia se mexer. Não se sentia absolutamente à vontade. Perdeu a paciência, sem dizer nada tirou a máscara, aumentou os buracos dos olhos com grossas tesouras que estavam em cena. Recolocou a máscara e estava tranquilamente retomando o ensaio pelo salto, quando meu pai, que permanecera incrédulo seguindo toda a cena sem saber o que falar, soltou um grito enorme, chamando-o de louco. Começaram a trocar insultos furiosamente, mantidos à distância com dificuldade; muito mais tarde, acalmados pelo próprio Strehler, encontraram uma saída pacífica para suas discordâncias.

Depois deste episódio firmou-se uma grande amizade entre o escultor e o ator, que terminou apenas com a morte de ambos. O artista paduano preparou algumas máscaras que se adaptavam potencialmente ao espírito do Arlequim-Moretti: uma tipo touro, uma tipo gato e a última tipo raposa. Sartori, de fato, acentuava certas características animalescas, perceptíveis na máscara do Zanni e com estas variações oferecia possibilidades de escolha ao ator, que naquele momento ainda recusava a máscara, porque esta lhe causava medo.

A arte de um pai-mestre

Era o tempo em que meu pai, à noite, tomado pelo impulso criativo, entalhava na madeira de *cirmolo*, resinosa e perfumada, rostos e caracteres ora duros e decididos, ora inquietos e flácidos, inspirados nas máscaras japonesas em madeira cava, vistas num espetáculo de teatro Nô de uma famosa companhia de Tóquio, que estivera em turnê pela Itália. Ficara impressionado de tal modo com a beleza e perfeição de suas máscaras maravilhosas que se jogou também no estudo e na experimentação das secretas receitas da laca japonesa, tanto que realizou algumas com extraordinários resultados. Eu, muito jovem, frequentava o laboratório dirigido por um pai-professor que, às vezes ríspido, às vezes bem-humorado, revelava-me, saboreando-os, os truques do ofício, recriando aquilo que em um passado distante deveria ser o sistema de aprendizagem nas oficinas de arte. Eu aprendia, brincando,

Eugenio Barba apresenta as máscaras dos Sartori Bérgamo, Atelier Internazionale sul Teatro di Gruppo, 1977.

Parada do Odin Teatret máscara dos Sartori Pontedera, Centro per la sperimentazione e la ricerca teatrale, 1976.

as técnicas dos pequenos estopins de argila,[18] ao modelar os rostos e as figuras plásticas em terracota ou cerâmica. Com frequência, acompanhava meu pai a Veneza, à antiga fundição do senhor Bianchi nos arredores da Academia, um velhote vivaz que estava sempre entre os artistas, oferecendo sua hábil e preciosa obra de fundidor de bronze.

Ainda tenho nas narinas o cheiro acre da cera perdida, queimada, nos olhos o revérbero ofuscante do bronze fundido, colado nos moldes enfiados no meio da areia. Sinto ainda a tensão da espera quando se quebrava o negativo para descobrir, quase como se fosse um achado arqueológico, a forma sepulta que gradualmente desvelava a expressão de um rosto. Máscaras realizadas com outros materiais, ora recavadas do entalhe da madeira, ora plasmadas no couro, ora escavadas na pedra, acumulavam-se em tantos anos de trabalho e de experiência. A fama das novas máscaras em couro de Amleto, meticulosamente exumadas de um passado plurissecular, era tal que os atores, os diretores e os homens de teatro europeu, antes ou depois, dirigiram-se a ele para experimentar um instrumento renascido das antigas tradições. E foram anos de pesquisa febril e férvida criatividade para buscar novos rostos a dar aos personagens para as mais diversas produções teatrais. Lembro Orazio Costa, considerado o continuador italiano da escola de Copeau, que se confrontou com as máscaras de Amleto para *La Famiglia dell'Antiquario* [A Família do Antiquário] de Goldoni em 1955 e, sucessivamente, com as máscaras policromadas de vago aspecto cubista para *La Favola del Figlio Cambiato* [A Fábula do Filho Trocado] de Pirandello.

Tive possibilidade de encontrar-me com Costa pouco antes de sua morte; durante um colóquio tomei conhecimento de algumas particularidades, sobre desejos e indicações de Pirandello a respeito de máscaras para suas obras. Lembro-me das horripilantes máscaras de megeras, bruxas e espíritos diabólicos do *Anjo de Fogo* de Prokofiev, dirigido por Strehler, por ocasião da Bienal de Veneza de 1956 (que foram uma das fontes de inspiração para minha recente pesquisa sobre máscaras medievais nórdicas do World Theatre Project na Suécia). Máscaras criadas não apenas para textos teatrais, mas também para óperas, como o *Orfeo* [Orfeu] de Monteverdi no Scala de Milão, com direção de Bacchelli, ou para o de Gluck com direção de Walmann no Teatro Massimo de Palermo, no mesmo ano. Meu pai, desde jovem, ensinava escultura junto à Escola de Arte "Pietro Selvatico" de Pádua. Deixou o posto vago devido à doença que o levaria à morte.

Depois de alguns anos fui nomeado docente no mesmo instituto, ocupando o lugar que foi seu; girando com nostalgia pelos mesmos lugares, a mesma sala de aula, entre os alunos que pareciam os mesmos de então, veio-me à mente o encontro de meu pai com o grande velho, ao menos foi o que pareceu-me ter visto com os olhos de, então, Cesco Baseggio. O ator, com uma entrada, para dizer o mínimo, ostensiva, rodeado por seus efébicos discípulos, sentou-se sobre uma antiga poltrona de barbeiro que tronejava no centro do estúdio. Viera para discutir sobre um personagem de comédia que deveria interpretar em Veneza em breve (1959) e que devia ser, se bem me lembro, o Pantaleão para o *Il Bugiardo* [O Mentiroso] de Goldoni, com direção de Carlo Ludovici. Baseggio sofria há algum tempo de uma aborrecida asma, que tornava difícil sua respiração sob a máscara; e foi nesta ocasião que tive a oportunidade de apreciar a genialidade de meu pai ao enfrentar com versatilidade não só o problema tipológico-morfológico

---

[18] No original, *lucignoli di creta* – *lucignoli* – estopins, pequenos cilindros. (N. T.)

do personagem, como também os problemas técnicos correlacionados.

Modelou na hora um rosto de velho, ríspido e avaro, com o nariz tipicamente hebraico, tal como deveria ser o característico dos mercadores hebreus da Sereníssima, vistos com os olhos da sátira social dos componentes das companhias da *Improvvisa*. A peculiaridade que a máscara estava assumindo era a de um vulto caracterizado por um grande nariz adunco, que cobria a parte alta do rosto do ator, deixando completamente descobertas as cavidades das narinas e desse modo permitindo ao intérprete uma respiração e uma dicção perfeitas. Baseggio quis ver e tocar também as máscaras de Ruzante, que estavam em elaboração nas bancadas, lamentando que não pudera usá-las na sua grande interpretação veneziana do *Parlamento* de 1954. Com sua típica expressão entre o zombador e o espirituoso, eu via que meu pai não estava de acordo; como bom conhecedor tanto das obras como da biografia de Beolco, considerava a interpretação de Ruzante por parte de Baseggio muito senil, distante da tipologia do personagem-ator quinhentista. O estudo e a individuação dos tipos e caracteres populares do campo vêneto levaram Amleto a, durante longos anos, plasmar, esculpir, mas sobretudo desenhar figuras a guache e sanguinas, nanquins e pastéis, ou ainda a preparar pranchas que pintava com diferentes técnicas pictóricas. Foi por conta das máscaras para a comédia *L'Anima Buona di Sezuan* [A Alma Boa *de Setsuan*] encenada pelo Piccolo Teatro de Milão em 1958, que meu pai encontrou Bertolt Brecht, hóspede de Paolo Grassi e de Giorgio Strehler. A partir daquele momento, abriu-se para ele o mundo nórdico do teatro alemão e, alguns anos mais tarde, o estúdio Werner Dau Produktion di Potsdam encomendou-lhe uma série de máscaras em couro para um filme inspirado em personagens ruzantianos,

Amleto Sartori, *Mercador* estudo para a *Vaccaria* de Ruzante nanquim e guache publicado na edição organizada por Ludovico Zorzi, Pádua, Randi, 1954.

Italienischen Capriccio [Capricho Italiano], sob a direção de Glauco Pellegrini.

A figura de Beolco a esta altura estava tão inserida na fantasia do escultor, que sua pesquisa sobre o retrato e sobre a figura do comediógrafo *pavano* foi premiada com a encomenda de uma estátua em pedra de Nanto (ou pedra de Vicenza, com a qual foram esculpidas as estátuas dos insignes paduanos dispostas ao redor da canaleta do Prato della Valle). A estátua, oferecida pelo Lions Club de Pádua, deveria ser colocada sobre uma das

Amleto Sartori, *Placido*,
estudo para a *Vaccaria* de Ruzante
nanquim e guache
publicado na edição organizada por
Ludovico Zorzi,
Pádua, Randi, 1954.

duas pilastras que custodiam a Ponte Nord del Pra', mas devido a sucessivas vicissitudes, puramente "paduanas", histórias de velhos rancores e invejas corporativas, os artistas da cidade se antecipavam junto às instituições públicas para que o fato não acontecesse; a estátua foi erigida no início dos anos 1960 no interior dos jardins Morgagni, próximo ao Hospital velho de Pádua.[19] Em 1961, apesar de sua fibra

---

[19] Muito tempo depois, em 1992, a escultura, danificada pelo tempo e pela mão de estúpidos, foi restaurada com cu-

excepcional, o mal já estava minando os pulmões de Amleto, que, com enorme esforço, conseguiu projetar e completar para o teatro do Brecht-Ensemble em Essen desenhos, máscaras e figurinos para o *Parlamento* de Beolco, com a direção de Palitzsch, e para a encenação teatral de *Von Bergamo bis Morgen früh* de Walmann, na Landesbühne de Hannover, sob direção de Reinhold Rüdiger.

A passagem do bastão

Foram meses de sofrimento fatais. Amleto esculpiu as últimas máscaras para o *Augellin Belverde* de Carlo Gozzi, na encenação de Giovanni Poli. Chegou o momento em que me dei conta de que devia tirar de sua mão ainda vigorosa (morreu com apenas 46 anos) o bastão. Para mim foi um período dramático pela passagem do papel de filho-aluno ao de responsável-guia, com a missão de entregar à história uma pesquisa e uma arte fruto da atribulada vida de um homem que, entre as duas guerras, conseguira realizar um sonho, o de devolver ao mundo contemporâneo a máscara, símbolo de um teatro que se considerava desaparecido.

Fiquei transtornado com a incumbência; um turbilhão de atividades, trabalho e compromissos não me deixarem tempo para me dedicar a reflexões de qualquer tipo: as pressões por parte de Eduardo De Filippo para o estudo e a realização de uma nova máscara para *Il Figlio di Pulcinella* [O Filho de Pulcinella], as máscaras para uma obra de Gozzi dirigida por Giovanni Poli, encenada em Veneza e depois levada a Nova York, a necessidade de concluir

idado filial por mim e por meus colaboradores do Centro Máscaras e Estruturas Gestuais junto à velha sede, situada numa antiga vila vêneta do século XVIII nos arredores de Pádua. A estátua de Ruzante está agora na Piazzetta Garzeria, à sombra do relógio Dondi, às costas da Faculdade de Letras e Filosofia da Universidade de Pádua.

certa quantidade de esculturas não terminadas, pinturas murais e grafites iniciados, e outras máscaras, dentre as quais as para o *Galileo* [Galileu] de Brecht que, em 1963, no interior do Piccolo Teatro de Milão, permitiram-me testar, com técnicas pessoais, novas expressões artísticas. O ano seguinte foi o da volta do *Gioco dei Potenti* [Jogo dos Potentes][20] do mesmo autor, grande aventura teatral de Strehler.

Viagens e mais viagens, a Paris principalmente, para encontros, reflexões e projetos com Lecoq, Jean Vilar, Barrault. Através das lições de Decroux, que vi pela primeira vez, em sua escola parisiense, tive a sensação de que se colocasse em antítese ao discurso de Lecoq; pareceu-me advertir uma aura de puro esteticismo, tendente a elevar o papel do corpo e do gesto em direção a uma dimensão mística. Um encontro histórico, que ficará impresso para sempre na minha memória, foi o ocorrido com o velho dramaturgo francês Léon Chancerel, que no leito de morte não poupou-me histórias, anedotas, aventuras de teatro do início do século com os maiores homens de cultura da nossa época, Copeau, Jouvet, Miklashevski, e outros ainda.

As solicitações de mostras de nossas máscaras vindas do exterior sucederam-se de modo cada vez mais frequente; dediquei-me, então, com grande empenho, a realizar as mais importantes, como a itinerante nos Estados Unidos, produzida pela New York Library, ou como a posterior do Instituto Italiano de Cultura de Melbourne, que se estendeu por anos pelas mais importantes cidades australianas, e muitas outras, tanto na Itália como na Europa. Contemporaneamente decidi me formar em Arquitetura em Veneza, faculdade iniciada há tempos, mas interrompida devido à doença de meu pai. Foram anos de inquietação estudantil

[20] *Il Gioco dei Potenti* é a adaptação de Giorgio Strehler para o *Henrique VI* de Shakespeare, em 1965. (N. T.)

e de maturação política sob a direção de mestres como Bruno Zevi, arquiteto e historiador iluminado, que soube transmitir a seus discípulos a correta consciência política e social do tempo. Confrontos, manifestações, inquietações da classe estudantil anunciavam o 1968 que dali a pouco provocaria um terremoto no âmbito da cultura e da arte e, em seguida, na sociedade civil.

Criar as formas

Eu passava longos períodos em Paris, onde sentia inquietações mais intensas que as familiares, que eu considerava pesadas e atrasadas. Foram os tempos das máscaras para os teatros franceses; conservo uma vívida memória da emocionante colaboração com a Comédie Française em 1967, para o *Etourdi* [O Distraído] de Molière. Frequentei também os estúdios de artistas da vanguarda parisiense, as mostras do Palais Royal, as aulas de Lecoq na Escola Superior de Belas Artes, na sala adjacente àquela onde ensinava o escultor Cesare Baldaccini, mais conhecido pelo pseudônimo de César.

A tradicional fagulha a provocar nova mudança em minha pesquisa plástica foi justamente o encontro com uma nova corrente, idealizada e coordenada pelo crítico Pierre Restany, o Nouveau Réalisme, que reuniu artistas que logo se tornaram personalidades de ponta no período de 1968: além de César, faziam parte Christo, Arman, Tinguely, Ives Klein e outros.

No mês de maio, um clima de tensão revolucionária crescia entre os jovens, estudantes e operários, sob influência de análogo impulso vindo do além-mar, mais exatamente da Universidade de Berkeley na Califórnia. Descontentamentos estudantis frente à guerra do Vietnã deram origem a uma reação em cadeia, em prol de mudanças radicais que, envolvendo domínios culturais e âmbitos sociais e políticos, se preparou para desembarcar na Europa, onde encontrou água e alimento em motivações e ideologias talvez diferentes, mas idênticas nos propósitos.

Neste período dediquei-me às grandes viagens que me permitiram abrir vastos horizontes culturais; em uma destas vi-me no papel de desenhista (sempre que fotos não fossem permitidas), membro de uma expedição que se dirigia à Ásia para realizar um serviço etnofotográfico junto às populações nômades iranianas. Foram seis meses de deslocamentos em jipes pela Itália, pela Turquia, em meio a pistas desconexas e desérticas, até os desfiladeiros de montanhas habitadas apenas por lobos e águias, em busca de tribos nômades, das intermináveis planícies do Golfo Pérsico aos planaltos dos maciços centrais. Descobri aqui novas formas de mascaramentos tribais que, evadindo do âmbito da festa e do teatro, referiam-se a sistemas sociais e religiosos fora e além dos usuais limites ocidentais.

Ao mesmo tempo, as imagens do terrível e também exultante maio francês insinuaram-se e enraizaram-se em mim de tal maneira que provocaram uma forte mudança, uma forçada maturação de identidade, não apenas política, mas artística principalmente. Em Paris, participei de passeatas tumultuadas com os amigos da Escola de Belas Artes e vi-me envolvido em brutais repressões policiais no bairro latino. Conheci as assustadoras atrocidades produzidas nos corpos de jovens que eram empurrados para os cantos dos edifícios e submetidos aos golpes dos famigerados cassetetes emborrachados dos *tiras*[21] parisienses que, sem provocar lesões externas, feriam, às vezes de modo grave, os órgãos internos. Vi muitos rapazes feridos, agonizantes, brutalmente carregados

---

[21] No original, *flics* – policiais, na gíria francesa. (N. T.)

Amleto Sartori, *Celega* (a rufiona), estudo para a *Vaccaria* de Ruzante nanquim e guache publicado na edição organizada por Ludovico Zorzi, Pádua, Randi, 1954.

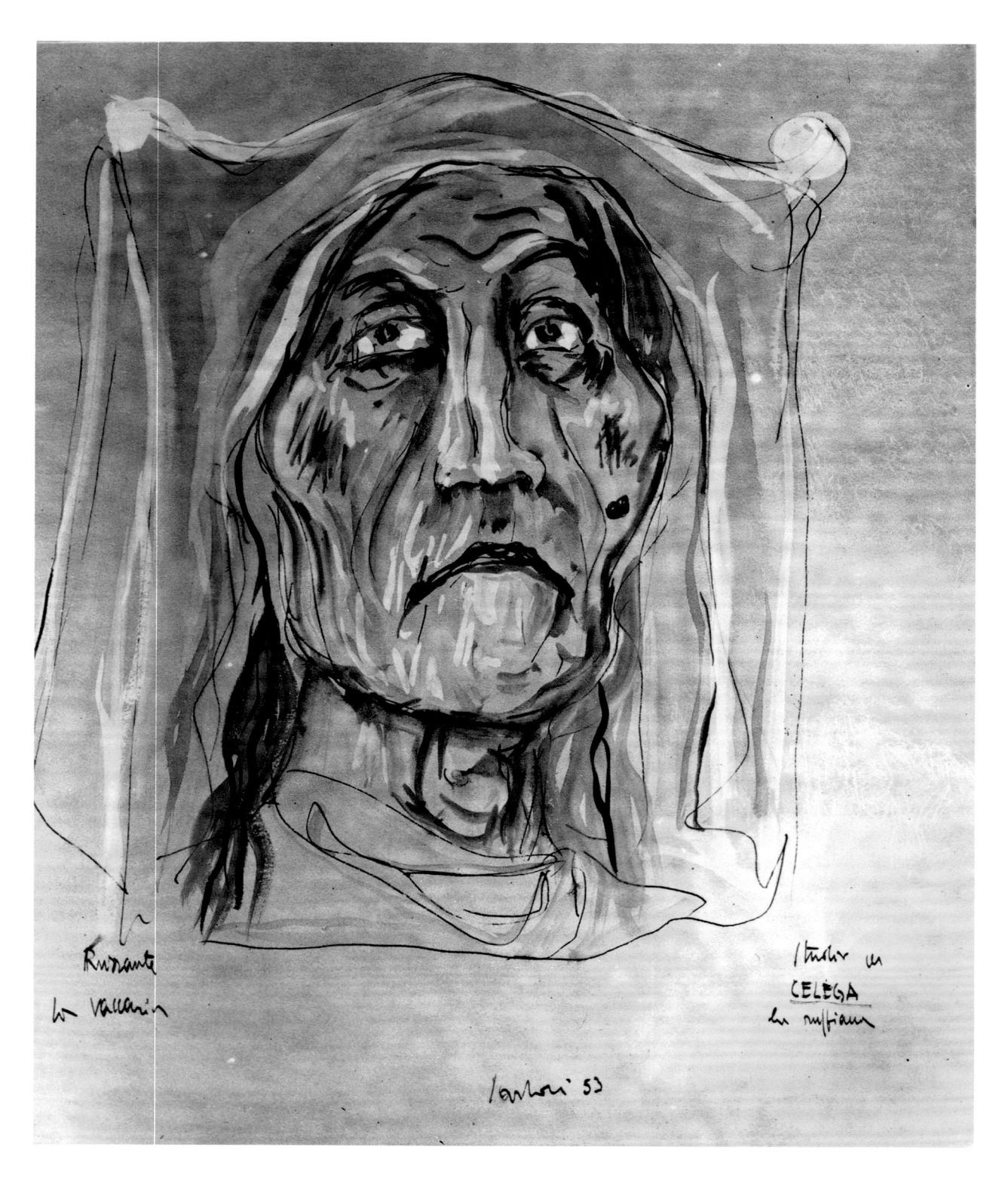

em carros policiais e levados quem sabe para onde. Soube mais tarde que alguns foram encontrados a centenas de quilômetros de distância, desfalecidos, no fosso às margens das vias de tráfego intenso, como se fossem corpos abatidos por improváveis atropeladores.

Fiquei tão perturbado que decidi suspender a orientação artística seguida até então e propus-me a rever e modificar o conceito de *criar* formas estéticas ou objetais com finalidade em si mesmas. Comecei a experimentar com nova energia formas e técnicas diferentes, abandonei

Celega
máscara de Amleto Sartori
Vaccaria de Ruzante, 1955
couro de cabra patinado.

a modelação figurativa da argila, adequada à reprodução de modelos em gesso, fusões em bronze, terracotas ou outro, para caminhar em direção à criação direta e definitiva das esculturas em metais. Passei um longo período junto a diversas oficinas metal-mecânicas e procurei a ajuda de amigos e técnicos para que me ensinassem todos os segredos da soldagem autógena e oxiacetilênica, do corte a gás, ao uso da forja e do malho mecânico. Tomado de entusiasmo pela descoberta de novas técnicas, comecei a realizar pequenas e grandes formas guiado por sugestões parisienses; saíram da chama oxídrica aqueles corpos torturados, ainda impressos na memória, dilacerados pela violência repressiva que substituía o diálogo e a relação humana. Formas biomórficas de carapaças vazias, de animais presos aos problemas de uma civilização violenta e opressiva. Fulgurantes dorsos militares que ostentavam brilhantes couraças metálicas deixando transparecer no interior um magma podre e purulento. Destinados à realização de grandes volumes que lembravam formas orgânicas tendentes, quase que por conjugação osmótica, a equiparar o animal ao vegetal e ao mineral, de exterioridade vistosa e esplêndida, mas de vísceras hórridas e pútridas.

Esta linguagem de reação e de raiva assumia, cada vez mais, uma identidade e um significado plástico inquietante, próprio daquele emblemático momento histórico vivido. Por anos, continuei a pesquisa sobre os metais e sobre as metodologias a serem aplicadas para conseguir domá-los e plasmá-los a minha vontade, dediquei-me à química com a extraordinária colaboração de um amigo inventor de rara fantasia, Gigi Villani, para dotar as novas estátuas de sugestões cromáticas novas, completando assim o significado que a elas queria atribuir. Os primeiros anos da década de 1970 foram dedicados a tudo isso, ao modo de comunicar uma mensagem ao público, sobretudo aos jovens meus coetâneos, que viviam um momento social e político extremamente complexo e difícil.

Inicialmente, as mostras da nova escultura prosseguiram em individuais junto a importantes galerias de tendência, como os Volsci de Roma, a Diarcon de Milão, a Triade de Turim, o Traghetto de Veneza e muitas outras; contemporaneamente, chegaram convites para participação em prestigiosas manifestações internacionais como a *Triennale* de Milão, o *Salon de la Jeune Sculpture* de Paris, a *Arte Fiera* de Bolonha, a *Biennale dei Metalli* de Gubbio e tantas outras mais. Nestas ocasiões estive em contato com prestigiados críticos que me ajudaram a orientar e definir melhor meu caminho e minha pesquisa. Minhas esculturas criavam desconforto, tensão, reflexão; muitas vezes, durante as exposições criavam-se momentos de intensas discussões que, frequentemente, derivavam para o social ou para o embate político. Procurava preencher o vazio que se criara durante as mostras de arte em geral, junto a galerias, museus e espaços públicos, onde o público presente e ansioso por conhecer, dialogava geralmente com a obra, raramente com o seu criador. À triangulação *fruidor – obra – artista* faltava, quase sempre, o segmento que deveria ligar o artista ao público.

Por volta da metade dos anos 1970, as tensões na Itália fizeram-se mais prementes, os descontentamentos sociais e a agressividade entre as diferentes facções políticas cresceram incomensuravelmente, até alcançar por vezes estados de guerrilha urbana. Eu ensinava arte e a escola pública efervescia com agitações e desordens; lembro ainda a excitação quando sugeri aos alunos que exprimissem suas emoções por meio da criatividade, usando uma linguagem comunicativa não somente verbal, mas também através da arte, formas, volumes, cores, recusando a violência.

Quase que por necessidade formamos um grupo, nascido da mesma escola de arte, que fez do *slogan* "reapropriemo-nos de nossa força criativa" o manifesto de *Azionecritica* [Ação Crítica],[22] associação multidisciplinar que se propunha a fazer política através das palavras-chaves: arte e criatividade. Lembro intensos

---

[22] *Azionecritica* [Ação Crítica] nasceu no inverno de 1975 por obra de um grupo de artistas e intelectuais que ensinavam junto ao *Liceo Artistico* de Pádua. O núcleo organizador de base era formado, além de Donato Sartori, cujo *atelier* constituía a referência logística do grupo, pelo arquiteto Francesco Pierobon, pelo professor Emilio Vesce, pelo pintor Renato Pengo e, mais tarde, por Ermanno Chasen, operador do setor televisivo.

momentos de ações coletivas que, mesmo utilizando linguagens universais e materiais tradicionais, traço, forma, cor, frequentemente ultrapassavam fronteiras do *environment* ao *happening*, da ação urbana ao envolvimento do público.

Certo dia, em 1975, participamos de um daqueles eventos que à época eram definidos "alternativos", a exposição coletiva de obras artísticas, não mais no interior dos locais predeterminados à arte e à cultura como museus, galerias, mas numa cava abandonada dos Montes Euganei. *Cavart*, como se chamava a operação, ostentava grandes nomes da *Architettura Impossibile* [Arquitetura Impossível], dentre os quais emergia Alessandro Mendini com seu reconhecido zigurate de blocos de palha. *Azione-critica* [Ação Crítica] participou apresentando obras de cada um de seus componentes, com a intenção de individuar um gesto crítico com relação a um evento que exprimia veleidades novas e de vanguarda, quando outra coisa não era senão uma coletiva obsoleta que, em lugar de uma galeria cívica, havia preferido um espaço-outro, encerrado entre as faldas de um monte, todo escavado por dentro. Angustiava-me ao pensar numa intervenção que deveria ter amalgamado, unificado num âmbito de obviedade estereotipada, as obras disseminadas e espalhadas num espaço a céu aberto.

A ideia surgiu alguns dias depois quando eu viajava de trem para Paris, para montar uma individual nos espaços do American Center for Artists. Enquanto, absorto, olhava pela janela do trem, sobreveio-me uma ideia luminosa ao notar fieiras de vinhas, ao lado das margens da ferrovia, envolvidas numa espécie de sedosa rede transparente, que se estendia por quilômetros e quilômetros. Ao voltar da França juntara à minha bagagem alguns sacos de material acrílico, produzido pela Rhon-Poulenc para proteger as vinhas do granizo. Foi uma apoteose: num piscar de olhos, toda a cava foi recoberta por uma envolvente teia que flutuava ao vento e envolvia não apenas coisas, pessoas, ambientes, mas também humores, haja vista a furiosa reação dos artistas. Sentiram-se lesados, já que se comprometia o visual de suas obras através da intrigante retícula plástica. À época fui alvo de flechadas venenosas por parte das mídias locais, mas nada abalou meu entusiasmo por haver descoberto outro extraordinário material com o qual produzir obras e ações futuras. Se a gestação do grupo foi breve, foi ainda menor sua duração; depois de dois anos esgotou-se o acordo, dilacerado por dissídios internos e pela alarmante situação política de tensão e de atentados que nos impediu de prosseguir em direção a objetivos comuns.

O canto do cisne foi a grande *performance* que organizamos em conjunto com o Odin Teatret, então na Itália para uma colaboração com a Bienal de Veneza. O grupo dinamarquês, dirigido pelo diretor italiano Eugenio Barba e acompanhado por críticos, estudiosos e intelectuais,[23] foi hóspede em minha casa-laboratório, situada numa ex-casa de colonos, nos arredores de Pádua, ao abrigo dos Montes Euganei, na cidade de Abano Terme.

As paradas itinerantes de teatro, dança e música tomaram as ruas do centro histórico paduano e, pela primeira vez na minha cidade, apresentei aquilo que a partir daquele momento tomou o nome de *mascaramento urbano* por meio da teia de aranha francesa e as *performances* teatrais do Odin. Finalmente, encontrara a maneira de realizar uma grande escultura-máscara vivente, de duração efêmera, mas de grande impacto ambiental. A total inversão dos papéis da arte e do

---

[23] Além dos atores históricos do Odin Teatret, Iben Nagel Rasmussen, Torgheir Wethal, Nelse Marie Laukvik, Tage Larsen e outros, faziam parte do grupo também os professores universitários e os críticos teatrais Luciano Mariti, Ferdinando Taviani e Nicola Savarese.

teatro, no decênio 1970-1980, havia envolvido também a minha geração; vimo-nos muitos a seguir o sonho de fundir as disciplinas artísticas que até aquele momento haviam regulado o curso da sociedade industrial e pós-industrial no Ocidente. O desconcerto que acontecia naqueles anos no campo do teatro e das artes visuais certamente abriria caminho para a utopia da multidisciplinaridade ou dos multimídia.

Estava ocorrendo um evento epocal, as tecnologias virtuais tornavam-se realidade também no mundo da arte: eletrônica, computador, redes de satélite para as comunicações e finalmente o *laser*, que justamente naquele momento passava do papel diáfano da mera teoria à concreta realidade de uma utilização prática. O ciclo de estudos, a frequência aos circuitos artísticos internacionais, a atividade profissional e o papel de docente haviam me introduzido no âmbito das artes visuais e, como muitos, eu conferia a Marcel Duchamp o papel fundamental de pai da arte moderna, aquele que, para dizer com as palavras de Pierre Restany: "atravessando o espelho do real nos revelara o *ready-made*, o acontecimento capital da arte do século XX". Jamais como naquele momento percebera a importância daquelas operações, aparentemente simples, que levavam a expor aos olhos estupefatos do público parisiense de 1913 o *Pissoir* [Urinol/Fonte], ou mesmo a *Roue de Byciclette* [Roda de Bicicleta].

Com a descoberta do material francês eu havia encontrado um extraordinário instrumento artístico para entrar em contato com o público, conseguindo romper suas defesas naturais. Havia notado que durante os preparativos ou a montagem de instalações nos diversos espaços urbanos, o público "redescobria" o ambiente de maneira insólita e permanecia atônito ao observar sua nova aparência através de uma ótica não conforme à usual e cotidiana. Era a realização do milagre que Duchamp havia criado no distante 1913, abrindo caminho para uma miríade de artistas e criadores, em busca de um modo diverso de comunicar a arte.

Alguns anos depois, Pierre Restany apostrofou este estilo operativo como "arte social", no qual, com o conceito de social, pretendia revisitar conceitos antiquíssimos como o rito, a festa e a pulsão coletiva, que uma celebração ritual emana.

Formas e cores, transe e participação constituem aquela mistura que permite ao homem exteriorizar a própria energia criativa numa espécie de festiva embriaguez coletiva, as festas são ocasiões mais ou menos espontâneas que permitem externar uma vontade de comunicação por meio da liberação dos sentidos e pela transgressão do cotidiano. No mundo ocidental perdeu-se essa motivação, seja de ordem religiosa seja propiciatória, os mitos foram substituídos por elementos mais em conformidade com a civilização contemporânea, mais ligados ao consumo, ao rito coletivo determinado pela música, pelo esporte, pelos movimentos de massa. De todo modo, o estímulo a participar, se bem que modificado, continua a existir, está na natureza humana, inserido e profundamente radicado na coletividade.

Uso da luz e das projeções, formas e cores no espaço, além da gestualidade, caracterizaram a pesquisa do último vintênio no âmbito das artes visuais e do teatro de vanguarda. Não era possível ficar imune a contaminações tão urgentes e vívidas que penetravam as novas gerações de artistas num Ocidente em plena ebulição político-cultural. Orientei-me, portanto, para uma pesquisa multidisciplinar, vagando entre o uso das formas (esculturas de grandes dimensões) e a utilização de meios e instrumentos, colocados à disposição pela moderna tecnologia (fontes de visualização *laser*, computador e sonorização

Amleto Sartori
Sgardenale (cardeal),
estudo para *I Rasonamenti* de
Ruzante, 1955
nanquim e guache.

eletrônica).[24] Após uma atenta análise do ambiente, recorrendo a um princípio de modificação do espaço urbano, já conhecido em tempos remotos por muitas civilizações, intervinha-se com um projeto de instalação urbana. Modificação esta que criava um momento não apenas de efêmera magia arquitetônica, mas predispunha o público à participação.

"Mascarar", então, uma situação urbana, uma rua, um castelo, uma praça, até alterar completamente a dimensão e a aparência originais, criando uma espécie de conexão-preenchimento do espaço aéreo para desvelar um sugestivo encantamento metafísico. O equipamento urbano assim predisposto tornava-se receptáculo ideal de gestos e provocações criativas que solicitavam um público não passivo, convidando-o à ação lúdica; uma espécie de grande jogo sugerido pelos ritmos. Som e jogos de luzes, comportamento e dança, eram ampliados em modos e métodos, por vezes sugeridos pela improvisação, criando uma interação entre artista e público-massa de modo a conduzi-lo, como parte ativa, a "consumar" a obra de arte de histórica memória. Gesto, imagem e som são os elementos que repropõem um novo uso do espaço urbano a um público que se torna ator em uma ação coletiva que, por um momento, poderá restituir o rito tribal, a dança e o jogo de que se perdeu, por muito tempo, o significado.

As estruturas gestuais e o mascaramento urbano

Enquanto se aprofundava a fratura entre os componentes do grupo *Azionecritica* [Ação Crítica], a colaboração com o Odin Teatret prosseguia, até quando fui convocado pelo emergente Centro per la Sperimentazione e la Ricerca Teatrale di Pontedera [Centro para a Experimentação e a Pesquisa Teatral de Pontedera] (1976), que teve a ideia de advogar para si os impulsos estrangeiros que desconcertavam o mundo cultural daqueles anos. Foi naquela fatídica atmosfera de "carbonários da vanguarda teatral" que tive a oportunidade de conhecer e frequentar personagens que eu reputava, até então, míticos e intocáveis, perscrutáveis somente por meio de publicações ou noticiários das mídias internacionais. Além do Odin Teatret de Holstebro conheci Peter Schumann, criador do mítico teatro americano do Bread and Puppet, com quem sempre tive divergências de opiniões a propósito de máscaras, técnicas e orientações artísticas, mas que ainda assim reconhecia em mim um grande profissionalismo. E ainda, a colaboração com o Living Theatre de Julian Beck e Judith Malina, que então deitava raízes na Itália, porque não gratos aos Estados Unidos devido a suas ideias políticas próprias; depois, Jerzy Grotowski, grande guru teatral polonês de nascimento, mas de antigas extrações indianas, no que se refere à pesquisa sobre o teatro de vanguarda; e outros que dali a pouco teriam marcado com sua presença o "palco" do novo teatro ocidental.[25]

Também pude conhecer e tornar-me amigo de importantes personalidades do teatro oriental: Hideo Kanze, último descendente da mais antiga família de arte japonesa do teatro Nô; Krishna Nanboudiri, reconhecido brâmane do

---

[24] Já em 1975, com os componentes do grupo *Azionecritica* [Ação Crítica] havíamos iniciado experimentações sonoras com Teresa Rampazzi, conhecida compositora de música concreta e eletrônica e colaboradora de Luigi Nono. Sucessivamente prosseguimos as experimentações no Centro de Fonologia Computacional da Universidade de Pádua.

[25] Anos atrás, durante uma célebre Bienal de Veneza, segui um seminário de Grotowski realizado numa das ilhas abandonadas da laguna e fui "testemunha" das cerimônias realizadas no decorrer dos projetos-piloto do evento. Colaborei sucessivamente com Riszard Cieslak, um dos maiores atores do Teatr Laboratorium [Teatro Laboratório], dirigido por Grotowski em Wroclaw na Polônia, onde eu realizava um seminário sobre as máscaras teatrais.

Malabar, dançarino de Katakali, teatro-dança indiano; I Made Banden, ator dançarino do Topeng, teatro de máscara balinês. Durante anos de férvida colaboração, tive oportunidade de entrar mais profundamente nos segredos das máscaras orientais: nos anos 1980, isto me permitiu iniciar, com conhecimento de causa, uma série de trocas culturais, justamente com aqueles lugares (Japão, Indonésia, Índia) em que as máscaras ainda assumiam um papel básico, não apenas na vida cultural, mas também na ritual, religiosa e social.

A longa colaboração com o Centro de Pontedera desencadeou outras atividades que me permitiram realizar extenuantes turnês ao redor do mundo, levando comigo, com o objetivo de divulgá-las, seja as experiências com as máscaras tradicionais, da *Commedia dell'Arte* ao teatro do Novecentos, seja as inovadoras e multidisciplinares da máscara total ou estrutura gestual, seja as do mascaramento urbano. Estas últimas bem cedo desenvolveram um papel de fundamental importância na atividade artístico-cultural do decênio sucessivo. Considerava Lecoq um irmão mais velho e mantinha com ele frequentes trocas de opiniões, nem sempre tranquilas, a propósito de política, arte e orientação teatral. Qualquer que fosse o resultado, essas confrontações suscitavam em mim repensamentos, reflexões profundas que tinham o poder de modificar decisivamente, e corrigir minha linha de pesquisa. Em 1977, na Escola de Belas Artes de Paris, assisti a uma série de aulas que Jacques ministrava sobre o tema "arquitetura do movimento", nas quais eram utilizadas varas de madeira, papelões dobrados, barbantes e cordas para traçar delimitações no espaço. Conforme as estruturas iam tomando forma, tornavam-se o prolongamento e complemento necessário da ação gestual do ator para aguçar uma tensão expressiva, para tornar dramática uma superfície.

De repente, Jacques me perguntou, provocativamente, se eu nunca havia pensado em utilizar as minhas esculturas em metal daquela maneira, isto é, procurando torná-las vivas, operando-as em um contexto teatral, em função gestual. Foi como se eu tivesse recebido uma descarga elétrica. Certamente, não poderia jamais manipular no ar toneladas de aço, mas poderia voltar-me a uma escultura constituída de materiais diferentes, a ser utilizada potencialmente também para o desenvolvimento do gesto e do comportamento; portanto, não mais uma escultura fixa para mostrar em lugares mais ou menos estabelecidos da arte, mas uma escultura desfrutável, tangível também por parte do público. O conceito de escultura-máscara que vive no interior de um rito, de um evento, poderia assim inserir-se também em uma escultura-objeto.

A ocasião aconteceu graças a um convite da Bienal de Veneza para participar de um dos projetos-piloto de experimentação teatral, tão em voga naqueles anos. A operação foi chamada *Decentramento nel Territorio* [Descentralização no Território] e a mim foi assinalada Mirano,[26] uma das cidadezinhas do interior veneziano. A experiência cultural aconteceu dentro de uma antiga vila vêneta, numa nobre casa dogal; através de estímulos variados procurava-se insuflar nos participantes a criatividade (a arte e o teatro), com o auxílio de um seminário que deveria ter sido simplesmente suporte para a máscara mas que ao contrário produziu algo bem diferente e bem mais que uma simples produção de máscaras. Os interlocutores foram

---

[26] No âmbito do mesmo projeto promovido pela Bienal de Veneza de 1977, algumas cidadezinhas no interior foram assinaladas a reconhecidos operadores culturais, como Giuliano Scabia, que operava em Mira com o seu poético *carrossel*, e Dario Fo, que, mesmo trabalhando nos teatros de Veneza e Mestre, frequentemente nos alcançava em Mirano para colaborar com o nosso grupo.

escolhidos entre os alunos das escolas espalhadas pelo distrito, ou entre os operários das fábricas do famigerado polo industrial de Marghera, onde eram arregimentados aos milhares para manipular materiais tóxicos e inalar exalações venenosas. A tensão política do momento criava dissabores e insatisfações nas classes mais populares, que se sentiam usadas e oprimidas pelas multinacionais do petróleo. O clima de resistência era palpável: barricadas pelas ruas, pneus queimados, passeatas vociferantes estavam na ordem do dia, tanto que encontrávamos cada vez mais dificuldade para chegar aos devidos laboratórios, nos tempos e nos horários programados.

A reação e a raiva tornaram-se os temas criativos a desenvolver. As máscaras que emergiram nos laboratórios eram dramáticas, não formas teatrais de um passado romântico, mas de vida vivida. Eram máscaras antigas, máscaras de morte, eram coberturas e telas de proteção corporal, eram tórax entubados, transpassados por tubos que inalavam oxigênio vital, eram torsos contorcidos pelo sofrimento e pela dor: foram estes os objetos criados com nossa ajuda e nossas sugestões, uma dramática denúncia da exploração social, uma tomada de consciência do ser exposto ao câncer, ao edema pulmonar e a tantas outras doenças profissionais. As emocionantes esculturas foram o sinal palpável da emblemática e inquietante atenção do denso público que se dirigiu à praça da vila para assistir a uma espécie de ensaio-*performance* conclusivo do seminário-laboratório.

A teia acrílica, previamente estendida, cobria todo e qualquer lugar, inclusive o espaço aéreo sobre a praça; ao final da *performance*, a reação do público explodiu, a ponto de assumir o aspecto de uma dança catártica coletiva numa apoteose de gestos liberatórios e conjuratórios na tentativa de se apropriar daquele tênue retículo aéreo, flutuando ao vento; e iniciou um jogo coletivo entre gritos gozosos e risadas abertas até que, bem mais tarde, não restou sobre a instalação senão um ou outro pedaço do material. O resto foi consumado numa espécie de fruição completa da obra de arte por parte de um público voraz que decidira tornar-se (finalmente) ator. As figuras anatômicas em questão haviam sido, neste caso, a mídia catalizadora da participação do público.

As matrizes foram realizadas através de moldes de várias partes anatômicas de pessoas escolhidas entre muitos voluntários e colocadas numa atitude plástica, cristalizada num gesto ou numa postura predeterminada. Sobre o negativo em gesso eram estendidos estratos de papel machê, ou de *celastic*, um tecido plástico especial semelhante ao papel machê e só depois era aplicada uma técnica particular para permitir a realização de um positivo em couro. Nascia a primeira forma escultórea utilizável, uma espécie de figura antropomorfa emblemática, uma "insólita supermarionete" para uso gestual ou exposta em uma sintomática presença de ações e *performances* urbanas. Foi batizada *struttura gestuale* [estrutura gestual] em memória de Jacques Lecoq, o primeiro a me transmitir as motivações para sua realização.

No imenso panorama que a cultura humana nos oferece a propósito de máscaras e mascaramento, há alguns exemplos de remanescentes utilizados de maneira atípica: objetos que não servem para cobrir nem o corpo inteiro, nem uma parte, mas para representar uma determinada identidade, apresentados em danças e ritos coletivos, quase símbolos de um determinado *status*. Presenças dotadas de vida em si, manobradas e administradas pelo xamã, artífice ou *brujo* [bruxo], quase como se fossem o servo da cena do Bunranku ou do teatro oriental, à disposição do instrumento sacro e ritual, para emprestar-lhe o movimento e para fazê-lo viver por meio

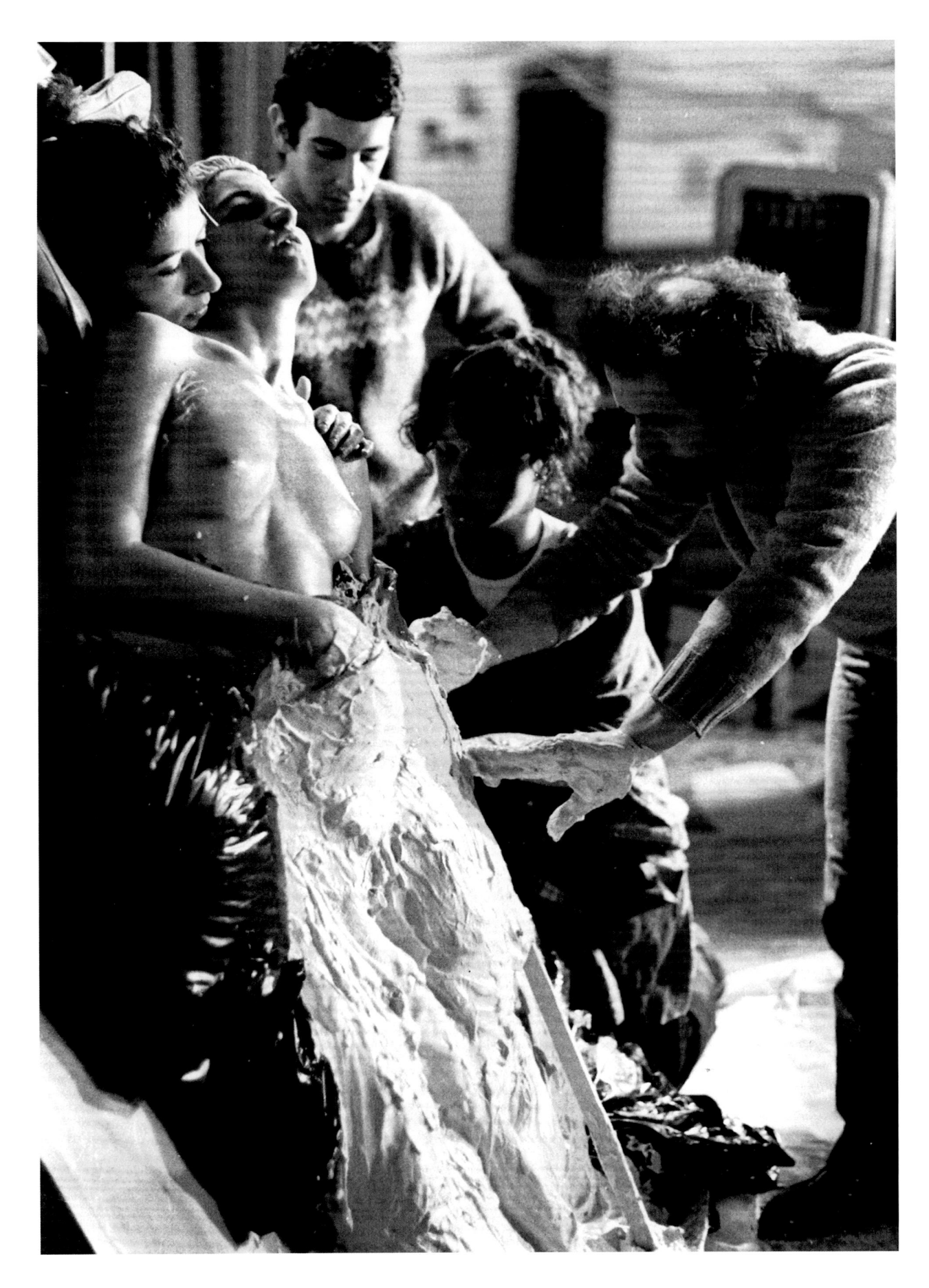

Realização de moldes humanos durante o seminário *Ambienteazione* [Ambienteação] de Donato Sartori e do Centro Máscaras e Estruturas Gestuais Veneza, Palazzo Grassi, Bienal-Teatro, 1980.

Instalação urbana
Donato Sartori e Estruturas Gestuais
couro patinado
Pavia, Palazzo del Broletto, 1977.

dos meneios do doador. Na civilização ocidental, somente alguns monstros sagrados da arte contemporânea (Picasso, Mirò, Klee), já desde o início do século, souberam colher a mensagem destes *objetos de uso*, obras nascidas para servir, não para assumir uma mera função estética. As problemáticas levantadas nos anos 1960, o colocar em discussão os valores da arte, a tentativa de redimensionar a função da cultura, fizeram com que o teatro e a arte visual, a música e a dança se misturassem, graças também aos inovadores que criaram uma arte multidisciplinar e multimídia. Tal experimentação tendia a revirar o papel da escultura-objeto, exposta nas galerias e nos museus, até modificar sua função, animando esculturas vivas a ponto de oferecer estímulos e mensagens através de ações teatrais, gestos da dança, e até mesmo da *body art*. As *estruturas gestuais* são um encontro entre a máscara e a escultura contemporânea; a forma plástica perde todo sentido meramente estético para assumir uma outra identidade, criativa, comunicativa. Até aquele momento eu agia sozinho, coadjuvado por vezes por colaboradores que frequentavam o estúdio-laboratório, às vezes por alunos que participavam dos cursos, aulas, seminários; podia me permitir uma agilidade de movimento que me conduzia, entre viagens e atividades, a todos os cantos do mundo.

Quase todos os deslocamentos internacionais eram ligados à minha atividade profissional. Frequentemente acompanhava as montagens e cuidava pessoalmente de complexas exposições sobre as máscaras de teatro, criadas por meu pai e por mim. Sucessivamente as mostras foram enriquecidas com muitos elementos inerentes à pesquisa sobre o ambiente, o mascaramento urbano e as novas esculturas-máscaras totais ou estruturas gestuais. Frequentemente as grandes exposições coincidiam com os festivais teatrais internacionais, e geralmente eram completadas com *workshops* abarrotados de profissionais que gravitavam em torno do teatro de pesquisa: diretores, atores, cenógrafos, artistas das artes visuais, escultores, pintores. Realizava-se concretamente um antigo projeto meu, a fusão de duas essências distintas da minha identidade artística, uma pertencente ao âmbito teatral, outra à dimensão plástica.

Lembro-me que em Bérgamo, dentro do Ateliê Internacional do Teatro de Grupo de 1977 dirigido por Eugenio Barba, preferi buscar espaços externos para expor as novas máscaras totais e criar ambientes ligados à arquitetura antiga da cidade alta, realizados com a teia acrílica. Foi uma moldura maravilhosa para as dezenas e dezenas de *performances* realizadas por grupos provenientes de todo o mundo, que se exprimiam através do gesto, da dança e do teatro pelas ruas da cidade.

No ano seguinte, o Ministério do Turismo e do Espetáculo, a Região Toscana e o Centro de Pontedera organizaram uma vasta turnê pela América Latina que, por vários meses, levaria uma grandiosa mostra para o interior de festivais teatrais, universidades, museus e estruturas culturais da Venezuela, de Cuba, do México e da Guatemala. Em cada país foram promovidos seminários-laboratório que iriam se concluir, cada um deles, com um evento teatral ou um mascaramento urbano. Tive oportunidade ainda de encontrar extraordinárias personalidades do teatro internacional, contatos que se transformaram sucessivamente em amizades e colaborações. Tive contato com a Mama de Nova York Ellen Steward; tive oportunidade de trocar opiniões sobre a arte contemporânea com Tadeusz Kantor, presente ao imenso Festival do Teatro das Nações de Caracas para a estreia mundial de *A Classe Morta*. Confrontei-me com ele a respeito do recíproco trabalho com a arte multidisciplinar que, evadindo do âmbito específico do teatro, se propagava em direção a outras disciplinas criativas. Peter Brook veio me visitar junto à Academia de Belas Artes onde eu ensinava, porque a máscara fascinava-o desde sempre. Lá longe encontrei Lecoq também; juntos assistimos ao novo espetáculo do extraordinário grupo de alunos de sua escola, os Mummenschanz, que haviam atingido o topo de uma carreira extraordinária.

Em Cuba, entre uma atividade e outra, tive ocasião de ver [Yasser] Arafat, convidado por [Fidel] Castro para o décimo primeiro Festival da Juventude, e troquei com ele algumas opiniões sobre os dramáticos eventos políticos que afligiam a vida civil italiana. Mais tarde, graças a um seminário-laboratório, realizado pela Universidade da Cidade do México, realizou-se, numa das mais antigas praças da cidade, um evento espetacular que desconcertou positivamente a opinião pública por muito tempo. O sucesso foi tal que fui convidado pela Universidade a visitar e conhecer muitos lugares, no interior do país, desconhecidos pela maioria e consagrados às máscaras.

Na conclusão da viagem, vi-me entre as florestas de um país extraordinário como é a Guatemala, um dentre os mais vitais no que se refere às antigas tradições populares, que contemplam o uso de máscaras seculares. A longa turnê pela América, além de ter produzido em mim uma série de emoções profundas e de experiências únicas, convenceu-me da necessidade de recolher sistematicamente materiais etnoantropológicos concernentes à cultura da máscara tribal, ritual e religiosa; de cada viagem eu voltava pleno de extraordinários remanescentes que se revelavam cada vez mais excepcionais para o papel privilegiado que eu estava assumindo no decorrer das atividades internacionais. Naquelas circunstâncias, era-me possível obter permissões extraordinárias, para chegar a lugares e sítios frequentemente proibidos à maioria: objetos, máscaras, roupas e instrumentos que acompanhavam os ritos eram doados a mim, ou ainda deles tomava posse por meio de escambo, mais raramente eram adquiridos.

O nascimento do Centro Máscaras e Estruturas Gestuais

Pouco a pouco eu recolhia uma extraordinária coleção que bem cedo iria formar um ulterior bloco a anexar-se ao patrimônio da máscara. Naqueles anos, as atividades eram tais e tantas que frequentemente eu tinha que contornar situações por falta de tempo; além disso, pressentia ser cada vez mais premente a necessidade de compartilhar a enorme responsabilidade ligada ao ensino, à organização, à pesquisa sistemática. A ocasião apresentou-se quanto conheci colaboradores que aceitaram com entusiasmo dividir comigo as incumbências da nova estrutura emergente; formou-se assim o primeiro núcleo que a partir de 1979 tomou o nome de Centro Máscaras e Estruturas Gestuais, organismo múltiplo que gravita ainda hoje em torno da dimensão da máscara, subdividido em três vertentes fundamentais: a máscara etnoantropológica; a máscara de teatro, da Antiguidade aos nossos dias; além da máscara.

Este último setor insistia nas mais recentes pesquisas multidisciplinares referentes ao mascaramento urbano e às estruturas gestuais. O primeiro a aceitar o papel organizativo e burocrático foi Roberto Terribile, já supérstite de uma tempestuosa experiência com o Living Theatre, na qualidade de organizador das turnês italianas do grupo americano; Terribile rapidamente desistiu, deixando-se substituir por Paolo Trombetta, um jovem cenógrafo com experiências anteriores em teatro. Paola Piizzi, uma arquiteta recém-graduada pela IUAV de Veneza, posteriormente juntou-se ao grupo, ocupando um importante papel como projetista e organizadora, que perdura até hoje.

Iniciou-se custosamente e em meio a muitas incertezas o longo percurso que, em meio a peripécias e extraordinárias aventuras culturais, ainda nos vê unidos em uma associação que dura mais de um quarto de século. Durante todo aquele ano houve um contínuo vagar pela Europa entre atividades didático-laboratoriais e montagens de mostras cada vez mais exigentes, entre a produção de máscaras para novos espetáculos teatrais e a projetação de máscaras urbanas e espetáculos *en plain air* [ao ar livre].

Frequentemente os seminários eram acompanhados por colaborações as mais variadas de atores, *performer* e artistas visuais; dentre esses se revelou um verdadeiro talento na interpretação de personagens da *Commedia dell'Arte* o ator Mario Gonzales, sobrevindo da experiência junto ao Théâtre du Soleil no espetáculo *L'Âge d'Or* [A Idade do Ouro], dirigido por Arianne

Mnouchkine; a colaboração prolongou-se por uma série de seminários em Bruxelas, na Bélgica, em Como, na Itália, um ciclo organizado pelo Piccolo Teatro de Milão e, mais adiante, na Grécia, precisamente na ilha de Zakintos, onde tivemos a aventura de contar com a participação extraordinária da então Ministra da Cultura, a atriz Melina Mercury, que se apresentou em interpretações de máscaras femininas. Depois de uma extenuante turnê pelos países do Leste, durante a qual alcançamos Bucareste, Varsóvia, Praga, Budapeste e Belgrado, o eco de tais atividades chegou à Itália, insinuando-se nos meandros burocráticos da edição da Bienal-Teatro de Veneza de 1980. O diretor de então, Maurizio Scaparro, cujas aspirações inovadoras transformaram a cidade em um imenso palco, mandou chamar-me para que eu apresentasse um projeto coerente com a novidade do evento. Desejava fazer reviver o antigo carnaval veneziano, há séculos adormecido, para revesti-lo de um caráter, além de lúdico, também teatral e cultural. Que melhor ocasião para desembainhar a nova máscara que um carnaval que abriria uma fase inédita para a cidade de Veneza?

Propus um projeto que, levando em conta as instâncias de Scaparro, evadisse do específico teatral em que desejavam circunscrever-me. Eu e meus assistentes procedemos livremente tomando posse de um teatrinho anexo ao Palazzo Grassi, sede expositiva das grandiosas mostras venezianas; o liberamos das velhas poltroninhas, abrindo um inusitado espaço-laboratório. Junto ao estafe do Centro de Abano Terme, realizamos um ciclo de encontros junto à Academia de Belas Artes, com a intenção de selecionar colaboradores entre professores e alunos. Convocamos da Polônia um dos grupos de vanguarda musical, o Osmego Dnia Orkiestra, descoberto durante as recentes turnês no leste da Europa, envolvemos um grupo de teatro que possuía sede no interior veneziano (Teatro Modo) e um de dança moderna (Charà) e começamos a trabalhar podendo contar com a presença de ao menos uns sessenta colaboradores. A operação levou o nome de *Ambienteazione* [Ambienteação], termo que não deixava qualquer dúvida sobre a matriz do projeto; trabalhamos dia e noite para realizar relevos arquitetônicos de zonas da cidade, fizemos investigações históricas, procedemos à elaboração de mapas para individuar os percursos mais apropriados às representações itinerantes.

O palco e o espaço interno foram utilizados cotidianamente para ensaios de teatro e dança, ou ainda para estudar os métodos mais propícios para instalar a fibra acrílica nos pontos mais emblemáticos de Veneza. Na medida em que a data marcada aproximava-se, crescia proporcionalmente a inquietação causada pelo pouco tempo disponível para concluir cada preparativo; nos últimos quarenta dias, para evitar perda de tempo, o teatro transformou-se num enorme acampamento. Os dias anteriores à terça-feira gorda foram utilizados pelo grupo para envolver cales, praças, campanários, pontes e edifícios com uma fibra branca, que assumia o aspecto de uma teia gigantesca. Ao longo do percurso, a invasiva matéria acrílica criava espaços adequados a ações teatrais e *performances*, que tinham a função de inserir o elemento humano no quadro da obra estética, fazendo-a viver por meio do gesto ou da dança. Na manhã da fatídica terça-feira, o dia apresentava-se encoberto e úmido e a Praça San Marco aparecia aos primeiros pedestres apressados completamente mudada, mascarada sob uma enorme tecedura de fios brancos, que se estendiam das arcadas do campanário até alcançar as Procuratie Vecchie e Nuove,[27] cobrindo o céu

---

[27] *Procuratia* – ofício e moradia dos procuradores de San Marco, na República Vêneta. (N. T.)

Mascaramento Urbano
Donato Sartori e Centro Máscaras e
Estruturas Gestuais
Rio de Janeiro, Cinelândia,
Riocult '95, 1995.

com uma cúpula aérea, uma flutuante massa acolchoada, que inflava sob o impulso da brisa marinha, que voltava a cair quando esta cessava, numa espécie de etéreo balé.

A praça começou a ficar tomada por uma rápida massa de curiosos, turistas, participantes do evento artístico que assistiram, por todo o dia, a entretenimentos teatrais, artísticos e danças preparadas para a ocasião. O milagre, no entanto, aconteceu à noite, quando uma multidão transbordante lotou a praça à espera do evento arrebatador que nem eu nem os colaboradores havíamos previsto. Sob os refletores instalados pela RAI,[28] ao som pungente dos instrumentos musicais usados pelo grupo polonês, ocorre o que jamais eu havia esperado. O imprevisto encantamento do momento e o efeito sonoro que propagava pela praça, seguindo o ritmo do vento que se impunha à imensa manta aérea, provocaram na multidão a explosão de uma energia participativa que até aquele momento estivera latente. Foi assim que o imensurável público de 85 mil pessoas começou a jogar conosco, apropriando-se dos fios que flutuavam ao vento, usando-os para um jogo coletivo de dezenas e dezenas de milhares de mãos que se agitavam pelo ar tentando pegar, puxar, destrinçar a teia. Celebrava-se assim o primeiro carnaval sem máscaras, mas coberto por um imenso mascaramento único que deu início à sucessão infinita de novos e redivivos carnavais venezianos.

Se, para Veneza, o mascaramento foi o início do carnaval moderno, para o Centro Máscaras, em colaboração com *Ambienteazione* [Ambienteação], foi o início de uma feliz série de seminários, *performances* e mascaramentos urbanos que em alguns anos de atividade alcançou outras cidades: Gênova, Trieste, Nápoles, Pádua, Milão e, mais tarde,

---

[28] RAI – *Radiotelevisione italiana*; empresa radiotelevisiva italiana, de origem estatal. (N. T.)

Instalação Urbana
Donato Sartori e Centro Máscaras e Estruturas Gestuais
Sugestiva imagem das cúpulas da basílica de San Marco envolvidas
Veneza, Bienal-Teatro, 1980.

Bolonha e Florença. Os eventos, longe de serem equivalentes a espetáculos teatrais, sempre iguais a si mesmos em todas as etapas da turnê, requeriam projetos particulares e específicos para cada espaço, verificação das instâncias sociais, culturais, arquitetônicas. Foi por isso que a "espetacularização" e o mascaramento do Maschio Angioino[29] em Nápoles foi completamente diferente do realizado em Pádua ou em Milão, dentro e fora do Castello Sforzesco, ou daquele complicado, realizado na praça della Signoria em Florença, onde foi necessário utilizar volumosos balões aerostáticos, inflados a hélio, que permitiram construir uma cúpula de material efêmero antitética à de Brunelleschi.

Os anos 1980 e 1990 registraram um crescente número de intervenções na Europa, entre exposições constantemente itinerantes, atividades pedagógicas, instalações e mascaramentos urbanos, solicitados também pelo resto do mundo, na América Latina, nos Estados Unidos, no Oriente Médio e no Extremo Oriente. Foram ainda anos dedicados ao projeto e montagem de mostras sobre o tema que através da promoção do Ministério das Relações Exteriores italiano, no quadro de trocas culturais entre Itália e outros países, levaram-nos a turnês africanas (Nigéria, Tanzânia, Gana e Costa do Marfim) e a outras capitais como Moscou, Tóquio e Pequim (onde assistimos à feroz repressão dos movimentos estudantis na praça Tien An Men), e depois a Houston, nos Estados Unidos, e reiteradamente ao Rio de Janeiro, no Brasil.

Eu coordenava um seminário-laboratório no quadro do Festival Carrefour de Arte Contemporânea com meus colaboradores do Centro Máscaras e Estruturas Gestuais para uns

---

[29] *Maschio Angioino* é o nome mais conhecido de Castel Nuovo, histórico castelo medieval e renascentista, e ainda um dos símbolos de Nápoles. (N. T.)

cinquenta alunos e professores da academia superior de artes plásticas de Nancy, na França. Nossos esforços procuravam transferir a energia e a potencialidade da máscara ritual ou teatral ao público de hoje, em uma dimensão urbana atual, por meio de metodologias, técnicas e instrumentos contemporâneos.

Estava nascendo a nova máscara urbana na França, uma espécie de mascaramento da parte mais emblemática da cidade, a Place Royal, a mais central, vivida como símbolo carismático da população citadina no interior de uma das últimas edições do histórico festival mundial do teatro dirigido por Jacques Lang.

A tensão e o empenho eram tamanhos diante da aproximação da data marcada, que quando recebi a carta entregue em mãos não parei para a olhá-la, não havia tempo e acabou esquecida, guardada num bolso.

O evento teve uma resposta incrível com o envolvimento do público de mais de trinta mil pessoas e mais de cem operadores colhidos em várias disciplinas: arte, teatro, dança, etc., e a conclusão foi exultante, eu estava excitadíssimo, e quando ficamos sós, noite adentro, com as chamas de luz dos fanais, li a carta e fiquei atônito com a surpresa; começava assim: "sou velho, mas não senil..." e prosseguia com uma desinvolta fluidez e argúcia dissertando sobre aquele interesse comum pela máscara, sobretudo a da *Commedia dell'Arte*, tema a que dedicou os mais de oitenta anos de sua venturosa vida (nunca soube quantos anos tivesse na realidade). Encerrava com um convite para que nos conhecêssemos pessoalmente em Paris.

Logo no dia seguinte pela manhã entrei no templo da *Commedia dell'Arte*, o estúdio do ancião estava situado na velha Paris *bohémien* e pelas paredes milhares de livros, objetos, estampas, estatuetas, muitas coisas que já conhecia porque reproduzidas nas várias edições dos textos escritos por Duchartre desde a época da primeira grande guerra; algum tempo depois, falava-me de juventude e de peripécias aventurosas e foi justamente durante este período que o acaso fez com que encontrasse a *Commedia dell'Arte*. De fato, em 1918 estava em missão como oficial dos dragões e no mesmo regimento conheceu Dullin, com quem estreitou uma fraterna amizade. Foi ele que o colocou a par das experiências teatrais desenvolvidas com Jacques Copeau e Louis Jouvet no Teatro do Vieux Colombier em Paris; e eu falava a ele sobre a descoberta de técnicas teatrais desaparecidas há mais de dois séculos, próprias dos comediantes dell'*Improvvisa*.

Durante os longos meses de guerra e ao longo de extenuantes transferências, a *Commedia dell'Arte* tornou-se o assunto quase obsessivo de discussão entre os dois, a ponto de, assim que voltou a Paris, tornar-se objeto de pesquisa junto a museus, bibliotecas, e teatros de toda a Europa, tanto que publicou em 1926 a sua primeira obra geral que recolhia os estudos realizados até então.

No mesmo ano, enquanto presidia a Comissão internacional de estudos sobre a arte popular em Praga, sentiu um choque ao encontrar Agne Beijer, estudioso e conservador do Museu Teatral de Drottningholm, que o colocou a par de uma extraordinária descoberta: uma coletânea de estampas dentre as mais preciosas e antigas concernentes aos personagens e tipos fixos, gravadas e realizadas desde os primórdios da *Commedia dell'Arte* na Itália e depois em toda a Europa, coleção que se tornou conhecida com o nome de Fossard, nome do musicista que, sob encargo de Luis XIV, correu ao longo e ao largo de toda a Europa atrás de pistas de documentos concernentes às companhias mais famosas dos comediantes *dell'arte*.

Com o passar dos séculos a coleção foi adquirida pelo embaixador da Suécia em Paris... e prosseguia: "assim reencontrei aquela parte da coletânea Fossard que chegou à Suécia..."

Mascaramento urbano
Donato Sartori e Centro Máscaras e Estruturas Gestuais
Reims, Place Royale, 1983.

que, de fato, permitiu a ele a famosa publicação em 1928. Trata-se da publicação *Recueil dit de Fossard* [Coletânea, dita de Fossard], apresentada por Agne Beijer, seguida da *Composition de Rhétorique* [Composição de Retórica] de Tristano Martinelli, apresentada por Pierre Louis Duchartre.

Desde então ia encontrá-lo com frequência e consultava-o, expunha-lhe meus problemas sobre a pesquisa da máscara contemporânea, sobre a hipotética evolução da antiga máscara teatral até nossos dias, sobre as experiências e resultados que, pouco a pouco, se acumulavam.

Estabelecia-se uma sólida amizade sob a insígnia da máscara. Certo inverno, ao anoitecer, sob a luz cinza da tarde confidenciou-me tristemente que sentia o tempo passar e que a velhice não lhe permitiria mais enfrentar uma viagem em busca da segunda parte da coletânea Fossard, desaparecida esta também e jamais reencontrada por estudiosos do mundo todo. Sentia profundamente não poder completar os estudos sobre a origem diabólica de Arlequim-Herlequin, chefe dos demônios, assinalado desde 1091 como chefe da manada selvagem, destinada a cavalgar através dos céus noturnos da Europa do Norte em perene caça maldita. Dei-me conta de que justamente naquela tarde Duchartre passava-me um testamento ideológico; de fato jamais, como naquele momento, fora tão preciso nas indicações que, embora ainda muito vagas, permitiriam que me orientasse pelo cruzamento de lugares hipotéticos sobre onde poderia encontrar-se a segunda parte da *Requeille Fossard* [Coletânea Fossard].

Despediu-se docemente no inverno de 1983 durante o primeiro Festival Internacional da *Commedia dell'Arte* no Val du Marne em Villejuif situada no subúrbio próximo, enquanto o esperávamos no Théâtre Du Rond Point para a mesa-redonda de que eu participava com Barrault, Lecoq, Gonzales, Dario Fo, Roberto Tessari e outros. Minhas pesquisas continuaram através dos anos pela Europa, ao longo dos festivais de que participava ou das mostras ou seminários que me conduziam às várias capitais. Em Copenhague, ocupado com um seminário que deveria produzir uma grande *performance* sobre o mascaramento urbano, em determinado momento, tomou forma a antiga ideia de pesquisa junto aos Museus Nacionais, utilizando as horas livres, com a colaboração de docentes, estudiosos, homens de teatro que faziam parte do estafe docente.

Aquele dia, nos subterrâneos do Museu Nacional, entre milhares de antigos volumes de propriedade da rainha da Dinamarca, procurei longamente nos empoeirados livrões-arquivo, sem resultado. Voltei ainda, e ainda, e um dia encontrei um velho arquivista aposentado que, depois de anos, voltava a visitar os locais de trabalho de uma vida inteira; foi ele que me conduziu de memória a um obscuro meandro dos subterrâneos do antigo palácio praticamente abandonado, escavando entre remanescentes ainda sem catalogação: entre a imensidão de cartelas com laços de couro, antigos livros sem capa, empoeirados pacotes de papéis amarrados e sigilados debaixo de uma montanha de documentos, sob a luz fraca de uma pequena lâmpada de parede nos apareceu um enorme livro sem título. Ao abri-lo com o coração batendo, tomaram forma as primeiras imagens antigas: Arlequins vestidos com roupas estranhas, os Pantaleões, os Doutores, os Briguelas e assim por diante...

A segunda parte da *Requeille Fossard* estava ali diante de mim, perfeita e nem um pouco arruinada apesar do abandono provavelmente secular; só me restava proceder à catalogação e ao descobrimento de notícias concernentes à origem e aos significados históricos daquele precioso tesouro que pela primeira vez seria levado a público de modo a permitir a estudiosos de todo o mundo colocar mais uma pequena pedra no mosaico da história daquela fabulosa epopeia teatral chamada *Commedia dell'Arte*.

Neste volume, pela primeira vez, são publicadas algumas gravuras que fazem parte da segunda desconhecida coletânea Fossard e que serão objeto de um atento e profundo estudo à espera de uma próxima publicação.

O museu vivente

Ao nos introduzirmos no tecido cultural dos diversos países visitados, aproveitávamos para recolher materiais, documentos e remanescentes que iriam atender a uma ideia que vinha tomando forma com urgência crescente, a criação da *casa das máscaras*, um lugar onde recolocar um patrimônio de materiais criados e recolhidos ao redor do mundo, no decorrer de três quartos de século, a máscara, procurada dentro e fora do teatro e nos mais remotos cantos do planeta, entre diferentes etnias e religiões. O que mais interessava era criar um ponto de referência na Itália, na Europa, no mundo, que se reportasse exclusivamente à máscara, instrumento útil à compreensão da história cultural da humanidade. Quase todos os museus de etnologia ou etnografia, os de história e cultura dos povos, os de artes e de tradições populares ou aqueles dedicados à antropologia humana contêm um setor mais ou menos importante referente às máscaras em seus mais diversos e específicos significados, mas nenhum deles é dedicado só e exclusivamente a este extraordinário instrumento comunicativo.

O sonho daqueles anos era o de constituir um lugar onde poder mostrar, e fazer compreender o papel, a função e os significados que a máscara teve por toda parte, em cada época, desde os primórdios da civilização, um lugar de indagação sobre sua presença, do teatro às artes visuais, das danças e ritos às festas populares, para penetrar provocadoramente no mundo da moda ou dos mascaramentos civis e de proteção, do trabalho e do esporte.

Procuramos e procuramos, eu e os meus colaboradores do Centro Máscaras e Estruturas Gestuais, visitamos locais, zonas e ambientes, casas colônicas, castelos abandonados e uma miríade de vilas vênetas existentes em profusão em nossa região com a intenção de poder transferir homens e coisas, de criar uma espécie de lugar polivalente que tivesse a função de escola e museu com grandes espaços onde mostrar, atuar, construir, habitar e estudar, um lugar onde criar, em suma.

A ocasião foi-me "propiciada confidencialmente" por um amigo que nos indicou um espaço ideal: uma grandiosa vila vêneta do século XVIII situada na planície entre Pádua e Vicenza e lambida por um canal que, outrora navegável, conduzia nobres e prelados a bordo das chalanas[30] até a Seveníssima. Espalhados pelo vasto parque ao redor da vila patronal, abrigos e depósitos, para armazenar os produtos do campo, vastos estábulos e celeiros, até mesmo um *squero*, antigo abrigo para as embarcações, enfim, um oratório. Infelizmente, as condições dos imóveis eram precárias quando não perigosas, o parque tornara-se um espesso bosque e as instalações e os serviços estavam fora de uso. A propriedade dos imóveis competia a um ente moral e religioso que nos anos anteriores havia utilizado estes espaços para administrar um orfanato; desta utilização restaram traços como os crucifixos ainda pendurados às paredes, confessionários arrebentados, genuflexórios coxos. Após um longo e lento processo de recuperação, preparamos os laboratórios, transferimos grande parte dos remanescentes encontrados para o corpo central da vila onde montamos uma essencial mas representativa exposição referente às três vertentes fundamentais da nossa pesquisa, distribuídas também por outras áreas da estrutura arquitetônica.

Inventamos espaços teatrais extraordinários tanto no interior dos grandes salões como na área externa, inseridos no verde exuberante do parque reencontrado.

Foram também anos em que se experimentou uma rede de atividades pedagógicas denominada *máscara gesto e narração* nas quais foram inseridas variadas atividades multimídia como *performances* teatrais, artísticas e comportamentais (*body art* e semelhantes), sonoras e outras inerentes ao gesto (dança Butô, acrobática, etc.). Esta atividade foi dirigida às escolas de todo tipo e grau, até às Universidades, não só italianas. Foram milhares os estudantes e os professores provenientes de várias cidades, hospedados na vila, nos ambientes do museu e nos espaços anexos, teatrais e virtuais para realizar "uma viagem através da máscara", um voo virtual entre as infinitas civilizações das máscaras tribais, rituais e étnicas e da máscara teatral presente nos palcos de todo o mundo, não só ocidental.

Tudo isso comportava naturalmente uma considerável presença de pessoas, especialistas, docentes e técnicos, sem contar a assídua colaboração e a preciosa ajuda por parte de todo o estafe do Teatro del Sole de Milão, dirigido por Serena Sartori, filha caçula de Amleto.

O imenso esforço físico e econômico seria premiado mais adiante com a entrada da escola-laboratório, museu e teatro em um circuito-institucional com financiamentos públicos provenientes das Caixas, além das ministeriais também as locais: da Região e Província do Vêneto e da Prefeitura de Pádua; tudo

---

[30] No original, *burchiello* – pequena barca fluvial a remo; de *burchio* – barco de fundo plano, a vela, a remo, para transporte de mercadorias ou passageiros em águas internas, em uso na Itália setecentista. (N. T.)

Demonstração do ator Mario Gonzales com a máscara neutra dos Sartori Bruxelas, Laboratoire Théâtre Elémentaire, 1979.

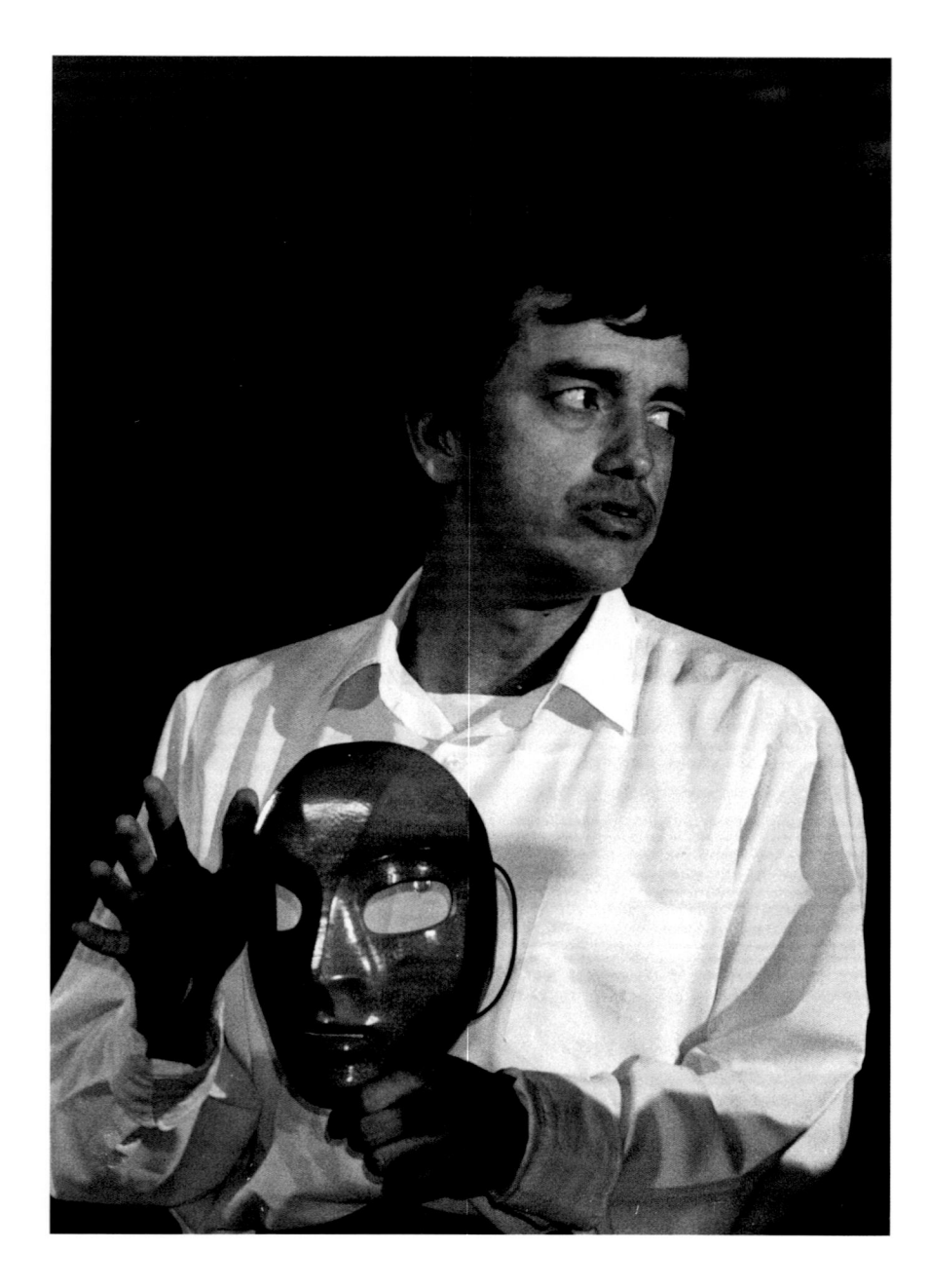

isso iria permitir que prosseguíssemos nosso percurso pedagógico, cultural e artístico, segundo diziam os sorridentes e disponíveis políticos democrata-cristãos da época. Foram anos de premente atividade internacional que viram, nos espaços majestosos da vila vêneta, a presença das mais belas figuras do teatro.

Em termos de troca cultural, e após termos assistido durante anos a inúmeros eventos, chegara o momento de convidar à nossa sede os anfitriões de outrora, o que fez da cidadezinha de Arlesega uma pequena capital do teatro no Vêneto. Numa espécie de carrossel teatral alternaram-se grandes personalidades como Dario Fo e Franca Rame, Ferruccio Soleri, Jacques Lecoq e Yves Lebreton e muitos excelentes representantes do teatro Nô e do Kyogen japoneses, do Topeng balinês, do Kuttyattam indiano e outros provenientes da África, da América Latina e dos Estados Unidos.

Durante quase uma década trabalhamos duro, unicamente com as forças provenientes da nossa frenética atividade internacional sempre à espera de intervenções institucionais. Depois a catástrofe. Uma a uma, as nossas referências institucionais foram desbaratadas por esquálidos escândalos políticos, histórias de corrupção e de misérias que criaram o vazio em meio às instituições públicas italianas. O desolador panorama institucional revolveu sem esperanças todo o mundo político e econômico, mas quem sofreu foram sobretudo os que operavam nos setores da cultura. Depois de algum tempo, os portões da vila, sempre abertos ao público jovem, foram fechados para sempre.

Os anos seguintes viram o nosso tempo ocupar-se entre a casa-laboratório de Abano Terme, alegre cidadezinha termal às portas de Pádua, e as longas permanências no exterior, quase um exílio forçado, onde, de todo modo e sempre, éramos largamente reconhecidos em virtude de nossa longínqua atividade profissional. Entre as várias atividades acontece uma solicitação por parte de um prestigiado teatro, o Folkteatern de Gävle, na Suécia, dirigido por Peter Oskarson, para exumar das profundezas de um passado distante as máscaras medievais nórdicas, herança de uma gloriosa epopeia *viking*.

O ambicioso projeto *World Theatre Project*, parte de um programa europeu bem mais vasto, valeu-se de uma entidade teatral sueca que pressupõe, dentre outras estruturas logísticas, um equipadíssimo estúdio-laboratório *Maskverkstaden* [Estúdio de Elaboração da Máscara] que dirijo há quase dez anos e utilizo com os colaboradores do estafe nórdico como ponto de monitoração para pesquisa histórica, experimentação e realização de esculturas, máscaras, instrumentos e objetos empregados no interior da complexa estrutura teatral internacional.[31]

No mesmo âmbito, a recente produção da complexa trilogia de Ésquilo, a *Orestea* [Oréstia] dirigida por Peter Oskarson, permitiu-nos realizar várias viagens de estudo aos lugares previstos para a pesquisa histórica e a encenação da obra grega: Índia, Moçambique e Grécia, para conhecer ambientes, teatros e locais religiosos nela referidos. Para elaborar as 140 máscaras realizadas com novas tipologias e técnicas construtivas, experimentamos profundamente a acústica prevista para os coros gregos, podendo colocá-las assim em confronto com outras, realizadas há mais de cinquenta anos por meu pai, sob a direção de Jean-Louis Barrault para a mesma tragédia.

Pesquisa e descoberta das antigas máscaras do grande Norte da Europa

Por mais deferência que houvesse, a convocação permitia perceber nas entrelinhas aquele tom de elegante peremptoriedade que me deixou bastante curioso. Soava mais ou menos assim: "se o trabalho de pesquisa em torno da máscara teatral da vossa família permitiu a exumação ou a renovação da máscara da *Commedia dell'Arte* vos seremos eternamente gratos se quiserem enfrentar o complexo tema da bem mais antiga máscara norrena, desaparecida há pelo menos um milênio das landas culturais do profundo norte europeu". O desafio estava lançado.

Pouco tempo depois vi-me numa ilhota perdida do arquipélago dinamarquês fazendo parte de um heterogêneo grupo de pesquisa em torno das raízes da mitologia nórdica, máscaras incluídas. Faziam parte daquele núcleo diretores, atores e dançarinos, professores, estudiosos e historiadores da cultura escandinava. O que mais atraía minha curiosidade era a presença de um numeroso grupo de atores, músicos e dançarinos provenientes das mais variadas partes do mundo. O tema foi a viagem; tomaram consistência, então, antigas sagas e crenças nórdicas povoadas de mitos, deuses e heróis em eterno conflito entre si. Com a fantasia, arrastaram-nos para a mitologia nórdica, profusamente ampliada através de conferências, lições, projeções de imagens fantásticas da iconografia rúnica realizadas por inúmeros historiadores presentes. Logo depois foram iniciados os laboratórios sobre o tema: os de teatro que procuravam dar corpo e gesto às fantasmagóricas figuras que agora alavam, concretas, entre nós e os das máscaras que fatigosamente tomaram forma nos traços da argila sob os olhos dos mesmos atores que com sua presença procuravam se integrar cada vez mais, quase por osmose, ao papel do personagem a interpretar. O meu, sob contrato fixo, era o de conduzir, por meio de técnicas e formas plásticas, o heterogêneo grupo de atores, dançarinos, músicos e outros, à pesquisa fisionômica das figuras que povoavam o majestoso, obscuro, selvagem mundo nórdico de raízes intermináveis, em ciclos implacáveis de destruição e renovação, que exaltavam e abatiam divindades malignas e benignas, heróis, elfos, duendes, valquírias, anões, bruxas, gigantes e *coboldi*.[32]

---

[31] O *World Theatre Project* vale-se da colaboração de grupos internacionais: Ópera de Pequim de Xangai dirigida por Ma-Ke, China; Natana Kairali centro para a dança Kuttyattam e Katakali dirigido por Gopal Venu, Kerala, Índia; Teatro Avenida, danças de guerra africanas, Moçambique; Folketeatern de Gävle, Suécia, dirigido por Peter Oskarson e o Centro Máscaras e Estruturas Gestuais de Abano Terme.

[32] No original, *coboldi* (pl.) – vocábulo italiano para *kobold* – na mitologia germânica, remete a gnomo ou pequeno espírito representado em forma de anão, benévolo e brincalhão, protetor da casa. (N. T.)

Melina Mercuri, Ministra da Cultura da Grécia, e Donato Sartori durante um ensaio teatral Zakinthos (Grécia), Festival Rencontre Internationale de Théâtre Medieval et Populaire, 1983.

E eis que aparece a autoritária e terrífica imagem de Odin, chefe da homônima Odinsjagtem, do seu infeliz filho Baldr, traído e morto pelo lobo Loki, de Thor, o deus do terrível martelo. Depois foi a vez dos seres terrícolas, fantásticos habitantes das landas escandinavas, das imensas florestas, dos lagos e dos rios, águas na maior parte do ano congeladas e embranquecidas por um eterno manto nevado: tomaram forma despeitosos *trolls*[33] e gnomos que custodiam os segredos do bosque, as *Vittra*, espécie de espíritos malignos femininos capazes de mudar de aspecto e transformar-se em qualquer ser vivo, a fantástica Skugs-Rå, a meio-caminho entre fada e bruxa, com as tetas longas e os cabelos negros como ébano que caminha a meia altura entre os musgos do *sottobosco*[34] e que seduz os habitantes (masculinos) da floresta, seja os que dela tiram benefício: caçadores, mateiros, carvoeiros, seja os que nela encontram refúgio: brigantes, fugitivos, eremitas e outros tantos que no copioso mundo arborícola possam existir. Mas o contato amoroso da Skugs-Rå gera loucura e leva da demência à morte. Pode acontecer também o contrário, o nascimento de uma família feliz e uma existência boscareja, encantada, positiva.

Dentre as figuras mais emblemáticas que transpareciam das sagas medievais narradas pelos historiadores emerge uma presença diabólica extraordinária, um demônio gigantesco, o terrificante comandante da *Wilde Jagd* [Caçada Selvagem] que cavalgava à frente da horda composta de ínferas almas de mortos narrada numa agora famosa *Mirabilia* transcrita pelo amanuense diácono anglo-normando Orderico Vitale e ambientada no dia 1º de janeiro do ano do Senhor de 1091. "Familia Herlechini est" murmurou o aterrorizado assistente, o padre Gauchelin que, segundo a narração de Vitale, viu-se bem no meio da caçada selvagem, o exército dos mortos que desfilava diante de seu olhar atônito. Eram fileiras de infantes gementes, esmagados sob a carga de pesadíssimos fardos, escavadores que transportavam dezenas de padiolas carregadas de anões com a cabeça desmesuradamente grande em forma de vaso, etíopes (demônios) negros, que torturavam assassinos mortos há pouco; e ainda um grande número de mulheres descompostas que cavalgavam sentadas sobre selas eriçadas de pregos incandescentes, monges e padres guiados por bispos e abades que compunham o exército de

---

[33] Na mitologia nórdica, demônio maligno dos lugares solitários (bosques, montanhas). (N. T.)

[34] Conjunto de árvores e arbustos que crescem nos bosques de árvores de altos fustes; (fig.) conjunto de pessoas que agem mais ou menos regularmente à sombra de uma atividade, de uma organização política. (N. T.)

obscuros cavaleiros que cavalgavam enormes corcéis vomitando fogo pelas narinas.

Para mim era a descoberta de um mundo fantástico colhido e transcrito dos contos orais da tradição popular dos amanuenses, espalhados, com o alargamento dos territórios cristianizados, por todo o imenso norte da Europa. Nasce de fato a primeira *Hure*, careta[35] diabólica de Hellequin, que parece ter sido o mais insigne antepassado daquele Arlequim que galgou os palcos renascentistas do teatro *dell'arte* ítalo-francês e que alcançou notoriedade internacional em todo o mundo conhecido da época. Arlecchino, psicopompo em condições de transferir-se, sem qualquer dano, de um lado para outro da linha de fronteira que separa a vida da morte, capaz de cumprir viagens xamânicas daqui ao além, tomou vida por meio de dezenas de esculturas-máscaras modeladas por mim e movidas e interpretadas por aqueles mesmos atores que davam sequência à sua invenção e construção.

Foi o início de uma aventura que durou quase um decênio; a experiência dinamarquesa efetivamente produziu uma confrontação positiva junto às altas esferas do Ministério da Cultura sueco e Peter Oskarson pôde erguer aquela entidade cultural que se chamou The World Theatre Project, cujos componentes participantes chegavam da África (Teatrodança de Moçambique), da China com um inteiro

---

[35] No original, *ghigna*. Ver nota 16 ao texto de Ludovico Zorzi, neste volume, p. 52. (N. T.)

O ator Felice Picco do Koron-Tlè. Demonstração de trabalho com os atores do *World Theatre Project* de Gävle (Suécia), 2000.

estafe da Ópera de Pequim, da Índia, com a presença de dançarinos, músicos e atores do Teatro Kuttyattam do Kerala e naturalmente um numeroso rol de atores, diretores e cenógrafos provenientes do Folkteatern de Gävle, cidadezinha situada ao norte da Suécia.

Durante longos períodos nos transferimos para um minúsculo vilarejo do Helsingland, região confinante com a gélida Lapônia, onde se encontrava uma vasta estrutura isolada, imersa entre os bosques de bétulas e coníferas. Uma vasta área urbanizada que reunia teatros, salas equipadas para dança, extraordinárias e acolhedoras casinhas de madeira construídas no típico estilo nórdico que nos ofereciam hospitalidade, amplos espaços de trabalho, refeitório acolhedor e, para minha grande satisfação, foi preparado um grande ateliê organizado segundo projeto meu e constituído por um laboratório de escultura, uma carpintaria, salas de desenho, espaços e instrumentos para colorir, envernizar, pintar e desenhar, em suma, criar. Não podia desejar mais nada. Trabalhava-se mediante projeto; temas teatrais que brotavam da história e da cultura nórdica medieval, época a que fazíamos remontar as suscitadas figuras mitológicas que tomavam forma através da fixidez da máscara.

Os meses transcorriam em intenso trabalho de equipe, os atores frequentemente vinham ao laboratório verificar o avanço das máscaras. Podia contar com um alentado estafe de laboratório composto por artistas provenientes das artes visuais, cenógrafos, inclusive atores que queriam aprender a arte da máscara. Aperfeiçoamos técnicas escultóricas diferentes daquelas que havia trazido da Itália, aprendi inclusive a arte do curtimento derivada de antigas técnicas *vikings* de trabalho com o couro. Podia me permitir consultar especialistas e convidá-los para, hóspedes junto a nós, transferir-nos seus saberes. A Suécia, país de grandes recursos boscarejos e florestais, fascinava-me pelo respeito demonstrado por seus habitantes em relação à natureza; a minha alta consideração atingiu seu ápice quando observei a arquitetura habitacional espalhada por um território maior que a Itália e habitada por menos de uma dezena de milhões de pessoas; casas, pequenas fazendas de gado, núcleos habitacionais, povoados e vilas são construídos de fato inteiramente em madeira segundo antigas regras destinadas a permitir que o calor mantenha-se no ambiente sem qualquer dispersão. Troncos ainda entalhados à mão para alcançar a perfeição do encaixe, fibras vegetais utilizadas para o isolamento termoacústico, arquiteturas orgânicas que se inserem perfeitamente na natureza, tornando-a assim parte integrante, eram, aos meus olhos de frenético ocidental, o milagre cuja existência não acreditava fosse possível.

Fascinavam-me sobretudo as técnicas construtivas arcaicas, e mesmo assim modernas, que ainda permeavam cultura e ambiente. A técnica de entalhe que aprendi com meu pai, limitava-se à goiva, instrumento secular que, sobretudo na área alpina, era usado pelos escultores e entalhadores de madeira. Este extraordinário instrumento, hoje dificilmente encontrado entre nós, nos países nórdicos alcança níveis de perfeição jamais vistos, formas e talhes de extraordinária fantasia e eficiência a que se junta um objeto ainda mais extraordinário, o machado de entalhe que com formas e tipologias diversas torna-se um dos instrumentos a que escultores, entalhadores, artesãos e muitos outros recorrem para realizar suas obras criativas. Machados forjados no mais resistente dos aços suecos, com têmperas reguladas e procuradas para cada uma das várias madeiras escultóricas presentes nas florestas nórdicas.

Um famoso escultor em madeira, Per Nilsson Öst, de noventa anos, um dia veio nos visitar no ateliê. Eu e meus alunos colocamo-nos à sua volta, conscientes de estarmos prestes a assistir a um evento extraordinário. De fato, depois de um breve preâmbulo, começou a esculpir um bloco de madeira bem maturado,[36] com um pequeno machado de formato estranho que, segundo dizia, havia sido forjado sob medida por um famoso ferreiro do norte. Foi um evento inesquecível ver aquele velho escultor, surdo e de porte cansado, tomar energia do contato com a madeira, assumir uma postura, ousarei dizer, heroica enquanto com golpes precisos percutia o tronco com a lama, que ia tomando forma enquanto as lascas de madeira saltavam, voando alegres por toda a sala. Era uma cabeça o que lentamente ia aparecendo, masculina por conta dos bigodes que adornavam o lábio superior, compreendi pelo sorriso dissimulado do mestre que estava fazendo o meu retrato, que dali a pouco me presenteou.

Foi uma lição de alta técnica escultórica que tocou profundamente minha alma e a partir daquele momento decidi voltar a ser aluno ainda uma vez para apreender todos os segredos daquela que para mim era uma arte sublime. Notei além disso que muitos dos meus alunos carregavam a faca pendurada na cintura; curiosidade que decidi sanar informando-me. Descobri que as maravilhas daquele profundo norte ainda não haviam terminado. A extraordinária produção de facas estava para me ser revelada pelos contos, pelos testemunhos e pelas visitas realizadas nos vilarejos de meia Suécia. A faca, esta desconhecida, apareceu-me em toda a sua grandiosidade através da obra de verdadeiros e próprios artistas da lâmina; aços tratados e forjados nas mais variadas formas eram trabalhados nas diversas oficinas, na maioria das vezes caseiras, do interior sueco. Estava transparecendo um mercado inteiramente novo aos meus olhos, não oficial, somente para refinados profissionais daquele trabalho e especialistas, mas em lugar de acreditar que estes especialistas fossem uma rara realidade, percebi que os conhecedores e entendedores de lâminas eram muitos, muitíssimos, quase todos, na verdade. O que me provocou estupor ainda maior foi que as facas, entre as mais belas que jamais vira em minhas numerosas viagens ao redor do mundo, não podiam ser encontradas nos negócios, nas oficinas ou junto aos mercados normais, mas através de canais absolutamente privados, às vezes subterrâneos, de que apenas os conhecedores tinham notícia. Fui acompanhado e introduzido também neste ambiente e comecei a minha pesquisa. Adquiri maravilhosas lâminas de entalhe, de acabamento, de escultura como jamais sonhara. Aprendi seu uso e os segredos inerentes a cada uma das formas em relação aos vários tipos de essências lígneas, adquiri o hábito, também eu, como eles, de carregar uma lâmina ao lado, quase prolongamento e potencialização dos membros superiores. Devo precisar que perdi este costume assim que reentrei na Itália devido à tão diferente noção que paira junto a nós, povos latinos, frente a este instrumento.

As máscaras eram experimentadas primeiro no teatro e, com base nos resultados, modificadas segundo as instâncias e as variáveis cênicas. Delas nasciam personagens que aos poucos tomavam uma forma concreta; máscara e ator tornavam-se corpo único. Presenciei desesperados momentos de crise, sobretudo, por parte das atrizes que não conseguiam, apesar de reiterados ensaios, integrar-se ao papel (não se pode esquecer, porém, que nos países nórdicos não existe uma cultura do teatro com máscara). Havia também momentos comoventes: louca paixão por esse rosto de madeira ou de couro, a ponto de alguns dormirem com as próprias máscaras como que desejando confundir-se corporalmente com elas. De outro lado, verificavam-se relações de ódio profundo que frequentemente provocavam violentas crises de rejeição; não era raro que atores arrependidos viessem ao laboratório para pedir humildemente que

---

[36] No original, *stagionato*; de *stagionare* – submetido à *stagionatura* – conservar o produto em condições ambientais particulares para que adquira certas qualidades com o tempo; maturado, amadurecido, envelhecido. (N. T.)

consertássemos os danos causados à máscara durante um arroubo de loucura. Os ensaios sucediam-se aos ensaios, e o extraordinário e diversificado estafe amalgamava-se lentamente. Os exercícios de voz e de respiração aconteciam costumeiramente ao amanhecer, geralmente ao aberto, na gelada clareira do bosque.

Outras vezes eram *training* de mímica, dança, não raro de artes marciais, que desenvolviam-se no vasto salão de danças; as máscaras apareciam apenas no teatro e a cada vez era um evento quase místico. Toda vez que um ator desembrulhava a máscara do tecido em que era, religiosamente, envolvida, ela emanava uma espécie de poder magnético e frequentemente assistia-se à visão de dois seres contrapostos, o ator e a máscara, que se fixavam por longuíssimos minutos, parados, quase tomados por um estado de recíproca hipnose. Depois o milagre, a fusão de duas energias, que criava um ser diverso: dramático ou hílare, deus ou herói, que emanava a sua identidade no espaço cênico. Quase sempre ia assistir aos ensaios para verificar se o meu personagem-máscara vivia verdadeiramente ou se havia necessidade de ulteriores modificações e alterações.

Era sempre uma descoberta assistir à interpretação de Mr. Venu, chefe carismático da delegação indiana, ator e dançarino, às voltas com um personagem da mitologia fínica ou com um herói norreno. Geralmente, o interlocutor (teatral, entenda-se) era uma figura fantástica, *troll*, gnomo, ou *folletto*[37] interpretada pelo ator chinês Bai-Tào arrancado à força de sua natureza de intérprete da Ópera de Pequim. Também os sons possuíam uma identidade, para dizer o mínimo, multiétnica, se considerarmos que os estranhos instrumentos a arco ou de vibração eram tocados por intérpretes orientais enquanto o ritmo era sustentado por percussionistas africanos provenientes de Moçambique ou ainda do Kerala indiano. Criatividade, modalidade, sistemas e técnicas diversas, ou melhor, até mesmo opostas, a ponto de se tornarem, por vezes, estridentes entre si, começavam a amalgamar-se em uma única forma teatral. A integração entre nós, diferentes, pertencentes às mais diversas culturas, aconteceu progressivamente com o passar dos anos, graças também a numerosas viagens de estudo nas respectivas áreas de pertinência.

Viagem à Índia

Foi a vez da visita à Índia, a uma comunidade religiosa do Teatro-Dança Kutyattam do Kerala, região dentre as mais ortodoxas de toda a Índia. Conhecia bem o país por ter para lá me dirigido reiteradamente por motivos de estudo (e por que não, também de lazer), mas os ritos e as festas mascaradas a que assisti durante aquele período estavam entre os mais extraordinários da experiência indiana. Éramos hóspedes em Natana Kairali, escola de dança da dinastia Chakiyar; o guru da extensa comunidade, quase centenário, concedeu-nos uma das mais comoventes *performances* de dança Kutiattam que jamais tivera a fortuna de assistir. À luz da chama de lâmpadas rituais alimentada com óleo de palma, ele iniciou uma espécie de movimentação mimada ao som de tambores. A antiquíssima dança de atinência religiosa, própria dos sacerdotes dos templos hindus, refere-se aos episódios narrados nos textos sacros do *Ramayana* e do *Mahabarata*.

Após o batismo iniciático, mergulhamos, cada um de nós segundo sua competência, no estudo da arte e da cultura indiana: máscara, dança, mímica e postura, música e canto. Fui aceito, na qualidade de aluno, entenda-se, junto ao ateliê de um importante mestre conhecido em Kerala como o mais representativo

---

[37] Entidade lendária que a fantasia popular imagina ser de pequena estatura, vagante pelos ares, burlador, bizarro, irrequieto. (N. T.)

Donato Sartori, *Máscaras da Oréstia*
Helsingegården (Suécia),
Ateliê Maskenverkstaden, 2000.

professor de máscaras Kutyattam e Krishnanattam: tive assim a rara oportunidade de seguir de perto a práxis de preparação dos atores antes do enfrentar o rito propriamente dito diante do público. Geralmente a vestição ocorre ao anoitecer, depois de uma série de preces e de cerimônias de devoção diante do fogo da lâmpada sacra. Cada um dos atores inicia sua própria maquiagem diante de um pequeno espelho, espalmando com os dedos ou com varetas de bambu, ao longo das linhas determinadas pelo próprio rosto, extratos de cores obtidas pulverizando terras policromadas, óxidos e minerais empastando-os com óleo de coco; para o preto utiliza-se a fuligem que resta no fundo das lâmpadas votivas; para o branco, pó de concha. Terminada a maquiagem, entregam-se aos cuidados do professor de máscaras que, apoiando entre suas pernas cruzadas a cabeça do ator deitado de costas, aplica uma pasta de arroz, cal e pó de concha ao longo das linhas preestabelecidas e, através de uma série de *realces,* dá à máscara um aspecto plástico de relevo.

Este método de mascaramento do rosto, depurado durante séculos de teatro religioso, tem a função de cobrir o rosto do ator com um material que se flexione e siga o movimento dos músculos mímicos, permitindo que a máscara acompanhe e evidenciando a expressividade do dançarino. O efeito definitivo ocorre com a inserção de formas recortadas das folhas de palma debaixo destes arremates de modo a criar as características aletas ou *Kuttiyes* nas bordas das bochechas dos atores. A vestição conclui-se com o aporte de extraordinários cabelos, ombreiras e peitilhos, braceletes, tornozeleiras, guizos esculpidos em madeira doce, modelados em papel machê ou em metal e finamente decorados. As vestes larguíssimas e esplendidamente ornadas com os mais variados cromatismos concluem esta operação que exige um tempo que varia entre três e seis horas antes da entrada em cena em meio a músicas, salmodias e rufar de tambores sob a luz exclusiva de lâmpadas a óleo.

Cumpre-se assim a preparação do ator que um pouco antes de entrar em cena coloca uma minúscula semente (*chundapu*) de uma planta semelhante à nossa beringela sob as pálpebras; isso provocará uma violenta reação da córnea que ficará injetada de sangue em pouco tempo, dando ao olhar fulgores sanguíneos que com o reflexo do fogo assumirá o aspecto terrificante do Deus, do herói, ou do ser ínfero. Enquanto "os atores do teatro do mundo" [do Folkteatern] estavam mergulhados nos *training* cotidianos, em extenuantes ensaios de teatro, exercícios corporais e vocais, eu aproveitava para visitar pela região os laboratórios dos construtores de máscaras para os ritos, as danças e festas locais.

Não poucas vezes encontrei verdadeiros artistas, escultores refinados e, frequentemente, intérpretes, eles próprios, das máscaras que, na maioria das vezes, representavam personagens da mitologia oriental, descrita nos livros sagrados. Tive encontros extraordinários; conheci por exemplo o último descendente de uma dinastia de mestres do Tolpava-Coothu, teatro de sombras indiano. *Tool* significa couro, *pava* boneco ou marionete e *coothu* representação. É um gênero teatral que utiliza marionetes com os corpos achatados, quase transparentes, em couro cru e multicor, articulados nos pontos-chave da anatomia (braços, pernas, cabeça, etc.), e acionadas à mão por meio de varetas de bambu por um ou mais manipuladores que, ao mesmo tempo, lhes dão voz e fazem rumores com os pés.

Também este teatro religioso inspira-se nas histórias narradas nos textos sacros e é antiquíssimo; alguns historiadores fazem-no remontar ao século IX e outros ao século XIII. O velho mestre, tomando conhecimento da iminente constituição do Museu da Máscara na Itália, dedicado à obra dos Sartori, quis doar-me algumas das preciosas figuras em couro, fruto de séculos de tradição (percebi em seus olhos quase que um senso de liberação), com a justificativa de que, não havendo herdeiros em grau de acolher o testemunho de sua linhagem, preferia colocar seu patrimônio em locais onde seria possível transmitir ao menos uma mensagem visual. Senti um aperto no coração imaginando que o último representante da ilustre estirpe, próximo do fim, fosse pressagiador do iminente desaparecimento também desta tradição secular, parte integrante da imensa cultura da terra indiana.

Visões africanas

Ao retornar à dimensão silvestre de Helsinghengarden, vilarejo cultural que paternalmente acolhia a todos após as experiências estrangeiras, colocamos em ação os ensinamentos adquiridos na última imersão cultural na Índia. O tempo passou entre meditação e trabalho e logo chegou a vez de uma viagem à África, àquele Moçambique então afligido por uma dramática inundação que colocou o país num piedoso estado de prostração. A confirmação das notícias difundidas pela mídia internacional ocorreu ao sobrevoarmos o território com um pequeno avião de linha local que nos transferia da opulenta região sul-africana para Maputo, capital da devastada área sul-africana. Vimos do alto inteiros territórios debaixo de um manto de água enlameada e barrenta de onde emergiam tetos de pobres habitações de pedra, já que as numerosas cabanas e os vilarejos construídos com ramos, arbustos e folhagens, obviamente, haviam sido varridos pela violência das águas. Emergiam as copas das árvores de tronco alto, último refúgio, como nos informaram depois, da população atingida pela cheia e abandonada à morte por inanição, sofrimentos e fome pelas autoridades locais devido à carência de meios adequados de socorro e à indiferença do mundo ocidental que voltava seus olhos apenas para a notícia midiática.

Apesar deste dramático clima, a vida continuava; fomos acolhidos numa ilhota ao longo da costa diante de Madagascar, onde se percebiam menos os danos da tragédia e onde a vida parecia prosseguir com o ritmo de sempre. Também aqui entramos numa espécie de aura em que a dimensão do tempo era inexistente: danças, ritos, a presença de prevalentes sonoridades africanas (percussões, músicas autóctones) absorveram-nos em ritmos de trabalho que não conheciam descanso. Deixando de lado as extraordinárias experiências das excursões junto às tribos do interior da ilha, passando por alto sobre as fascinantes integrações com a vida tribal do lugar, que me envolveram pessoalmente num encontro emblemático com os ritos da magia negra, tive um longo contato, também aqui, com os mestres das máscaras Mapiko, espécie de cascos de semblantes antropomorfos que, calcados nos crânios dos dançarinos, davam ao ator o aspecto de um grotesco fantoche com o olhar voltado para o céu; compreendi que o interlocutor da entidade-máscara não era um público terreno qualquer e sim uma energia divina instalada no infinito celeste.

Procurei entender como, e naturalmente sem conseguir, o feiticeiro, o homem da medicina, o *brujo*, concebia as entidades mágicas abstraindo-se do cotidiano terreno, para penetrar numa dimensão ritual sobre-humana, mágica, plena de mistério que as sociedades secretas africanas emanam ainda hoje mesmo com as transformações do tempo e o avanço, deletério, progressivo, inevitável da globalização. Também devido a tudo isso sobreveio o fim.

A montagem da *Orestea* [Oréstia]

Ao retornarmos, iniciou-se uma fase de estudos que em Helsinghengarden produziu eventos teatrais plenos de nova linfa e novos significados. Depois, a última, a definitiva produção que durante dois anos envolveu inteiramente as nossas, sobretudo as minhas, energias: uma versão inteiramente nova da *Orestea* [Oréstia] de Ésquilo situada no futuro, chamando à ordem do dia toda experiência de comunicação teatral experimentada até então. Foram longos os preparativos, assim como as premissas; o *Maskverkstad*, o laboratório das máscaras suecas, foi notavelmente potencializado, pude solicitar e chamar novamente os melhores colaboradores que se sucederam pelos anos, durante as diversas, heterogêneas experiências. Era um formigueiro de atores e figurantes, roteiristas e historiadores, técnicos de som e de luz, e nós, entre outros, do laboratório das máscaras. Peter Oskarson identificou entre os atores mais ou menos consagrados do panorama nórdico teatral, cinematográfico e televisivo, os papéis mais adequados.

A primeira tarefa foi a de colher os traços dos rostos de cada intérprete e foi a vez de Agamemnon e Clitemnestra, depois as ínferas Erínias, que na sucessão dos acontecimentos transformar-se-iam em Eumênides arrependidas, e em seguida os atores que faziam parte dos coros dos argivos e as atrizes das Coéforas, por fim, foi a vez de Orestes e do amigo mais que fraterno Pílades, que concluiu o ciclo dos moldes do rosto. O período seguinte foi dedicado aos desenhos preparatórios; para isso solicitei a colaboração do cenógrafo e das figurinistas; não só: quis conhecer o técnico de luz que estava projetando um enorme aparato cênico e de iluminação, equipado com mais de cinco mil pontos de luz espalhados por toda a volta do teatro. Os meses transcorriam entre ensaios de teatro, feitura de desenhos, infinitas

Donato Sartori e o musicista Björn Stabi, *World Theatre Project* Helsingegården (Suécia), 1999.

Panteão greco-latino e as da antiga mitologia germânica e nórdica. Quis, além disso, inferir aos vários personagens que povoavam a trama da *Oréstia* um caráter indefinido, atinente a um tempo universal em condições de ligar num *unicum* a guerra de Troia com os recentes conflitos do Vietnã e com o iraquiano ainda em curso. Não sei quando a Oskarson veio a ideia de uma viagem à Grécia em busca das localidades históricas citadas na *Oréstia*; o certo é que o *e-mail* me chegou na Itália e me deixou atônito, mas nem pensei em reclamar do pouco tempo dado para organizar a partida e logo subi no avião que dali a pouco me levaria a Atenas.

Todo o estafe do Folkteatern esperava-me no desembarque aéreo; além de Peter, uma massa de atores, auxiliares de direção, cenógrafos e técnicos, mas também grupos de trabalhadores os mais distantes do mundo criativo, como porteiros, carregadores, encarregados da limpeza e muitos outros. Talvez, com este gesto, o diretor pretendesse recompensar aquele grande grupo de colaboradores que, ao longo dos anos, o acompanhara em seu trajeto de pesquisa e criação teatral.

Este período ficará na minha memória devido às numerosas e extraordinárias experiências realizadas nas mais recônditas localidades da Grécia Antiga. A trupe inteira de atores era acompanhada do aporte técnico necessário para experimentar trechos da *Oréstia* nos mesmos locais onde fora concebida há quase 2.500 anos. Nas caixas, além de tudo mais, estavam amontoadas as máscaras elaboradas com os mais diversos materiais durante os meses precedentes, tanto na Itália, como no laboratório sueco. Eu estava aprimorando uma nova técnica, experimentando outros materiais dado que, segundo as últimas decisões de Peter, no decorrer dos ensaios revelara-se que toda a trilogia possuía um componente único: a água. Agamemnon de fato, segundo Ésquilo, foi assassinado na banheira, assim morreu assassinada também

reuniões entre diretores, atores e, por que não, responsáveis econômicos que, preocupados com o grande crescimento das cifras desembolsadas, davam sugestões e conselhos sobre como evitar desperdícios e despesas imprevistas.

Peter Oskarson desejava imprimir uma orientação diversa à tragédia de Ésquilo: inspirando-se nas recentes experiências orientais (China, Índia) e nas danças de guerra africanas, sem esquecer as raízes históricas da tragédia grega, quis estabelecer, para todo o espetáculo, uma relação simbólica entre as divindades do

Clitemnestra; as Erínias, seres demoníacos do Panteão grego, emergiam do mundo subterrâneo (Oskarson transformou-o num rio lodoso, o Estige); em suma, boa parte das cenas desenvolviam-se através de imersões na água e emersões da água. Obviamente, as máscaras deveriam ser construídas em materiais resistentes ao líquido e extremamente leves.

Usei muitos recursos tecnológicos apreendidos e experimentados no Oriente (China e Japão, entenda-se), cheguei a uma espécie de resina natural que antigamente tinha a função de tornar coesos extratos sobrepostos de fibras orgânicas, folhas, cascas, conferindo às máscaras um aspecto rígido e duro semelhante à madeira. Experimentei uma série de lacas que trouxe comigo de uma recente viagem ao Japão e apresentei o resultado final a Peter Oskarson, ganhei aplausos clamorosos pelos resultados estéticos. Os experimentos realizados segundo esta técnica eram, na verdade, singulares mas de custos exorbitantes; por isso, tive que renunciar à coerência filológica seguida por longos anos de atentos estudos e pesquisas sobre as máscaras gregas. Realizei alguns experimentos com matérias plásticas disponibilizadas pela tecnologia produtiva contemporânea.

Nos laboratórios de Helsigegarden experimentou-se uma nova tipologia de resinas que, mesmo assemelhando-se muito às qualidades tecnológicas do passado, não excedia tanto os custos previstos. Então, com esta matéria são preparadas as novas máscaras-casco para a *Oréstia*, o que nos permitiu apurar o emblemático recurso da vocalidade do instrumento-máscara. De fato, a máscara, realizada de modo a conter toda a cabeça do ator até o occipício, como descrito em todo documento histórico de época greco-latina, tornava-se câmara harmônica para a emissão da voz. A dicção ou o canto transformavam a máscara num instrumento sonoro, pois as partes rígidas (supõe-se que também na Antiguidade fossem assim) entravam em vibração fazendo o personagem emitir sonoridades vibrafônicas.

Em Atenas, junto à Faculdade de Musicologia da Universidade por nós contactada, há decênios desenvolvem-se estudos e experimentos neste sentido. Esta teoria me atormenta e me fascina desde as primeiras experiências, realizadas junto aos teatros da Magna Grécia, na Sicília, durante as turnês teatrais organizadas pelo Centro para a Pesquisa Teatral de Pontedera (1976).

Naquela ocasião, realizamos nestes locais experiências de atuação com as máscaras criadas

Momento da realização da *shadow* (sombra)
para o *World Theatre Project*
Helsingegården (Suécia), 1999.

Hellequin a cavallo, *condottiero diabolico della Masnada Selvaggia presente nelle saghe medievali nordiche* [condutor diabólico do bando selvagem presente na saga medieval nórdica]. Esboço para uma escultura a *tutto tondo* em ferro e aço soldado. Donato Sartori, 1971.

Naquela ocasião, realizamos nestes locais experiências de atuação com as máscaras criadas pelo meu pai Amleto para a *Oréstia* francesa de Barrault. Com as máscaras provenientes dos laboratórios suecos, na presença de especialistas, estudiosos e historiadores, colocou-se um ponto final na eterna *querelle* em torno da *boca megafônica* que, nascida junto ao teatro grego, arrastou-se por todo o período latino.

Nos teatros arqueológicos mais importantes da Grécia, dentre eles Argos, Epidauro e o teatro de Dioniso em Atenas, foram realizadas experiências acústicas de todo tipo. Todo o estafe do Folkteatern era mobilizado. Os atores atuavam emitindo sons guturais, gritos, mugidos e rugidos, regularmente testados por sofisticados instrumentos acústicos. O extraordinário resultado foi que nos locais submetidos a tais experimentos não havia a menor necessidade de amplificar a voz, dada a perfeita acústica registrada nas cáveas teatrais.

Circulou uma outra hipótese, a de que aquela estranha forma dos lábios feita à guisa de megafone, presente apenas em algumas máscaras teatrais antigas, valesse para evidenciar e tornar reconhecíveis, dentre outras, algumas características como as dos silenos, dos sátiros ou dos servos. Máscaras tipológicas, portanto, mais que megafônicas, talvez vibrafônicas, dados os extraordinários resultados obtidos.

A estreia da *Orestea* [*Oréstia*] ocorreu em 22 de fevereiro de 2002, debaixo de uma tormenta de neve e o termômetro marcando vinte graus negativos, num teatro recavado em uma manufatura de arqueologia industrial (antigo depósito de gás em forma circular); a representação do espetáculo ocorreria às 20h e a multidão era imensa. Durante o voo de volta tive a sensação de que uma outra etapa de minha vida estivesse concluída.

O significado último da máscara

O novo milênio parece ter trazido à Itália um renovado interesse em relação às energias culturais autóctones, deslocando a natural inclinação xenófila, há tempos voltada para uma globalização filoamericana. Neste âmbito, Abano Terme, numa histórica assembleia do conselho, decide por unanimidade consignar uma antiga vila vêneta, convenientemente restaurada e equipada, sede museográfica dedicada à pesquisa e à atividade dos Sartori.

Uma nova casa das máscaras, então, um museu vivente, não cristalizado, para onde possam convergir os interesses não apenas de estudiosos do setor, mas também de pessoas inclinadas ao teatro, à música, às artes expressivas, enfim, de todo mundo que queira conhecer as próprias fontes culturais, que conferiram à cultura italiana um papel histórico que a situa entre os primeiros como sítio artístico dentre os mais extraordinários do planeta.

Estes últimos anos foram dedicados sobretudo a este ambicioso projeto de museu, coroamento de uma plurienal obra coletiva por parte dos componentes do Centro, sejam esses colaboradores históricos que nos acompanham há muito tempo com um grande espírito de abnegação, sejam temporários, que vez ou outra se agregam para a realização dos numerosos projetos que vão se sucedendo ao longo da natural evolução das atividades.

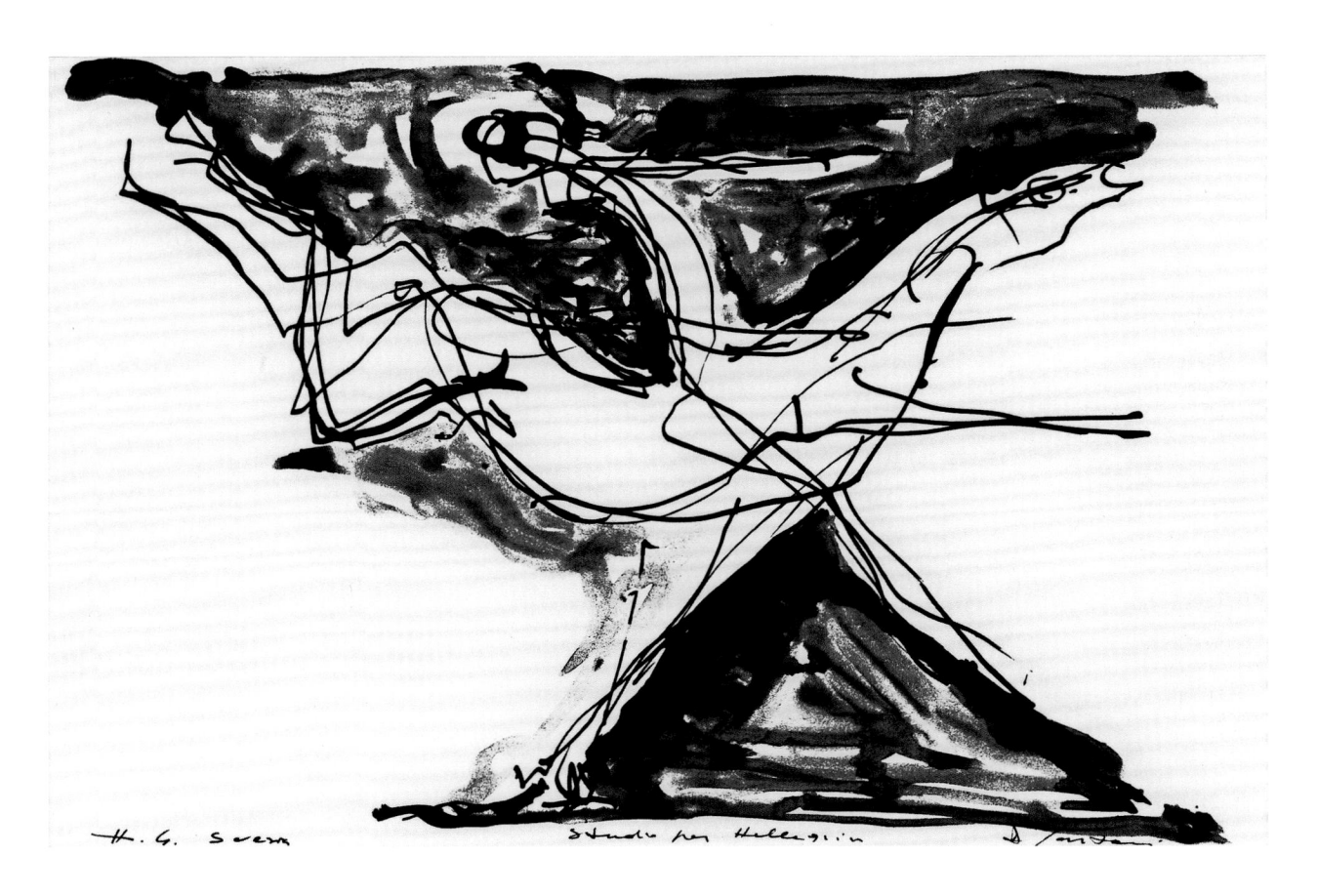

Por isso, graças sobretudo à preciosa obra de Paola, minha mulher, que há mais de trinta anos está ao meu lado nesta extraordinária aventura, estamos elaborando um plano preciso que envolva, com a atividade cultural e de intercâmbios internacionais que a esta altura distingue a identidade do Centro Máscaras e Estruturas Gestuais, todo o território, compreendido como local de acolhida, o interior vêneto, particularmente a área termal situada aos pés dos Montes Euganei, que cresceu demasiadamente do pós-guerra a hoje, e, como todos os gigantes crescidos muito depressa, privada de infraestruturas socioculturais em caráter internacional que deveriam ser o fulcro das atenções das instituições públicas, tendo em vista a recente realidade da unificação europeia.

Há anos perseguimos um projeto que finalmente parece chegar custosamente a sua conclusão, permitindo-nos assim concentrar no Vêneto, histórica sede natural da máscara teatral ou lúdica, todos os recursos e privilégios acumulados em quase três quartos de século.

Casa das máscaras, portanto, e não somente um abrigo museológico de obras vivas como as máscaras, que seriam condenadas à morte por inanição, mas lugar vivo, aberto às mais ecléticas atividades multidisciplinares, referentes ao teatro e à emergente "Escola da *Commedia dell'Arte*", a música, a dança, o gesto e a obra artística compreendida na mais ampla acepção do termo. Aqui, após muitos decênios de extenuantes atividades ao redor do mundo, após ter difundido o sentido da máscara do teatro italiano, irá se criar um ponto nodal sobre o qual fazer confluir a atenção de todos para um instrumento comunicativo dentre os mais difundidos no mundo, em todas as épocas, desde que o homem existe.

Hellequin a cavallo, *condottiero diabolico della Masnada Selvaggia presente nelle saghe medievali nordiche* [condutor diabólico do bando selvagem presente na saga medieval nórdica].
Desenho em nanquim e guache, Donato Sartori, 1999.

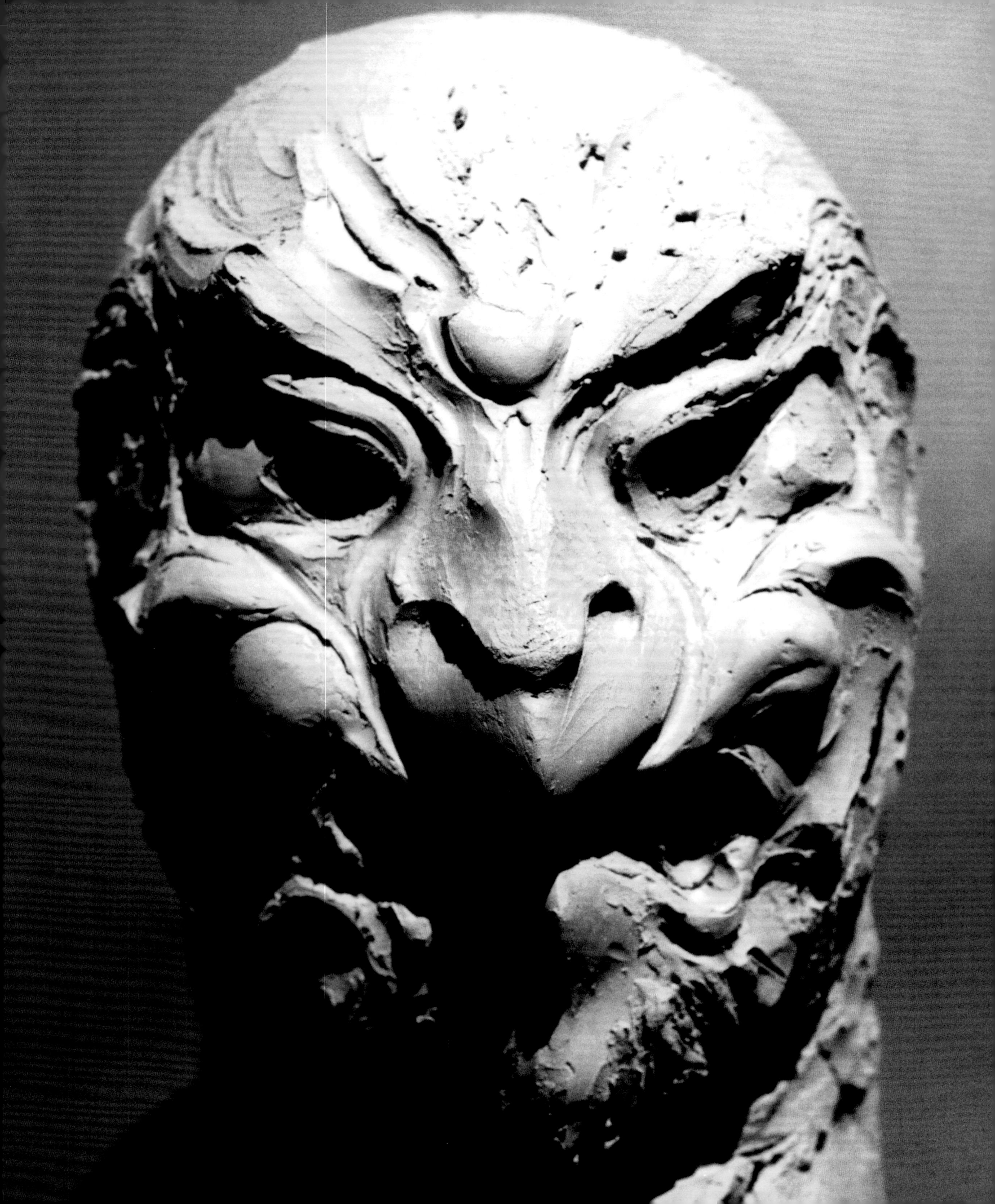

MÁSCARAS DE ARTE E CARAS DE HOJE

Gian Piero Brunetta

Por que Pierrô e Arlequim agradaram tanto a Picasso e a Stravinsky? Por que surgiram tantos quadros de saltimbancos, acrobatas, *clowns* e Pierrô lunáticos na primeira década do século? Por que os grandes artistas do Modernismo foram atraídos pelas formas e pelos temas da *Commedia dell'Arte*? É possível realizar – partindo das máscaras da *Commedia dell'Arte* – uma espécie de viagem darwiniana no espaço e no tempo que nos permita descrever seus arquétipos, as tipologias, as metamorfoses e o percurso evolutivo da pré-história aos nossos dias? A máscara é um organismo vivo e manifesta-se através de um número limitado de formas ou é um campo de fronteiras muito incertas para o qual confluem múltiplas e imprevisíveis manifestações da vida social?

Estas interrogações e muitas outras guiaram por anos, de maneira totalmente independente, as pesquisas de amplo respiro sobre a influência da *Commedia dell'Arte*, por parte de dois estudiosos americanos, Martin Green e John Swan, e as conduzidas pela oficina[1] paduana dos Sartori, Amleto e Donato, que, no pós-guerra, fizeram reviver e partilhar com o mundo as máscaras da grande tradição popular italiana. No esplêndido livro de Green e Swan publicado pela Macmillan, intitulado *The Triumph of Pierrot* [O Triunfo de Pierrô], fala-se de Flaminio Scala e Alter Schweitzer, de Stravinsky e Mack Sennett, de Ridley Scott (o de *Blade Runner*) e de Oskar Schlemmer, afirma-se que o espírito e a luz da *commedia dell'arte* desceram e iluminaram a obra de Proust e de Pirandello, a poesia de Rilke e de Apollinaire e a pintura dos cubistas, dos expressionistas e de dezenas de artistas do Novecentos. Este espírito e esta luz guiaram e inspiraram ainda os movimentos dos balés russos de Diaghilev e os gestos de Chaplin e de Gelsomina na *Strada* [Estrada] de Fellini. Mesmo movendo-se em tão amplo cenário, Green e Swan não citam jamais o trabalho desenvolvido pelos Sartori nestes quarenta anos para recapturar e liberar novamente das máscaras aquela energia e aquela força vital, mítica e ritual que

Donato Sartori, Estudo para um personagem da mitologia grega *Oréstia* de Ésquilo, direção de Peter Oskarson, 2001 argila.

Donato Sartori, Estudo de personagem para um Ancião, 1985 *Oréstia* de Ésquilo guache.

---

[1] No original, *bottega* – laboratório, oficina onde trabalha um artesão. *Andare, stare, mettersi in bottega da qualcuno* [andar, estar, colocar-se na *bottega* de alguém] – aprender o mister junto a ele, tornar-se aprendiz. (N. T.)

Donato Sartori, Três sequências da máscara de *Agamemnon Oréstia* de Ésquilo, direção de Peter Oskarson Maskenverkstaden (Suécia), 2001.

parecia perdida e reconduzi-la antes de tudo ao centro de seu *habitat* natural.

Não se pode culpar aos dois estudiosos americanos, que trabalham respectivamente na Tutfs University em Massachussets e no Wabash College em Indiana, por não terem percebido o trabalho dos Sartori que, ao fim, desembarcaram com as primeiras máscaras nos Estados Unidos somente uma dezena de anos atrás. Muito mais grave é o fato de que as forças culturais e políticas de Pádua tenham, por tanto tempo, ignorado ou subvalorizado a importância do Centro das Máscaras de Abano e não tenham sabido valorizar seu trabalho e sobretudo promover seu desenvolvimento. Paradoxalmente, o laboratório de Abano esteve, nestes dez anos, mais próximo do raio de ação da assessoria à cultura da cidade de Oslo ou de Osaka que da prefeitura da província de Pádua e da região. Assim, enquanto se podia ver chegar a Abano, quase que diariamente, o representante da delegação de um museu ou de uma instituição alemã, soviética, mexicana, francesa, grega ou japonesa, assistia-se a um misterioso e imperscrutável *black-out* com as instituições públicas locais.

Portanto não se pode deixar de saudar com satisfação a abertura do extraordinário

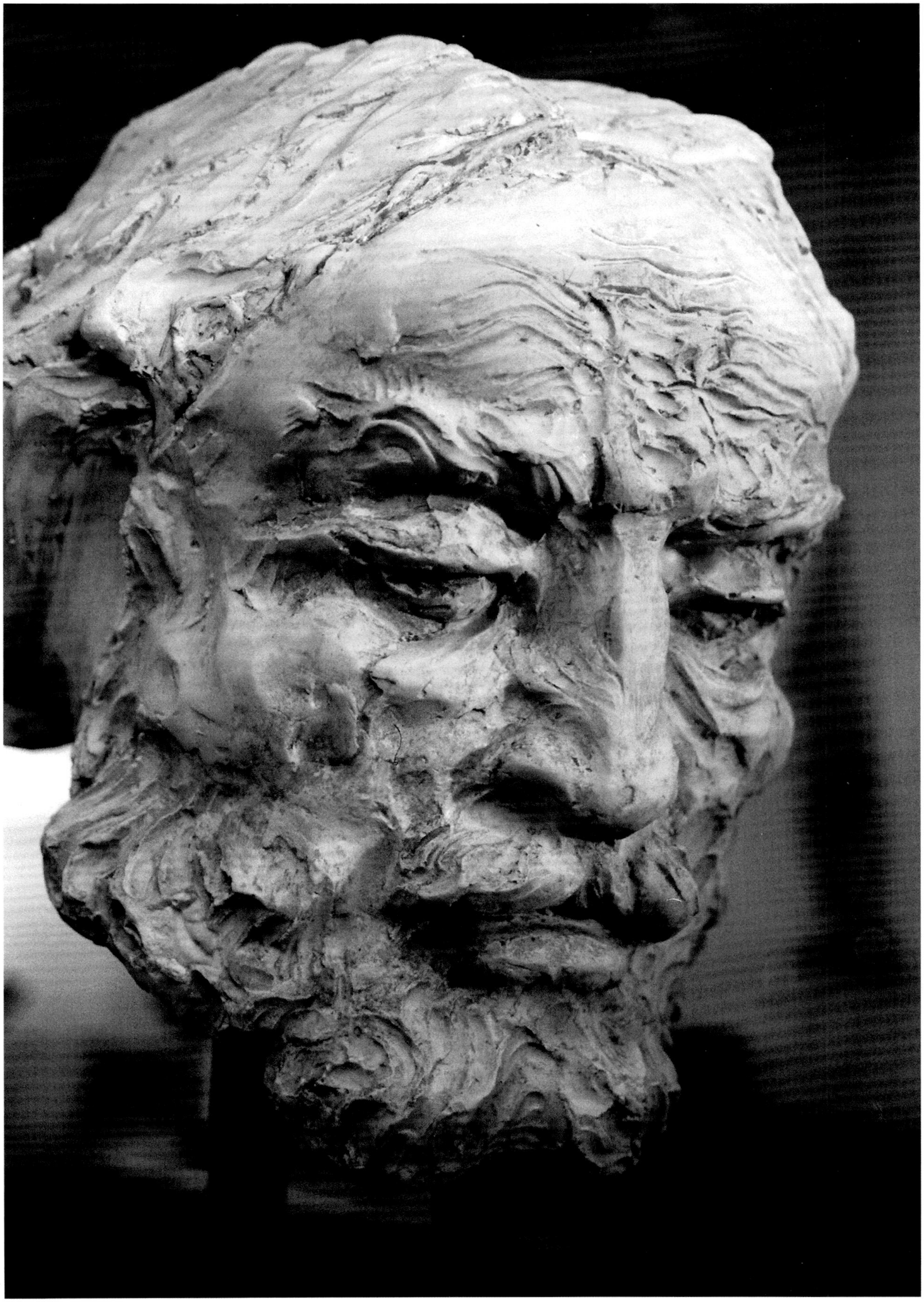

museu da máscara, designado aos dois maiores artífices da retirada do esquecimento, mas também da difusão em nível mundial, da antiga máscara *dell'arte* que, à luz de um modo diverso de existir da sociedade moderna adequa-se, muda, torna-se resposta às modernas instâncias culturais, teatrais e artísticas. Um projeto cultural de grande porte e sobretudo indissoluvelmente ligado ao território vêneto, antiga terra de origem deste extraordinário instrumento que os comediantes italianos [*dell'arte*] tiveram a força e a perseverança de fazer conhecer a todo o mundo conhecido de seu tempo. Os espaços museológicos, magnificamente preparados nos diversos planos do antigo estabelecimento *aponense*,[2] contêm e expõem somente uma parte dos materiais recolhidos ou criados pelos dois escultores paduanos em bem mais de meio século de trabalho criativo, por este motivo e razão as salas do andar térreo serão destinadas a mostras temáticas que se sucederão no decorrer dos anos e que permitirão ao público internacional, e não apenas da bacia termal, tomar conhecimento das muitíssimas obras que, em rodízio, serão expostas nas salas da magnífica vila vêneta Trevisan-Savioli.

É possível também, graças à disposição dos materiais, compreender as analogias e as diferenças, a continuidade e a mudança de perspectivas entre o projeto de Amleto Sartori e o do filho Donato. Amleto realizou, em total solidão, uma viagem de redescoberta das máscaras da *commedia* como viagem de recomposição com as próprias raízes culturais, de reencontro dos significados e dos valores primários e absolutos do gesto do cômico e do valor ritual e simbólico da máscara.

Seguramente foram importantes em sua aventura criativa os atores e os diretores para os quais trabalhou, mas muito mais importante as redescobertas do gesto de incisão na madeira, de fusão do bronze, de modelação da argila e do gesso, de esticamento e batedura do couro, para dar vida a centenas de máscaras.

O trabalho de Amleto parece-me mergulhado até hoje numa espécie de atmosfera alquímica, onde a magia de Paracelso casa-se com a genialidade dos grandes artistas renascentistas. Donato esteve na oficina do pai, dele

---

[2] *Aponense* – habitante de Abano Terme, localidade turístico-termal de província de Pádua. (N. T.)

apreendeu todos os segredos, dele herdou o espírito. Teve o mérito de compreender que no trabalho do pai estava encerrada a energia que, oportunamente desfrutada e controlada, poderia produzir verdadeiras explosões, capazes de mudar a topologia, a morfologia e a paisagem do espetáculo contemporâneo. Sem abandonar o trabalho de "mascareiro",[3] começou a explorar também as possibilidades de uso de materiais produzidos pela alquimia moderna: resinas sintéticas, polímeros, materiais plásticos, *laser*. Começou a estudar. Não só a história do teatro e da *Commedia dell'Arte*. Também a das religiões, a antropologia, as tradições populares, a sociologia, a física, a urbanística, a química.

Servindo-se do patrimônio familiar como da semente de onde liberar a energia de todo o seu projeto, pouco a pouco começou a pensar em um museu da máscara mundial, em uma coleção de livros sobre a história das máscaras, um centro de estudos e documentação, uma série de mostras e intervenções que poderiam ir da criação de esculturas em couro a gigantescas formas de mascaramento urbano em cidades italianas e estrangeiras. Nestes últimos anos, o Centro Máscaras de Abano dirigido por Donato e com a ação obstinada e diligente de seus componentes, a arquiteta Paola Piizzi e o cenógrafo Paolo Trombetta, atuou em escala mundial, desenvolvendo um trabalho incrível se se pensa nos meios e nas forças disponíveis. "E estamos apenas nos primeiros passos" – afirma Donato Sartori – "o belo ainda está por vir. Precisamos de ajuda e não escondemos de ninguém. Estamos contentes que um contato tenha sido estabelecido. A nossa pesquisa, como se vê, tem pontos de partida bem definidos, mas desdobramentos que não podemos prever. Quais podem ser os modos, as formas, em quantas dimensões apresenta-se hoje a máscara, se levarmos em conta a miríade de formas e de metamorfoses das máscaras no decorrer dos séculos em todas as civilizações? Existe uma máscara política? Quais são as formas de mascaramento urbano? Os uniformes entram nas tipologias da máscara? E os espetáculos de alta moda? E as tortas na cara? E a cosmética? E (...)"

---

[3] No original, *mascheraro*. Ver nota 1, ao texto de Giovanni Calendoli, neste volume, p. 38. (N. T.)

Personagens
máscaras de Donato Sartori
Oréstia de Ésquilo,
direção de Peter Oskarson
Maskenverkstaden
(Suécia), 2001.

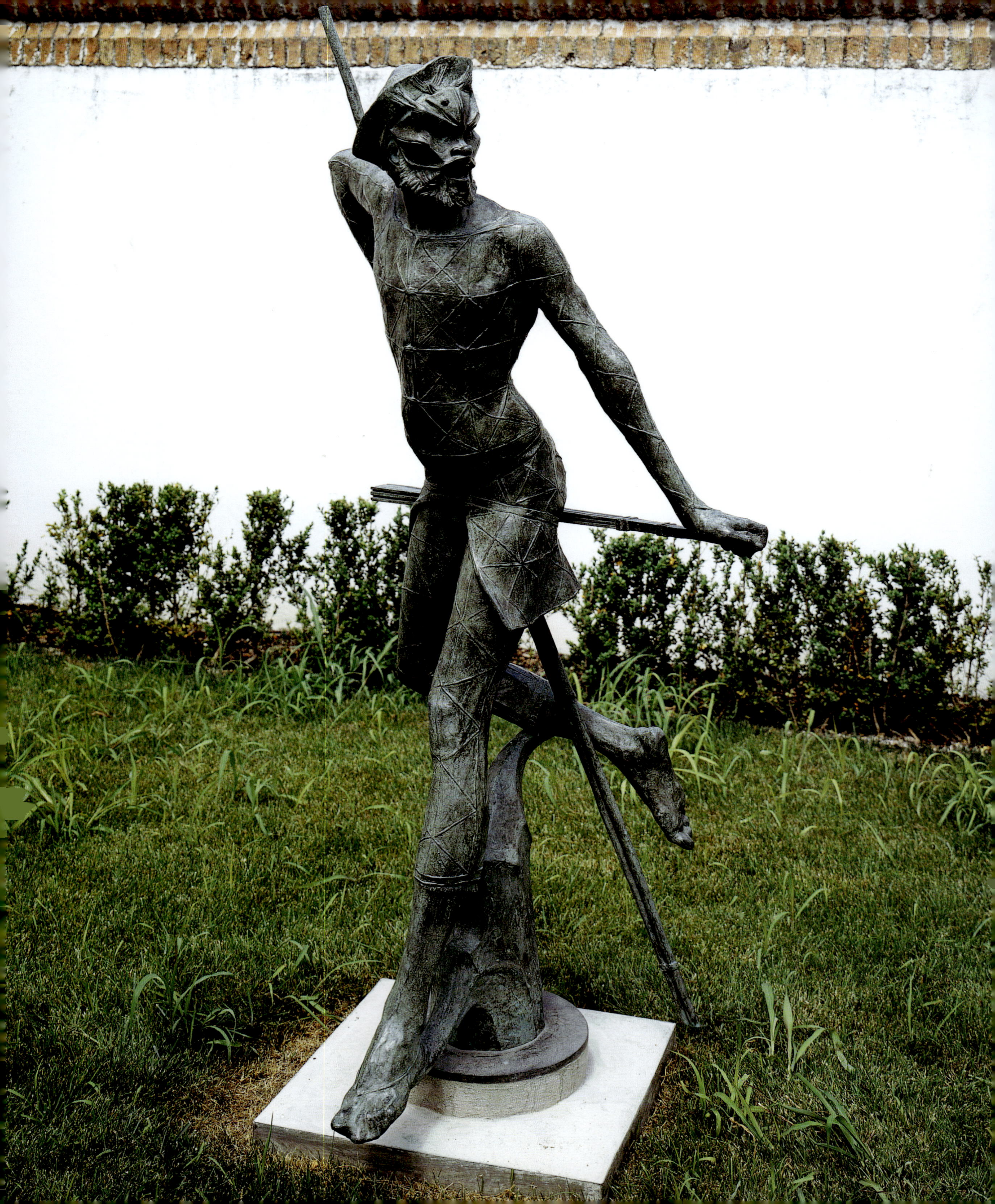

DO CENTRO MÁSCARAS AO MUSEU

Paola Piizzi

Há quase 25 anos aconteceu meu primeiro encontro com as máscaras, durante uma viagem de estudos com Donato Sartori à Indonésia. Este encontro foi fortuito como geralmente são os episódios que marcam decisivamente nossa vida e nosso trabalho.

Logo, e com prazer, vi-me imersa naquele mundo que o homem conhece desde sempre porque sempre fez uso da máscara que acompanha povos com diferentes crenças étnico-religiosas.

A máscara, como escultura-simulacro, recobre funções estreitamente ligadas à vida cotidiana e assume para si a tarefa de transmitir e comunicar a cultura dos povos através de formas simbólicas em contexto religioso, além de político-social-teatral, nos ritos tribais, propiciatórios, evocativos e espetaculares da cultura oriental e ocidental.

Justamente na máscara o Centro Maschere e Strutture Gestuali [Centro Máscaras e Estruturas Gestuais] baseia a sua peculiaridade que, desde seu nascimento em 1979, foi a de recolher ao redor do próprio núcleo criativo fixo (formado pelo escultor Donato Sartori, pelo cenógrafo Paolo Trombetta e por mim) uma grandíssima quantidade de colaboradores temporários, em variadas direções de pesquisa segundo as exigências e os estímulos culturais do momento.

Tal fenômeno não concerne apenas à sede italiana, mas se verifica também no exterior onde o trabalho desenvolvido pelo Centro produz pontos de sinergia com estruturas culturais operantes nas localidades.

O Centro hoje é constituído como grupo de pesquisa multidisciplinar que se empenha no estudo dos vários aspectos etnoantropológicos, artísticos, teatrais, envolvendo a realidade da máscara em seu complexo. As atividades principais podem ser subdivididas em três grandes linhas, todas baseadas no tema da máscara, compreendida, em sentido lato, seja como objeto sacro nos ritos tribais, seja como elemento lúdico nas festas e nos carnavais, seja como meio teatral.

A *primeira linha*, para seguir uma classificação metodológica que do tema geral entra no particular, refere-se à pesquisa e à documentação em torno da máscara etnoantropológica das diversas civilizações do planeta.

O material recolhido pelos anos no decorrer das repetidas viagens ao redor do mundo é riquíssimo: expande-se da máscara tribal das etnias chamadas primitivas às máscaras para o teatro japonês que representam o mais antigo e alto vértice da cultura teatral oriental, da máscara da possessão coletiva em uso junto a algumas populações indo-asiáticas à máscara coletiva de certas zonas da Oceania, das máscaras mortuárias às máscaras das festas e dos carnavais até as máscaras civis usadas no cotidiano, do esporte ao trabalho, à moda...

A documentação não é apenas de tipo iconográfico (fotos, *slides*, vídeos), mas consiste numa coletânea de remanescentes autênticos, descobertos graças ao trabalho de pesquisa paciente e constante em mais de setenta anos de atividade dos Sartori: além das máscaras com seu respectivo vestuário, estão presentes ainda

Amleto Sartori, *Arlecchino* escultura em bronze, criada em 1961 para os Giardini del Kursaal de Abano Terme.
Uma cópia da mesma escultura foi doada pela APT da cidade para o Museu da Máscara em 2001.

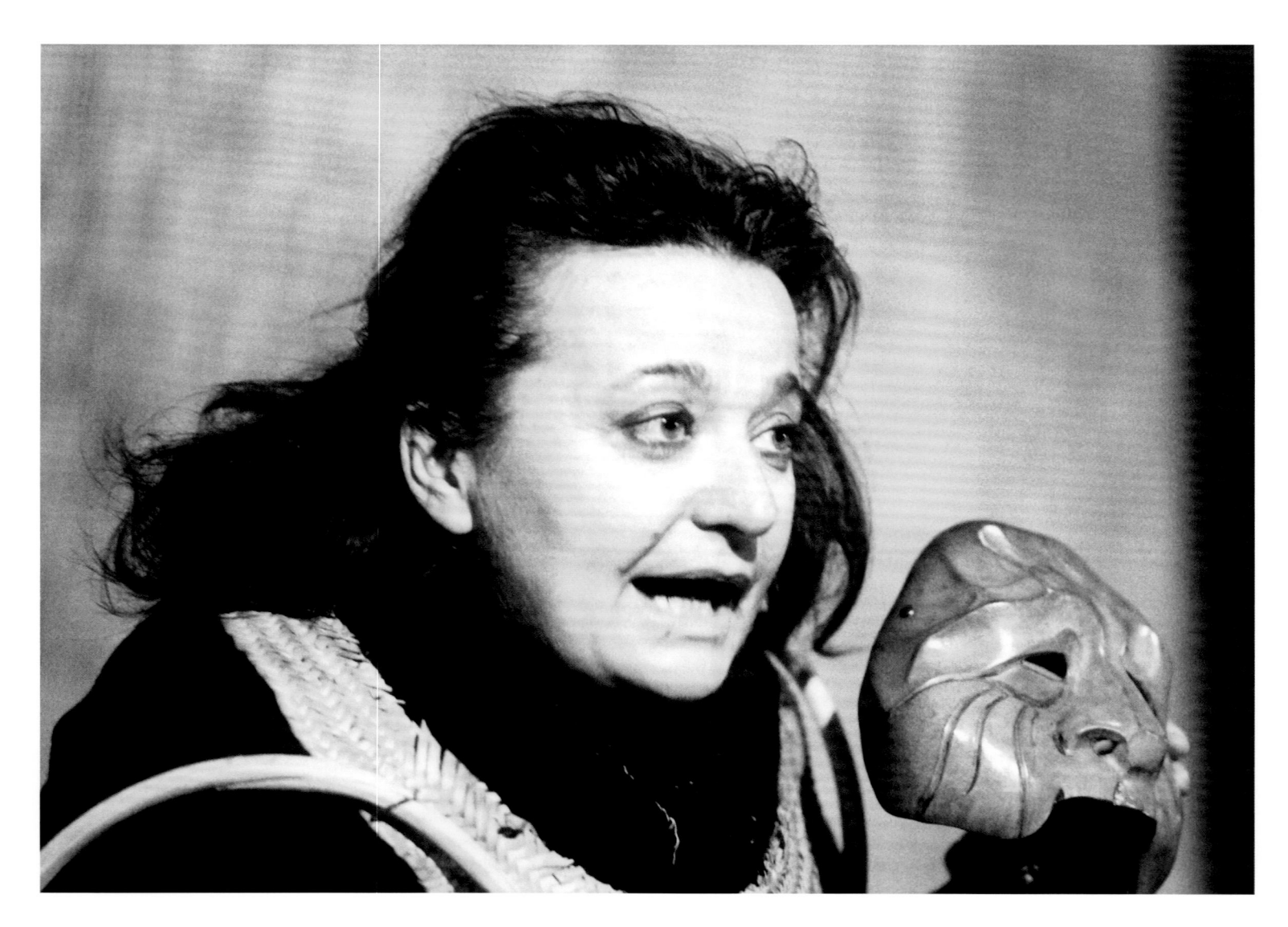

Demonstração de trabalho da atriz Serena Sartori do Koron-Tlè Abano Terme, Centro Máscaras e Estruturas Gestuais seminário-laboratório internacional *Arte della Maschera*.

objetos necessários à realização do rito, como armas sacrificiais, instrumentos musicais, fetiches religiosos, etc.

A *segunda linha* é a da máscara teatral histórica, a partir da investigação sobre o mundo grego e latino para chegar, através da Idade Média, ao teatro popular de Ruzante e, então, à *Commedia dell'Arte* até as máscaras do Novecentos, utilizadas por autores como Pirandello, Brecht, Ionesco, Dario Fo e assim por diante.

E, enfim, a máscara neutra e expressiva utilizada pela Escola Internacional de Teatro de Jacques Lecoq em Paris, nas Academias, nas Universidades, além de em diversas companhias do mundo que trabalham com a formação do ator.

É neste setor que se coloca a criação artística dos Sartori, poetas, pintores e escultores habilidosíssimos. "O meu pensamento" – declarou o grande mimo Étienne Decroux – "modela os gestos assim como o polegar do escultor modela as formas: o corpo, esculpido do interior, distende-se e eu sou ao mesmo tempo escultor e estátua".

Estas palavras enfocam um aspecto importante da arte do ator, a sua semelhança com o trabalho do escultor. Tudo isso pode ser visto, mais de uma vez, na obra dos escultores Amleto (1915-1962) e Donato Sartori, grandes forjadores de máscaras, hoje célebres em todo o mundo.

Os dois escultores, pai e filho, ao mesmo tempo que aparecem solidários na elaboração de um estilo inconfundível da máscara, graças a uma formação em oficina[1] de inspiração renascentista e a uma transmissão direta da arte e do ofício, não devem, no entanto, ser sobrepostos como artistas, sendo diferentes seus temperamentos criativos, diversos os talhes da figura e as relações dimensionais, a ponto de demarcar, no tempo, uma sequência de transformações e conotações muito diversas no correr dos anos.

Do interesse pelo rosto, campo privilegiado do pai, Donato passou à máscara total, por uma espécie de rarefação fisionômica, que invade a totalidade do ator não porque converta a máscara numa vestimenta ou numa cenografia como faria um pintor, mas porque procura sua função, levando-a a invadir como um fantasma toda a área espetacular: espectro que desarticula o espaço e depois o reduz, dissocia as coisas e volta a fundi-las num conjunto; ampliando o conceito de máscara do rosto para o corpo, do corpo ao espaço, através das máscaras totais ou estruturas gestuais, das instalações-*performance* ou do mascaramento urbano.

Os Sartori são homens laboriosos para os quais conhecimento é incentivo à pesquisa, indagação, experimentação. Seu campo é ilimitado. Da escultura à pintura, do ensino às

Donato Sartori, Paola Piizzi e Paolo Trombetta, fundadores do Centro Máscaras e Estruturas Gestuais.

---
[1] No original, *bottega*. Para colher o significado original, utilizado em diferentes textos do presente volume, ver nota 1 ao texto de Brunetta, p. 235. (N. T.)

publicações de textos e ensaios que ligam a espontaneidade artística à penetrante visão científica. Sua obra não é decalque, refeitura mecânica de imagens teatrais históricas ou desusadas, mas espelho fiel de uma época, a atual, em rapidíssima evolução; é a narração, através de obras, da experimentação e das mudanças de nossos anos.

O nascimento da pesquisa sobre a máscara teatral remonta ao segundo pós-guerra, quando a atividade cultural na Itália vive um despertar e as cidades que mais conseguem exprimir uma intensa atividade ligada ao teatro são, por ordem de tempo, Pádua e Milão, onde surgem as primeiras instituições teatrais: o Teatro Universitário de Pádua e o Piccolo Teatro da cidade de Milão.

Que significado tinha a máscara? Como se interpretava? Quais eram as técnicas, os materiais com os quais eram construídas? A gestualidade e a postura que os atores deviam assumir e a coralidade a conferir à realização cênica?

Para muitos jovens diretores e atores do pós-guerra estes eram problemas obsessivos aos quais dar resposta. É nesse contexto que aparece a figura do artista paduano Amleto Sartori, grande conhecedor da anatomia humana, dotado sobretudo para o retrato, escultor versátil em madeira, mármore e pedra... e não apenas isso, mas também modelador em argila, hábil na fusão em bronze que não pode deixar de indagar sobre a máscara, isto é, sobre o caractere tipo fixo e a tipologia do personagem teatral.

Quando, nos anos do segundo pós-guerra, é solicitada sua colaboração por parte da instituição teatral da Universidade de Pádua, para ensinar história da arte, modelação da máscara teatral e para unir suas experiências às de Lecoq e De Bosio para confeccionar as máscaras para os espetáculos da programação, ele acolhe o desafio como estímulo; de fato, endereça seu pensamento para a pesquisa, inspirando-se, além das correntes culturais de seu tempo, em sua própria formação de escultor e entalhador de madeira. Amleto, personagem curioso e atento, tem paixão e gosto pela experimentação e sua formação de escultor permite a ele grande habilidade técnica no uso de diferentes materiais como a pedra, o mármore, o bronze e a madeira.

É a primeira vez que enfrenta o problema específico da máscara como objeto a ser usado e a máscara a ele revela-se como escultura viva. Suas primeiras máscaras para uma representação de poesia negra de 1947 são de madeira, as seguintes de papel machê. A colaboração entre Sartori e Lecoq aconteceu diante da máscara neutra, máscara da calma ou "máscara nobre" como preferia chamá-la Copeau. A partir daquele momento, o interesse pela máscara será crescente, tanto de pesquisa como de técnica. Em 1951, Giorgio Strehler pedirá a ele que realize as máscaras em couro para o *Servitore di Due Padroni* [Servidor de Dois Patrões].

Estudando, defronta-se com uma informação fundamental: as máscaras que os cômicos *dell'Arte* utilizavam eram de couro, mas como recuperar uma técnica construtiva agora em desuso e perdida no tempo após a reforma goldoniana na metade do século XVIII? As máscaras da *Commedia dell'Arte* representaram para Amleto uma experiência radical por meio de estudo; pesquisa-as com entusiasmo, com constância. O primeiro grande problema que se colocou foi: como se constrói uma máscara? Assim se inicia para Amleto um longo período na tentativa de recuperar a antiga técnica do tratamento do couro. Irá ao Museu Ópera de Paris onde terá a possibilidade de observar algumas matrizes em madeira que servirão para a realização das máscaras dos Zanni, irá a Pádua junto aos padres beneditinos de Santa Giustina para conhecer as técnicas de encadernação em couro dos livros antigos. Logo pode confirmar que nem todo couro e nem todos os meios de curtimento são adequados.

Um pedaço de couro obtido de uma velha sela veneziana revelou a ele o segredo da qualidade do couro de vitela e o modo de curti-lo. Tratou-se, então, de encontrar uma indústria que estivesse em condições de curtir o couro no modo necessário.

Sartori não encontrou em parte alguma indicações sobre como, em tempos passados, construíam-se máscaras, mas sua atividade como retratista, testemunho de seu originário interesse pelo estudo do vulto humano e de suas valências psicológicas, encontra-o pronto para enfrentar a máscara, seja do ponto de vista fisionômico seja do plástico, e como escultor desenvolveu um sistema: primeiro modelou em argila, esculpiu a matriz em madeira e enfim ali colocou o couro umedecido, remodelou-o em grandes linhas e, com a ajuda de um martelinho de osso e varetas de buxo,[2] deu acabamento à obra.

Nas primeiras tentativas, as máscaras de couro ficaram imperfeitas, por vezes rígidas, difíceis de usar. Em função dos muitos experimentos, Amleto deu vida a focinhos demoníacos como Zanni, Arlequins, Capitães, Briguelas, mas o auge desta pesquisa assinalou uma data histórica: coincidiu com a realização da máscara de Arlequim para o famoso Marcello Moretti por ocasião da reprise do *Servitore di Due Padroni* [Servidor de Dois Patrões], colocado em cartaz sob direção de Giorgio Strehler em Milão em 1952.

Do personagem de Arlequim o artista-escultor sente a necessidade de trazer à luz, a cada vez, as diversas características psicológicas (a ingenuidade, a astúcia...) segundo a obra teatral a representar e o tipo de gestualidade de atuação que o ator confere ao personagem.

Para Moretti, Amleto Sartori apresentou três diferentes máscaras de Arlequim: uma tipo touro, uma tipo gato e uma tipo raposa. Moretti escolheu a máscara tipo gato.

A máscara de Arlequim gato era inovadora frente à iconografia tradicional (na qual os cortes dos olhos sobre a máscara eram pequeníssimos dadas as características fisionômicas animalescas) e permitia a Marcello Moretti apoderar-se do campo visual em maior medida, com vantagem para a gestualidade, a fala e para maior liberdade de movimento.

Strehler lembra que foi Moretti o primeiro a descobrir a mobilidade da máscara e a compreender que a postura do ator não poderia mais ser realista, concreta. Além disso, o anonimato da máscara permitia a Moretti mover-se como "(...) um indivíduo que age numa sala vazia completamente livre das preocupações com a avaliação de outros".

Se hoje nos parece natural ver Arlequim atuar com a máscara, isso se deve à tradição consolidada na sequência do trabalho de pesquisa de Amleto Sartori, seja porque inverteu o conceito da máscara utilizada com o fim de desvelar, de comunicar e não de esconder, seja porque reconstruiu do nada a técnica perdida no tempo: a dos mestres "mascareiros"[3] que no distante período renascentista construíam máscaras para a *commedia all'improvviso*. Redescobriu porque se tratava de fazer renascer a técnica de elaborar máscaras em termos poéticos e artísticos, baseando-se em poucos e incertos documentos: alguma pesquisa, alguma intuição, realizando um trabalho fatigante e de volta no tempo, sem precedentes, sem mestres, por tentativas.

Amleto ampliou progressivamente o campo da *Commedia dell'Arte* com a qual iniciou sua aventura: seu repertório estendeu-se de Pirandello às pantomimas e era induzido com frequência a projetar cenários e figurinos.

Idealizou máscaras para muitas representações do Piccolo Teatro de Milão (para o

---

[2] No original, *bosso*. Ver nota 17 ao texto de Donato Sartori, *A Casa das Máscaras*, neste volume, p. 192.

[3] No original, *maschereri*. Para o sentido original, de *mascherero* ou *mascheraro*, termos utilizados diversas vezes no correr dos textos, ver nota 1 ao texto de Giovanni Calendoli, neste volume, p. 38.

Seminário-laboratório internacional *Arte della Maschera* Abano Terme, Centro Máscaras e Estruturas Gestuais, 1987.

Macbeth de Shakespeare, para *L'Oro Matto* [O Ouro Louco] de Giovaninetti e para muitas obras de Goldoni), para Strehler que encenou *L'Angelo di Fuoco* [O Anjo de Fogo] de Prokofiev, para as representações de Barrault: a *Vaccaria* [A Comédia das Vacas] de Ruzante, para Lecoq em Pádua e em Roma, para representações em Copenhague, Essen, Hannover, Bordeaux, só para citar alguns nomes e lugares.

Suas máscaras encontram-se em muitos grandes museus teatrais, galerias e coletâneas privadas não somente europeias. Mas, às vezes, a genialidade deve condensar a própria criatividade num arco de tempo bastante breve. Justamente quando a estrada empreendida durante anos poderia transformar-se em contato com novos interesses que se delineiam no horizonte e que pertencem à dimensão contemporânea, Amleto morre. Os dois filhos de Amleto e Miranda Ancona, mulher e companheira de toda a vida, por sua vez, tomaram caminhos artísticos diversos. Serena, a menor, seguiu a profissão teatral como atriz e diretora e hoje dirige com o ator Felice Picco a Companhia Koron Tlè. Donato, até aquele momento estudante de Belas Artes, mas também filho e aluno de tal pai-mestre, continua a relação com o Piccolo Teatro criando máscaras para o *Galileo* [Galileu] de Brecht com a direção de Strehler, para o *Servitore* [Servidor] de Soleri, para *Il Figlio di Pulcinella* [O Filho de *Pulcinella*] de Eduardo, para o teatro de Enriquez e para a Escola de Jacques Lecoq até a intensa colaboração com Dario Fo e, atualmente, com o teatro sueco de

Peter Oskarson (que, recentemente, colocou em cena a *Orestea* [Oréstia] com as novas máscaras idealizadas e criadas especialmente para este fim); colabora ainda com os maiores diretores e teatros franceses iniciando uma nova relação com o teatro de vanguarda americano e europeu com produções não apenas teatrais, mas multidisciplinares e multimídias. Donato Sartori, *figlio d'arte*,[4] age segundo critérios de continuidade, evolução, atualidade. Todo este trabalho de pesquisa, de sabedoria artesanal, entre arte e ofício, de patrimônio e de pesquisa, arriscava ficar sem herdeiros, perder-se mais uma vez. Esta não é matéria que possa viver no papel, num livro; são as mãos que a narram, mas Donato, ainda jovem, consegue em curto tempo individuar uma linha de pesquisa e desvincular-se da sombra paterna.

Suas experimentações sobre o couro prosseguem consolidando a técnica recuperada pelo pai. Com ele fixam-se algumas concepções que parecem dar resposta definitiva às instâncias que por tanto tempo haviam afligido o pensamento de muitos artistas da geração precedente. Donato explica que uma máscara não pode nascer com finalidade em si mesma. Se assim fosse, seria um dos costumeiros objetos estéticos que podem ser vistos aos milhares por ocasião do Carnaval de Veneza e, nos melhores casos ainda distinguida por algum preciosismo técnico, nada além disso. Se nasce é porque o ator, com

---

[4] A tradução literal seria "filho da arte"; a expressão, frequente nos estudos teatrais italianos, refere-se ao ator descendente de uma família de atores. (N. T.)

Seminário-laboratório internacional
Arte della Maschera
Abano Terme, Centro Máscaras e
Estruturas Gestuais, 1999.

precisas características somáticas e emotivas, desempenha em cena um papel preciso, é guiada por uma direção que propõe experiências particulares, quer dizer algo, está num determinado lugar num preciso momento histórico.

Onde há mister, nada existe por acaso.

A máscara é um objeto exato, um instrumento de comunicação. Cada linha emana um senso do belo, significado que responde à imperativa pergunta do útil, isto é, a que serve e o que quer dizer, que significado tem. Não recorre jamais à maneira, ao preciosismo, à retórica. As linhas traçam um caráter, uma idade, uma emoção, tornam-se linguagem também poética.

Tema da *terceira linha* é a máscara contemporânea referida a instâncias atuais, expressa numa linguagem hodierna.

Observando as esculturas de Donato Sartori nota-se algo como uma obsessão fantástica pela matéria, pelas *texture*, os nervos e as escamas, pelos invólucros, os nós e os esvaziamentos dos blocos de que extrai dinâmicas quase eletrizadas e voláteis que explicam seu interesse pelos grafismos de Callot.

Também ele, como o pai, alcança fama e consideração artística reconhecidas e difundidas não apenas pela Europa.

Donato Sartori supera os limites da concepção restritiva da máscara como simples objeto a colocar sobre o rosto para envolver aspectos mais vastos adentrando as problemáticas do social. Faz sua arte entrar no cotidiano da realidade urbana: *Arte e Sociale del Novecento* [Arte e Social do Novecentos] define-a o grande crítico Pierre Restany, de fato a festa ou a cerimônia baseada no mascaramento urbano através dos véus acrílicos, teias coloridas, desenvolve-se no coração da cidade, nos centros históricos, envolvendo ruas, edifícios, igrejas, campanários, praças e edifícios modificando seu aspecto estético usual. A insólita visão cria no público um processo de "revisitação" do espaço urbano, do objeto e da relação com o objeto.

Nos trabalhos coletivos, tem-se a impressão de que o artista Donato Sartori, junto ao Centro Máscaras e Estruturas Gestuais, queria retomar os fios de uma hipótese global que remonta, com as devidas distinções, às vanguardas históricas.

"Parece prová-lo", escreve o crítico de arte Pierre Restany, "a guinada em direção ao *environment* e ao *happening*, a queda do conceito de personagem *a tuttotondo* e a imagem tão frequente do corpo acéfalo, do homem 'despsicologizado'. Em certos momentos, a sintonia com o *Teatro Magnetico* [Teatro Magnético] de Prampolini torna-se mesmo impressionante, assim como bate forte a ideia de magia espetacular destinada a conjugar instâncias arcaicas e maravilhas modernas em luminosos eventos comunitários como são os Mascaramentos Urbanos".

Um conceito antigo este, que no Setecentos francês e italiano contemplava a temporária mudança de áreas urbanas inteiras através dos *tromp-l'oeil* e cenografias pintadas sobre grandes painéis destinados a cobrir a arquitetura histórica modificando esteticamente seu aspecto exterior. Costume que se estendeu pelo tempo até ser resumido e cristalizado na obra de um grande artista do século XX, Marcel Duchamp.

A "revisitação do objeto" por parte de Duchamp perpetua-se na obra de Donato Sartori através do Mascaramento Urbano.

Sartori, escultor e *performer*, tende a colocar a pesquisa e a comunicação criativa entre as novas formas de teatro, das artes visuais, da música, da gestualidade, numa espécie de agregação de artistas associados que, após alternadas vicissitudes político-existenciais, toma o nome em 1979 de Centro Máscaras e Estruturas Gestuais.

O Mascaramento Urbano não surge do nada, nem tende à simples exibição de um fato estético, mas nasce de uma análise do instrumento máscara compreendida como comunicação, e do estímulo ao mascaramento, sempre vivo no homem, por meio do qual, coletivamente, busca-se um novo rito. Ritualidade e festa: conceitos antiquíssimos que acompanham a história da criatividade. Formas e cores, traçados e participações são a mistura que permite ao homem exteriorizar a própria energia criativa numa espécie de embriaguez coletiva, de festa. Uso da luz e das projeções, formas e cores no espaço, além de gestualidade, caracterizaram a pesquisa nestes últimos vinte anos no âmbito das artes visuais e do teatro de vanguarda. Donato Sartori e o Centro Máscaras e Estruturas Gestuais situam-se historicamente nesta área, utilizando esquemas multidisciplinares de pesquisa, movendo-se livremente desde o uso das formas e, portanto, das esculturas de grandes dimensões, até a utilização de meios e instrumentos disponibilizados pela moderna tecnologia.

Recorrendo ao princípio de modificação do ambiente urbano, conhecido já em tempos remotos por muitas civilizações, Donato Sartori e o Centro intervêm, após atenta análise do ambiente, com projeto de instalação urbana em acordo com as instâncias das zonas previamente escolhidas. A escolha de áreas de intervenção ocorre depois de uma atenta investigação histórico-cultural da cidade e normalmente privilegia-se o centro histórico como ponto emblemático; e assim a estratégia da sede individuada para a ação: a uma *performance* realizada em Nápoles (Maschio Angioino, 1980) contrapõe-se, no mesmo ano, um projeto bem diferente no Castello Sforzesco de Milão. O projeto para a Place du Chaillot e a Tour Eiffel de Paris, que era fundamentalmente dirigido a um público cotidianamente atraído por uma enorme quantidade de acontecimentos culturais, foi certamente diferente do proposto em Berlim, fruído por um público de diferente extração histórico-cultural que, por sua vez, se diferencia da Londonderry na Irlanda.

Notáveis dificuldades (justamente pela análise nada fácil da cultura histórica dos vários países) envolveram os eventos em capitais da América Latina como Havana em Cuba, Cidade do México, Caracas na Venezuela, Rio de Janeiro no Brasil. Não foi menor a entusiasmante reação do público, talvez pelo caráter latino semelhante ao nosso, dada ainda a notável inclinação à participação, ao jogo e à agregação social desta população. O Mascaramento Urbano, portanto, é o ponto de confluência de todas as pesquisas precedentes, no limite entre arte, teatro, música e dança, voltado ainda uma vez a criar uma participação lúdica e liberadora das energias latentes no público – espécie de moderno rito tribal no espaço citadino.

Esta incansável pesquisa e criação, além de coleta de obras, máscaras, documentos, objetos provenientes do mundo inteiro e a atividade artística que se estende ao longo de um arco de tempo que vem desde os anos 1920 até hoje através de uma série de experimentações e pesquisas bastante variadas e complexas, fez da produção de máscaras uma espécie de *unicum* em nível internacional, agora premiada com a consignação, por parte da Prefeitura de Abano Terme, da seiscentista vila Trevisan Savioli, que hospeda o Museo Internazionale della Maschera "Amleto e Donato Sartori" [Museu Internacional da Máscara Amleto e Donato Sartori].

Antes de entrar no mérito de tal iniciativa, ocorre uma premissa para explicar o novo conceito de museu e escola, entidades que comumente são consideradas e pensadas de modo separado e independente.

Por museu entende-se um lugar em que são recolhidas, ordenadas e custodiadas obras de interesse histórico, artístico, científico, étnico, etc.

Eu e todos os fomentadores do Museu e da Escola-Laboratório determinamo-nos o objetivo de proteção, transmissão e evolução de ofícios através da pesquisa e da experimentação de atividades culturais, artísticas, artesanais e sociais, justamente como fizeram os Sartori, artistas que, em vida, transmitiram o ofício redescobrindo-o e desenvolvendo-o.

Seminário-laboratório internacional
Arte della Maschera
Abano Terme, Centro Máscaras e
Estruturas Gestuais, 2000.

A sede do museu é uma das mais significativas casas de vilegiatura dos nobres venezianos e surge em Abano Terme, cidade termal a trinta quilômetros de Veneza já célebre em época romana.

Sua instalação remonta à primeira metade do século XVII, mas sua configuração atual foi determinada por volta da metade do século XVIII. O complexo é formado por todas as partes que tradicionalmente constituem uma casa da nobreza veneziana.

Essa é composta por um corpo de vila central, precedido por um jardim à italiana, com anexos como o oratório e as habitações dos servos e, adjacente, um vasto horto que será transformado em parque.

Abano Terme está se tornando um centro cultural de apelo internacional. De fato, o Centro Máscaras e Estruturas Gestuais, que há mais de vinte anos opera em todo o mundo com mostras, seminários, *performances*, mascaramentos urbanos e cria máscaras para os mais importantes atores, diretores teatrais, inaugurou em dezembro de 2004 o Museu.

Será um ambiente moderno, dinâmico, de experimentação, único no mundo com materiais para ver e usar, aberto aos jovens que queiram aprender a arte de mascarar, mas também aos estudiosos que pretendam se confrontar com este tema.

O Museu, além de colocar em exposição as obras dos Sartori, habilidosos escultores, pintores, poetas e mascareiros, abrigará mostras teatrais, seminários, cinema e vídeo, atividades didáticas.

Promoverá e coordenará, além disso, festivais teatrais que compreenderão mostras, espetáculos e debates e realizará *performances* e ações em nível urbano (máscara da cidade) com a colaboração de artistas italianos e estrangeiros, de modo que a atividade da "casa das máscaras" terá caráter multidisciplinar.

Nos espaços museológicos dedicados a exposições temporárias serão promovidas mostras e espetáculos concernentes à cultura de outros povos e civilizações, no quadro de intercâmbios culturais com museus italianos e estrangeiros e com as estruturas culturais dos outros países. Por sua vez, o Museu será hóspede destes países com atividades promocionais tais como mostras, seminários, espetáculos, *performances*.

Serão continuados os Seminários, teóricos e práticos, orientados por escultores especializados em máscaras com o objetivo de tornar acessíveis às escolas e aos operadores teatrais experiências técnicas e artísticas, metodologias de projetos e procedimentos manuais das tradições populares.

Este ano terá lugar a XIX edição de *Maschera, Gesto, Narrazione* [Máscara, Gesto, Narração],[5] integrante do Seminário Internacional "Arte della Maschera" [Arte da Máscara] que, como sempre, está atraindo alunos de todas as partes do mundo. Este Seminário ocorre todo verão e desenvolve-se desde a ideia do projeto até a realização da máscara teatral em couro segundo as

---
[5] Esta edição aconteceu em 2005. (N. E.)

O ator Moni Ovadia dialoga com uma máscara zoomorfa, realizada por Donato Sartori e pelo Centro Máscaras e Estruturas Gestuais *Il Violinista Sul Teto* [O Violinista no Telhado], a partir das histórias do escritor ucraniano Sholom Aleichem, Bolonha, Arena del Sole, 2002.

metodologias e as técnicas dos Sartori; de 1947 até hoje, encerra cada ano com demonstrações espetaculares sobre o trabalho do ator com máscara. Desde o nascimento desta manifestação, o Centro Máscaras colaborou com atores e diretores, de Yves Le Breton a Enrico Bonavera, de Giorgio Strehler a Dario Fo, de Ferruccio Soleri a Ida Kuniaki, do Koron Tlè aos Carrara, Théâtre Complicitè, Escola Jacques Lecoq, Philippe Hottier, Mas Soegeng, etc.

Ao lado do Museu surgirá uma Scuola Laboratorio Internazionale della Commedia dell'Arte [Escola-Laboratório Internacional da *Commedia dell'Arte*] para a criação e uso teatral das máscaras.

Estão previstos cursos propedêuticos, profissionais e especializados dedicados aos profissionais de teatro, estudiosos e pesquisadores, artistas das artes visuais e plásticas. A ela se juntará um centro de pesquisa e experimentação sobre a *Commedia dell'Arte* e sobre a máscara contemporânea.

Atenção particular será dada ao espaço regional, com a atuação de cursos cíclicos junto à Escola-laboratório permanente.

A ideia de promover estas atividades nasce, assim, do entendimento de que o museu é um recurso cultural do espaço em que está localizado e que, portanto, com ele deve estabelecer uma ligação significativa para ser um lugar de educação permanente e de propostas culturais. Deve, além disso, instaurar um diálogo atento e aberto com o espaço e fazer-se conhecer pelas gerações mais jovens para que se crie aquele sentimento de pertencimento cultural a valorizar e tutelar pelo tempo mantendo deste modo a ideia de museu aberto, dinâmico e vital, que faça com que se torne um modelo paradigmático.

A Scuola Internazionale della Commedia dell'Arte [Escola Internacional da *Commedia dell'Arte*] terá como objetivo a formação de novas profissionalidades artesanais e artísticas, de pesquisa e, em particular, serão ativados cursos adequados a portadores de necessidades especiais.

Durante os seminários serão desenvolvidas ainda atividades de sínteses do ensino:

- espetáculos teatrais, inerentes ao argumento específico da atividade e produzidos por grupos teatrais tanto internacionais como locais;
- encontros e mesas-redondas, de que tomarão parte estudiosos, operadores culturais e homens do espetáculo, cuja atividade profissional verta sobre pesquisa e utilização da máscara;
- mostras cinematográficas, que funcionarão como corolário e suporte documental dos argumentos desenvolvidos durante a atividade.

O material das mostras compreenderá, além dos documentos realizados e recolhidos pelo Centro Máscaras e Estruturas Gestuais, produtos decorrentes da colaboração com outras instituições culturais.

Ladeando as atividades do Museo della Maschera e della Scuola Internazionale della *Commedia dell'Arte* surgirão estruturas culturais que terão gestão própria mesmo se coordenadas pelo próprio Museu, por exemplo: Comitê Científico, Fundação Sartori, Centro Event Makers, Artes Visuais e Cinematográficas, Associação dos Amigos do Museu.

Está prevista a colaboração com uma sociedade de produção e distribuição de publicações, fascículos, documentos filmados, vídeos, audiovisuais, CD-Rom e quanto mais servir à difusão da cultura da máscara.

Já está em ato uma estreita colaboração cultural com a Universidade de Pádua fundada em 1222, a mais antiga da Europa, cujo lema "Universa Universis Patavina Libertas" pode se adaptar bem a um museu aberto e acima de qualquer restrição como pretende ser o nosso.

Há quatro anos ou mais Donato Sartori e a subscrita ensinam no DAMS[6] História das Máscaras – laboratório teórico e prático – que encontra um particular interesse por parte dos estudantes.

O museu terá uma gestão pública e privada, para que a iniciativa do Centro não surja isolada, mas encontre consenso e apoio, além da opinião pública, de homens do espetáculo, estudiosos, políticos e de todos os que tenham consciência da importância e da utilidade deste Centro polivalente para o território.

O museu disporá ainda de um arquivo fotográfico e cinematográfico, de uma exaustiva hemeroteca e de uma biblioteca especializada.

Um importante papel didático desenvolve o programa "Um viaggio atraverso la maschera teatrale" [Uma viagem através da máscara teatral] que idealizei e conduzo há mais de vinte anos, levando pela mão os estudantes do ensino fundamental à universidade para introduzi-los no mundo mágico da máscara através da teoria, da história, da visita aos vários laboratórios com demonstração das fases técnicas e a visita guiada ao museu e à mostra temporária, concluindo com demonstrações sobre o uso da máscara.

Mais recentemente ampliei a atividade com as escolas com um novo percurso que prevê diversos encontros formativos e a colaboração efetiva dos professores.

Antes de concluir, gostaria de agradecer a todos os amigos do museu que nos seguiram e apoiaram nesta aventura e, como disse o Prêmio Nobel Dario Fo em seu recente encontro em Abano, "em cada escola de teatro não deveria faltar um curso específico sobre este instrumento (a máscara) que não é um acessório de segundo plano, fácil de administrar", como não será fácil administrar o museu se se abandonar a via traçada pelos Sartori e perseguida pelo Centro Máscaras e Estruturas Gestuais.

---

[6] DAMS – sigla de Dipartimento di Discipline Artistiche, Musicali e dello Spettacolo – Departamento de disciplinas artísticas, musicais e do espetáculo, neste caso, da Universidade de Pádua. (N. T.)

UM NOVO OLHAR SOBRE A MÁSCARA

Venicio Fonseca (Ator e diretor do Grupo Moitará)

Conheci a obra dos Sartori no final dos anos 1980, quando, naquela época, eu e Erika Rettl, buscávamos desenvolver uma metodologia de trabalho para o Grupo Moitará que fortalecesse nossas ferramentas de pesquisa sobre a dramaturgia do ator. É neste momento que se inicia nossa trajetória com a máscara teatral, incitando novas perguntas ao nosso fazer artístico: qual o verdadeiro significado da máscara para o teatro? De que maneira ela pode contribuir para o treinamento do ator e para a criação de um teatro essencial?

Até então, no Brasil, existiam poucas informações sobre o jogo com a máscara teatral e nenhuma a respeito de técnicas de criação e confecção de máscaras direcionada às necessidades do ator e da cena. Naquele período, a noção que tínhamos da máscara era a de um objeto simplista, um produto das nossas fantasias subjetivas que na maioria das vezes se apresentava como uma imagem caricatural, dissimulando a atuação, substituindo o que o ator deveria fazer. No fundo, acreditávamos que a relação ator-máscara deveria ser mais elaborada, comprometida com o ator e com uma concepção do trabalho que seria realizado. Mas essas questões ainda não sabíamos como resolver.

Portanto, decidimos buscar as orientações de um mestre nesse assunto, e Donato Sartori era o profissional pesquisador desse gênero de teatro de quem tínhamos referências, sobretudo no que diz respeito à criação e à elaboração de máscaras teatrais. Após a primeira experiência de trabalho orientada por Donato, concluímos que nossas inquietações sobre a máscara faziam sentido. Diferente do que imaginávamos, passamos a compreender que a máscara teatral não é um simples objeto artístico. Ela possui uma linguagem alimentada por uma trama de códigos inerentes aos seus volumes e traços fisionômicos, que funcionam como um afloramento de linhas de força, ligando o interior ao exterior do ator. Desse modo, a máscara exige dele um compromisso de corpo inteiro imerso em uma dinâmica, imprimindo uma qualidade de energia específica, ajustando o tom de voz e essencializando a ação da personagem. Assim, quando a máscara ganha vida em cena, ela deixa de ser um objeto para se tornar um sujeito, representando uma natureza além do convencional cotidiano. Essa experiência foi um divisor de águas que fundamentou os princípios da pesquisa com máscara teatral, desenvolvida pelo Moitará até hoje.

No entanto, a obra dos Sartori vai além do teatro, fomentando estudos etnológicos, antropológicos e espetaculares com a máscara, trazendo-nos esta importante reflexão sobre o fazer artístico: "não a arte pela arte, mas a arte pela vida".

O trabalho dos Sartori vem, desde 1945, colaborando com a pesquisa de estudiosos e artistas do mundo inteiro, resgatando para a cena teatral contemporânea a *Commedia dell'arte*, seus personagens, assim como técnicas de manufatura da máscara em couro, esquecidas por mais de dois séculos. Trata-se de um processo criativo através do qual tanto as máscaras quanto a técnica são reinventadas junto ao seu significado artístico. Somente no início dos anos 1990 Donato chega ao Brasil, trazendo em sua bagagem todo esse patrimônio cultural que, sem sombra de dúvidas, funda, com sua metodologia de trabalho, uma visão artística consistente e transformadora sobre a máscara teatral, semeando conhecimento e, consequentemente, colaborando com o desenvolvimento da linguagem da máscara nas artes cênicas do nosso país. A memória dessa vasta pesquisa encontra-se registrada na bibliografia, em italiano, organizada pelo *Centro Maschere e Strutture Gestuali* e pelo *Museo Internazionale della Maschera*, sob os cuidados de Donato e Paola Piizzi, que agora começa a ser publicada em português, iniciando com esta tradução de *A Arte Mágica*, realizada por Bete Rabetti. Para a felicidade dos artistas e pesquisadores brasileiros, além das considerações de vários estudiosos a respeito da máscara teatral, este livro traz também um catálogo com esculturas e máscaras que fazem parte desse substancioso trabalho desenvolvido pela família Sartori.

BREVE NOTA – AMLETO E DONATO SARTORI

Centro Maschere e Strutture Gestuali [Centro Máscaras e Estruturas Gestuais]

Amleto Sartori, escultor dotado para o retrato, mas também modelador da argila e hábil na fusão em bronze, nasce em 1915 e desde os nove anos aprende as técnicas de entalhe de madeira na oficina de um escultor; aos dezesseis anos obtém o diploma de professor de arte e depois, em 1939, diploma-se na academia de Belas Artes de Veneza e posteriormente se especializa em escultura em mármore na Academia de Florença. Vence concurso para o ensino na seção de artes plásticas e escultura em mármore da escola de arte Pietro Selvatico de Pádua, onde ensina também seu filho Donato. Durante o período fascista, é perseguido devido à realização de algumas obras contra a ditadura. Esta experiência dá origem a uma preciosa coletânea de poesias que intitula *I Ricordi della Montagna* [Lembranças da Montanha].

Ao final da guerra, retoma o ensino, dedicando-se à escultura, à poesia e ao desenho.

Em 1947-48 é chamado ao Ateneu pelo diretor do teatro universitário, o renomado diretor teatral Gianfranco De Bosio, para ensinar modelagem de máscaras teatrais junto ao teatro universitário, aí encontrando Ludovico Zorzi, o mais eminente estudioso do grande comediógrafo da Pádua quinhentista: Angelo Beolco, chamado Ruzante; foi graças a ele que Amleto Sartori pôde se aprofundar nas máscaras *pavane* da tipologia ruzanteana.

Neste período conhece o mímico francês Jacques Lecoq, chamado ao teatro da Universidade de Pádua para ensinar movimento mímico e improvisação. Destes encontros brotam as ideias para elaborar as máscaras da *Commedia dell'Arte* e sobretudo as máscaras neutras que o tornaram famoso e inimitável pelo mundo todo.

O diretor teatral Giorgio Strehler descobre as máscaras de Sartori durante sua pesquisa sobre os personagens da *Commedia* na qual o Arlequim do momento, o grande Marcello Moretti, pintava a máscara sobre seu rosto com fuligem. A partir daquele momento, o Piccolo Teatro de Milão passou a utilizar as máscaras de Amleto e sucessivamente as de Donato para inúmeras obras teatrais.

Amleto interessou-se também pelas máscaras teatrais japonesas – aprofundando-se em seu âmbito técnico –, tendo-as conhecido diretamente por ocasião da apresentação em Veneza, pela Companhia do Teatro Imperial de Tóquio, de alguns espetáculos Nô, ficando impressionado com sua beleza e perfeição, e foi atraído pela experimentação das fórmulas secretas da laca japonesa.

Donato Sartori, *figlio d'arte* do escultor *paduano* Amleto (1915-1962), estuda arte em Veneza, mas é sobretudo o aprendizado no ateliê paterno que conforma a sua dimensão de artista visual e o introduz, ao mesmo tempo, no misterioso mundo da máscara teatral. Amleto morre jovem, mas deixa ao filho Donato um oneroso bastão que determinará sua futura pesquisa e formação no âmbito das artes visuais, do teatro e do gesto.

A partir dos anos sessenta, o escultor prossegue a atividade do pai, colaborando com numerosos artistas, grupos teatrais e diretores famosos, como Giorgio Strehler, Jacques Lecoq, Jean-Louis Barrault, Eduardo de Filippo, e estendendo seu conhecimento a Dario Fo e Peter Oskarson, o qual de 1996 a 2002 irá chamá-lo à Suécia para dirigir um laboratório permanente

(Maskenverkstaden), ali realizando seminários sobre a máscara teatral e conduzindo pesquisas históricas sobre máscaras medievais nórdicas em colaboração com professores universitários, estudiosos e pesquisadores; importante foi a pesquisa e a produção de máscaras para a trilogia de Ésquilo, *L'Orestea*, [*Oréstia*], dirigida pelo mesmo Oskarson, que lhe permitiu realizar várias viagens de estudo aos locais previstos para a pesquisa histórica e a encenação da obra grega: Índia, Moçambique, Grécia e locais da Magna Grécia para conhecer e experimentar ambientes, teatros e locais religiosos na obra referidos.

Para aprimorar as 140 máscaras realizadas com as novas tipologias e técnicas construtivas, experimentou profundamente a acústica prevista para os coros gregos e colocou suas máscaras em confronto com as realizadas mais de cinquenta anos antes pelo pai Amleto Sartori, sob a direção de Jean-Louis Barrault para a mesma tragédia.

Os extraordinários eventos culturais determinados pelos motes culturais de 68 que, iniciados nos EUA e difundidos por toda a Europa, levaram-no em direção a uma pesquisa de vanguarda que o fará participante de numerosos festivais internacionais como coordenador de seminários-laboratório; realizará, além disso, mostras itinerantes em vários países e iniciará a produção de estruturas gestuais (escultura-máscara total utilizada em ações – *performances en plein air* com novo significado artístico). Colabora com os maiores representantes da vanguarda dos anos setenta, tais como J. Grotowski; E. Barba, do Odin Teatret; o artista polonês Tadeusz Kantor; o *Bread and Puppet* estadunidense e outros.

Em 1979, com a arquiteta Paola Piizzi (atualmente diretora do Museu Internacional da Máscara *Amleto e Donato Sartori*) e o cenógrafo Paolo Trombetta, funda o Centro Maschere e Strutture Gestuali [Centro Máscaras e Estruturas Gestuais], grupo multidisciplinar dedicado ao elemento "*máscara*" através da obra dos Sartori: de 1928, quando o pai esculpiu as primeiras máscaras grotescas, até hoje. Há alguns anos também a filha Sarah começou a fazer parte do Centro Maschere.

Nos últimos trinta anos, o Centro criou e promoveu atividades culturais por toda parte, tais como mostras e seminários-laboratórios, um Seminário de verão em Abano Terme que ininterruptamente, desde 1986, atrai alunos e profissionais do mundo todo e, sobretudo, produziu grandes eventos sob a insígnia do efêmero como arte, ou seja, o *mascaramento urbano* – uma espécie de ação em que mais disciplinas são privilegiadas no âmbito da arte e da criatividade, tais como artes visuais e teatro, música, dança e gesto – a partir do primeiro evento ocorrido na Bienal de Veneza de 1980 em que se criou uma extraordinária espetacularidade na Praça San Marco, com o envolvimento de um público de 85.000 pessoas. Outras *performances* ocorreram em Milão, no Castelo Sforzesco; em Nápoles, no Maschio Angioino; em Florença, na praça da Signoria; em Gênova, Bolonha, etc., na Itália, em Paris, Copenhague, Tóquio, Chicago, cidade do México, Rio de Janeiro, etc., e, últimas na ordem do tempo, em Lisboa (Festival 2011), em Guimarães, em Portugal (Capital da Cultura Europeia 2012) e em Salamanca (Festival das Artes 2011), na Espanha, ainda presentes no YouTube, clicando *Facyl Mascara Urbana di Donato Sartori*.

Os resultados desta incansável atividade e pesquisa, isto é, a criação e a recolha de máscaras, esculturas e obras produzidas em oitenta anos, estão hoje conservados numa preciosa Vila vêneta setecentista em Abano Terme, agradável cidadezinha termal no interior veneziano, que se tornou sede do Museo Internazionale della Maschera *Amleto e Donato Sartori* [Museu Internacional da Máscara *Amleto e Donato Sartori*], inaugurada em 2005 pelo prêmio Nobel Dario Fo e Franca Rame com um espetáculo escrito e interpretado especialmente para o evento, *Maschere Pupazzi e Uomini Dipinti* [Máscaras, Bonecos e Homens Pintados], espalhado pelo mundo por meio das redes internacionais RAI e RAI SAT.

Donato Sartori e Paola Piizzi desde 2002 ensinam no Departamento de Artes, Música e Espetáculo (DAMS) da Universidade de Pádua, oferecendo o curso *Storia Morfologia e Tecnica della Maschera* [História, Morfologia e Técnica da Máscara], que se conclui com um laboratório teórico e prático que desperta extraordinário interesse por parte dos estudantes e das instituições científico-didáticas da Universidade.

Outros seminários-laboratórios, aulas-espetáculo e mostras foram realizados em vários pontos do planeta, de Tóquio (com a colaboração da Universidade Waseda e Obirin) a Chicago (junto à Universidade de De Paul University, à North Western University, à Union Ridge Hight School e à University of Chicago), de London-Derry a Pequim, de Veneza a Oslo, de uma turnê na África a outra pela Rússia; em Moscou, por exemplo, junto à escola de teatro Checov Moscow Art Academy Theatre, foi realizado um vasto programa compreendendo aulas-*lectures*, conferências-espetáculo e demonstrações que agregaram trezentas pessoas, entre alunos e professores da prestigiosa escola de Stanislavski e Meyerhold, junto ao histórico *estúdio da rua Borodinskaia*.

Recentemente, em outra turnê pela Rússia, outras sedes universitárias de Moscou, Academy of Theatre Art (GITIS), São Petersburgo, Academy of Theatre Art e outras cidades, incluindo o Krasnoyarsk's State Art Institute situado na distante Sibéria. Também no Brasil os Sartori e o Centro Maschere estiveram várias vezes. Por exemplo, com uma mostra itinerante que alcançou suas maiores cidades, acompanhada de aulas-*lectures* junto às mais prestigiosas universidades brasileiras, seminários-laboratório e *performances* multimídia, de 2008 a 2011.

Impossível concentrar em poucas linhas as múltiplas atividades culturais criadas por Sartori e pelo Centro Maschere, como a participação no importante projeto europeu IMMASK – masques d'Europe – patrimônio imaterial sob a égide da Unesco e gerido pelo Museo Internazionale della Maschera di Binche [Museu Internacional da Máscara de Binche] (Bélgica).

Inumeráveis são também os reconhecimentos alcançados por Donato Sartori como o Arlecchino d'Oro em 2012, ambicionado prêmio, anteriormente destinado a conhecidas personalidades do mundo da cultura e do teatro (Dario Fo, Marcel Marceau, Ferruccio Soleri, Bonavera e outros), da fundação Umberto Artioli, de Mântua, capital europeia da cultura e do espetáculo de 2012.

Catálogo

Teatro Grego

1.
Atellana
máscara dos Sartori
Fabula Atellana, 1983
Couro pintado e patinado.

2.
Cassandra
máscara dos Sartori
Oréstia de Ésquilo,
direção de Jean-Louis Barrault
Couro pintado e patinado
Paris, Teatro Marigny, 1955.

3.
Agamemnon
máscara dos Sartori
Oréstia de Ésquilo,
direção de Jean-Louis Barrault
Couro pintado e patinado
Paris, Teatro Marigny, 1955.

4.
Apolo
máscara dos Sartori
Oréstia de Ésquilo,
direção de Jean-Louis Barrault
Couro pintado e patinado
Paris, Teatro Marigny, 1955.

5.
Erínias
máscara dos Sartori
Oréstia de Ésquilo,
direção de Jean-Louis Barrault
Couro pintado e patinado
Paris, Teatro Marigny, 1955.

6.
Vegliardo [Ancião]
máscara dos Sartori
Oréstia de Ésquilo,
direção de Jean-Louis Barrault
Couro pintado e patinado
Paris, Teatro Marigny, 1955.

7.
Cassandra
máscara dos Sartori
Oréstia de Ésquilo,
direção de Jean-Louis Barrault
Couro pintado e patinado
Paris, Teatro Marigny, 1955.

8.
Argivo
Donato Sartori
coro dos velhos
Oréstia de Ésquilo,
direção de Peter Oskarson
Máscara vibrafônica em resina
Gävleborg (Suécia), Folkteatern, 2001.

9.
Gilissa (ama)
Donato Sartori
Oréstia de Ésquilo,
direção de Peter Oskarson
Máscara vibrafônica em resina
Gävleborg (Suécia), Folkteatern, 2001.

10.
Erínias
Donato Sartori
Oréstia de Ésquilo,
direção de Peter Oskarson
Máscara vibrafônica em resina
Gävleborg (Suécia), Folkteatern, 2001.

11.
Erínias
Donato Sartori
Oréstia de Ésquilo,
direção de Peter Oskarson
Máscara vibrafônica em resina
Gävleborg (Suécia), Folkteatern, 2001.

12.
Agamemnon
Donato Sartori
Oréstia de Ésquilo,
direção de Peter Oskarson
Máscara vibrafônica em resina
Gävleborg (Suécia), Folkteatern, 2001.

13.
Araldo [Mensageiro]
Donato Sartori
Oréstia de Ésquilo,
direção de Peter Oskarson
Máscara vibrafônica em resina
Gävleborg (Suécia), Folkteatern, 2001.

14.
Ermes-Hellequin
Donato Sartori
Oréstia de Ésquilo,
direção de Peter Oskarson
Máscara vibrafônica em resina
Gävleborg (Suécia), Folkteatern, 2001.

1

Catálogo | 263

264 | A Arte Mágica

Catálogo | 265

266 | A Arte Mágica

5

6

7

Catálogo | 269

270 | A Arte Mágica

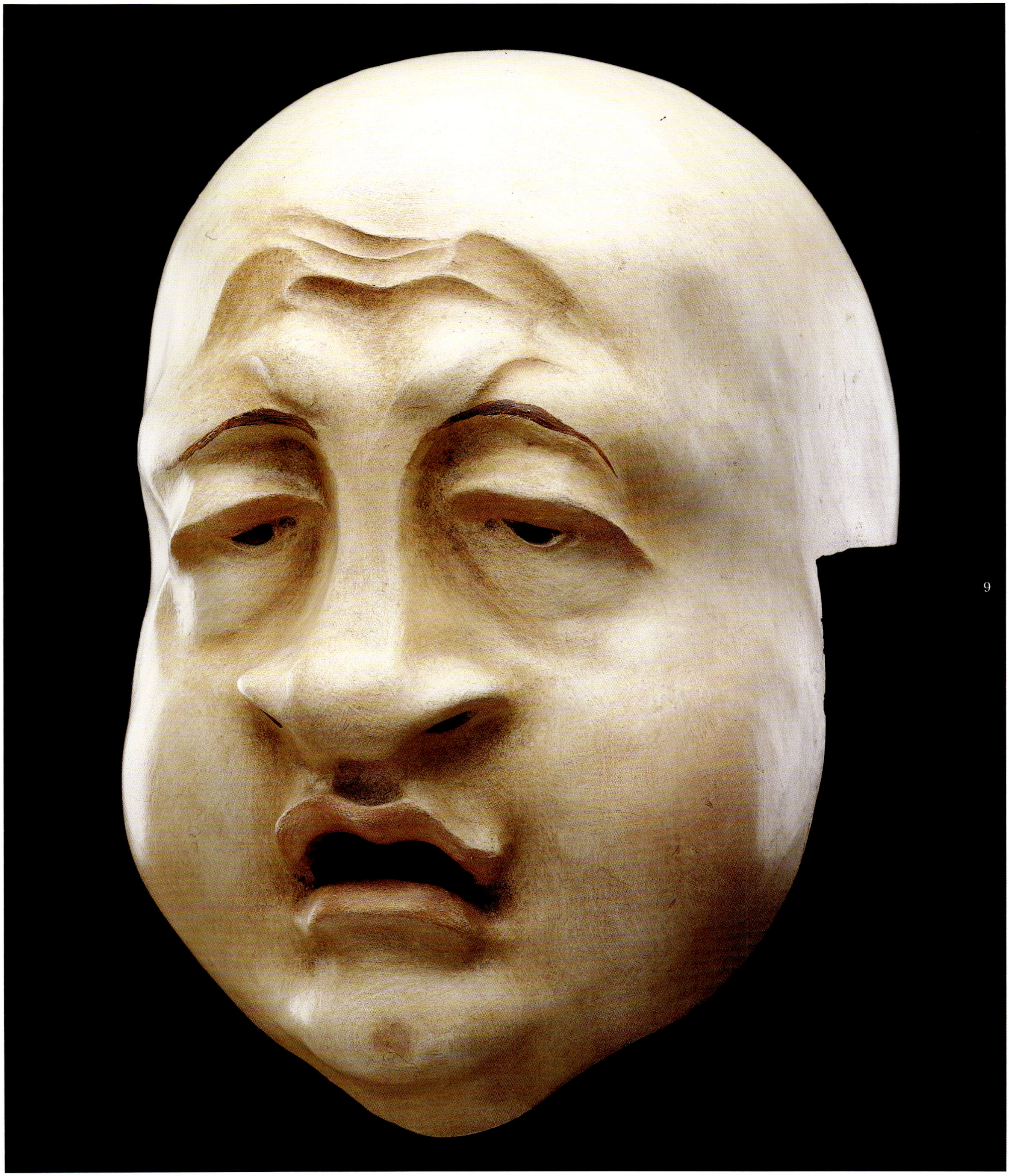

9

272 | A Arte Mágica

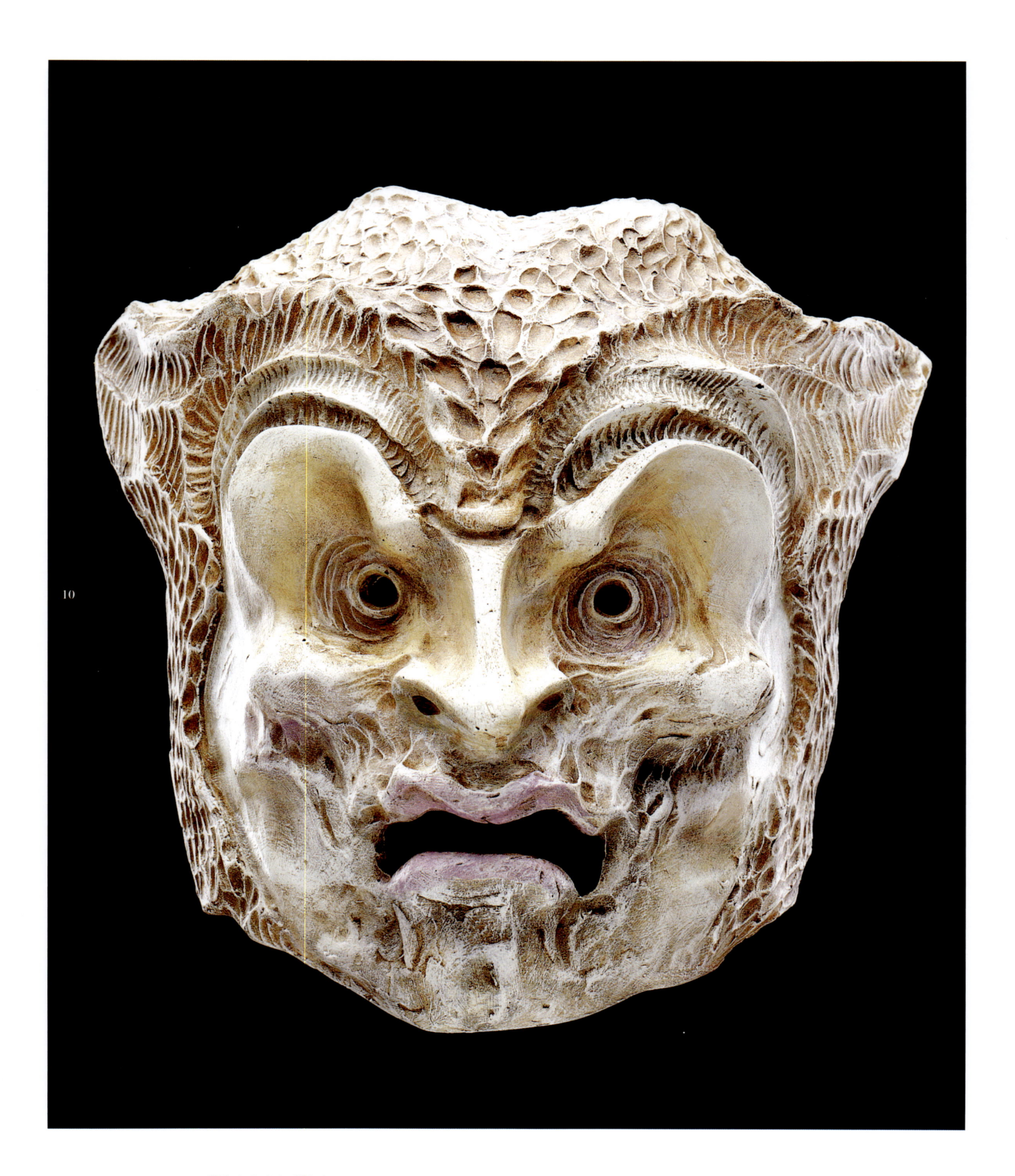

11

12

13

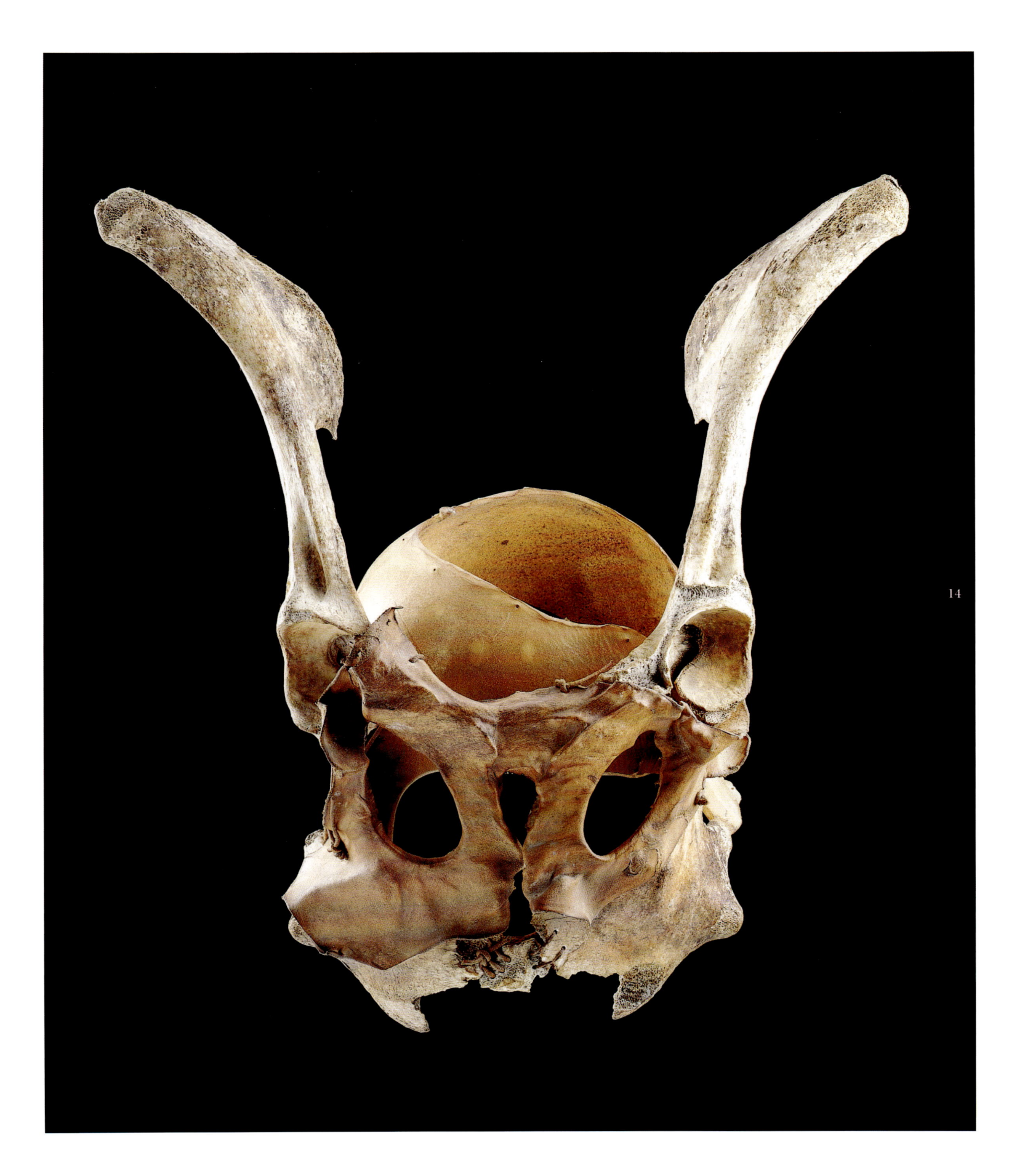

14

Ruzante

15.
Barba Sivielo
máscara dos Sartori, 1955
La Fiorina de Ruzante
Couro patinado.

16.
Tuogno
máscara dos Sartori
Farsa de Ranco e Tuogno e Beltrame, 1948
anônima do século XVI
Couro patinado.

17.
Ruzante
máscara dos Sartori, 1948
La Fiorina de Ruzante
anônima do século XVI
Couro patinado.

15

280 | A Arte Mágica

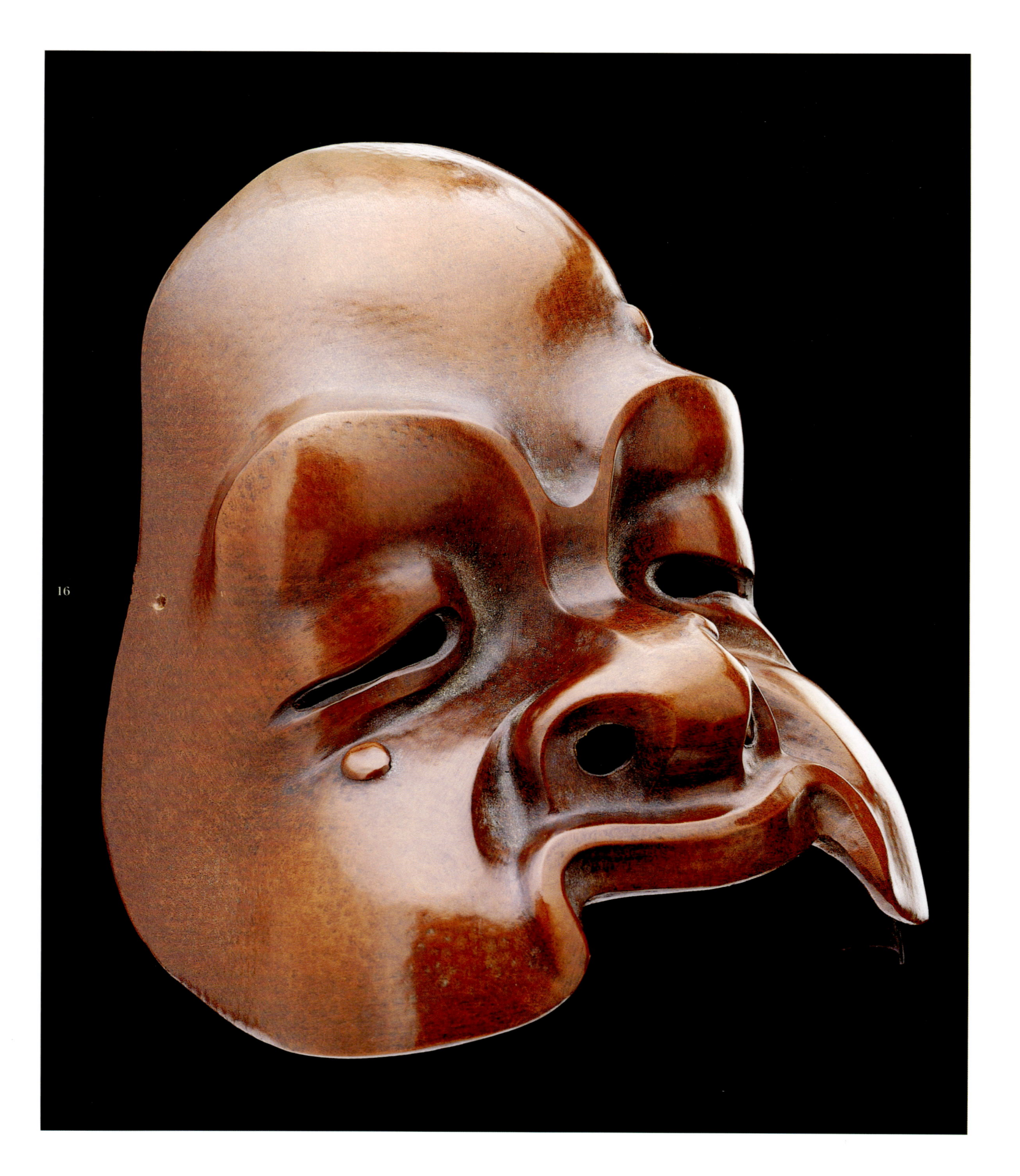

17

Commedia dell'Arte

18.
Zani
máscara dos Sartori
La Commedia dell'Arte Italiana, direção de Jean-Louis Barrault
Couro patinado
Paris, Teatro Marigny, 1951.

19.
Arlecchino
a partir de uma máscara do século XVIII
Couro patinado
Roma, Museo Teatrale del Burcardo, 1985.

20.
Zani
máscara dos Sartori
La Comédie de l'Est [A Comédia do Leste]
Couro patinado
Estrasburgo, Centre Dramatique National, 1951.

21.
Arlecchino Gato
máscara dos Sartori
aula-espetáculo de e com Dario Fo
Couro pintado e patinado
Roma, Università Statale, 1980.

22.
Arlecchino
máscara dos Sartori
Arlecchino Servitore di Due Padroni [Arlequim, Servidor de Dois Patrões] de Carlo Goldoni, direção de Giorgio Strehler
Couro patinado
Milão, Piccolo Teatro, 1962.

23.
Zani Arlecchino
máscara dos Sartori
Isabella Comica Gelosa [Isabella Cômica Ciumenta] de Giuseppe Dessì e Augusto Frassineti, direção de V. Pandolci
Couro patinado
Mântua, Palazzo Ducale, 1961.

24.
Zani
máscara dos Sartori
I Tre Cornuti [Os Três Cornudos], roteiro adaptado por Leon Katz, direção de C. Mazzone
Couro patinado
Massachusetts, Brandeis University, 1964.

25.
Truffaldino
máscara dos Sartori
Il Re Cervo [O Rei Cervo] de Carlo Gozzi, direção de S. Pitoeff e J. Lecoq
Couro patinado
Paris, Teatro Marigny, 1956.

26.
Brighella
máscara dos Sartori
La Famiglia dell'Antiquario [A Família do Antiquário] de Carlo Goldoni, direção de Orazio Costa
Couro patinado
Veneza, Teatro La Fenice, 1956.

27.
Tartaglia
máscara dos Sartori
Il Re Cervo [O Rei Cervo] de Carlo Gozzi, direção de S. Pitoeff e J. Lecoq
Couro patinado
Paris, Teatro Marigny, 1956.

28.
Brighella
máscara dos Sartori
Arlecchino Servitore di Due Padroni [Arlequim, Servidor de Dois Patrões] de Carlo Goldoni, direção de Giorgio Strehler
Couro patinado
Milão, Piccolo Teatro, 1950.

29.
Pantalone Grifagno
máscara dos Sartori
Arlecchino Servitore di Due Padroni [Arlequim, Servidor de Dois Patrões] de Carlo Goldoni, direção de Giorgio Strehler
Couro patinado
Milão, Piccolo Teatro, 1950.

30.
Pantalone Grifagno
máscara dos Sartori
Arlecchino Servitore di Due Padroni [Arlequim, Servidor de Dois Patrões] de Carlo Goldoni, direção de M. Jacquemont
Couro patinado
Paris, Les Comédiens des Champs Elisées, 1968.

31.
Pantalone
máscara dos Sartori
La Commedia dell'Arte Italiana, direção de Jean-Louis Barrault
Couro patinado
Paris, Teatro Marigny, 1951.

32.
Pantalone
máscara dos Sartori
Il Re Cervo [O Rei Cervo] de Carlo Gozzi, direção de S. Pitoeff e J. Lecoq
Couro patinado
Paris, Teatro Marigny, 1956.

33.
Pantalone Grifagno
máscara dos Sartori
Arlecchino Servitore di Due Padroni [Arlequim, Servidor de Dois Patrões] de Carlo Goldoni, direção de Giorgio Strehler
Couro patinado
Milão, Piccolo Teatro, 1950.

34.
Dottor Balanzone
máscara dos Sartori
Arlecchino Servitore di Due Padroni [Arlequim, Servidor de Dois Patrões] de Carlo Goldoni, direção de Giorgio Strehler
Couro patinado
Milão, Piccolo Teatro, 1952.

35.
Pulcinella
máscara dos Sartori, 1958
Commedia dell'Arte, de uma gravura de Ferravilla, *Edoardo, Atore Comico?* [Edoardo, Ator Cômico?]
Couro patinado.

36.
Pulcinella
máscara dos Sartori, 1957
Commedia dell'Arte, de uma estampa de Ludovico Carracci
Couro patinado.

37.
Pulcinella
máscara dos Sartori
Pulcinella in Cerca di Fortuna per Napoli [Pulcinella à Procura de Fortuna por Nápoles] de Pasquale Altavilla, direção de Eduardo De Filippo
Couro patinado
Milão, Piccolo Teatro, 1958.

38.
Pulcinella
máscara dos Sartori
Il Figlio di Pulcinella [O Filho de Pulcinella], texto e direção de Eduardo De Filippo
Couro patinado
Roma, Teatro Quirino, 1962.

18

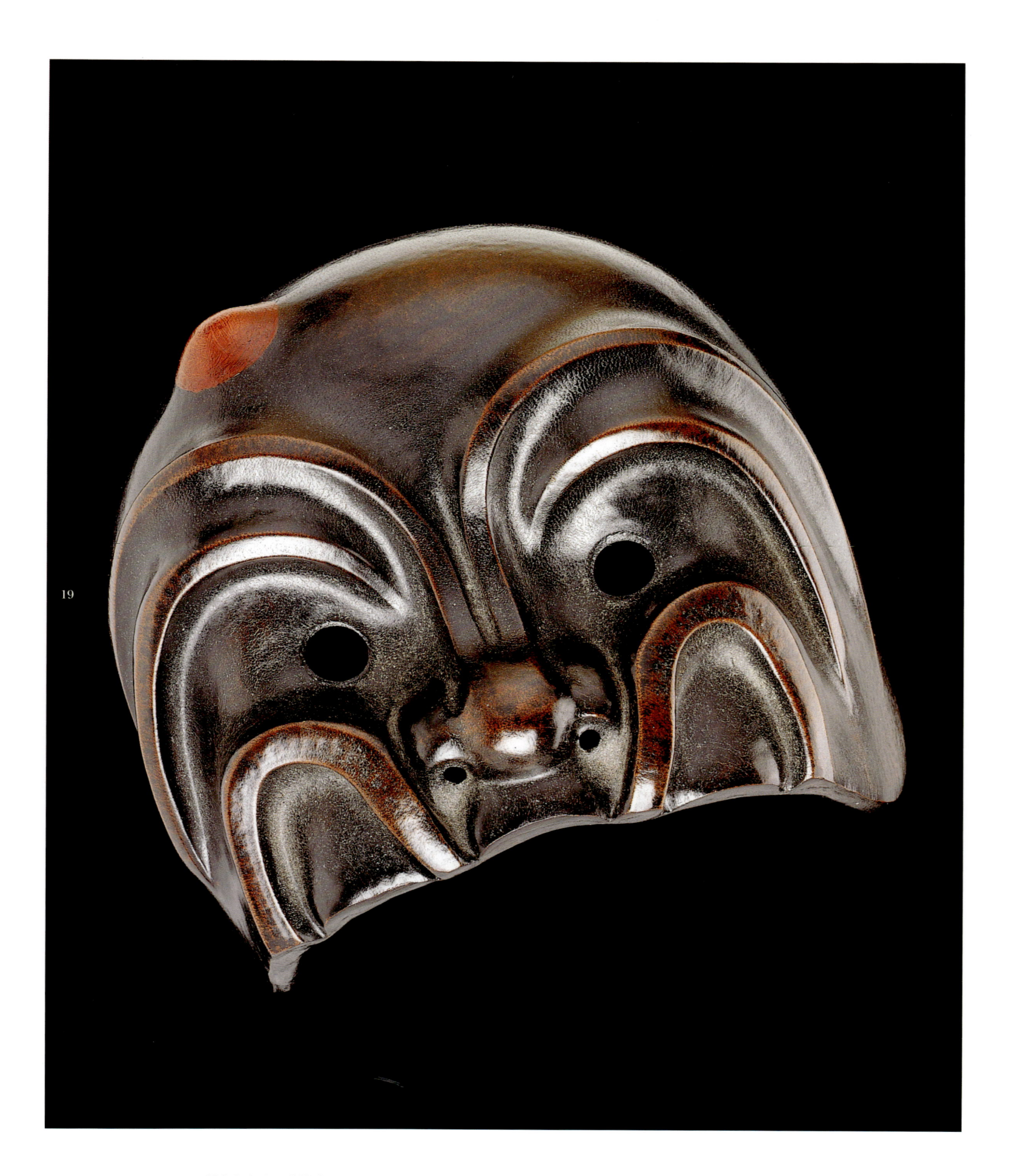

19

20

21

286 | A Arte Mágica

22

Catálogo | 287

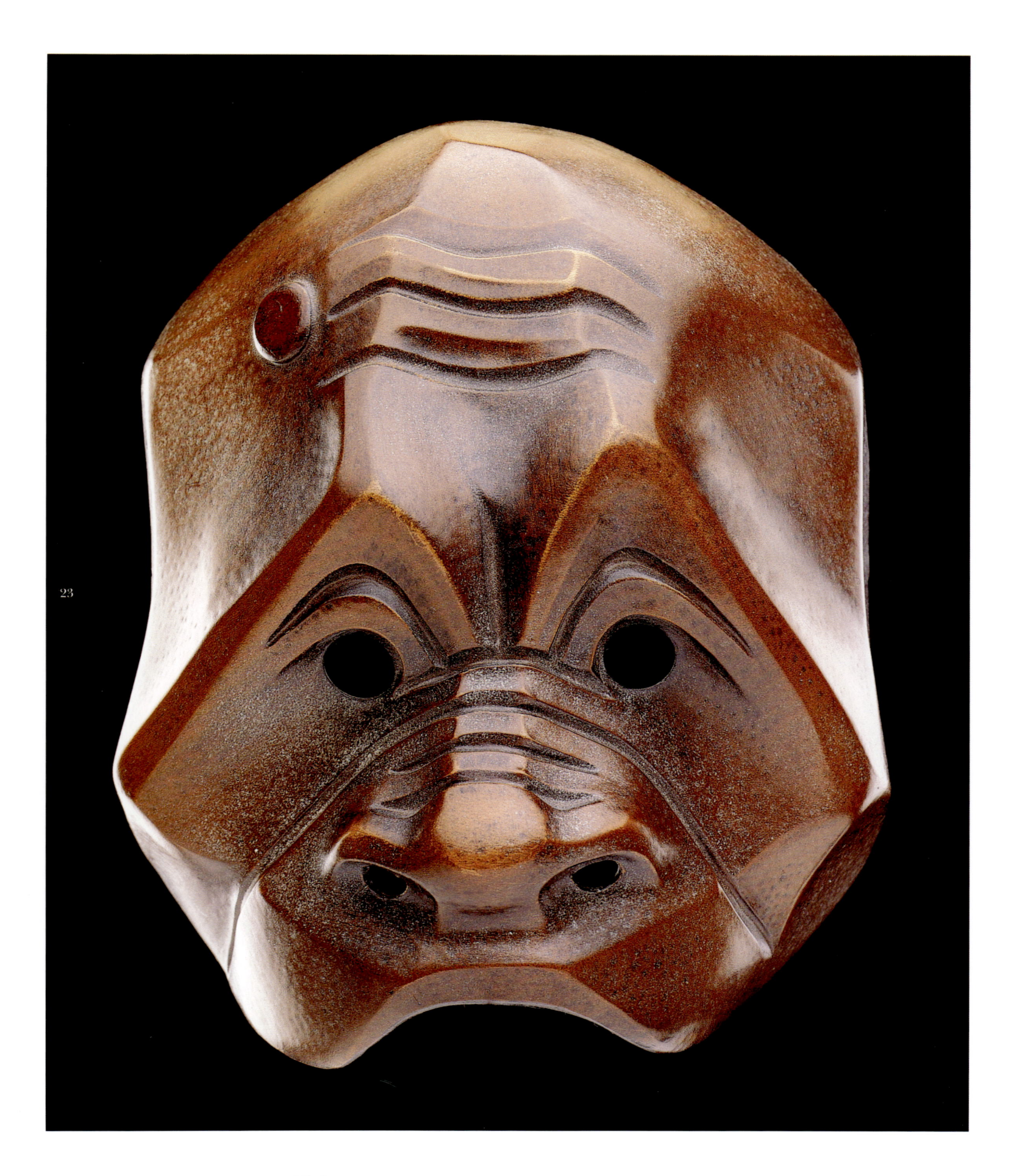

23

288 | A Arte Mágica

24

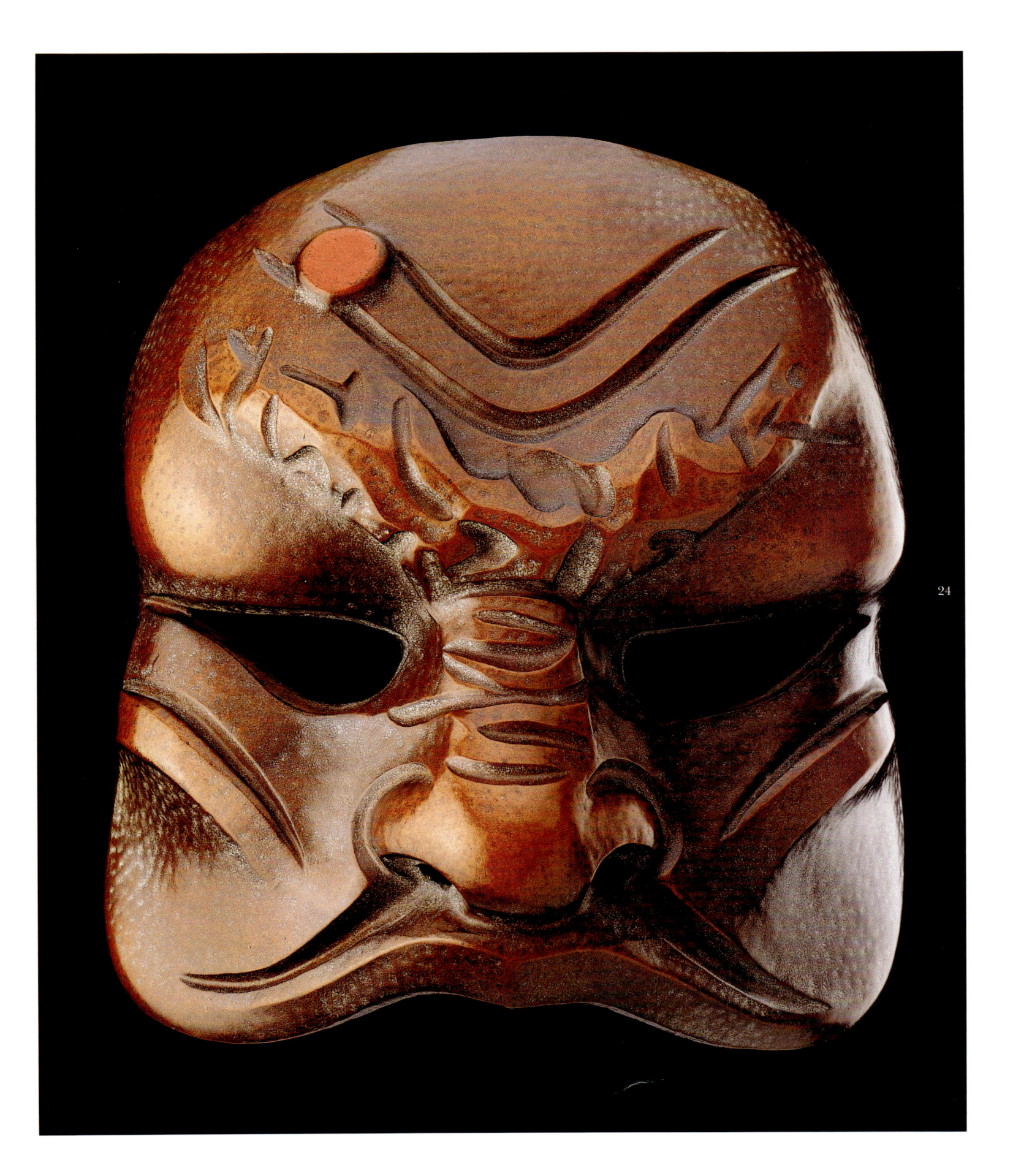

25

26

27

28

29

294 | A Arte Mágica

Catálogo | 295

31

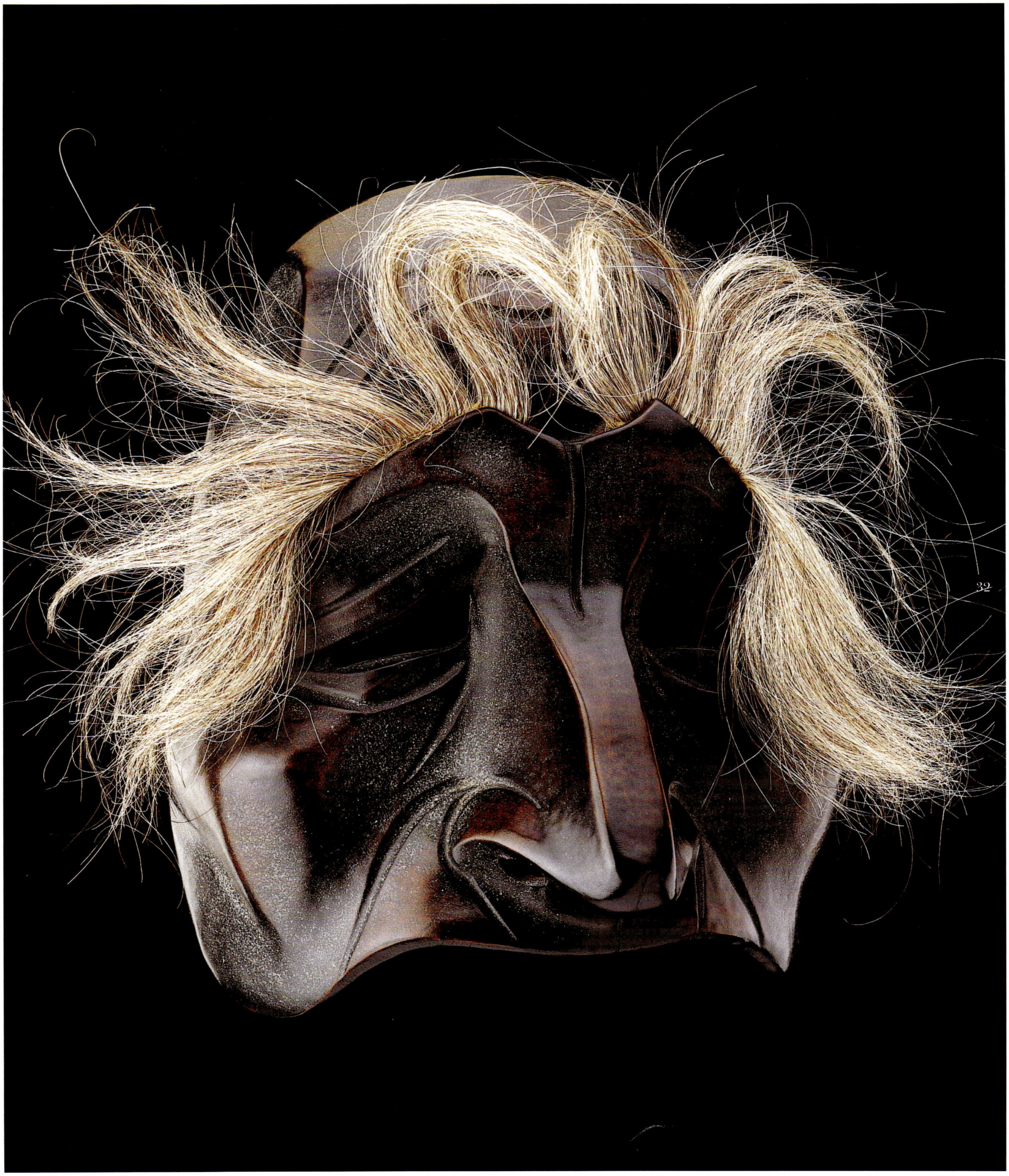
32

33

298 | A Arte Mágica

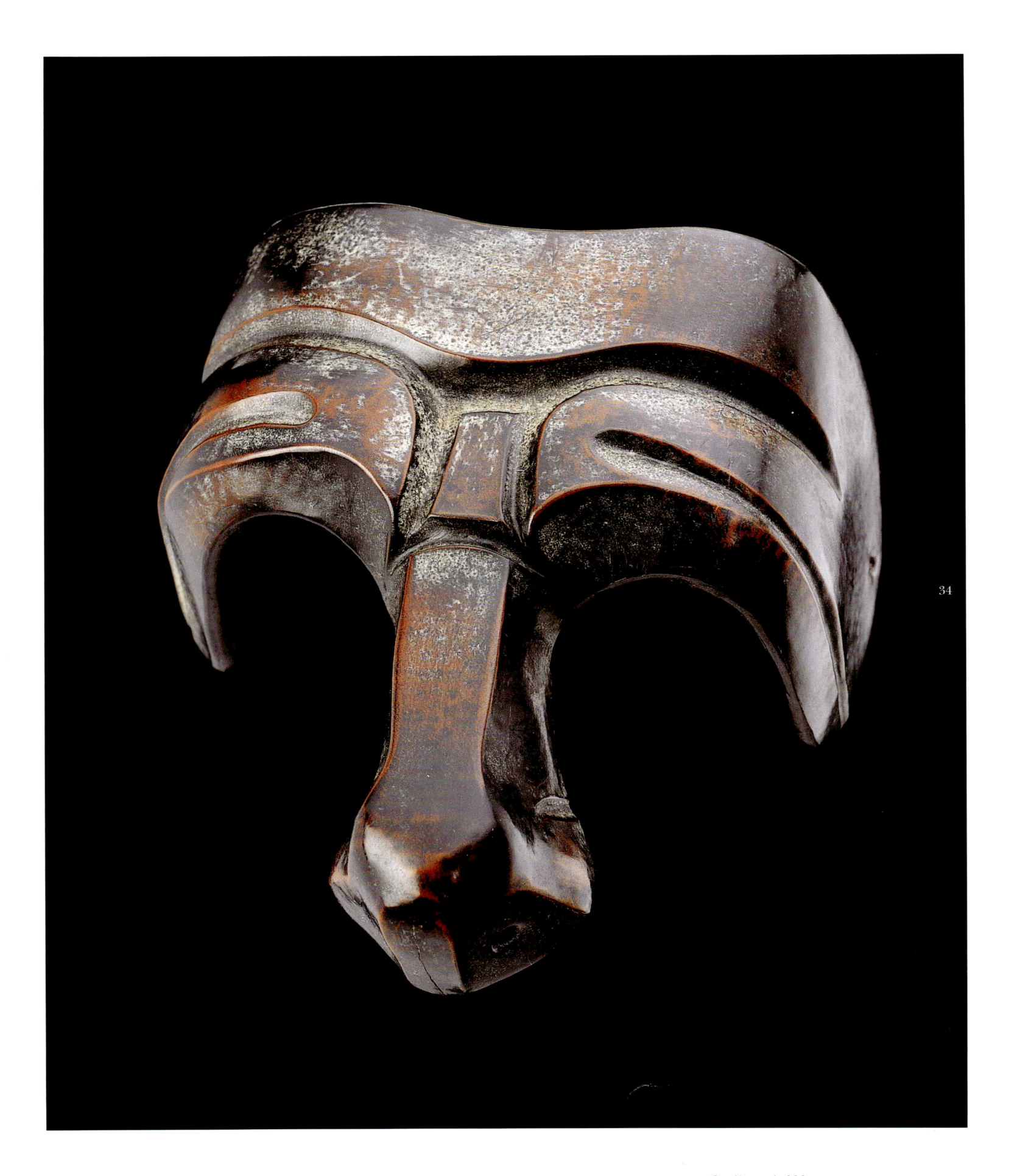

34

35

36

37

38

Teatro do Novecentos

39.
Fantasma
Donato Sartori e Centro Maschere e Strutture Gestuali
Il Violinista sul Tetto [O Violinista no Telhado], a partir das histórias do escritor ucraniano Sholom Aleichem, direção de Moni Ovadia
Bolonha, Arena del Sole, 2002.

40.
Personaggio zoomorfico, mucca (vaca)
Donato Sartori e Centro Maschere e Strutture Gestuali
Il Violinista sul Tetto [O Violinista no Telhado], a partir das histórias do escritor ucraniano Sholom Aleichem, direção de Moni Ovadia
Bolonha, Arena del Sole, 2002.

41.
Personaggio zoomorfico, Gallo [galo]
Donato Sartori e Centro Maschere e Strutture Gestuali
Il Violinista sul Tetto [O Violinista no Telhado], a partir das histórias do escritor ucraniano Sholom Aleichem, direção de Moni Ovadia
Bolonha, Arena del Sole, 2002.

42.
Donna a tre face [Mulher com três faces]
máscara dos Sartori
Giacomo o la Sottomissione [Jacques ou a Submissão] de Eugène Ionesco, direção de G. Romero
Couro pintado e patinado
Turim, Piccolo Teatro, 1957.

43.
Superiora
máscara dos Sartori
L'Angelo di Fuoco [O Anjo de Fogo] de Serguei Prokofiev, direção de Giorgio Strehler
Couro pintado e patinado
Milão, Piccolo Teatro, 1955.

44.
Caronte
máscara dos Sartori
Orfeu de Claudio Monteverdi, direção de Riccardo Bacchelli
Couro pintado e patinado
Milão, Teatro alla Scala, 1956.

45.
Uma das mulheres
máscara dos Sartori
I Giganti della Montagna [Os Gigantes da Montanha], de Luigi Pirandello
companhia de Gino Cervi
Couro natural
Bolonha, Festival nazionale della prosa, 1959.

46.
Strega [Bruxa]
máscara dos Sartori
L'Oro Matto [O Ouro Louco] de Silvio Giovaninetti, direção de Giorgio Strehler
Couro natural
Milão, Piccolo Teatro, 1983.

47.
Shen-Te Shul-Ta
máscara dos Sartori
L'Anima Buona di Sezuan [A Alma Boa de Setsuan] de Bertolt Brecht, direção de Giorgio Strehler
Couro pintado e patinado
Milão, Piccolo Teatro, 1958.

48.
Lady Macbeth
máscara de Donato Sartori e do Centro Maschere e Strutture Gestuali
Estudo de personagem, 2003.
Resina pintada.

49.
Turandot
máscara de Donato Sartori e do Centro Maschere e Strutture Gestuali
Estudo de personagem, 2003
Resina pintada.

50.
Salomé
máscara de Donato Sartori e do Centro Maschere e Strutture Gestuali
Estudo de personagem, 2003
Resina pintada.

51.
Medeia
máscara de Donato Sartori e do Centro Maschere e Strutture Gestuali
Estudo de personagem, 2003
Resina pintada.

52.
Vanna Scoma
máscara dos Sartori
La Favola del Figlio Cambiato [A Fábula do Filho Trocado] de Luigi Pirandello, direção de Orazio Costa
Couro pintado e patinado
Milão, Piccolo Teatro, 1956.

53.
Vanna Scoma
máscara dos Sartori
La Favola del Figlio Cambiato [A Fábula do Filho Trocado] de Luigi Pirandello, direção de Orazio Costa
Couro pintado e patinado
Milão, Piccolo Teatro, 1956.

54.
Personagem
máscara dos Sartori
La Favola del Figlio Cambiato [A Fábula do Filho Trocado] de Luigi Pirandello, direção de Orazio Costa
Couro pintado
Milão, Piccolo Teatro, 1956.

55.
Personagem
máscara dos Sartori
La Favola del Figlio Cambiato [A Fábula do Filho Trocado] de Luigi Pirandello, direção de Orazio Costa
Couro pintado
Milão, Piccolo Teatro, 1956.

56.
Personagem
máscara dos Sartori
La Favola del Figlio Cambiato [A Fábula do Filho Trocado] de Luigi Pirandello, direção de Orazio Costa
Couro pintado
Milão, Piccolo Teatro, 1956.

57.
Neutra masculina
máscara dos Sartori
Couro natural
Paris, École Internationale de Théâtre "Jacques Lecoq", 1958.

58.
Neutra masculina
máscara dos Sartori
Couro natural
Montreal, Teatro di Stato, 1968.

59.
Neutra feminina
máscara dos Sartori
Couro natural
Montreal, Teatro di Stato, 1968.

60.
Expressiva
máscara dos Sartori
Couro pintado e patinado
Paris, École Internationale de Théâtre "Jacques Lecoq", 1983.

61.
Expressiva
máscara dos Sartori
Couro pintado e patinado
Paris, École Internationale de Théâtre "Jacques Lecoq", 1983.

62.
Expressiva
máscara dos Sartori
Couro pintado e patinado
Paris, École Internationale de Théâtre "Jacques Lecoq", 1983.

63.
Expressiva
máscara dos Sartori
Couro pintado e patinado
Paris, École Internationale de Théâtre "Jacques Lecoq", 1983.

64.
Expressiva
máscara dos Sartori
Couro pintado e patinado
Paris, École Internationale de Théâtre "Jacques Lecoq", 1983.

65.
Expressiva
máscara dos Sartori
Couro pintado e patinado
Paris, École Internationale de Théâtre "Jacques Lecoq", 1983.

66.
Expressiva
máscara dos Sartori
Couro pintado e patinado
Paris, École Internationale de Théâtre "Jacques Lecoq", 1983.

67.
Expressiva
máscara dos Sartori
Couro pintado e patinado
Paris, École Internationale de Théâtre "Jacques Lecoq", 1983.

39

40

306 | A Arte Mágica

41

42

43

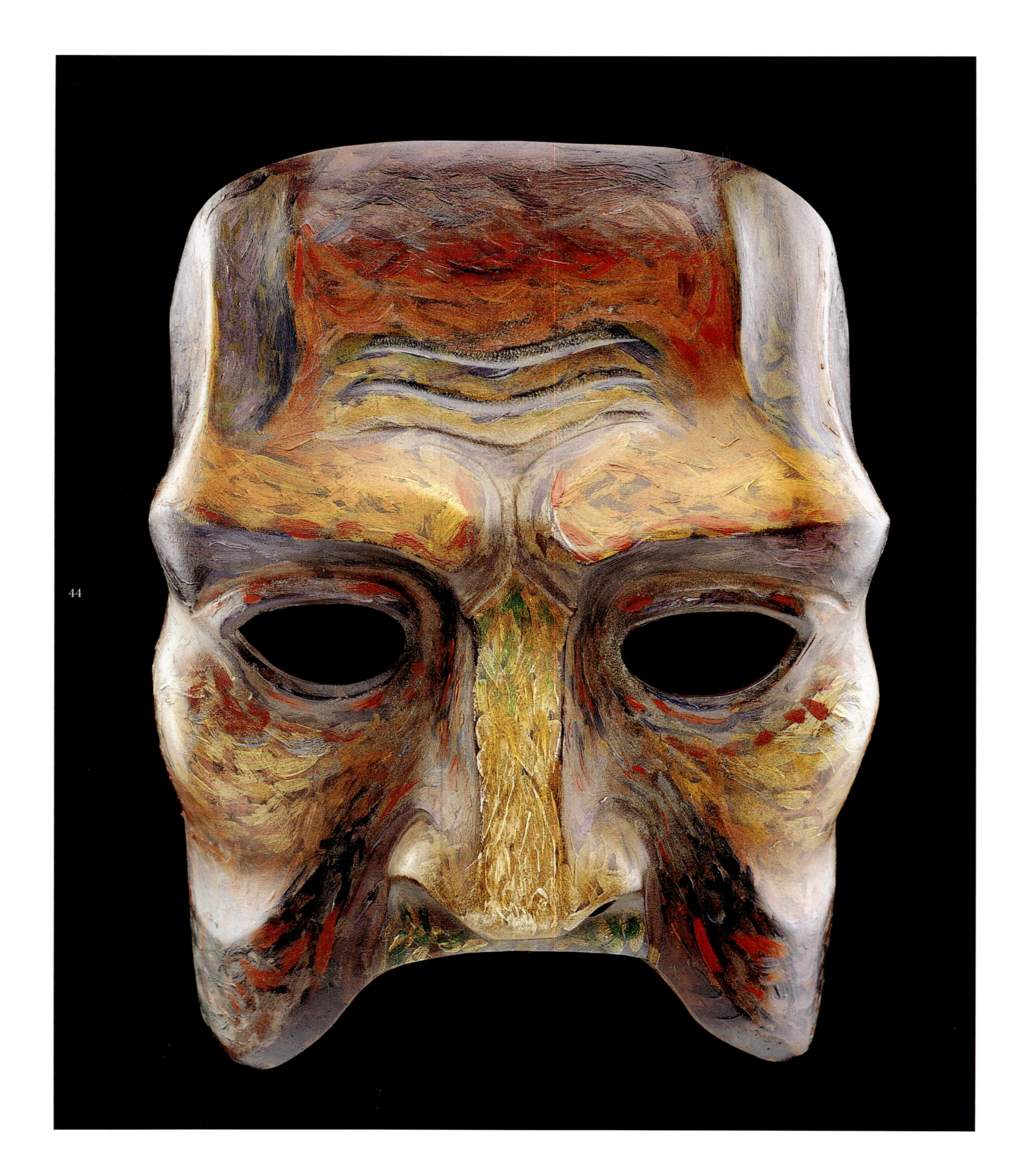

44

45

46

47

Catálogo | 313

48

314 | A Arte Mágica

49

Catálogo | 315

50

51

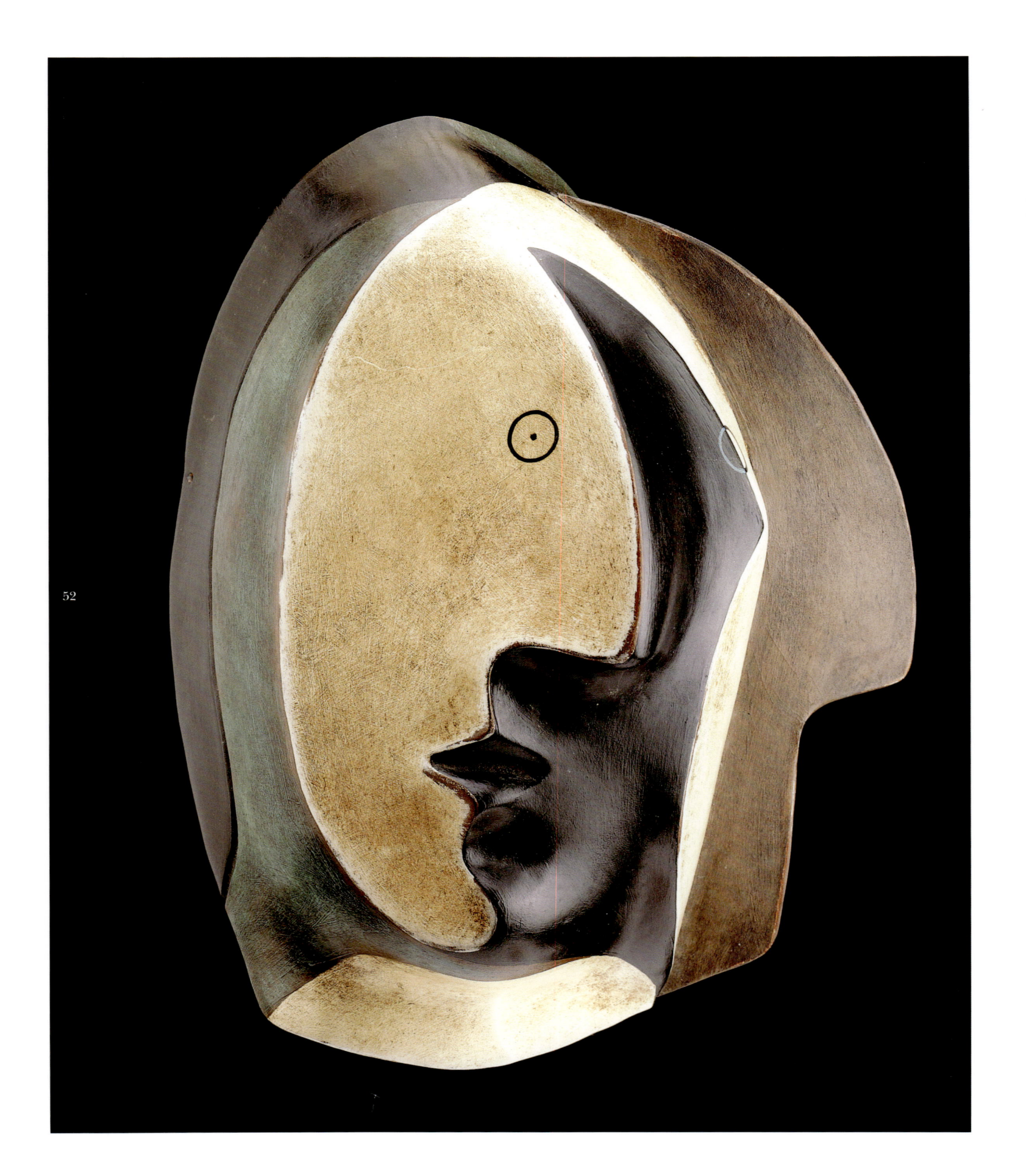

52

53

54

55

56

322 | A Arte Mágica

56

58

58

60

61

62

328 | A Arte Mágica

63

64

330 | A Arte Mágica

65

Catálogo | 331

66

67

Estrutura Gestual

68.
David
de Michelangelo,
estrutura gestual
Donato Sartori e Centro Maschere e Strutture Gestuali
Couro patinado
Florença, Scuola d'Arte di Porta Romana,
seminário-laboratório, 1981.

69.
Maternidade
estrutura gestual
Donato Sartori e Centro Maschere e Strutture Gestuali
Couro patinado
Abano Terme, 1984.

70.
Condição Humana
estrutura gestual
Donato Sartori e Centro Maschere e Strutture Gestuali
Couro patinado
Villejuif, seminário-
-laboratório
1º Festival Internationale della Commedia dell'Arte della Val Marnè, 1983.

71.
Nike
estrutura gestual
Donato Sartori e Centro Maschere e Strutture Gestuali
Couro patinado
Abano Terme, 1987.

72.
Adolescente
estrutura gestual
Donato Sartori e Centro Maschere e Strutture Gestuali,
para o filme-documentário
Maschere e Strutture Gestuali
Couro patinado
Abano Terme, 1979.

73.
Colosso
estrutura gestual
Donato Sartori e Centro Maschere e Strutture Gestuali
Couro patinado
Abano Terme, 1987.

74.
Contromaschera
estrutura gestual masculina
Donato Sartori e Centro Maschere e Strutture Gestuali
Couro e madeira patinada
Mirano, seminário-
-laboratório, 1977.

68

69

336 | A Arte Mágica

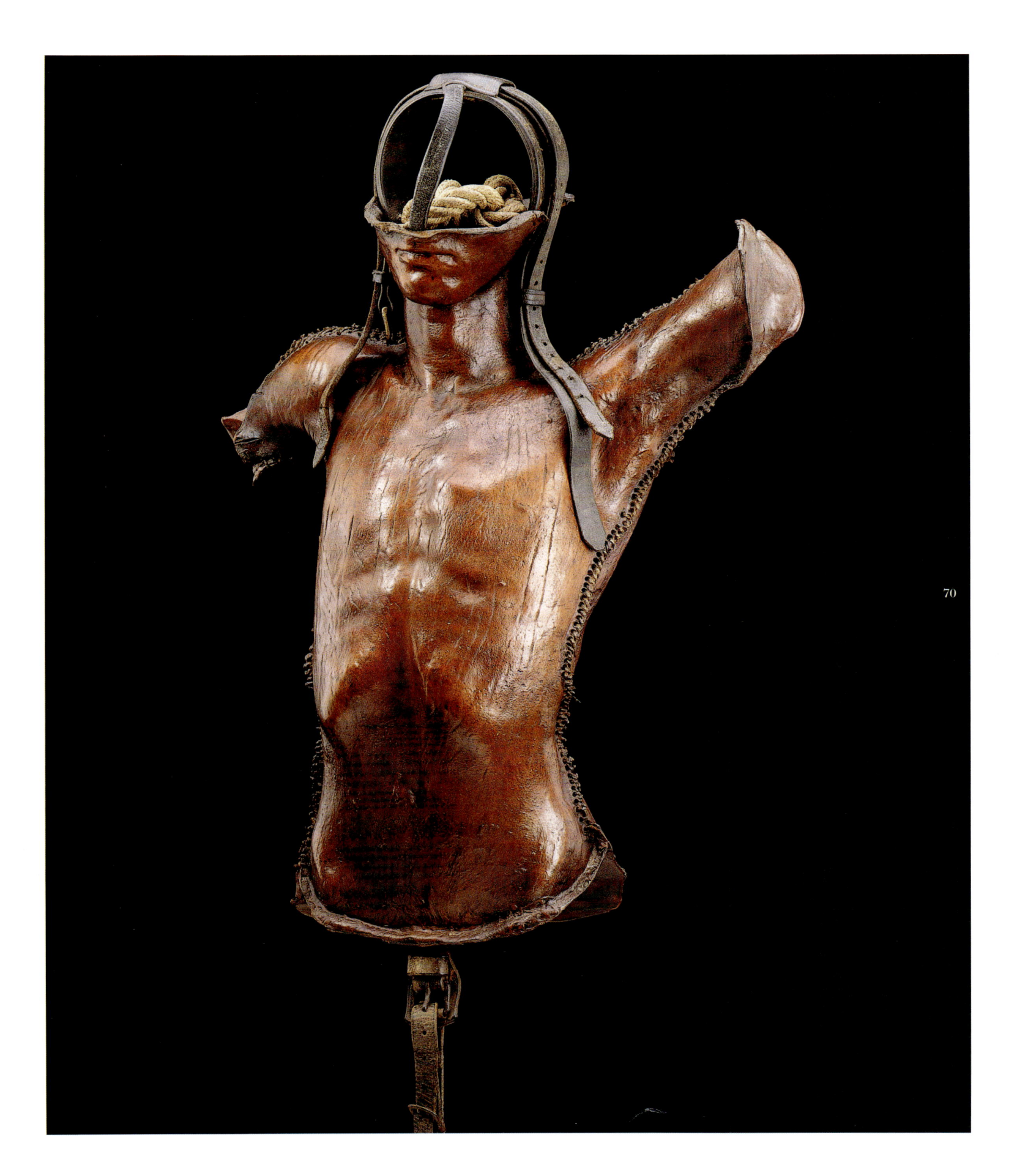

70

Catálogo | 337

71

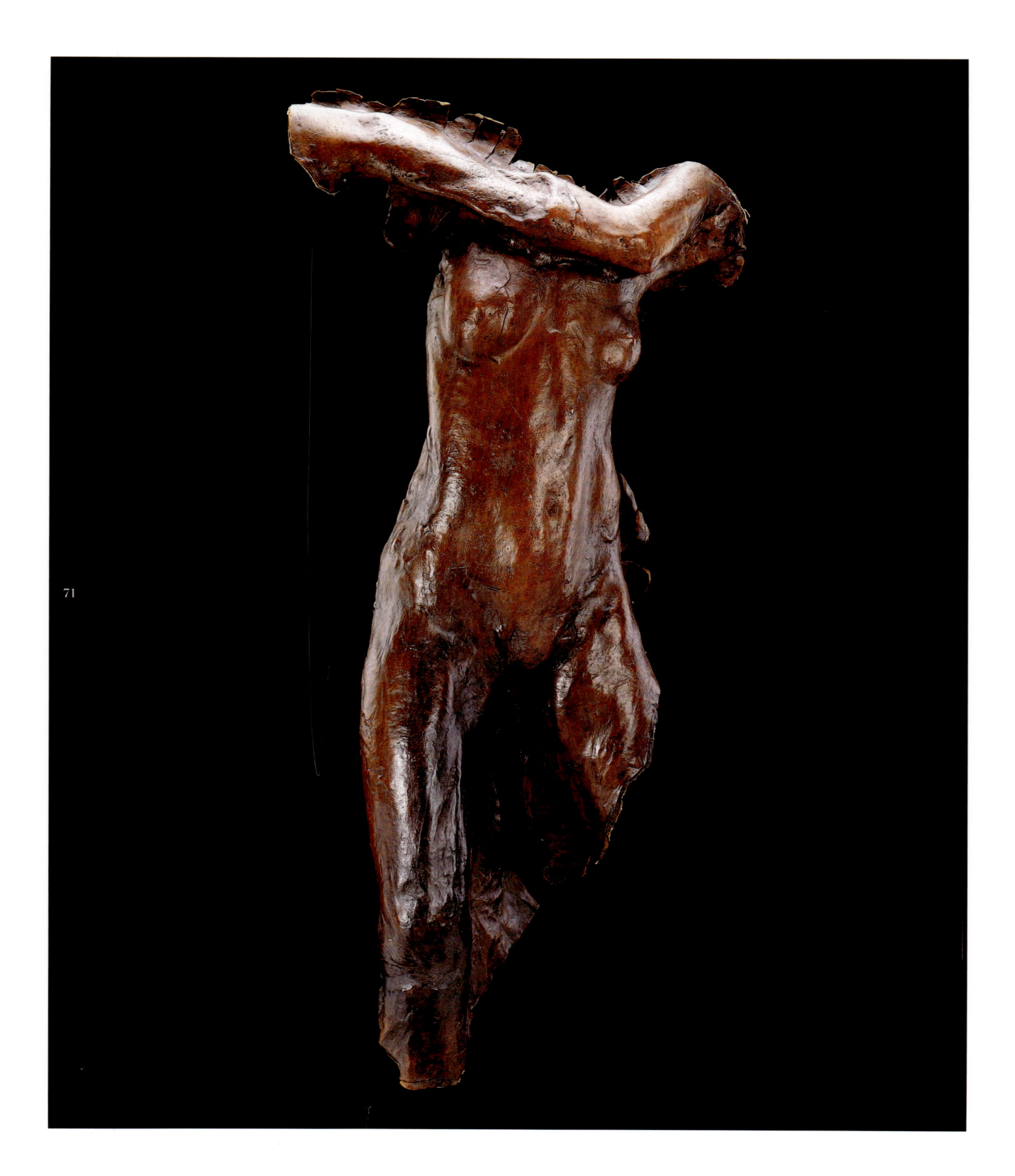

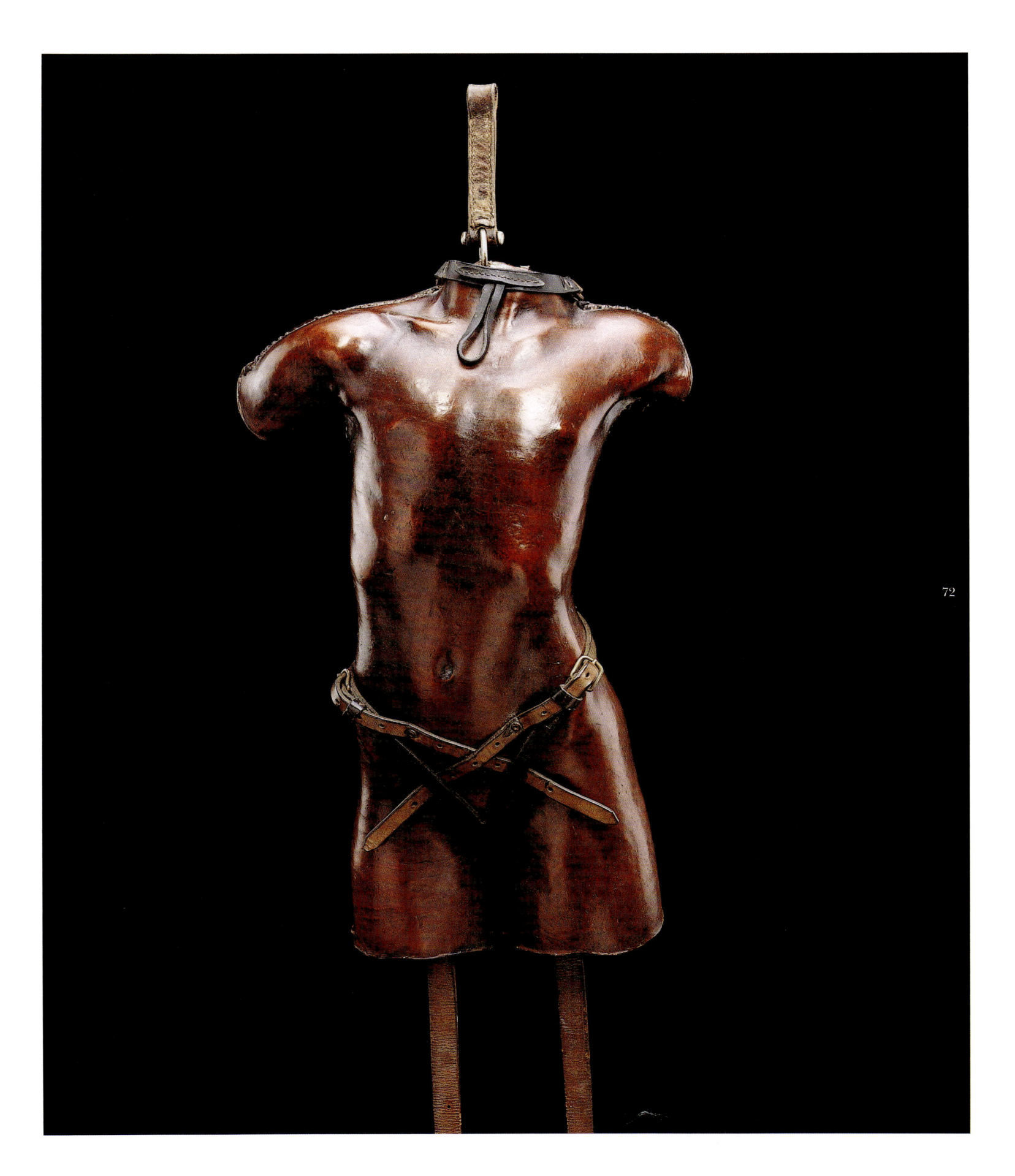

72

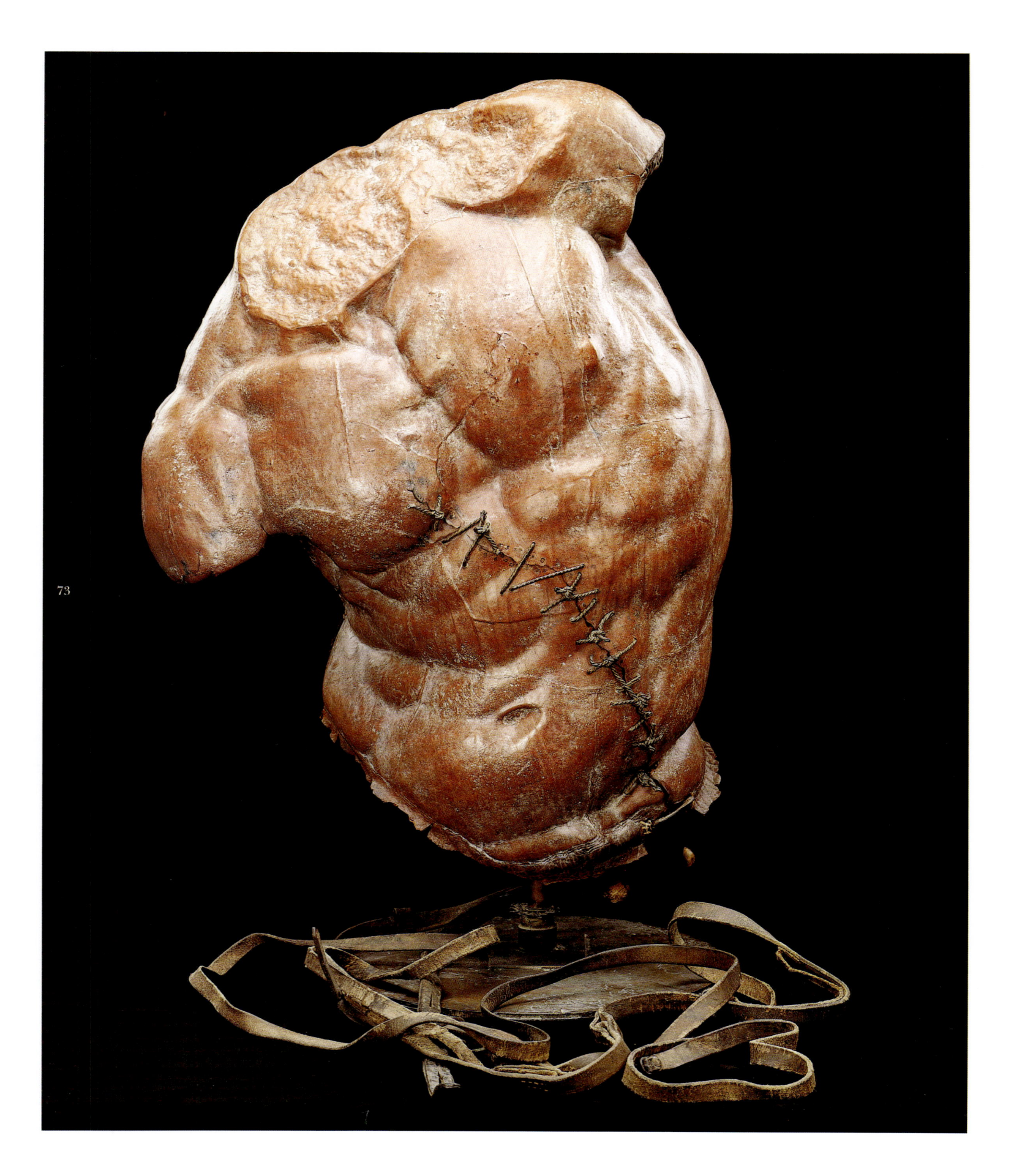

73

340 | A Arte Mágica

74

Mascaramento Urbano

75.
Mascaramento Urbano
Donato Sartori e Centro Maschere e Strutture Gestuali
Palma de Maiorca, Castel medioevale Bellver, 1990.

76.
Instalação Urbana
Donato Sartori e Centro Maschere e Strutture Gestuali
Palma de Maiorca, Castel Bellver, detalhe da instalação da torre Norte, 1990.

77.
Mascaramento Urbano
Donato Sartori e Centro Maschere e Strutture Gestuali
Florença, Piazza della Signoria, Maggio musicale fiorentino, 1981.

78.
Instalação Urbana
Donato Sartori e Centro Maschere e Strutture Gestuali
Florença, Palazzo Vecchio, 1981.

79.
Mascaramento Urbano
Donato Sartori e Centro Maschere e Strutture Gestuali
Nancy, Place Stanislas, Festival internazionale di teatro, 1982.

80.
Mascaramento Urbano
Donato Sartori e Centro Maschere e Strutture Gestuali
Reims, Place Royale, 1983.

81.
Mascaramento Urbano
Donato Sartori e Centro Maschere e Strutture Gestuali
Copenhague, Radhuspladsen, 1984.

82.
Mascaramento Urbano
Donato Sartori e Centro Maschere e Strutture Gestuali
Veneza, Piazza San Marco, Bienal-Teatro, momento culminante da *performance* noturna *Ambienteazione* [Ambienteação], 1980.

83.
Mascaramento Urbano
Donato Sartori e Centro Maschere e Strutture Gestuali
Veneza, Carnaval, *Amarcord*, 2003.

84.
Mascaramento Urbano
Donato Sartori e Centro Maschere e Strutture Gestuali em colaboração com o CCTAR
Festas de Lisboa, Praça do Rossio, Lisboa, Portugal, 2011.

85.
Mascaramento Urbano
Donato Sartori e Centro Maschere e Strutture Gestuali
Immaginarius Festival, 2006 Santa Maria da Feira, Portugal.

86.
Detalhe do Mascaramento Urbano
Donato Sartori e Centro Maschere e Strutture Gestuali em colaboração com o CCTAR
Festival delle Arti Visive – Fàcyl Praça Maior, Salamanca, Espanha, 2011.

87.
Mascaramento Urbano
Donato Sartori e Centro Maschere e Strutture Gestuali em colaboração com o CCTAR
Tempo para Renascer, Castelo de Guimarães, Portugal, capital da Cultura Europeia, 2012.

88.
Mascaramento Urbano
Donato Sartori e Centro Maschere e Strutture Gestuali em colaboração com Fura dels Baus e CCTAR
Detalhe do envolvimento do público e da ação teatral Tempo para Renascer, Guimarães, Portugal, capital da Cultura Europeia, 2012.

89.
Mascaramento Urbano
Donato Sartori e Centro Maschere e Strutture Gestuali em colaboração com o CCTAR
Detalhe do momento culminante da performance noturna
Tempo para Renascer, Guimarães, Portugal, capital da Cultura Europeia, 2012.

90.
Mar Humano
Mascaramento Urbano
Donato Sartori e Centro Maschere e Strutture Gestuali
Festival delle Arti Visive – Fàcyl,
Praça Maior, Salamanca, Espanha, 2011.

91.
Mascaramento Urbano
Donato Sartori e Centro Maschere e Strutture Gestuali
Nancy, Place Stanislas, Carrefours d'art contemporain, 1982.

75

76

77

78

79

348 | A Arte Mágica

81

350 | A Arte Mágica

83

84

352 | A Arte Mágica

85

86

87

88

89

90

91

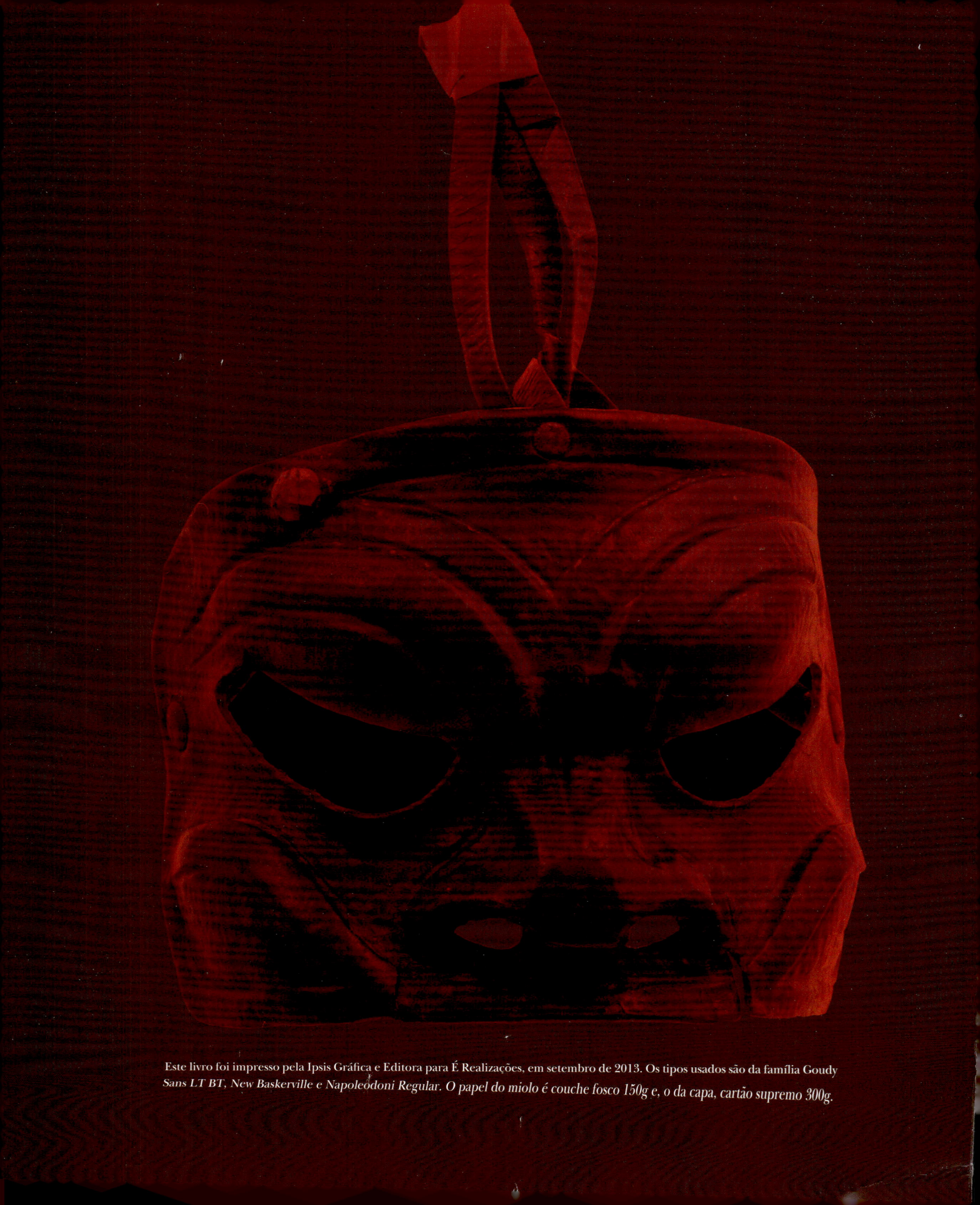

Este livro foi impresso pela Ipsis Gráfica e Editora para É Realizações, em setembro de 2013. Os tipos usados são da família Goudy Sans LT BT, New Baskerville e Napoleodoni Regular. O papel do miolo é couche fosco 150g e, o da capa, cartão supremo 300g.